孫楷第文集 | SUNKAIDI WENJI

滄州後集

中華書局
ZHONGHUA BOOK COMPANY

圖書在版編目(CIP)數據

滄州後集/孫楷第著. —北京:中華書局,2009.1
(孫楷第文集)
ISBN 978 – 7 – 101 – 06016 – 4

Ⅰ.滄… Ⅱ.孫… Ⅲ①文學研究 – 中國 – 文集
②文史 – 中國 – 文集 Ⅳ.C539

中國版本圖書館 CIP 數據核字(2008)第 010156 號

責任編輯:張 進

孫楷第文集

滄 州 後 集

孫楷第 著

*

中 華 書 局 出 版 發 行
(北京市豐臺區太平橋西里 38 號 100073)
http://www.zhbc.com.cn
E – mail:zhbc@ zhbc.com.cn
北京市白帆印務有限公司印刷

*

700×1000 毫米 1/16 · 20 印張 · 5 插頁 · 314 千字
2009 年 1 月第 1 版 2009 年 1 月北京第 1 次印刷
印數:1 – 3000 册 定價:48.00 元

ISBN 978 – 7 – 101 – 06016 – 4

孫楷第先生

孫楷第文集出版緣起

今年是我國著名的小説戲曲研究專家孫楷第先生誕辰一百周年。我們以出版孫楷第文集，來紀念這位純粹的傑出學者。

孫楷第（1898—1986），字子書，河北滄縣人。1922年考入北平高等師範（即今北京師範大學）國文系，期間，師從楊樹達、黃侃、黎錦熙等學者，深受乾嘉學派的影響。1928年畢業後留校任教，兼中國大辭典編纂處編輯。後任北平圖書館（即今中國國家圖書館）編輯，並先後兼北京師範大學、輔仁大學、北京大學等校講師。抗戰勝利後，任北京大學、燕京大學教授。1953年，由北京大學調入新成立的中國科學院文學研究所（即今中國社會科學院文學研究所）任研究員，工作直到去世。

孫楷第先生是中國現代小説戲曲研究的開創者和奠基人。從上世紀三四十年代起，他就著力研究中國通俗小説和戲曲，先後出版了日本東京所見中國小説書目（1932）、大連圖書館所見中國小説書目（1932）、中國通俗小説書目（1933）、也是園古今雜劇考（原名述也是園舊藏古今雜劇，1940）等著作，其深厚的樸學功力和開創性的學術成就，得到學術界的公認。建國後，孫楷第先生仍潛心學術，先後出版了元曲家考略（1952）、滄州集（1965）、滄州後集（1985）。這些著作蜚聲學界，其資料多爲學者所稱引，其見解早爲學界所熟知，已經成爲文學研究的經典性作品。但是，多年以來，這些著作散見各處，搜羅不易；有的斷版已久，難以尋覓。因此，爲孫楷第先生編訂文集，彙集其所有著作，已成爲學術界的迫切需要。

孫楷第先生一生以"讀書""寫書"爲志業，心無旁騖，一意向學。即使在抗戰時期和文化大革命時期，其學術工作多受干擾，仍不改初衷，專注學術。在勤於著述的同時，孫楷第先生還注重修訂充實舊作，精益求精。如元曲家考略始撰於二十世紀四十年代，1949年開始陸續發表，結集初版於1952年，增訂再版於1981年；直到去世，他仍然在做補充修改。也是園古今雜劇考，1940年初版問世之後，孫楷第先生在至少六個本子上做過精心細緻的修改，並先後寫過三個跋語，還專請余嘉錫先生作序。滄

1

州集，初版於 1965 年，直到去世前，孫楷第先生在多個本子上反復校訂。文化大革命期間，孫楷第先生的上萬冊藏書和文稿損失殆盡，其中包括反復校訂修改的著作原本。之後雖多方努力，苦苦追求，仍未能尋回，成爲孫楷第先生的終生憾事。藏書散失後，孫先生更下決心，要盡餘生之殘力，將畢生著述出版一份定本，以反映自己一生苦心孤詣的學術探索。可以説，出版文集，是孫楷第先生的心願。

從 1982 年開始，中國社會科學院文學研究所的楊鐮先生即在孫楷第先生的指導下，著手協助其收集散佚的藏書、整理其數百萬字的著述。戲曲小説書録解題、小説旁證兩部著作在孫先生身後的 1990 年和 2000 年得以出版問世。整理孫先生文稿的工作，得到文學研究所歷屆領導的重視，特別是在 2006 年——孫先生去世二十周年之際，文學研究所學術委員會通過決議，爲研究孫楷第先生的學術思想，整理孫楷第先生的文集，成立了專門的課題組，由楊鐮先生主持。同時，由於得到孫先生哲嗣孫泰來的通力合作，社會各界熱心人士的協助，孫先生在文化大革命中散佚的文稿和有其批校的書籍，幾乎全部神奇地被重新找到，爲整理工作奠定了基礎。此次出版的孫楷第文集，所有著述都是依據孫先生手訂批校本和生前留下的手稿重新校訂而成的，可以完整、準確地體現孫楷第先生畢生的學術成就。新發現的孫先生所著數十萬字學術回憶録與日記，將另編入孫楷第治學録一書。

當此孫楷第文集出版之際，我們對中國社會科學院文學研究所各屆領導的關心支持、對楊鐮等各位先生的辛勤工作，表示衷心的感謝。

中華書局編輯部

2008 年 12 月

滄州後集出版説明

　　滄州後集,是孫楷第先生生前結集出版的第二部論文集。

　　1965 年,由中華書局出版了孫楷第先生的論文集滄州集。1982 年,
中華書局編輯部以孫先生長期致力于古代文學與古代文獻研究,著述宏
富,滄州集尚不足以反映其豐碩的學術成果,又邀請孫先生將滄州集以外
的文章結集,計劃出版第二部論文集。由責任編輯協助,將二十七篇論
文,再編成滄州後集,于 1985 年 8 月出版。

　　自 1985 年 8 月正式出版滄州後集,孫先生生前曾對收入集中的文章
反復做了校訂與增删,這些内容主要都寫在滄州後集原書之上,也有另外
增加單葉之處。這一工作提高了論文的精確度,體現出孫先生精益求精
的態度。

　　新一版滄州後集依據孫先生手訂批校本録排,力求最大程度反映出
孫先生本人一貫的治學特點與敬業精神。

中華書局編輯部

2008 年 12 月

目　録

1

卷一

水滸傳人物考

序

　　一九三九年，余嘉錫先生撰宋江三十六人考實，所考凡十四人，曰宋江，楊志，李俊，史進，張順，關勝，李逵，董平，王雄（一作楊雄），孫立，張青（一作張清），燕青，呼延綽（一作呼延灼），張横。附一人，曰“一丈青”（扈三娘綽號），“一丈青”條所叙又有扈成一人。所考實爲十六人。然燕青，呼延綽，扈三娘，名皆不見於史；余先生僅就其綽號或先德論之。此三人名在文中似屬虛設。而謂史進即史斌，亦有可疑。宣和遺事，龔聖予贊，水滸傳，誠齋樂府，七修類稿，皆有史進，無史斌。一也。凡一人有二名者，不外以下三種原因：一改名。二以字行。三以小字行。史有其例，不煩毛舉。今不能說明史斌一名史進之故，而但云：“進”與“斌”以北音讀之，頗相近似，不屬人意。況北音“斌”與“進”顯然有別。二也。認史斌、史進爲一人，其說之不易成立如此，故余先生亦爲猶豫之詞，曰：宣和遺事諸書，并無史斌其人，非敢竟定斌爲進也。故余先生所考，如除去燕青，呼延綽，扈三娘不論，而并“一丈青”條之扈成計之，則爲十三人。如再除去史進不論，則爲十二人。余此文所考，不以宋江三十六人爲限，凡水滸傳中人，無論其爲天罡爲地煞或爲梁山濼首領以外之人，苟其名見於史即録之。所得僅九人：曰解寶，張横；水滸傳天罡星名單中人也。曰宋萬，王英，彭玘，李忠；水滸傳地煞星名單中人也。曰王倫，王進，李成；梁山濼首領以外人也。其中張横一人，余先生文中已見，而余復論之者：則以余先生文引中興小紀，而惜其記事不詳。而大金國志記横事較詳，且有年代可稽。故復論之，非蹈襲也。凡史書人名與水滸傳人名同者，史皆未明言其

1

爲宋江部曲。故余之所論或屬假設，不敢云一一正確。冀世之研究宋史者，有以教之。

解　寶

【三朝北盟會編卷二百十七紹興二十一年"八月四日辛未韓世忠薨"條引趙雄韓忠武王中興佐命定國元勛之碑】今上皇帝（高宗）以天下兵馬大元帥駐濟陽。（濟陽，濟州郡號。）王領所部勸進。……遂扈蹕如南京。今上即位，換光州觀察使，帶御器械。建御營，以王爲左軍統制。詔平濟州山口賊（山口，鎮名，在濟州任城縣。見元豐九域志卷一。）解寶、王大力、李顯等。所向剿除。

宋　萬

【宋史卷四五二忠義傳李亘傳】李亘者，兗州乾封人。大觀二年進士。擢尚書郎官。建炎末，金人犯淮南。亘不及避。劉豫使守大名。與凌唐佐謀，密陳豫可取狀告於朝。募卒劉全、宋萬、僧惠欽輩十餘，往返，事泄。全、萬、惠欽，爲邏者所得。亘坐死。後贈官，立祠曰"愍忠"。

王　英

【三朝北盟會編卷一四一建炎四年八月十日庚辰"翟興爲河南府、孟、汝、唐州鎮撫使"條】朝廷以分鎮之權擢翟興爲鎮撫使，制詞有曰："果毅自奮，智略有餘。總合師徒，賈攜劍摧鋒之意；襲逐虜寇，有履軍搴旗之功。"先是，兩河陷沒，興以京西與河東、河北接境，是時尚有忠義之人聚兵保守山寨不願順番者；興遣親信持蠟書取間道以結約之。如向密、王簡、王英等數十寨，願聽節制。興具聞於朝廷。上大喜，遂命興與經制使王擇仁同領其事，擢興節制應援河北、河東兩路軍馬。使興遣人作商販渡河，密齎撫諭。

彭　玘

【三朝北盟會編卷一四四紹興元年正月十八日丙辰"金人寇西京"條】金人

擁鐵騎數萬犯河南寄治所西碧潭。時翟興以乏糧方散遣諸部就食於諸邑，所存親兵才數千。報至，人情危懼。興安坐自若，徐命驍將彭玘授以方略，設伏於井谷。遇金人，佯爲奔北。金人果以銳士二十八騎馳，幾及玘軍。伏發，皆獲之。乃酋長忽沙郎君、十州郎君、柳楸郎君、佛面郎君等。餘衆皆潰。乘勝追襲，至會坑口、大張小張店而還。

【宋史卷四七五叛臣傳劉豫傳】紹興二年十二月，襄陽鎮撫使李橫敗豫兵於揚石，乘勝趨汝州，僞守彭玘以城降。

　　　　按：紹興二年三月，翟興與金人戰，死之。玘蓋迫於時勢，不得已
　　佯降於豫。旋即反正。

【宋史卷二七高宗紀】紹興三年二月壬寅，鄭州兵馬鈐轄牛皋、彭玘率兵與李橫會。橫以便宜命皋爲蔡唐州鎮撫使，玘知汝州。

李　　忠

【夷堅丁志卷九“陝西劉生”條】紹興初，河南爲僞齊所據。樞密院遣使臣李忠往間諜。李本晉人，氣豪，好結交，人多識之。至京師，遇舊友田庠，亡賴子也，知其南來法當死，捕告之賞甚重，輒持之曰：“爾昔貸我錢三百貫，可見還。”李忿怒曰：“安有是？吾寧死耳。”陝西人劉生者，聞其事，爲李言：“極知庠不義，然君在此如落穽中，奈何可較曲直？身與貨孰多？且敗大事。盍隨宜餌之。”李猶疑其爲庠游説。然亦不得已，與其半。劉曰：“勿介意。會當復歸君。”李佯應曰：“幸甚。”庠得錢買物，將如晉絳。劉曰：“我亦欲到彼，偕行可乎？”即同塗。過河中府，少憩于河灘。兩人各攜一擔僕，共坐沙上。四顧無人。劉問庠鄉里年甲。具答之。劉曰：“然則汝乃中國民，嘗食宋朝水土矣。”庠曰：“固然。”劉曰：“我亦宋遺民，不幸淪没僞土，常恨無以自效。朝廷每遣人探事，多採道聽塗説不得實。幸有誠愨如李三者，吾曹當出力助成之。奈何反挾持以取貨！”庠譁曰：“是固負我。”劉曰：“吾素知此，且詢訪備至，甚得其詳。吾與汝無怨惡，但恐南方士大夫謂我北人皆似汝，敗傷我忠義之風耳。”遂運斤殺之。僕亦殺其僕。投屍於河。并其物復回京師，盡以付李，乃告之故。李欲奉半直以謝。劉笑曰：“我豈殺人以規利乎？”長揖而別。李南還説此，而失劉之名，爲可惜也。

　　以上樞密院使臣李忠
【三朝北盟會編卷二〇一“紹興十年六月十一日甲寅劉錡及兀尤戰于順昌

府下，兀尤敗走”條引楊汝翼順昌戰勝破賊錄】紹興十年六月十四日，金人
退。方當圍城，太尉（劉錡）曉夜城上，寢食皆廢，閱月之間，略不以家事經
意；故能激勵士心，皆爲之用。遇臨敵則躬親鼓旗，賈作士氣；先下令不得
斫級奪馬及掠取一物一件。至有效命如游奕統領田守忠，中軍正將李忠
之徒，恃勇深入，率皆手殺數十人而後死。（許刻本“殺”字下脫一字，作
“手殺十人”，今據建炎以來繫年要錄卷一三六補。）悉取前後陣歿將士鑿
土埋瘞，仍復存卹其家種種。至閏六月二十七日，准安排全軍功賞，逐隊
列單申姓名，一一覈實。初，田守忠、李忠輩陷陣，本軍將佐不即救援，亦
皆免死而被責。其能致力策應者，仍給賞。如陣歿之家，亦各優厚周卹。
斯又見太尉信賞必罰，出人意表如此者。

　　以上劉錡將李忠

【三朝北盟會編卷一四八紹興元年九月二十四日丁巳“王彥敗李忠於秦郊
店，忠奔於劉豫”條】李忠，本曹端之部曲也。曹端與王闇退襄陽，屯於中
廬。闇殺端，欲自統其軍。（曹端乃劉延慶部曲。延慶死。京師陷。端走
京西爲盜。程千秋通判江陵府，遣人召曹端屯於襄陽城下。桑仲寇襄陽，
千秋使曹端御之。端不用命。千秋使人說王闇使圖曹端。闇，端之稗將，
遂殺端。見會編卷七十、卷一四一。）忠不從，與其衆戴白頭巾，聲言爲端
報仇；聚衆數萬，號“權京西南路副總管”，擾於京西。漸犯金州界，有闚川
蜀之心。遂具公狀申宣撫司，乞下洋州關隘照會。張浚以爲憂，遣提舉一
行事務顏孝隆、稟議官蓋諒，馳詣金州，以撫慰爲名，深覘其意；并以黃敕
差忠知商州，兼永興軍路總管。孝隆至軍中，申宣撫司，稱：“忠實有兵二
十五萬有奇。”諒覘知“忠不遜，刲質孝隆，不肯赴商州任”；申宣撫司乞爲
備。浚以孝隆爲怯，委興元帥王庶收接忠入關，仍散處其衆於興元洋州境
內。庶移文忠：“疾速發赴新任。如願入關，仰於關下解甲結隊以次進
發。”忠去關二十里駐兵，回翔數十日，無解甲意。一夜，殺孝隆，引去。攻
金州。鎮撫使王彥率兵控禦。忠沈鷙善戰，又其下皆河北驍勇；官軍與戰
輒不利。一日，彥與忠戰於豐里，令提舉官趙橫率門軍駐於山上，爲官軍
之策應；別遣精兵與忠接戰。彥於高山上觀之。官軍少卻。彥麾橫救之，
不應。官軍遂敗。彥內憾橫而外猶存禮貌也。彥退舍秦郊。見路傍居
民，則麾之使去，曰：“賊甚銳，不可當也。”忠遂陷諸關。彥令將士盡伏山
谷間，息烽燧，偃旗幟，不鳴金鼓，禁樵採，又焚秦郊積聚若真遁者；以誘
賊。秦郊去城才二十里，道路夷坦，寂無人聚。彥悉出府庫所有召募必死
士，得千餘人，改易麾幟軍號，設奇以候其至。戰之前一日，游騎出秦郊。

彥召將佐曰："賊必以我爲遁。明日，當悉其家屬乘勢長驅以入郡城。"夜半，分官軍爲三以邀其衝。又以五百騎伏於林間。丁巳凌晨，賊果大至。官軍逆戰，聲震山谷，勝負猶未分也。俄伏騎張兩翼繞出奮擊，賊大奔潰，擒馘萬數，俘生口無算，輜械蔽野。追襲至於永興軍，至秦嶺，因收復乾祐縣以歸。忠奔於劉豫。時金州廩無儲積，士有飢色。所得資幣，盡分部伍，人皆謹悦。彥方退舍秦郊也，告急於宣撫司。興元帥王庶遣偏將酈晟及馮賽等赴援，忠已敗走。賽由間道乘之，斬其大將曹威、張敵萬，腹心蔡大路三人。盡獲顏孝隆所齎黄敕告劄等。賽者，孝隆之將也，自盧氏縣隨隆至興元府，故庶用之。（會編卷一九八引續麾爲王彥所撰行狀，敘彥破李忠事，與此卷文多同而所敘甚略，故不復録。）

以上京西叛將李忠

紹興間三李忠：其二爲愛祖國者，其一爲背叛祖國者。不知孰爲水滸傳李忠。

張　横

【大金國志卷十一紀年熙宗孝成皇帝皇統二年（原注：時宋紹興十二年也。）】是年，太原義士張横敗國兵于憲州，（按：憲州，海陵天德三年改爲管州。）擒嵐、憲兩州同知及岢嵐軍叛官。（按：岢嵐軍，世宗大定二十二年升爲州。）平陽義士梁小哥敗國兵於太行，殺契丹都統馬五太師。傳云：張横有衆一十八人，嘯聚於嵐、憲之境。大金捕之，往往失利。至是，帥府遣兩州同知及判官領太原兵千五百人追捕。既與張横相遇，望風而潰，多墜崖死。兩州同知與判官盡爲横所擒。梁小哥有衆四十人，時破平陽府、神山縣，（神山縣，掃葉山房本誤作"神仙縣"，今逕改。神山，大定七年更爲浮山。）去帥府五百里遠。總管判官鄧爽以三千人討之；三夕之間，兩次驚潰。至第四日，有契丹都統馬五太師領契丹鐵騎五百與爽軍會，大詬其怯，併爽之軍，率衆先登而戰。爲梁小哥首殺之。五百餘衆，盡皆犇散。夫以横與小哥無六十人，（六十人當是將。史稱宋江以三十六人横行河朔、京東，官軍數萬，無敢抗者。三十六人亦是將也。）而乃對大金六千之衆，梟擒主將，追犇逐北；則今之大金，非昔之大金矣。倘宋朝有志恢復燕雲等路；漢軍縱不南歸，豈不北走哉？

金史卷七十九徐文傳："宋康王渡江，以功遷淮東浙西沿海水軍都統制。是時李成、孔彥舟，皆歸齊。宋人亦疑文有北歸志。文乃率戰艦數十艘,泛海歸於齊。齊國廢,元帥府承制以文爲南京步軍都虞候,權馬步軍都指揮使。天眷元年,破太行賊梁小哥。"自天眷元年至皇統二年,歷時凡五載。然則張橫、梁小哥,固長期抗金者也。

王 倫

【歐陽文忠公集卷九十八論沂州軍賊王倫事宜劄子(原注:慶曆三年。)】臣近聞沂州軍賊王倫等殺卻忠佐朱進,打劫沂、密、海、揚、泗、楚等州。邀呼官吏,公取器甲。橫行淮海,如履無人。比至高郵軍,已及二三百人,皆面刺"天降聖捷指揮"字號。其王倫仍衣黄衫。據其所爲,豈是常賊?驟聞可駭,深思可憂。臣竊見自古國家禍亂,皆因兵革先興而盜賊繼起,遂至橫流。後漢、隋、唐之事,可以爲鑑。國家自初兵興(按:兵興指用兵西夏。)必知須有盜賊,便合先事爲備。而謀國之臣昧於先見,致近年盜賊縱橫,不能撲滅。未形之事,雖或有所不及;已兆之患,豈可因循不爲。臣遍思天下州軍,無一處有備。假令王倫等周游江海之上,驅集罪人,徒衆漸多,南越閩、廣而斷大嶺,西走巴峽以窺兩蜀;所在空然,誰能禦之。若不多爲方略,竊恐未可剪除。而朝庭之臣,尚若常事,不過差一兩人使臣領兵捕捉,此外更無處置。竊以去患宜速,防禍在微。伏望陛下深懼禍端,督責宰輔,早爲擘畫,速務剪除。臣亦有短見數事,謹具條列以裨萬一:

一乞訪尋被殺朱進或有兒男,便與一官,令其捕賊以復父仇。仍許令乘驛隨逐指射兵士隨行。

一竊知王倫在沂、密間只有四五十人,及至高郵已二三百人,皆是平民被其驅脅。欲乞除軍賊不赦外,特赦驅脅之人,先與安慰其家,各令家人以書招諭。有能殺軍賊脱身自歸者,等第重與酬賞。可使自相疑貳,壞散凶徒。

一竊慮江淮諸處先有賊盜,漸與王倫合勢,則凶徒轉熾,卒難剪滅。欲乞指揮募諸處賊有能謀殺軍賊者,亦等第重行酬獎。可使賊心自疑,徒黨難集。

一乞出榜招募諸處下第舉人及山林隱士負犯流落之人,有能以身入賊籌殺首領,及設計誤賊陷於可敗之地者,重與酬獎。所貴凶黨懷疑,不肯招延無賴之人以爲謀主。

一竊見朝廷雖差使臣領兵追捕,而凶賊已遍劫江淮。深慮趕趁不及,徒黨漸多。欲乞特差中使馳騎,先計會沿江淮諸路州軍,會合巡檢縣尉,預先等截;續發禁兵隨後追逐。所貴不至走透。

右臣所陳五事,伏乞詳擇施行。外有先被王倫脅從人等首身者百餘人,其中有當與酬賞及合行分配者,乞早賜施行,用安反側。謹具狀奏聞。【同書同卷再論王倫事宜劄子(原注:慶曆三年,據李燾續資治通鑑長編此劄子於慶曆三年六月癸丑上。)】臣竊見近日四方盜賊漸多,凶鋒漸熾,撲滅漸難。皆由國家素無禦備,官吏不畏賞罰。臣謂夷狄者皮膚之患,尚可治;盜賊者腹心之疾,深可憂。而朝廷弛緩,終未留意。每遇有一火賊,則臨事驚駭倉皇,旋發兵馬,終不思經久禦賊之計。只如王倫者,今若幸而剪撲,則其殺害人民,爲患已廣。如更未能剪撲,使其據城邑,則患禍不細矣。臣數日前已有奏論,只是條列招捉王倫一火事宜。至如池州、南京、鄧州諸處,強賊甚多。今後亦須禁絕其端,不可更令頻有。臣欲乞陛下特勅兩府大臣議定經制。臣亦有短見數事,備列如後:

一臣竊見王倫所過楚泰等州,知縣縣尉巡檢等并不鬭敵,卻赴王倫茶酒,致被奪卻衣甲。蓋由法令不峻,無所畏稟。官吏見朝廷寬仁,必不深罪;而賊黨凶虐,時下可懼;寧是畏賊不畏朝法。臣今欲乞凡王倫所過州縣奪卻衣甲處官吏,并與追官勒停。其巡檢仍先除名,令白身從軍自效。俟賊破日卻議敘用。仍今後此爲例。(修所陳五事,今只錄第一事。)

【同書卷一百論京西賊事劄子(原注:慶曆三年。)】臣竊聞近日張海、郭貌山,與范三等賊勢相合,轉更猖狂。諸處奏報,日夕不絕。伏惟聖慮必極憂勞,不聞廟謀有何處置。臣竊見朝廷作事常有後時之失,又無慮遠之謀。患到目前,方始倉忙而失措;事才過後,已卻弛慢而因循。昨王倫暴起京東,轉攻淮甸,橫行千里,旁若無人。既於外處無兵,須自京師發卒。孫惟忠等未離都下,而王倫已至和州矣。賴其天幸,偶自敗亡。然而驅殺軍民,焚燒城市,瘡痍塗炭,毒遍生靈。此州郡素無守備而旋發追兵,誤事後時之明驗。

【宋蘇轍龍川別志卷下】慶曆中,劫盜張海(按:張海當作王倫,下同此。)橫行數路。將過高郵,知軍晁仲約度不能禦,諭軍中富民出金帛市牛酒,使人迎勞,且厚遺之。海悅,徑去,不爲暴。事聞,朝廷大怒。時范文正在政府,富鄭公在樞府。鄭公議欲誅仲約以正法,范公欲宥之,爭於上前。富公曰:“盜賊公行,守臣不能戰,不能守,而使民釀錢遺之,法所當誅也。不誅,郡縣無復肯守者矣。聞高郵之民疾之,欲食其肉,不可釋也。”范公曰:“郡縣兵械足以戰守,遇賊不禦而又略之,此法所當誅也。今高郵無兵與械,雖仲約之義當勉力戰守,然事有可恕,戮之恐非法意也。小民之情得

釀出財物而免於殺掠，理必喜之，而云欲食其肉，傳者過也。"仁宗釋然從
之。仲約由此免死。

【宋王得臣麈史卷上（涵芬樓本，以厚德錄卷四引校。）】神文（仁宗）時慶曆
間，淮南有王倫者，嘯聚其黨，頗擾郡縣。承平日久，守令或有棄城而出
者。事定，朝廷議功罪。富鄭公在樞密，凡棄城者，請論如法。范文正參
預大政，爭之，以爲不可。"今淮南郡縣，徒有名耳。其城壁非如邊塞，難
以責城守。"神文睿德寬仁，故棄城者得以減死論。既退，鄭公忿謂文正
曰："六丈當欲作佛耶。"范公曰："主上富於春秋，吾輩輔導當以德。若使
人主輕於殺人，則吾輩亦不得容矣。"鄭公嘆伏。

【宋司馬光涑水紀聞卷四】陳執中以前兩府知青州，兼青齊一路安撫使。
轉運使沈邈陳述右之徒輕之，數以事侵執中，言以卒數萬餘修青州城，民
間苦之。集賢校理李昭遘上言執中之短。詔以昭遘疏示之。執中慚恚，
上疏求江淮小郡。詔不許。會賊王倫起沂州，入青州境。執中謂青齊捉
賊傅永吉曰："沂州，君所部也。今賊發部中，又不能獲，君罪大矣。"永吉
懼，請以所部兵迫之，自謂必得。賊自青、齊、歷楚、泗、真、揚，入蘄、黃。
永吉自後緩兵驅之。賊聞後有兵，不敢頓舍。比至蘄、黃，疲敝不能進，黨
與稍散。永吉追擊，盡殺之。上聞之，嘉永吉，以爲能。超遷閤門通事舍
人，又遷閤門使。入見，許升殿。上稱美永吉獲倫之功。永吉對曰："臣非
能有所成也，皆陳執中授臣節度，臣奉行之，幸有成耳。"因極言陳執中之
美。上益多永吉之讓而賢執中。因問永吉曰："執中在青州凡幾時？"對
曰："數歲矣。"未幾，上謂宰相曰："陳執中可爲參知政事。"於是諫官蔡襄、
孫甫等爭上言："執中剛愎不才，若任以政，天下之不幸。"上不聽，諫官爭
不止。上乃命中使齎敕誥即青州授之，且諭意曰："朕欲用卿，舉朝皆以爲
不可。朕不惑人言，力用卿耳。"

【宋李燾續資治通鑑長編卷一四一】慶曆三年五月癸巳，京東安撫司言：
"本路捉賊虎翼卒王倫等，殺沂州巡檢使御前忠佐朱進以叛。"遣東頭供奉
官李沔，左班殿直曹元喆、韓周往捕擊之。

【同上書卷一四二】慶曆三年七月乙亥，江淮制置發運使言："捕殺軍賊王
倫於和州。"倫初起沂州，欲寇青州，不得入。遂轉掠淮南，所向莫敢當。
京東安撫使陳執中遣都巡檢傅永吉追之。制置發運使徐的督諸道兵合擊
倫於歷陽。兵敗，被殺。歷陽縣壯丁張矩等得其首級。的具以聞。八月
辛亥，賞捕殺王倫之功。

【宋史卷一一仁宗紀】慶曆三年五月，虎翼卒王倫叛於忻州。（"忻州"乃

"沂州"之誤。畢沅續資治通鑑卷四五考異已辨之。)秋七月乙酉,獲王倫。
【同上書卷二八五陳執中傳】陳執中字昭譽,以父恕任爲秘書省正字。累
遷衛尉,寺丞,知梧州。明道中安撫京東,進天章閣待制。使還知應天
府,徙江寧府、揚州。再遷工部郎中。改龍圖閣直學士,知永興軍。拜右
諫議大夫,同知樞密院事。罷,知青州。又以資政殿學士知河南府。改尚
書工部侍郎,陝西同經略安撫招討使。就知陝州。復知青州。於是請城
傅海諸州。朝廷重興役,有詔不許。執中不奉詔,卒城之。明年,沂卒王
倫叛,趣淮南。執中遣巡檢傅永吉追至采石磯,捕殺之。召拜參知政事。
諫官孫甫、蔡襄極論不可。帝遣使馳賜敕告。踰年,拜同中書門下平章
事,集賢殿大學士,兼樞密使。

　　清錢大昕十駕齋養新錄卷十二"宋人同姓名"條云:"王倫:一,仁
宗時虎翼軍,以反逆誅。見長編。一,大名人,紹興奉使,死於金國。
有傳。"按:炎紹間王倫,大名莘縣人,宋真宗宰相旦弟勗玄孫。家貧
無行,不能治生。爲任俠,往來京洛間,數犯法,幸免。年四十餘,尚
與市井惡少群游汴中。炎紹間屢使金請和。紹興九年,和議成,金以
河南陝西地歸宋。倫自汴京赴金議事,金人拘之於河間。十年,金渝
盟,復取河南陝西地。十一年,再議和。於是宋使之留金者多遣還。
獨留倫不遣。倫居河間六載。至十四年,金欲以倫爲平灤路都轉運
使,倫辭不受。遂見殺。年六十一。宋金史皆有傳。綜其行事,與水
滸傳王倫不類,決非一人。至沂州虎翼軍王倫,乃反抗北宋統治者出
色人物之一。其起義雖在慶曆三年,而紹聖間陳師道上曾樞密(曾
布)書、靖康元年孫覿論和戎劄子,猶以王倫爲言。師道之言曰:"今
軍衛多西戍,山東城郭一空。卒有盜賊乘間而作,乃其小者。不幸而
有奸雄出焉,其成敗孰得知之? 某不更遠引,直以慶曆以來耳目所及
者明之。王倫、張海,行半天下,所至潰壞。守令或走或降,莫敢枝
梧。至出衛軍,用邊將,而官軍所至甚於盜賊。民至今談之。"(後山
先生集卷十四。"其成敗孰得知之",適園叢書本誤作"孰得居之"。
今據呂祖謙皇朝文鑑卷一一九改。)覿之言曰:"臣竊讀國史,見寶元、
康定間,趙元昊爲嫚書邀大名。舉朝忿然。於是決意用兵。所向輒
敗,一方騷然。大盜王倫轉掠江淮間。中國耗虛,邊民疲敝。天子厭
兵,卒賜元昊夏國主。(鴻慶居士集卷二十七)由是觀之,則慶曆間王
倫之起義爲宋朝一大事可知矣。倫起沂州,入淮南,踪跡與宋江略
同,且與江同爲京東人。故余疑水滸傳所叙梁山濼王倫,實即沂州虎

翼軍王倫。倫本人傑,而水滸傳謂倫是不第秀才,無武藝;倫本仁宗時人,而水滸傳以爲徽宗時人。蓋演説家口授,以訛傳訛耳。

王　進

【三朝北盟會編卷一三五建炎三年十二月二十五日己亥"張俊敗金人於明州"條】金人犯明州。張俊欲遣人硬探;無敢應者。有軍兵任存請行。俊壯之,曰:"汝果能得其實,當與汝官。"存拜謝而行。不旋踵,以手提二級而還,具得金人之虛實。俊大喜,遂決用兵之計,亦會隱士劉相如勸俊戰,乃令統制劉寶與戰,不勝。再命王進、黨用、丘横迎敵。用與横皆被傷。楊沂中、田師忠再戰,又不勝。李寶繼進,苦戰。李直率諸班直以舟師來助。劉洪道又率兵射其旁。金人乃敗而稍退去。俊戒將士:"毋驕! 毋惰! 且虜人侵軼數千里,如入無人之境,其謂我不能軍,有輕我之心。今一旦失利,彼將奮怒,必再來。"乃清野高橋,閉關自守。奏任存之功,特授承節郎。王進者,延安人,少爲軍卒。是役也,身先士卒,獨立奇功,驟加正使,賜金帶,俊拔用爲將。

【同上書卷一六五紹興四年十二月三十日癸卯"王進薄金人於淮執其酋程師回張建壽"條】金人自六合而歸也,張俊命王進曰:"虜騎無留心,必徑渡淮而去。可速進兵,及其未濟擊之。"進往,虜且渡。遂薄諸淮,大敗之,獲其酋首程師回、張建壽,皆名將也。(程師回,歸宋爲江西大將,紹興十二年遣還北方。見夷堅乙志卷十五。)

【同上書卷二百十二紹興十二年十二月十四日壬申"王進爲池州太平州駐劄御前諸軍都統制"條】王進初爲張俊帳下提轄,專背印隨行,軍中呼爲"背印王"。從破李成於江西、淮南,屢收勇功。擢爲中軍統領。紹興四年,升中軍同統制。五年,累遷龍神衛四廂都指揮使、安遠軍承宣使、選鋒總制。劉寶卒,進爲統制。至是,除池州太平駐劄御前諸軍都統制。不卹士卒,唯厚結王繼先及諸内侍以久其權。士卒皆不喜之。

【同上書卷二百十九紹興二十四年八月"敕葬張俊"條引林泉野記】張俊,字英伯,秦州山陽人。("山陽"當作"三陽"。三陽,寨名,在秦州。見元豐九域志卷三。)紹興四年,大金兵犯淮東。以俊爲浙西江東宣撫使,領兵至鎮江。命統制張宗顏戰於真州六合縣,敗之。命其將盧師迪戰真州烏墩鎮,敗之。又戰於烏石山,敗之。五年,師迪戰於龍山,敗之。命統制王進戰盱眙,敗之。其將張元戰白塔,敗之。進又同楊忠閔往戰於淮河,敗之,降其將程師回、張延壽二人。又命統制高舉戰於天長軍,敗之。王進、高舉、盧師迪,皆俊之將也。二十四年七月薨。追封循王。敕葬常州無錫縣。其麾下將佐,若楊存中、田師中、王德、趙密,皆爲三公、節鉞;張宗顏、劉寶、王進、馬立、王章,皆顯仕。

　　史書炎紹間王進名屢見,決非一人。以其事分見於各卷各年中,前後多不相貫穿;故不能一一考訂,以某一事屬某一人。大抵炎紹間至少有三四個王進,皆武人。余將別爲文記之,今不暇細論。至水滸傳王進乃京師人久寓延安者,而史書張俊部曲王進適爲延安人。故余疑水滸傳王進即張俊部曲王進。

李　　成

【宋史卷二十五高宗紀二】建炎二年八月,河北京東捉殺使李成叛。辛巳犯宿州。

　　　　三朝北盟會編卷一百十八引汪伯彥時政記曰:李成者,雄州歸信縣弓手也。寡言笑,重然諾,譎詐不情,以驍勇聞於河朔。有衆數千。假行仁義,能以甘言撫慰其士卒,故能得其衆心。累功知歸信縣。雄州失守,成妻子在城中,爲亂兵誅戮。成率其衆萬人,各扶老携幼,渡河來歸。朝廷授以右武大夫、忠州防禦使,充京東河北路都大捉殺使。朝廷慮其黨太盛,命分二千人往南京,一千人宿州把截糧料,餘衆令押赴行在。成遣部將史亮者統所分之人行。亮至宿州,輒剽掠居民,焚汴河橋。成躡其後,復逗遛懷貳不進。朝廷得其奸謀,命劉光世追討。卷二百十五引金李大諒征蒙記曰:大諒本貫雄州歸義縣。父成,先係雄州弓手。於宣和七年累立戰功,自保義郎轉至修武郎。准瀛州高陽關路安撫使司劄副,父統衆迎敵,又累立戰功,轉武略大夫、閤門宣贊舍人。又功轉右武大夫、忠州防禦使。奉宋命統衆守援河間以來,遭大兵圍閉,又充四城提點兼安撫司統領。累奉宋朝命令統義兵收復山東、河北、京畿等路群盜,立功轉青州觀察使。又累與北兵戰敵,父兵寡,力不敵,渡江歸宋。)
冬十月戊午遣劉光世討李成。十一月辛巳朔,劉光世及李成戰於新息縣,成敗走。

　　　　三朝北盟會編卷一百十九建炎二年十一月二十二日"知濟南府劉豫權知淄州李某降於金人"條曰:初,李成敗於劉光世也,轉寇淄州。攻擊僅兩月，不下。迪功郎李某權知州，固守之。成糧漸盡，侵濟南府界，擾於外邑。淄州求救於滄州劉錫，濟南府亦求救於滄州。兩州皆堅守拒成，以待外援。會金人侵山東，先至濟南府。劉豫謂滄州救兵來矣，既不為守禦備。開（門）納之，乃金人也，遂就投拜。

金人未至淄州前一日，成起軍轉城而似欲退去者。淄州人疑之，莫測其故。俄而擺列諸軍於城下，盡發諸寨老小先行。是夜神霄宮火，焚燒諸寨。淄州人謂成果退去矣。翌日，金人軍馬逼城。淄州人亦謂是滄州救兵，乃具香花於城上，望塵歡噪。既而知是金人，遂就投拜。

卷一百三十建炎三年七月九日“潰軍郭仲威據淮陽軍”條曰：郭仲威初與李成皆在淄州。金人舉兵侵京東，仲威與成皆離淄州。成往宿州泗州，仲威往淮陽軍。

卷一百三十二建炎三年閏八月十四日“李成遣人詣行在受招安未回復反”條曰：李成在泗州，聲言願歸朝廷，因曾劫杜充老小，於汴河殺二萬餘人皆盡，不敢赴行在。朝廷聞之，遣人齎文字往招安。成大喜，待使人甚厚。成欲遣人隨使人赴行在，軍中皆恐懼不敢行。有張琼者，安肅軍人，語言稍辯利，略知書，能謳小詞。成之將佐會飲，則置琼於坐隅，令謳詞助歡。軍中號為“小張”。於是軍中將佐皆舉琼行。成遂命琼。琼亦願赴行在。乃具受招安之狀，隨使人至行在。宰相呂頤浩引問琼。琼具道成不敢負朝廷願招安之意。頤浩喜，授琼秉義郎，令招成赴行在。琼曰：“琼不願為秉義郎。”俟琼再往李成軍中，宣布聖上德意及具道廟堂威望，招李成同赴行在。琼元是安肅軍軍學學生，願乞一文資恩澤。頤浩尤喜，乃授以承務郎。且曰：“俟爾幹事回，當遷官升加職名。”遂齎文字復往招成。未至泗州，成已復反。琼遂歸。琼以承務郎受溫州監酒而去。初，成令泗州進士許道作謝表，有曰：“恨非李廣之無雙，願効顏回之不貳。”有旨：“為文人婉順，先發赴行在。”行至滁州白塔寺，成回，遂復反。

建炎三年九月癸亥，賜宿泗州都大提舉使李成軍絹二萬匹。成尋復叛。　十月辛卯，李成陷滁州，殺守臣向子伋。　十二月癸卯，李成自滁州引兵之淮西。

建炎四年二月丙申，李成入舒州。　五月乙丑，以李成、吳翊為鎮撫使，成舒蘄，翊光黃。　七月丁卯，金人立劉豫為帝，國號齊。　八月壬申，李成請降於江州，詔撫納之。丙戌，命李成、吳翊捍禦上流，翊棄城去，以成爲四州鎮撫使。 九月丁巳,李成遣馬進犯興國軍。 十月壬申,命楊惟忠王瓊討李成。己卯,(宋史作"乙卯",誤,今據會編卷一四三改。)馬進犯江州。甲午,命楊惟忠率兵屯江州。十一月丁未,呂頤浩會楊惟忠,與馬進戰南康軍,不利。戊申,頤浩遣巨師古救江州,爲進所敗,師古奔洪州。 十二月壬申,命孔彦舟援江州。丁丑,馬進分兵犯洪州。乙未,以張俊爲江南招討使,討李成。

紹興元年正月戊申,馬進陷江州,守臣姚舜明棄城走。端明殿學士王易簡等二百人皆遇害。己酉,岳飛引兵之洪州。 二月庚午,李成黨邵友犯筠州,守臣王庭秀棄城去;辛未,犯臨江軍,守臣康倬遁。甲申,詔王瓊、張俊掎角討捕馬進等賊。己丑,孔彦舟、呂頤浩、張俊會兵討李成。 三月戊戌朔,呂頤浩遣崔增、王瓊合兵擊李成於湖口,大敗之。丙午,張俊、楊沂中、岳飛渡江擊馬進,大敗之。己酉,李成犯饒州。庚戌,張俊、楊沂中復擊馬進於筠河,敗之。復筠州。進奔江州。甲子,始下詔罪李成,募人禽斬,赦脅從者。張俊追馬進至江州,進戰敗,遁去。乙丑,進復江州。楊沂中、趙密引兵追擊進,又大敗之。成奔蘄州。 五月丁酉,始奪李成官。是月,張俊及李成戰黄梅縣,殺馬進;成敗遁,歸劉豫。 八月乙酉,以李成在順昌,恐復謀亂,遣使齎蠟書諭淮寧、蔡州將士,立賞格,募人斬李成。 十月乙丑,李成軍正李雱伏誅。(李成建炎四年二月入舒州,得前秘書省正字李雱。雱以王命不通,金人在江浙間,妄生向背心,遂以成爲一時之英雄,投書於成,請順流而據金陵,號告浙江,以觀天意。成不從,留雱於軍中。見會編卷一三七。)

紹興二年六月壬寅,孔彦舟叛,降偽齊。

紹興三年夏四月丙申,偽齊李成攻陷虢州。 冬十月己亥,偽齊李成陷鄧州。壬寅,偽齊兵逼襄陽,李横棄城奔荆南。甲辰,偽齊陷郢州。

紹興四年五月甲寅,岳飛復郢州,斬偽齊守荆超。丙寅,李成棄襄陽去,岳飛復取之。癸酉,偽齊收李成餘衆,益兵駐新野;岳飛與別將王萬夾擊,復大敗之。 七月壬戌,岳飛遣統制王貴、張憲擊敗李成及金兵於鄧州之西,復鄧州,擒其將高仲。

紹興六年八月,岳飛及偽齊李成、孔彦舟連戰至蔡州,克之;偽守劉永壽舉城降。

紹興七年十一月丁未,金帥撻懶、兀尤入汴京,執偽齊劉豫,廢爲蜀王。 十二月癸未,王倫等使還,入見,言金國許還梓宮及皇太后,又許還河南諸州。

紹興十年五月己卯，金人叛盟。己丑，金人陷西京，鈐轄李興帥兵拒戰，不克。　閏六月丁酉，李興復汝州，與金人戰於河清縣，敗之，復伊陽等八縣；李成遁去。　八月壬午，李成犯西京，李興擊卻之。
【金史卷七十九李成傳】李成，字伯友，雄州歸信人。勇力絕倫，能挽弓三百斤。宋宣和初，試弓手，挽強異等。累官淮南招捉使。成乃聚衆爲盗，鈔掠江南。宋遣兵破之，成遂歸齊。累除知開德府。（宋開德府，金皇統四年改爲開州。）從大軍伐宋。齊廢，再除安武軍節度使。（宋冀州安武軍節度。金因之。三朝北盟會編卷一百八十二載天會十五年十一月日金虜廢齊後差除：一李成，殿前太尉兼知許州。卷二百十五引李大諒征蒙記曰：父成，天眷元年知鄭州。特授鎮海軍節度使、輔國上將軍，充山東路留守，東平住坐。）成在降附諸將中最勇鷙，號令甚嚴，衆莫敢犯。臨陣身先諸將；士卒未食，不先食。有病者親視之。不持雨具，雖沾濕自如也。有告成反者，宗弼察其誣，使成自治。成杖而釋之，其不校如此。以此士樂爲用，所至克捷。宗弼再取河南。宋李興據河南府。成引軍入孟津，興率衆薄城，鼓譟請戰。成不應。日下昃，興士卒倦且飢。成開門急擊，大破之。興走漢南。成遂取洛陽、嵩、汝等。河南平，宗弼奏成爲河南尹、都管、押本路兵馬。嘗取官羨粟充公費，坐奪兩官，解職。正隆間，起爲真定尹。（三朝北盟會編卷二二四：紹興二十六年正隆元年十二月，金人以李成知中山府。）封郡王，例封濟國公。卒年六十九。

三朝北盟會編卷一百十八“劉光世敗李成於上蔡驛口橋”條引汪伯彥時政記云：“李成掠宿州，朝廷命劉光世討之。成僅以身免。得其秘篋與所用提刀。上謂黃潛善、朱勝非曰：昨日於光世處取得成所用提刀來看。其刀重七斤。（“刀重七斤”句疑有脱誤。金史徐文傳云：勇力過人，揮巨刀重五十斤。）成能左右手輪弄兩刀，所向無前。惜也臣節不忠，朕不得用之。”今百回本水滸傳第六十六回“吴用智取大名府”篇，云：李成使雙刀。此猶可謂偶合也。會編卷二百七引岳侯（岳飛）傳云：“建炎四年，充通泰鎮撫使。時賊首李成自呼李天王，據淮西、淮南數州。”今百回本水滸傳第十二回“楊志賣刀”篇云：“大名府留守司兩箇都監：一箇喚做李天王李成。”名號皆同。此則不得謂之偶合矣。故余謂炎紹間在江淮作過之李成，即水滸傳之大名都監李成。據征蒙記，成於宣和七年准瀛州高陽關路安撫使劄付，統衆迎敵。又奉命統衆守援河間，遭大兵（金兵）圍閉，又充四城提點兼安撫司統領。考黃潛善以靖康間知河間府兼高陽路安撫使。則成本黃潛善偏將，未嘗官大名。又其時宋江三十六人降已久，無緣與宋江爲敵。此則小説家言，不足怪也。成，宋史叛臣傳無傳。金史李成傳則詳其在金時事，叙成在宋事殊略。唯三朝北盟會編、建炎以來繫年要録所叙成事甚多。文繁不能備引。今姑從宋史高宗紀中，摘出成事若干條，并金史李成傳書之，以見大概。至三朝北盟會編卷二百載岳飛承局有李成。又載紹興間有旗手李成（旗手李成忘在第幾卷中）。承局、旗手，乃小吏小校，決非水滸傳李成也。

附一

夷堅志與水滸傳

【夷堅甲志卷一“黑風大王”條】汾陰后土祠，在汾水之南四十里，前臨洪河，連山爲廟，蓋漢唐以來故址，宮闕壯麗。紹興間陷虜。女真統軍黑風大王者，領兵數萬，將窺梁、益。館於祠下，腥羶汙穢，盈積如阜，不加掃除。一夕，乘醉欲入寢閣觀后真容，且有媟瀆之意。左右固諫，弗聽。率十餘奴僕徑往。（支甲卷二“黑風大王”條作“率四十餘奴僕徑往”。）未及舉目，火光勃鬱，雜烟霧而興，冷逼於人，（支甲卷二作“冷氣激人”。）立不能定。統軍懼，急趨出，殿門自閔。有數輩在後，足跟爲闔扇斷。統軍百拜禱謝，乞以翼旦移屯。至期，天宇清廓，杲日正中，片雲忽從祠上起，震電注雨。頃刻，水深數尺。向之糞汙，蕩滌無纖埃。統軍齋潔致祭，（支甲卷二作“齋戒致祭”。）捐錢五萬緡以贖過。士卒死者什二三。

按：今百回本水滸傳第四十二回，記宋江自江州入梁山後，潛回家搬取其父。鄆城縣都頭趙能、趙得偵知之，率士兵來捉。江奔入一古廟中，藏身於神廚内。趙得將火把來神廚内一照，火柄冲下一片黑塵來。趙得眯目，走出殿門。趙能復引衆入殿，拿着火把，揭起帳幔，五七個伸頭來看。才一看，神廚裏卷起一陣惡風，將火把吹滅了。殿後又卷起一陣狂風，飛砂走石；罩下一陣黑雲，布合上下，冷氣侵人，毛髮竪起。趙能道：“快走！神明不樂！”衆人一閧都奔下殿來，望廟門外跑走。有幾個攧翻了的，也有閃胂腿的。所説與夷堅志“黑風大王”條極相似，蓋即本夷堅志爲之。“黑風大王”見三朝北盟會編卷一百九十六引明庭杰吳武安公（吳玠）功績記，云：“建炎三年春，金婁室殘長安，鼓行而西。不浹旬，降秦州，垂頭熙河。隴右大震。熙帥張

深遣偏將軍劉惟輔禦賊，殺其帥黑風大王。婁室失勢遁走。"卷一百
十六載此事,作"黑峰大王",蓋譯音無定字也。

【夷堅支丁卷四"朱四客"條】婺民朱四客,有女爲吳居甫侍妾。每歲必往
視,常以一僕自隨。因往襄陽,過九江境。山嶺下逢一盜,軀幹甚偉,持長
槍,叱朱使住而發其篋。朱亦健勇有智,因乘間自後引足蹴之;墜于岸下。
且取其槍以行。暮投旅邸。主媼見槍,扣之。遂話其事。媼愕然如有所
失。將就枕,所謂盜者跛曳從外來,發聲長嘆曰:"我今日出去,卻輸了便
宜,反遭一客困辱。"欲細述所以,媼搖手指之曰:"莫要説,他正在此宿。"
乃具飯餉厥夫,且將甘心焉。朱大懼,割壁而竄,與僕屏伏草間。盜秉火
求索,至二更弗得。夫婦追躡於前塗十數里。朱度其去已遠,遽出,焚所
居之屋。未幾,盜歸,倉皇運水救火,不暇復訪。朱遂爾得脱。

　　按:今百回本水滸傳第四十三回前半,記李逵自江州入梁山後,
回鄉搬取其母。至沂州境,路逢一人塗面,自稱爲"黑旋風",叱逵留
下買路錢及包裹。逵怒,持刀與之鬥。其人傷股而仆。逵將殺之。
其人因自言真姓名是李鬼。緣家有老母,無法養贍,因冒"黑旋風"名
劫徑。逵憐之,縱之使去。逵行路飢渴,投一山村人家。一婦人應
門。因請爲具飯。未幾,李鬼跛而歸。婦怪問之,則以逢真"黑旋風"
告,具言其事。婦云:"卻才一黑漢來我家中,教我做飯,莫不是他?
你去看。若是他時,可共毒殺之。"逵潛聽,聞其言,遂殺鬼而焚其屋。
情節與夷堅志"朱四客"條同。知所本即夷堅志無疑也。至其後半記
李逵殺四虎事,全本夷堅甲志卷十四"舒民殺四虎"條,魯迅先生已有
文論之。今不復贅。

【夷堅支丁卷九"陳靖寶"條】紹興甲子歲,河南邠徐間多有妖民以左道惑
眾,而陳靖寶者爲之魁杰。虜立賞格捕之,甚峻。下邠樵夫蔡五採薪於
野,勞悴飢困,衣食不能自給,嘗嘆喟於道曰:"使我捉得陳靖寶,有官有
錢,便做一個快活漢。如今存濟不得,奈何!"念念弗已,逢一白衣人荷擔,
上繫葦度,從後呼曰:"蔡五,汝識彼人否?"答曰:"不識。"白衣曰:"汝不
識,如何捉得他? 我卻識之,又知在一處。恨獨力不能勝耳。"蔡大喜,釋
擔以問。白衣取葦席鋪於破垣之側,促坐,共議所以躡捕之策。斯須起,
便旋路東,回顧蔡,厲聲一喝。蔡爲席載起,騰入雲霄,遡空而飛,直去八
百里墮於益都府庭下。府帥震駭,謂爲巨妖。命武士執縛,荷械獄犴,窮
訊所由。蔡不知置辭,但言:"正在下邠村下,欲砍柴,不覺身已忽然飛來。
實是枉苦。"府移文下邠,即其居訪,逮鄰左,驗爲平民,始獲免。而靖寶竟

亡命。疑白衣者是其人云。

　　按：今百回本水滸傳第五十三回記李逵事云：羅真人以白手帕鋪在石上，喚李逵踏上。羅真人說一聲“起！”那手帕化一片白雲飛起。羅真人喝聲“去！”一陣風把李逵吹入雲端，耳邊只聽得風雨之聲，不覺徑到薊州地界，卻從薊州府廳屋上骨碌碌滾將下來。當日正值府尹坐衙，看見半天裏落下一個黑大漢來，謂是妖人，命獄卒痛打之。喝道：“你那厮快招入妖人，便不打你！”李逵只得招做“妖人李二”。取一面大枷釘了，押下大牢裏去。情節與夷堅志“陳靖寶”條全同。知水滸傳羅真人、李逵事，即本夷堅志。

附二

元明人之梁山濼詩

　　始余讀元明人集，見其中有梁山濼詩，不甚重之，以爲此流連光景之詞，不足道也。一九三九年，余嘉錫先生作宋江三十六人考實，欲廣搜梁山濼掌故，問余梁山濼詩。余姑就記憶所及，從元明人集及明詩綜中，鈔得數家詩與之，聊以塞責而已。而余先生亦未盡用。蓋不重其詞，亦與余同。繼思之，梁山濼在宋時廣袤數百里。歷金至元，雖淤填已高，猶爲巨浸。迨明永樂間凌會通河，築壩東平之戴村，過汶使無入洸而盡出南旺。自是梁山濼不復受汶，僅受東平諸小泉。歲久填淤，遂成平陸。故清初邱海石過梁山泊詩云：“施羅一傳堪千古，卓老標題更可悲；今日梁山但爾爾，天荒地老漸無奇。”以是言之，則元明人詠梁山濼詩，即梁山濼資料也。豈可以爲無用而忽之。自是覆讀元明人詩集時，遇有梁山濼詩，即錄之。歷時既久，多有遺亡。今存者七家，一十六首。其闕者俟更補之。

袁　桷

　　桷，字伯長，慶元鄞縣人。大德初，以薦擢翰林國史院檢閱官。升應奉翰林文字，同知制誥，兼國史院編修官。遷脩撰，待制。延祐間，進集賢直學士。久之，移疾歸。復遣使召入集賢，仍直學士。未幾，改翰林直學士。至治元年，遷侍講學士。泰定初，辭歸。四年卒，年六十二。有清容居士集五十卷。

次韻瑾子過梁山濼三十韻（清容居士集卷五）

滋溪文稿卷九袁文清公墓志銘云：“子男二人：瑾、瑾。”詩云：“南還幸遂願，永雪洗耳恥。”知是南還途中所作。然伯長自京師乞歸南還二次：一在延祐末，一在泰定初。今不知此詩作於何年。

大野猪東原，狂瀾陌左里。書禹貢：“大野既猪，東原厎平。”史記夏本紀作“既都”，集解引鄭玄曰：“大野在山陽鉅野北，名鉅野澤。”東原，地名，今東平郡即東原。太平寰宇記卷一百十一“南康軍都昌縣”條云：“左里城在縣西北四十里，晉盧循所築，在湖（彭蠡湖）左，因爲名，城基猶在。”又“江州德化縣”條云：“彭蠡湖在縣東南，與都昌縣分界。彭蠡湖周迴四百五十里。詩言東平臨大野澤，左里城臨彭蠡湖，而大野澤水靜，勝于彭蠡湖之有狂瀾。按：大野澤一名鉅野澤。鉅即大也。梁山濼即古大野澤之下流。交流千尋峰，會合百谷水。量深恣包藏，神靜莫比擬。碧瀾渺無津，綠樹失其涘。揚帆鳥東西，擊楫鷗没起。長橋篙師歌，短渡販客止。天平雲覆幕，灣迴路成砥。鷹坊嚴聚屯，漁舍暎渚沚。柳絲翠如織，荇帶組交蘺。出日浮鉦金，明霞紆綬紫。一歆澆腸迴，三頮慰顙泚。高桅列魚貫，遠吹生鳳觜。前奔何無休，後進復不已。遠如林鳥旋，疾若坂馬駛。飄飄愧陳人，歷歷見遺趾。流移散空洲，崛强尋故壘。波清鳧聚陣，日落魚會市。土屋危可緣，草廣突如峙。蓮根漲新圩，蒲芽護荒垁。水花碧團團，雲葉白迤迤。凌修出飛泉，闡辟搜故址。緬思重華帝，允屬夏后氏。彝倫著箕疇，偉功傳遷史。目力渺無窮，行跡端可紀。前村抒柔桑，沃壤接良耟。餘芳錦堆爛，宿麥翠圍侈。乃知東魯儒，終作中朝士。養源匯滉瀁，包荒納遐邇。驅駛屢經過，感嘆復慰喜。南還幸遂願，永雪洗耳恥。

梁山濼（清容居士集卷十三）

千頃芙蕖送我船，碧香紅影弄娟娟；梁山風景能消得，不到西湖卻十年。

梁山濼（清容居士集卷十三）

詩有“扁舟數歸路”之句，知亦南歸中途中作。

梁山水濼八百里，容得碧鷗千萬群；愧我扁舟數歸路，晚風掠陣入蒼雲。

嫩草豐茸間軟蒲，一川晴綠映春蕪；平岡散牧分雲錦，簇簇斜陽是畫圖。

大船曬網小船罾，知是吳儂喚得䲣；共説五湖難住卻，朔風吹雨卷千塍。

貢　奎

　　奎,字仲章,寧國宣城人。大德六年,授太常奉禮郎。九年,遷翰林國史院編脩官。至大元年,轉應奉翰林文字。丁父憂。延祐元年服闋,起除江西等處儒學提舉。五年,遷翰林待制。至治元年,以母老乞養歸。泰定元年,母卒。三年,復起爲翰林待制。四年,拜集賢直學士。天曆元年,奉命祠北岳、南鎮,及淮濟瀆。二年,至會稽。以疾歸故里。卒年六十一。所著詩文百二十卷。今行雲林集六卷,乃明弘治間裔孫元禮所編也。

梁山濼次袁伯長韻(雲林集卷六)

　　積水平蕪渺没間,夕陽漁市網如山;扁舟卻逐孤雲去,得似鴟翁照影閒。

　　帖帖汀荷望眼平,微風疏雨葉香清;令人忽憶西湖曲,碧蓋紅妝短棹橫。

　　穹廬已折羊馬稀,水釣欲收鷹鶻飛;日暮津頭哭聲慘,誰家區脱冷無衣?

　　元耶律鑄雙溪醉吟集卷二後凱歌詞"區脱"自注云:"國朝以出征游獵帳幕之無輻重者,皆謂之區脱。凡軍一甲一窨,亦皆謂之區脱。"史傳所載"區脱"即此。史記:"中間棄地各居其邊爲甌脱。"章昭云:"界上屯守處。"漢書蘇武傳:"區脱捕得生口。"服虔云:"區脱土室,北人所作以候漢者也。"師古曰:"區讀與甌同。"以各居其邊及捕生口之説明之,是邏偵者之營幕也,審矣。

　　烟波莽莽不知程,一髮青山天際生;會是歸人舊行路,等閒迴首若爲情?

朱　思　本

　　思本,字本初,號貞一,撫州臨川人。家世業儒,與玄教宗師上卿張留孫爲世姻。思本少出家于龍虎山上清宫爲道士。至元末,與龍虎山道士吳全節俱至京師,師事張留孫。由是承應中朝,出入禁闥。從留孫扈直兩京,最久。大德延祐間,屢奉詔代祀嶽瀆,足跡幾半天下。至治元年,賜號"成德體玄貞□弘遠法師",爲杭州路玄妙觀住持提點。是年還京,有除夕和東坡韻述懷詩。二年爲龍興西山玉隆萬壽宫提點。袁桷在京有詩送之,見清容集卷十二。泰定二年春,奉詔芘衛玄教,乘傳播告江南。夏六月,奉詔代祀南嶽。祀畢,還玉隆。至順元年,朝京。二年夏,仍還玉隆。三年,思本年六十。於是思本住玉隆十有一年矣。以後事不甚詳,蓋老於玉隆者。思本好學,在京師酬應之暇,即以讀書爲事,每至夜分乃寢。尤嗜輿地之學。自至大四年辛亥至延祐七年庚申,歷時十年,成輿地圖二卷;刻石於龍虎山上清宮之三華院。清李兆洛謂地圖計里定方,自思本始。所著詩文有貞一藁二卷。

梁山灤(貞一稿卷二)

大野傳禹功,厥浸連魯衛。薈蔚涵虛怵,蒼茫眩溶瀲。濟陰濟陰郡即曹州。極東原,連雲浩無際。昔爲大盜區,過者常裂眥。今爲堯舜民,共樂太平世。運河經其中,盡日聞榜枻。憶昔淮溯游,瀁瀁環水瀄。圍田千萬頃,蓄泄時啓閉。比屋皆陶朱,紅陳溢租稅。於焉有明鑑,不必勞智慧。苟能用斯術,富庶良可繼。吾言匪迂疏,安得躬獻書?

薩都剌

薩都剌,字天錫,號直齋,回回人。薩都剌者,華言"濟善"也。祖思蘭不花,父阿魯赤。世以勋伐鎮雲代。天錫生於代州(雁門郡),故以雁門爲鄉郡。弱冠成泰定四年進士,授應奉翰林文字。擢南臺監察御史。天曆元年,以彈劾權貴,左遷鎮江録事司達魯花赤。南行臺辟爲掾。繼而御史臺奏爲燕南廉訪司照磨。元統三年(即後至元元年),由燕南除閩海廉訪司知事。後至元三年,進燕南廉訪司經歷。至正三年,擢江浙行省郎中。遷南行臺侍御史。明年,左遷淮西廉訪司經歷。晚年,寓居杭州。後入方國珍幕府卒。所著有雁門集。

余與觀志能俱以公事赴北舟行至梁山泊時荷花盛開風雨大至舟不相接遂泊蘆葦中余折蘆一葉題詩其上寄志能(薩龍光注本雁門集卷六)

元史良吏傳:觀音奴字志能,唐兀(西夏)人,居新州。登泰定四年進士第。由户部主事再轉而知歸德府。後升都水監官。

題詩蘆葉雨斑斑,底事詩人不奈閑?滿瀠荷花開欲遍,客程五月過梁山。

再過梁山泊有懷觀志能二首(薩龍光注本雁門集卷八)

故人同出不同歸,雲水微茫入夢思;記得題詩向葉上,滿湖風雨似來時。

燈火官船夜睡遲,滿湖風露襲人衣;無端驚起沙頭雁,明月蘆花各自飛。

張 以 寧

以寧,字志道,福州古田人。家翠屏山下,因號"翠屏山人"。泰定四年丁卯,年未壯,以春秋登李黼榜進士第。由黃巖判官進六合尹。元統二年冬,坐事免。寓於揚州。曾携子烜入京。後至元六年,由京師還鄉。不久,復返揚州。至正九年徵入京,歷官國子助教,翰林侍讀學士,知制誥。在燕二十年而元亡。明初,例徙南京。復授侍講學士。洪武二年秋奉使安南。三年還,道卒。年七十。有翠屏集四卷。

梁山濼(翠屏集卷二)

風正吳檣去不牽,雪融汶水綠堪憐;菰蒲渺渺官爲市,楊柳青青客上船。

胡 翰

翰,字仲申,一字仲子,金華人。從吳師道、吳萊學爲古文,復登許謙之門。黃溍、柳貫以文名天下,見其文,俱稱之。嘗游燕都,與余闕、貢師泰善。或勸之仕,不應。既歸而天下大亂,奔走山谷間。時至正十二年也。明初,以薦授衢州教授。聘脩元史,分撰英宗、睿宗本紀,及丞相拜住等傳。書成,賜金帛遣歸。洪武十四年卒,年七十五。有胡仲子集十卷。

夜過梁山濼(胡仲子集卷十)

此詩作於元至正初年。

日落梁山西,遥望壽張邑。<small>清嘉慶一統志兗州府一山川門:梁山在壽張縣東南七十里,其下舊有梁山濼。</small>洸河帶濼水,<small>洸水即洙水,洸洙相入受。</small>百里無原隰。葭葑參差交,舟檝宧窊入。劃若厚土裂,中含元氣濕。浩蕩無端倪,飄風向帆集。野闊天正昏,過客如鳥急。往時冠帶地,孰踵萑蒲習?肆噬劇跳梁,潛謀固壞墊。古云萃淵藪,豈不增快悒。蛙鳴夜未休,農事春告及。渺焉江上懷,起向月中立。

謝 肅

肅字原功,號密菴,紹興上虞人。元末,嘗一試江浙鄉闈,不售。後稍典教中吳,從軍淮右。以應聘藩維而浮沈常調者數載。明太祖平張士誠,例徙南京。洪武元年徵入禮局,與諸儒議禮太常。有忌之者,遂出,贊郡政於山東濰州。又因事罷黜。二年南還。十年,由越中北走燕南,西度太行，寓并汾，取道於覃懷，絶河、汴、淮、江以還。爲詩歌紀之。洪武十六年，舉明經。除奉訓大夫，福建等處提刑按察司僉事。十七年，與福建按察使陶垕仲劾福建左布政薛大昉貪淫。大昉亦還詞相詆。有旨：都提取赴京，於都察院聽對。既至京，大昉以姦貪事實，伏誅。垕仲、肅復職閩憲。十八年，出按漳泉，墜馬傷足，輿歸福州。未幾，坐事被逮。太祖御文華殿親鞫之。肅大呼曰："文華非拷掠之地，陛下非問刑之官。請下法司。"乃下獄。獄吏以布囊壓之死。年五十三。肅少與同郡唐肅齊名，時號"會稽二肅"。所著有密菴詩文藁十卷。

過耐牢坡閘觀梁山水漲（密菴詩藁丁卷）

此詩似是洪武二年秋由濰州南還途中所作。

三宿淹留會同閘，明洪武本。"會同"當作"會通"，元史卷六十四河渠志"會通河"篇云：會通河，至元二十六年開河，首事于是年正月己亥，起于須城安山之西南，止于臨清之御河，其長二百五十餘里，中建牐三十有一。六月辛亥成，賜名曰會通河。會通鎮牐三，在臨清縣北。一帆飛過耐牢坡。明史卷八十三河渠志"黃河"上篇云：明洪武元年，河決曹州雙河口，入魚臺。徐達方北征，乃開塌場口，引河入泗以濟運，而徙曹州治於安陵。塌場者，濟寧以西，耐牢坡以南，直抵魚臺南陽道也。又卷八十五河渠志"運河"上篇云：太祖初起，大軍北伐，開鑿塌場口耐牢坡，通漕以餉梁晉。舊來禾黍秋風地，今作蒲蓮野水波。岸決黃河方泛溢，塵生碧海定如何？蒼茫天意知誰解，北望梁山一浩歌！

一九六三年十二月六日寫成
載一九六四年文學研究季刊第一集

跋陳眉公先生批評列國志傳

此列國志傳十二卷二百二十三則,明萬曆乙卯刊本。卷一第一行題新鐫陳眉公先生批評春秋列國志傳,次行題"雲間陳繼儒重校,古吳朱篁參閱"。正文大字半頁十一行,行二十字。句下有批注、有眉批。其每則後批及每卷後總批,以行書寫刻之。每卷前附圖五頁,共十面,面寫一事,繪刻皆精。間記刊工姓名:曰"劉君裕刊",(與明本百二十回本水滸刻工爲一人。)曰"李青宇鐫",曰"劉鐫"。板心魚尾下有三字,曰"某卷像"。數目字有剜改模樣。十二卷後有字一行云:"萬曆歲次乙卯孟秋日姑蘇龔紹山梓行。"另一行下方題云:"平江顧述父書。"卷首陳繼儒序,後署"萬曆乙卯仲秋陳繼儒書。"次列國傳題詞,後署"萬曆乙卯秋季朱篁書於鏗鏗齋。"有墨章二:曰"朱篁之印"、"仲修父"。次列國源流總論。陳序頗空洞。朱篁疑即刻書之人。總論稱"左丘明氏因經而作傳,大義明矣。然其數百年間人物臧否,國勢強弱,併吞得失,又非淺夫鄙民如邵魚(二字側寫)者所能盡知也。邵魚是以不揣寡昧,又因左丘明之傳以衍其義。非敢獻奇搜異,蓋欲使淺夫鄙民盡知當時之事跡也"云云。末不署名,有墨筆補書四字云:"邵魚謹誌。"按余邵魚爲列國志傳編者。此列國源流總論當是據原本載入者也。

邵魚編列國志傳,原本未見。今所知見者:有萬曆丙午余象斗重刊本。書名新刊京本春秋五霸七雄全像列國志傳,又名按鑑演義全像列國評林。日本蓬左文庫及大連圖書館均有之。卷首載余邵魚自序,及萬曆丙午象斗重刊序。分八卷。又有文錦堂刊小字本,名京本列國志傳,又名新刻史綱總會列國志傳。(象斗本亦有此題)有古吳文英堂刊小字本,名新刻京本春秋五霸七雄全像列國志傳。(與余象斗本題同。)均八卷,二百二十六則,題"李卓吾評點",有陳繼儒序。此二小字本行款形式皆同,實是一本。今以小字本勘余象斗本,其卷數、則數均同,標目及每卷起訖亦同,知小字本實從余象斗本出。其陳繼儒序,乃萬曆乙卯本通行後據以補人者。余邵魚當明代何時，今不可知。而萬曆丙午本載象斗識語，有"先族叔翁按鑑纂集，重刻數次，其板業舊，象斗校正重刻"之語，則其人為象斗前輩，計其時代，至晚當在嘉隆之際。（象斗乃建安書賈，亦自編小説，如北游南游諸記是。然則邵魚亦建安書林也。）象斗重刻此書，當依原本，是此書本作八卷。此萬曆乙卯本，去象斗重刻已有十年，書名卷數均非原書之舊，目錄亦間有異同。（如齊桓公北杏大定霸、公儀休往鑑吳起、秦始皇一統天下八卷本皆有之，此本所無。）觀朱篁序云："列傳者，吾不知誰氏之手筆"，及源流總論削去"邵魚謹誌"之文，似欲以新書示人，避重刊余書之名。然總論雖削去四字，而文中猶存邵魚之名，則仍留一罅洞；而當時閲者固已知之，故有"邵魚所衍，何云不知"之評也。（墨筆旁批。）故以時代論，則邵魚原本為朔，象斗重刻本次之，此本又次之。然此本之刻，去象斗重刻僅有十年，其價值實與象斗相等。而刊工之精，諒亦非象斗本所及。（明閩刻書多不精。）其在日本，亦僅內閣所庋一部足與之抗衡。明代小説，流傳日少，以蔡元放訂本列國之盛行，世人且不知有墨憨齋新列國志，遑論此編；則此書之珍貴自不待言矣！

明清人編列國志傳今所知者有三本：一為余邵魚編京本春秋五霸七雄全像志列國傳，此十二卷本及八卷本是；一曰馮猶龍編新列國志，為增改余邵魚本；一曰蔡元放訂正列國志，即馮本而整齊之，今之通行本是。就此三本論之，馮氏新編本與蔡氏訂正本大致相同，余邵魚本則與馮氏新編本相去遠甚。而邵魚所編保存舊時傳説至夥，後來京劇及秦腔所演或猶本之，蓋列國志祖本也。今以十二卷本考之，內容卷一自"蘇妲己驛堂被魅"起，至"太公滅紂興周"止，共十九節，皆叙武王伐紂事。用意如引首，亦説話人常例。次則卷九至卷十説春秋五伯事，卷十至十二事説七雄事，而十卷十一卷以孫龐樂田事為多，十二卷叙信陵救趙、秦併六國諸事。按日本內閣文庫所藏元人平話，有武王伐紂書，有樂毅圖齊七國春秋後集，有秦併六國平話。此列國志傳或即此數種平話為底本而敷暢之。又夏商周及春秋戰國事，元人雜劇所譜有數十種之多，即此小説諸目亦往往與元曲題目相合。如卷五"浣紗女抱石投江"一則，元吳昌齡有其劇（見錄鬼簿）。卷六"孫武子吳宮操女兵"一則，則武林舊事所記即有其目。又元周文質、趙善慶並有孫武子教女兵劇（見錄鬼簿）。"范蠡扁舟歸五湖"一則，元趙明道有陶朱公范蠡歸湖劇（見錄鬼簿及太和正音譜）。卷七"孟嘗君養士出關"一則，元庾天錫有孟嘗君鷄鳴度關劇（見錄鬼簿及太和正音譜）。卷八"田單火牛復齊兵"一則，元屈子敬有田單復齊劇（見錄鬼簿）。

又元無名氏有田單火牛劇（見太和正音譜）。凡此小説諸目，疑即本雜劇題目爲之。外此所演故事與元曲從同者尤不一而足。則此小説與戲曲之關係，不難想見。又卷五"臨潼會子胥爭明輔"及"伍子胥戰臨潼會"二則，新列國志目爲荒謬，而也是園目載元人劇有十八國臨潼鬥寶，京本通俗小説拗相公篇引詩亦有"臨潼會上膽氣消"之語。卷七孫子下山服袁達事亦無稽，而元無名氏有燕孫臏用智捉袁達劇（江南圖書館藏錢塘丁氏明鈔殘本），百回本水滸第十三回亦有"那箇是七國中袁達重生，這個是三分内張飛出世"之語。然則即荒唐不經之言亦自有其來歷，余邵魚編列國志傳蓋取宋元以來傳説，如説話人話本及劇本所譜，排比先後，取爲資料，亦略參以史實，原非邵魚自創之書也。及新列國志，乃删其未愜，取子史所載諸事敷演改作，務求雅正，於是舊書面目蕩然無存矣。平心論之，舊志所演，誠多市井里巷之言，於列國事跡或略其大端而取瑣事點綴爲文，人名地名隨時捏造，官爵制度以後世所設當之，名爲按鑑，實與史實不甚相符，誠如新志凡例所譏。唯宋説話人講史本半實半虛；即元明以來劇家演史事者，亦不求於史實相合。故自文學上論之，馮氏所改或爲進步的，若以小説中之故事論之，則舊志所載爲更近於話本。當時市人所説及傳説之存於今日者，賴有此編，猶得知其梗概，考其源流，亦治小説史者所不容忽略者也。

原載一九三〇年國立北平圖書館館刊第四卷第五號

重印今古奇觀序

一

元明以來的通俗小說,若溯其來源,固然可以上推到唐五代的俗講(俗講中的講唱經文、轉變說話,其體例與後來詞話有密切關係),但若略去中古不論,逕從近古說起,則其直接出於宋人之說話,最初白話小說產生由於書會中人話本之編排,這是沒有疑義的。宋人說話色目,據灌園耐得翁都城紀勝和吳自牧夢粱錄所載,約分四種:(一)小說,(二)說經,(三)講史,(四)合生商謎。說經即唐人之說經,合生即元人之說題目:此二者與現在的小說距離較遠,可以不論。最重要的,是講史與小說。講史講通鑑漢唐歷代書史,小說講煙粉靈怪公案傳奇。此二者的差別:一個因為講國家大事,所須的時間甚長,其所用以講演之本分量較多;一個因為講列朝軼聞瑣事,所須之時間稍短,其所用以講演之本,分量亦較少。(這種差別當然不是兩個極端,不過因內容之不同,其影響於時間及篇幅者大致可以這麼說。)所以,在宋元當時,話本之屬於講史者是長的,屬於小說者是短的。到了後來,因作者之才思橫溢,講奇聞雜事而篇幅直同於講史,便有如講史之小說長篇,如金瓶梅西游記。亦有講求體例,擬宋人而不失舊軌,便有保存原來形式之小說短文,如馮夢龍、凌濛初、李笠翁等自作的單篇小說。這兩派雖然所描寫的對象是一樣的,而其體例卻大不相同。所以,我們現在研究小說史,應當知道:宋人小說話本一概是短的,其話本長短繫於所說之事,所以,只有性質的分類,不必在小說名稱上計長論短。明以降的小說有長的也有短的。長的是變古,短的是正宗。短篇小說之名,是對於變古的長篇而立的。我們現在所說的短篇小說,在宋時則只云小說。

以說話之性質而論,小說容易見長,講史則久而生厭。這在宋時情形已經如此。所以都城紀勝記瓦舍衆伎説:"講史書講説前代書史文傳興廢爭戰之事,最畏小説人;蓋小説者能以一朝一代故事頃刻間提破。"夢粱録記講史者王六大夫,説他"諸史俱通,……記問淵源甚廣;但最畏小説人,蓋小説者能講一朝一代故事,頃刻間捏合。""提""題"字通。題當説解。"題破"即説破。説破又作道破、白破,乃元明以來恒語。"捏合"即編造。元無名氏殺狗勸夫第四折〔紅繡鞋〕曲:"那告狀人指陳實事,都是扶同捏合的虛詞。"明嘉靖本三國志通俗演義卷一"張飛鞭督郵"篇:"趙忠等奏:'皇甫嵩、朱儁皆是捏合功勞,並無實跡。'"吴承恩西游記第三十二回説猪八戒巡山自己編了一段話,自言自語,計劃着回去騙孫行者去。"此間編造停當,哄那弼馬温去。"下文云:"那獸子捏合了,拖着鈀,竟回本路。"可見捏合即是編造。小説者能將列朝故事頃刻間編得妥帖,有頭有尾,但是過往的人駐足片時,或者坐聽幾次,便可得其究竟,滿意而歸。下回來了再聽新的。群衆喜愛新奇,這種説法,當然比長篇大論絮聒不休的講史容易歆動人。所以,博洽的王六大夫對於他的同行也不免要嫉妒起來。小説與講史,從吸引聽衆的能力方面講,已經如此。若再以編造而論,則小説易成,講史便難一些。因此,我想宋時的小説話本一定比講史多得多。這雖然没有實在證據,就現在的目録書看起來,也可得其梗概。例如也是園目著録的宋人詞話十六種,除了宣和遺事是拼凑的書不論外,其餘都是短篇或短篇總集。晁瑮寶文堂目子雜類著録的小説六十多種,現在看起來都是短篇小説,長篇只有三國水滸平妖傳三種(水滸平妖傳性質在小説與講史之間)。永樂大典收平話數十種,雖然不知名目,以意推測,内中大多數當是小説,所以有數十種之多。現在人看見的小説多半是長篇,而長篇知名的不過一二十種。論者對於小説遂益堅其鄙視態度,以爲可觀的不過寥寥幾種。其實,縱觀古今通俗小説的領域,短篇不知比長篇多多少倍;細察現存諸通俗小説,以種數而論,短篇也不知比長篇多多少倍。囿於局部的見聞,遽謂中國通俗小説種數無多,可觀者少,正所謂"以蠡測海",不能知海之大也。

二

　　自宋以來的小説話本與仿造的小説,想起來一定很多。可惜因作者不自愛惜與世人不加以愛惜的緣故,都散亡殆盡了。現在所存的本子,元朝的只有繆荃孫傳刻的京本通俗小説殘本。此書只存卷十至卷十六共七卷,原書若干卷不得而知。明朝中葉的只有嘉靖時洪楩清平山堂刻的小說六十種(今只存一半),萬曆時熊龍峰刻的小說四種,此二書皆不分卷,大概是隨編隨印,並不預定要刻多少種。這都是塵蟫之餘,偶然保存的,以此研究宋元明短篇小說,自然不夠。幸而明末兩個文人出了五部大書:一位是馮夢龍,先後選輯古今小說警世通言醒世恒言三種,每種四十篇,共一百二十篇。一位是凌濛初,先後編拍案驚奇二種,每種也是四十篇,共八十篇。這五部書所收的二百篇短篇小說,現在看起來,真是中國短篇小說的寶庫。在介紹今古奇觀之前,理應把這馮凌二氏印的五部書介紹一下。以下略述五書原委及所包含的成分:

馮夢龍第一次纂輯古今小說四十篇在泰昌天啟間,別題喻世明言。今有足本在日本內閣文庫。後來因為板片缺殘,書肆以原書二十一篇,加入通言一篇,恒言二篇,合二十四篇為一書。去古今小說之稱,逕題喻世明言:此二十四篇本喻世明言,即古今小說殘本,今亦存日本內閣文庫。第二次輯警世通言四十篇,在天啟四年。今通行三桂堂本,缺四篇,只三十六篇(日本蓬左文庫及倉石武四郎氏俱有兼善堂四十卷本)。第三次輯醒世恒言四十篇,在天啟七年。今有葉敬池刊足本在日本內閣文庫,有通行衍慶堂本,刪去一篇,只三十九篇。這三部書合起來,世人統稱為三言。在現在聲名是很煊赫的。三言並不是馮夢龍一人寫就的書,內中包含不少的宋元明舊本。綠天館主人古今小說序說:"茂苑野史氏家藏古今通俗小說甚富。因賈人之請,抽其可以嘉惠里耳者,凡四十種,畀為一刻。"這分明說這書是選刻之本。現在考起來,三書之中,京本通俗小說現存及已知之九篇,全數收入。馬隅卿先生疑全部京本通俗小說即在三言裏頭,這話也許不錯。清平山堂本小說六十種,收了十種。熊龍峰刊小說四種,收了一種。此外有三種見於晁瑮寶文堂目及錢曾也是園目。有十種見於寶文堂目。有七種他書曾經徵引。現在能夠知道的,便有三分之一是舊本。(詳鄙作三言二拍源流考。)其餘的雖然不詳,恐怕還有不少的舊本在內。馮氏在明季是有數的大名士,他自己填詞製曲,又改定了許多別人的曲子。在他所纂輯的這三部小說總集中,大概有原本,有改訂本(我們相信,他的改本一定比舊本好),也有自著本。總之,宋元明三朝的重要著作以及馮氏一人的著作,都在這三部書裏頭了。

凌濛初拍案驚奇初刻四十篇,成於天啟七年,今有尚友堂原本,在日本。通行本只三十六卷。二刻四十篇成於崇禎五年,今日本內閣文庫藏明本只存三十九篇。二書近人稱為二拍,與三言並舉。因為凌氏自序有

“取古今來雜碎事，可新聽睹，佐談諧者，演而暢之（初刻序），及“偶戲取古今所聞可紀者，演而成説”之語，世人都知道凌氏二拍是自著的別集，不是選輯的總集。不過，這是概括的説法。其實，凌氏二書中，也有舊本或改訂本，不盡爲自著。舉二例：如初刻三十三卷之包龍圖智賺合同文一篇，寶文堂目著録，清平山堂刊本作合同文字記。以凌本勘之，文字頗有不同，即是重訂之本。又二刻二十九卷之攝草藥巧諧真偶篇，結尾説這一回書乃京師老郎傳留，原名靈狐三束草。此篇所演爲天順間事，見廣豔異編。因此可以知道：這是明時北京流傳的話本。二拍所收，雖然大多數是凌氏自著，但亦保存了一部分舊文。這也是顯然的。凌濛初與馮夢龍同時，也是好風雅嗜聲歌之人，他自己能作傳奇，所刻的書，至今爲人寶貴。他這兩部短篇小説集，於短期創成，文筆瑕瑜互見，不能如馮夢龍之精到。但其中亦不少佳作，在吾國短篇小説中，無論如何，是應當佔重要地位的。

三

馮夢龍三言，凌濛初二拍，包羅古今名著及個人作品，蔚然巨觀，我們現在研究或欣賞中國短篇小説，有這種憑藉，是最幸的事，對於馮凌二人是應當感激的。不過，原書五部有二百卷之多，未免太浩瀚了。這不但流通不易，即閲者苟非有閒之人，亦苦無時間去一一徧讀。所以抱甕老人之今古奇觀便應運而生。從原書二百卷中選菁拔萃得了四十篇，輯成一書，使一般人都容易欣賞領略三言二拍的作風趣味，這是極合乎社會的需要的。因爲有這種需要，所以自明以來，今古奇觀成了民間最普遍的讀物。二十年前或者是現在，大凡能識字讀書之人很少有不曾看過今古奇觀的，也正如沒有幾個人不曾看過三國水滸紅樓夢或聊齋一樣。這可以想見他在民間的勢力了。

今古奇觀或者不是原來的名字，最初似名古今奇觀。因爲，姑蘇笑花主人的序分明説：“抱甕老人選刻四十種，名爲古今奇觀。”以馮夢龍所選的小説最初只名古今小説例之，似乎古今奇觀，實是本書舊題。但現在的本子，沒有一個不題作今古奇觀的。這不知是何時何人所改，今只好姑仍其舊。姑蘇的抱甕老人和笑花主人，均不知真名姓，因序文中有“皇明”字樣，可以知道是明末人無疑，但也不能知其書成年月。凌濛初序二刻拍案驚奇，在崇禎五年壬申的冬天，此三言二拍的選本，自然更在其後。所以推想抱甕老人今古奇觀的選刻，應當在崇禎癸酉後甲申前十二年之間。

今古奇觀所收小説四十篇，十幾年前，無人能確知其來歷。最近幾年間，因爲大家對小説研究發生趣味，馮氏凌氏的著書，先後被國内外學者闡明發見，今古奇觀的諸篇出處才能一一明白。據吾國馬隅卿先生日本鹽谷節山先生豐田穰先生先後考證，此書收古今小説八篇，收通言十篇，收恒言十一篇，初刻拍案驚奇八篇，收二刻拍案驚奇三篇。三君並有論文説明。今爲求讀者便利起見，參考三家之作，另爲表如左：

	今古奇觀	古今小説（喻世明言）	警世通言	醒世恒言	初刻拍案驚奇	二刻拍案驚奇
1	三孝廉讓產立高名			三孝廉讓產立高名（2）		
2	兩縣令競義婚孤女			兩縣令競義婚孤女（1）		
3	滕大尹鬼斷家私	滕大尹鬼斷家私（10）				
4	裴晉公義還原配	裴晉公義還原配（9）				
5	杜十娘怒沉百寶箱		杜十娘怒沉百寶箱（32）			
6	李謫仙醉草嚇蠻書		李謫仙醉草嚇蠻書（9）			
7	賣油郎獨占花魁			賣油郎獨占花魁（3）		
8	灌園叟晚逢仙女			灌園叟晚逢仙女（4）		
9	轉運漢巧遇洞庭紅				轉運漢巧遇洞庭紅 波斯奴指破鼉龍殼（1）	

	今古奇觀	古今小説（喻世明言）	警世通言	醒世恒言	初刻拍案驚奇	二刻拍案驚奇
10	看財奴刁買冤家主				訴窮漢暫掌別人錢看財奴刁買冤家主（35）	
11	吳保安棄家贖友	吳保安棄家贖友（8）				
12	羊角哀捨命全交	羊角哀捨命全交（7）				
13	沈小霞相會出師表	沈小霞相會出師表（40）				
14	宋金郎團圓破氈笠		宋小官團圓破氈笠（22）			
15	盧太學詩酒傲公侯			盧太學詩酒傲公侯（29）		
16	李汧公窮邸遇俠客			李汧公窮邸遇俠客（30）		
17	蘇小妹三難新郎			蘇小妹三難新郎（11）		
18	劉元普雙生貴子				李克讓竟達空函劉元普雙生貴子（20）	
19	俞伯牙摔琴謝知音		俞伯牙摔琴謝知音（1）			
20	莊子休鼓盆成大道		莊子休鼓盆成大道（2）			

（續表）

	今古奇觀	古今小說 (喻世明言)	警世通言	醒世恒言	初刻拍 案驚奇	二刻拍 案驚奇
21	老門生三世報恩		老門生三世報恩 (18)			
22	鈍秀才一朝交泰		鈍秀才一朝交泰 (17)			
23	蔣興哥重會珍珠衫	蔣興哥重會珍珠衫 (1)				
24	陳御史巧勘金釵鈿	陳御史巧勘金釵鈿 (2)				
25	徐老僕義憤成家			徐老僕義憤成家 (35)		
26	蔡小姐忍辱報仇			蔡瑞虹忍辱報仇 (36)		
27	錢秀才錯占鳳凰儔			錢秀才錯占鳳凰儔 (7)		
28	喬太守亂點鴛鴦譜			喬太守亂點鴛鴦譜 (8)		
29	懷私怨狠僕告主				惡船家計賺假屍銀 狠僕人誤投真命狀 (11)	
30	念親恩孝女藏兒				占家財狠婿妬姪 延親脈孝女藏兒 (38)	
31	呂大郎還金完骨肉		呂大郎還金完骨肉 (5)			
32	金玉奴棒打薄情郎	金玉奴棒打薄情郎 (27)				

（續表）

	今古奇觀	古今小説（喻世明言）	警世通言	醒世恒言	初刻拍案驚奇	二刻拍案驚奇
33	唐解元玩世出奇		唐解元出奇玩世（26）			
34	女秀才移花接木					同窗友識假作真女秀才移花接木（17）
35	王嬌鸞百年長恨		王嬌鸞百年長恨（34）			
36	十三郎五歲朝天					襄敏公元宵失子十三郎五歲朝天（5）
37	崔俊臣巧合芙蓉屏				顧阿秀喜捨檀那物崔俊臣巧會芙蓉屏（27）	
38	趙縣君喬送黃柑子					趙縣君喬送黃柑吳宣教乾償白鏹（14）
39	誇妙術丹客提金				丹客半黍九還富翁千金一笑（18）	
40	逞多財白丁橫帶				錢多處白丁橫帶運退時刺史當梢（22）	

（注）表內加括弧的數碼，示三言二拍的原書卷數。

　　從右表所列的諸篇出處看起來，今古奇觀對於諸書的選擇，可得三點：(一)選三言最多，共二十九篇，佔三集全數四分之一。(二)三言中的宋元舊本都沒有收入。(三)選二拍較少。初拍選了八篇。二拍只選了三篇。合初拍二拍兩書計之,也只十一篇,不過兩集全數八分之一。書没有凡例,不能知其選擇標準與去取之故,現在姑就姑蘇笑花主人的序推測一下。(作序的笑花主人與作書的抱甕老人或者竟是一人,也難説。)序文對於書名"奇觀"二字,是這樣的解釋:

> 夫蜃樓海市,焰山火井,觀非不奇;然非耳目經見之事,未免爲疑冰之蟲。故夫天下之至奇,未有不出於庸常者也。仁義禮智謂之常心,忠孝節烈謂之常行,善惡果報謂之常理,聖賢豪傑謂之常人。然常心不多葆,常行不多修,常理不多顯,常人不多見,則相與驚而道之。聞者或悲或嘆,或喜或愕,其善者知勸,而不善者亦有所慚恧悚惕,以共成風化之美。則夫動人以至奇者,乃訓人以至常者也。

他解釋"奇"字之義,簡單的説,就是奇而不失於正。所謂奇觀者,並非如山海經搜神記所載奇奇怪怪世不常見的事,乃是古今聖賢豪傑志士仁人的行爲,爲人所稱道的。這些人的事蹟傳播廣遠,感動了一般人,或者羨慕,或者警惕,於是善者知勸,惡者生戒。這便是奇觀。照此説來,他對於小説見解,於文字情節之外顯然摻雜着文以載道的意味。所以,在這書中,有幾篇小説,本來文字是平平無奇的,卻因爲認爲可以風世的緣故,也用了以事存之例,遷就着收了進去。例如:卷一之三孝廉,卷二之兩縣令,卷四之裴晉公,卷十二之羊角哀,卷十九之俞伯牙,其篇中所寫諸人的行蹟,固然有可取之處,但因爲情節太簡,與古今社會生活不同無從着筆的緣故,寫來甚是平平。雖以馮夢龍之修訂,也僅僅够得上簡明二字。現在選入,實在是拾馮氏之糟粕。

爲甚麽三言中的宋元舊本,今古奇觀一概不收呢?這可以有兩種推測:一種,是編者所取的是恒言常情,宋元舊本,多半是靈怪一派,或者摻雜些靈怪的小説,所以一概不收。如果是這樣,我覺得編者有點腐氣,誤解了孔子之"不語",而用之於衡文。因爲,神話中也有文學,作小説的人並不妨説神説怪。宋元人的靈怪小説,多半是古樸雄渾的,棄之未免可惜。況且其中也不盡是神怪之事,如十五貫,如范鰍兒,如拗相公,都不含有神道與妖氣,在文筆與結構上講,都是縝完細密的漂亮文字,何以也不收呢?這未免説不通。一種的推測,是作者專收本朝的作品。看他的序文從宋孝宗説到元朝的施羅二人,又從元朝的施羅二人説到本朝"勿論廊廟鴻編,即稗官野史,卓然復絕千古",似乎所重在明。三言雖出馮氏纂輯,然其中有明注著宋人或者看來好像是宋元人的,便一概不收。替他想也許是這個意思。如果真是這個意思,這是本書的體例問題,我們不必多加批評了。(其實,三言本是總集,本書標題命名並未著明字,這也不必。)

今古奇觀所收的三言,比二拍的比例數多一倍;這也不足驚異。因爲,馮凌二人雖然同是明末的大名士,然而,以小説言,二拍的文章,的確不如三言之精。

如上所説,今古奇觀除了不收宋元舊本與書中偶然收了幾篇"具臣"(今古奇觀序中語),自今看來,未免是遺憾外;統觀全書,去取眼光大致不錯。雖然宋元人著作没有,明人好的短篇小説差不多都網羅在内,所以仍不失爲好的短篇小説總集。他給予我們的便利,是應當感謝的。或者有人這樣説:今古奇觀盛行而三言二拍日晦,其功罪是參半的。殊不知以三言二拍的浩瀚,即使没有今古奇觀,也不易流通下去。在我們未得三言二拍全書以前,幸而有今古奇觀一書,可以窺見明人短篇小説的作風。所以,與其説他有罪,無寧説他有保存舊文之功。我們所不滿的,是此書編者,應當在每篇題目下,一一注出他的出處,如九宮大成南北曲譜注雍熙樂府百種曲之例,這樣,即使我們永遠見不到三言二拍原書,也知道某篇某篇是三言二拍的佚文,豈不甚好?但這又是體例問題,與此書的内容没有關係了。

附

解　　題

三孝廉讓産立高名(卷一)

演東漢許武事。武舉孝廉後,欲令二弟晏、普成名,乃析産,以薄産予二弟。弟等皆無怨言,鄉里稱善,悉得舉孝廉。出恒言卷二。事見後漢書卷一〇六許荆傳。

兩縣令競義婚孤女(卷二)

演五代南唐德化縣令鍾離義與德安令高原爭恤一石氏孤女,分任婚嫁之事。出恒言卷一。事見宋魏泰東軒筆録。宋李元綱厚德録、趙善璙自警編亦轉載之。

滕大尹鬼斷家私(卷三)

演明永樂間,北京順天府香河知縣滕某,斷倪氏兄弟分産一案。以倪翁畫像爲關目，頗詼詭。出古今小説卷十。明人編皇明諸司廉明奇判公案傳下卷載此事。

裴晉公義還原配（卷四）

演唐裴度義行。出古今小説卷九。晉公還配事，見太平廣記卷一六七引王仁裕玉堂閒話，小説本之。晉公所還姬字黃娥，失姓，此竟云"黃小娥"，黃娥壻唐璧之名，亦屬虛造。入話還帶事，見王定保摭言。

杜十娘怒沉百寶箱（卷五）

演明萬曆間紹興李生與杜十娘事。出通言卷三十二。杜十娘事，明人盛傳，宋幼清爲作負情儂傳，見九籥別集卷四。明潘之恒亘史內紀卷十一、朝鮮刊本文苑楂橘卷一、情史卷十四皆轉載之。以李生之愚，而十娘誤事之，江濤淪没，同屈子之寃，較之李益薄情，尤增憤慨。小説據實敷演，差足動人；後人本小説爲百寶箱傳奇，爲團圓之説，甚覺無謂耳。

李謫仙醉草嚇蠻書（卷六）

演李白事。出通言卷九。太白以才名，供奉明皇。高力士至迫爲厮養之役，固是實情。而番書事不見正史。惟元刊分類補注李太白詩集，前載唐貞元初劉全白所作唐翰林李君碣記有"玄宗辟翰林待詔，因爲和蕃書"之語。元曲屢言嚇蠻書。明人俗書，如國色天香等亦多載李白嚇蠻書，詞極鄙俚可笑。猶龍好奇，誤收此篇，且亦因其淺陋，未加潤飾，文字殊無足觀。今古奇觀收之，亦未能免俗也。

賣油郎獨占花魁（卷七）

演南宋人秦重與妓女莘瑤琴姻緣。出恒言卷三。此篇叙秦重、瑤琴結合始末，以及家人父子，悲歡離合，青樓市井狀況，無不曲折自然，臻於絶妙，寫秦重、瑤琴及鴇母性格，尤栩栩欲活。至於詞鋒口吻，更極文章之能事，如劉四媽説美娘一段，頗有戰國策士之風，亦朱彝尊所謂"文苑之滑稽"也。書云宋時事，情史卷五史鳳條附録引云"小説有賣油郎"，即此本。或是宋傳來話本，亦未可知。然篇中每插入掛枝兒小曲，掛枝兒明末時曲，非宋所有。蓋經夢龍重修，非復舊觀，而此篇文字之勝，固當屬之馮氏。清李玄玉有占花魁傳奇，亦譜此事，而意境殊遜此本。

灌園叟晚逢仙女（卷八）

演花翁秋先事。出恒言卷四。此篇寫花之丰神及秋公之性格趣味均甚好。結構謹嚴，文筆亦至瀟灑。云宋事，今未知所本。入話崔玄微事，見唐鄭還古博異記。

轉運漢巧遇洞庭紅（卷九）

演蘇州人文實於荒島得龜殼致富事。出初拍卷一，原題："轉運漢巧遇洞庭紅，波斯奴指破鼉龍殼"。明周玄暐涇林續記載閩人蘇和事同，即此所本。周書但云龜殼，胡商買之，小説遂指爲波斯胡者，蓋因唐人小説盛傳波斯胡之故。文即本事敷演，稍可觀。入話金老失銀事，本宋洪邁夷堅志支戊卷四"張拱之銀"條。

看財奴刁買冤家主（卷十）

演宋時曹州周榮祖，家貧，以子與人。而其人即因拾周氏藏鏹致富者；死後，子歸宗，物歸故主。出初拍卷三十五，原題："訴窮漢暫掌別人錢，看財奴刁買冤家主。"此篇正傳及入話張善友事，全取元鄭庭玉冤家債主、看錢奴兩劇，第略其詞曲，取科白聯綴之。文字情節，盡出鈔襲，不得目以創作。學者試勘之，可知小説戲曲體裁之異。

吳保安棄家贖友（卷十一）

演唐玄宗時吳保安贖友郭仲翔於蠻陬事。出古今小説卷八。保安字永固，魏州人，新唐書有傳（卷一九一忠義傳）。太平廣記卷一六六引唐牛肅紀聞載保安事尤詳。小説全本紀聞，直同譯作。篇中載保安致仲翔書，多刪節，失原書之韻味。又仲翔致吳書亦道美可誦。小説已載吳前書，於郭書乃一字不取何耶？明沈璟所作埋劍記，有吳保安事。

羊角哀捨命全交（卷十二）

演春秋時羊（陽）角哀左伯桃生死交情事。出古今小説卷七。文選卷五十五劉孝標廣絕交論："庶羊左之徽烈"，李善注引烈士傳陽角哀左伯桃事，至角哀入樹中死而止，不及伯桃自殺。但云"聞楚王賢，往尋之"，亦不言何王。後漢書卷五十九申屠剛傳李賢注引烈士傳則原委畢具。文云："羊角哀左伯桃二人爲死友。聞楚王賢，往尋之（七字據文選補），欲仕於楚。道阻，遇雨雪，不得行。飢寒，自度不俱生。伯桃謂角哀曰：'俱死之後，骸骨莫收。内手捫心，不如子。生恐無益，而棄子之能，我樂在樹中。'角哀聽之。伯桃乃并衣糧與角哀（乃并衣糧七字據文選補），入樹中而死。楚平王愛角哀之賢，以上卿禮葬伯桃。角哀夢伯桃曰：'蒙子之恩而獲厚葬，正苦荆將軍冢相近，今月十五日，當大戰以決勝負。'角哀至期日，陳兵馬，詣其冢，作三桐人，自殺下而從之。"據後漢書所引，楚王乃楚平王。小説謂春秋時楚元王。考楚自熊通僭號以迄負芻覆滅，無所謂楚元王者。春秋時雖亦有將軍之稱，但尚非官名。李賢注所謂荆將軍者不知何指。烈士傳，隋書經籍志云劉向所作，據章宗源所考，乃有孔融事，此非偽託劉向,即有後人增補之文。然傳言平王,荆將軍必非荆軻甚明。小說云春秋時楚元王,而羊左所與戰之鬼爲荆軻,豈不知荆軻爲戰國時人邪?按羊左事甚有名,六朝人已用其事,小説據以敷演,亦謂風義足稱,然文意殊平,亦無足動人之處。

沈小霞相會出師表(卷十三)

演明嘉靖時沈鍊父子事。出古今小説卷四十。文中所言皆實録。鍊性伉直,嘗於席上折嚴世蕃,因劾嚴嵩謫佃保安,縛草爲人象李林甫、秦檜、嚴嵩,令子弟射之。俺答入塞,破應州四十餘堡。嵩黨楊順反上首功。鍊遺書切責之,且爲文祭死事者。順與路楷因陷鍊至死。並見明史鍊傳(卷二〇九)。錦衣衛陸炳驕貴,而喜接士大夫,又素善鍊。小説謂鍊謫保安,由炳周全之力,殆亦事實。至沈襄妾聞氏,明江盈科爲作沈小霞妾傳,見明十六種小傳卷三。馮夢龍情史卷四、智囊補閨智部亦具載其事。唯鍊友賈石,及濟寧馮主事事今無考。然作者言本朝事,見聞較切,亦必實有其事。文於鍊之慷慨忠烈,南方之强,以及聞氏之志節機警,並出力描寫,形容得出。文出馮氏之手,似無可疑。

宋金郎團圓破氈笠(卷十四)

演明正德間崑山宋金郎夫妻團圓事。出通言卷二十二,原題:"宋小官團圓破氈笠。"事見明王同軌耳談類增卷八"武騎尉金三重婚"條。情史卷一"金三妻"條亦轉載之。惟耳談云金姓,此云姓宋名金郎,不同。此篇敘事甚有法度,文亦淡而不厭,其周旋映帶恰到好處。寫宋妻宜春夫婦情感,尤悱惻動人。在白話小説中洵屬上品。戲曲演此事者,明末青浦人楊景夏(弘)有認氈笠傳奇,今佚。

盧太學詩酒傲公侯(卷十五)

演明嘉靖時盧柟事。出恒言卷二十九。柟字次楩,大名濬縣人。家素封,輸貲爲國學生,博聞强記,落筆數千言。明史附謝榛傳(卷二八七)。集有蠛蠓集。柟才高騫傲,以事忤縣令。值柟所役夫被掊,翌日爲牆壓死,令即指以殺人罪,論死繫獄,破其家。事具詳柟集及王世貞所爲傳,明史本傳亦同。小説所演,皆係實情。柟詩名徧海内,坐此繫獄累年,貴人畏事,無肯爲之言者。獨謝榛走京師,泣訴諸貴人之前,平湖陸光祖適選爲濬令,因榛言毅然平反其獄,出之囚中。(褚人穫堅瓠八集卷四記光祖語云:"但當問其枉不枉,不當問其富不富。果不枉,夷齊無生理;果枉,陶朱無死法。"同小説。)小説敘此案,於光祖甚悉,獨無一語及謝榛,不知何故?豈以光祖爲名臣,且曾官南京,事所習知,榛爲山東人乃略之歟?此篇與沈小霞篇同記本朝名人之事，一記奇節，一述才子厄運，並爲鴻文。柟負才無所遇，卒抑鬱而死。猶龍拈此爲題，豈亦失意之際，姑藉此抒其不平之氣耶？開首"衛河東岸浮邱(山名，在濬縣)高"一律引柟詩，今在集中。

李汧公窮途遇俠客(卷十六)

演唐天寶時李勉救一囚。此囚乃因劫掠犯罪被捕入獄者。囚被釋後爲官，勉訪之。反欲害勉。有俠客知而殺之。出恒言卷三十。太平廣記卷一九五引原化記載此事，劫與幾尉，俱無名姓。宋王讜語林卷四則云："李勉爲開封府時事。"然唐有開封縣而無開封府，蓋傳寫之誤也。小説謂幾尉爲李汧公，本語林，而紀事則本原化記。至劫名房德，則屬捏造。小説又謂房德所劫者爲富室王元寶。按：元寶乃唐朝有名富家，嘗對玄宗之問，自謂家所蓄絹帛，盡裝南山之樹，仍用之不盡。此點綴用之，固無不可，亦可知作者熟於唐事也。

蘇小妹三難新郎(卷十七)

演宋蘇軾妹與壻秦少游問難事。出通言卷十一。按：少游非東坡妹壻。所載佛印所寄一百三十聯對，小妹往復迴環讀之，成頂針體之長詩一首，及少游、小妹、東坡三詩，均見東坡問答錄，在陳繼儒所刊寶顔堂秘笈中。詩甚淺俚，必妄人所爲，此收之亦殊無謂。

劉元普雙生貴子(卷十八)

演劉元普行陰德延嗣事，云宋真、仁時事。出初拍卷二十。原題："李克讓竟達空函，劉元普雙生貴子。"太平廣記卷一一七引南朝宋范晏所撰陰德傳有劉元溥(不作普)嫁婢蘭蓀事。元溥名弘敬，唐長慶時人。南朝人著書不應有唐長慶時事。此條蓋唐人所附加者耳。陰德傳稱元溥以嫁婢厚德，"延壽二十五載，富及三代子孫"。即元溥先所遇相士，亦只云更二三年，大期將至，而後不驗。是元溥自有子，以陰德延壽，非以陰德延嗣。李克讓空函事，亦不見陰德傳。或云：元無名氏施仁義劉弘嫁婢劇，有空函事，是小説所本。

俞伯牙摔琴謝知音(卷十九)

演伯牙鍾子期事，云伯牙姓俞。出通言卷一。伯牙鼓琴，鍾子期知其所寫。子期死，伯牙破琴絕絃，終身不復鼓琴。見呂氏春秋。古話流傳，事至簡短，此演爲小説，亦苦無以見長。

莊子休鼓盆成大道(卷二十)

演莊周事。出通言卷二。按：莊周夢爲蝴蝶，見莊子齊物論，小説即云莊子爲蝴蝶精。妻死鼓盆而歌及歎骷髏事,見莊子至樂篇,小説即演出田氏搧墳及楚王孫來弔劈棺等事,所説既不近人情,命意尤屬荒謬,以莊子至樂不過言生死一理,而此則侮辱女性也。搧墳又見明人四大癡劇色集。

老門生三世報恩(卷二十一)

演明正統間鮮于同事。出通言卷十八。按:馮夢龍序三報恩傳奇云:"余向作老門生小説,政謂少不足矜而老未可慢,爲目前短算者開一眼孔。"即此本。此篇結構精嚴,於老成人及少年氣質,亦充分寫出。寄託深遠,非他篇徒演故實者比。篇中述朝廷重資格之弊,謂進士官到處得便宜,科貢官時時受抑制。以爲不中進士,再做不得官。文中"鮮于先輩"即深知此情而誓不出貢者。讀者如稍知猶龍先生爲如何人,必能理解斯言而冥然與之相會也。

鈍秀才一朝交泰(卷二十二)

演明天順間馬德稱事。出通言卷十七。記馬生始否終泰,文頗勁鍊,今不知所本。

蔣興哥重會珍珠衫(卷二十三)

演襄陽賈人子蔣興哥與妻三巧兒離而復合事。出古今小説卷一。入話云:"看官,則今日聽我説珍珠衫這套詞話,可見果報不爽。"知此篇本爲説唱詞話。明宋幼清九籥別集卷二有珍珠衫篇載此事,於蔣云楚中賈人,於陳大郎曰新安人,皆無姓名。情史卷二"珍珠衫"條亦載此事。云小説有珍珠衫記,姓名皆未的。情史又云:"或曰新安人以念婦故,再往楚中,道遭劫。及至,不見婦,愁忿病劇,不能歸。乃召其妻。妻至,會夫已物故。楚人所置後室,即新安人妻也"云云。此篇所演,即取或人之一説。情史又載九籥生評語云:"若此則天道太近,世無非理人矣。"據此知情史所據,乃九籥別集之文;古今小説所據,乃明人詞話也。戲曲演此事者,清袁晉有珍珠衫傳奇。

陳御史巧勘金釵鈿(卷二十四)

演巡按御史陳濂斷江西人魯廉憲子學曾冤獄事。出古今小説卷二。此事傳聞異詞,許公異政錄以爲許進事,男爲萊州閻瀾,女爲柳鶯英。(湖海搜奇所載與許公異政錄同。)明黃瑜雙槐歲鈔卷四則以爲武昌陳智事。男爲閩張生,女爲王氏女。此小説以御史爲陳濂,男曰魯學曾,女爲顧氏女,人物不同。唯陳智、陳濂、許進皆實有其人(智正統時人,濂成化時人,進正德時人)。今傳明人釵鈿記傳奇,則又改易人名,以斷案者爲李若水,則屬之宋人。而元關漢卿緋衣夢雜劇,譜宋錢可所斷案,關目亦相仿佛。

古今人情事變相去不遠，似明時實有其事。入話金孝事，見元楊瑀山居新話。（通行本包公案載王朝棟、夏昌時二案，與此篇關目亦同，此書稗販雜鈔，不足據。）

徐老僕義憤成家（卷二十五）

演明嘉靖時嚴州徐氏義僕阿寄事。出恒言卷三十五。小說寫徐老僕之忠實幹練，而於舊封建家庭之罪惡，以及地主之猜忌自私，亦形容得出。佳作也。阿寄明史有傳（卷二九七孝義）。明田汝成有阿寄傳。浙江通志、嚴州府志亦並爲立傳。戲曲則有萬倍利傳奇也。

蔡小姐忍辱報仇（卷二十六）

演明宣德時淮安蔡指揮女忍辱復仇事。出恒言卷三十六，“小姐”原題作“瑞虹”。明祝允明九朝野記卷四載此事，云朱生吳縣商人，於湖湘間得蔡女，賊懼罪自沉於水，而朱攜女歸終老。小說演此事，增其節目，又以朱源爲官人，遇女於京師，復仇後，女亦自殺，鋪張生色，不得不爾。蔡小姐身世可憫，所擬絕命遺書亦復琅琅可誦。

錢秀才錯占鳳凰儔（卷二十七）

演蘇州吳江縣顔生錢生婚姻替代事。出恒言卷七。情史卷二吳江錢生條載此事，乃萬曆初年事。附記云“小說有錯占鳳凰儔”，當即此本。寫傖夫拙劣，甚覺可笑。戲曲則明沈自晉有望湖亭傳奇。

喬太守亂點鴛鴦譜（卷二十八）

演杭州劉裴二姓婚姻錯迕，云宋景祐間事。出恒言卷八。而實明嘉靖時事。事見明王同軌耳談類增卷八“娶婦得郎”條。馮夢龍笑史卷三十四“嫁娶奇合”條、情史卷二“崑山民”條亦載之，情史此條附記云：“小說載此事，病者爲劉璞”云云。似此篇乃明舊本，選入恒言，非夢龍筆也。耳談類增云是毘陵人事。斷案者爲御史朱公節，判曰：“渠不宜以男往，爾奈何以女就之乎？殆是天緣，聽其自配。”後婿病亦愈，女竟得歸。笑史謂姑已有孕，父母久而知之；葉御史判此案，聽男女之私者爲夫婦，判云：“嫁女得媳，娶婦得婿。顚之倒之，左右一義。”是但令私者相配，並未如小說所判，更以孫潤之未婚妻斷償，使改適裴九之子。不涉他方，甚合情理。小說但力求其顚倒，以情節錯雜爲奇，不知如此抵償，實屬亂命；在文字方面言，亦近兒戲也。此事明時盛傳，記者非一。沈璟有四異記傳奇演之，後來尚有雙玉串傳奇也。

懷私怨狠僕告主（卷二十九）

演永嘉王生冤獄，云明成化間事。出初拍卷十一，原題：“惡船家計賺假屍銀,狠僕人誤投真命狀。"實則事本宋人小説,見夷堅志補卷五"湖州薑客"條,注云吳子南説。王生爲人寃陷下獄,不勝拷掠而死。明年,薑客來,事得雪。小説云薑客來時,王固未死,亦稗官家講求關目常習。

念親恩孝女藏兒(卷三十)

演元時東平人劉從善女調護其庶弟事。出初拍卷三十八,原題:"占家財狠壻妬姪,延親脈孝女藏兒。"事本元武漢臣天賜老生兒雜劇,去詞存白,綴輯成文。其體與看財奴刁買寃家主同。此篇舊不知出何書。一九三七年後,日本豐田穰君,於日本晃山慈眼堂觀書,得見明尚友堂原刊四十卷足本拍案驚奇,其第三十八卷題爲"占家財狠壻妬姪,延親脈孝女藏兒"。始知今通行本今古奇觀卷三十"念親恩孝女藏兒"篇,出尚友堂原本拍案驚奇第三十八卷。豐田穰君有明刊四十卷本拍案驚奇及水滸志傳評林完本之出現一文記之。文載斯文雜誌第二十三編第六號。

呂大郎還金完骨肉(卷三十一)

演常州呂氏兄弟宛若善惡報應事,不明言時代,當是明事。出通言卷五。故事今不知所本。

金玉奴棒打薄情郎(卷三十二)

演南宋臨安人莫生與妻丐户金氏離合事。出古今小説卷二十七。按:明田汝成西湖游覽志餘卷二十三載此事,團頭及其壻太學生某,皆無姓名。救女者之淮西漕使姓許,壻授無爲軍司户,皆同。小説云許名德厚,稱其有德;壻名莫胥,言莫須有耳。(西湖游覽志餘所録皆舊聞,而不注出處。疑出宋人記載,俟再考之。)此記莫生薄倖,與宋金郎篇異曲同工。寫丐者無賴狀況,尤爲寫生妙手。至棒打事,志餘無之,此係增出。然婚期打壻,本元魏以來舊俗;此殆謂打時加重以示罰,未必故意安排,以打爲快耳。

唐解元玩世出奇(卷三十三)

演明唐寅易服爲傭,賺華家婢事。出通言卷二十六。"玩世出奇"通言作"出奇玩世"。此事傳説不一,明人記載,如涇林雜記以爲寅事,華氏婢名桂華。耳談類增卷二以爲吳人陳玄超事,婢名秋香。云:玄超名玄,嘗爲吉氏子,故人稱"吉道人"。屠長卿有吉道人傳。予稍省其繁,置之談中。姚旅露書卷七以爲江陰人趙子任事,婢亦名秋香。云之任字應生,本姓華,爲母舅趙子,號"吉道人"。焦循劇説卷三引朱季美桐下聽然,則謂寅在華鴻山家飲,華有小姬,隔簾窺之,寅因作嬌女篇貽鴻山,鴻山作中酒歌答之。後人遂有傭書配秋香之誣。俞樾茶香室叢鈔卷十七引清黄蛟起西神叢語，則謂無錫人俞見安事。王士禎古夫于亭雜録卷四又以爲江陰吉道人事，辨唐寅之誣，不言所據。蓋本露書。按：露書之"吉道人"與耳談之"吉道人"，姓名里貫不同，似是二人。然露書卷十二技篇所載"吉道人"諸靈變事，均在耳談所引屠長卿吉道人傳中，文亦襲之。則耳談、露書所記，實一人事。特所傳姓名異耳。情史卷五既引涇林雜記所載唐寅事，又引耳談所載陳玄超事，云事絕相類，他書亦有以秋香事混作唐寅者。是馮氏所聞本有唐寅與陳玄超二說，因並存之。孟稱舜花前一笑劇與卓珂月花舫緣劇，並以屬之寅，與小說同，不爲無本。寅才氣横溢，領解後偶詿吏議，即絕意仕進，明史稱其放浪不羈，爲世所指目，"傳說者增益而附麗之，往往出名教外"，蓋即此等。其事之果屬寅與否，可不必辨也。

女秀才移花接木（卷三十四）

演成都女子聞俊卿與同學杜子中、魏撰之姻緣。俊卿爲男裝，與杜魏皆相得，未知姻緣所在，私以射烏卜之，謂拾得箭者當爲壻。杜先得之，以示魏，箭遂留魏處。後魏杜識爲女子，皆欲求婚，而杜實先得，女遂歸杜。而爲魏娶景氏女，即俊卿男裝出行時，於路所聘者。出二拍卷十七，原題："同窗友認假作真，女秀才移花接木。"此篇所演是明時事，今未詳其出處。入話田洙薛濤聯句事，見李昌祺剪燈餘話卷二。

王嬌鸞百年長恨（卷三十五）

演明天順間臨安衛王指揮女嬌鸞，與周司教子廷章通好，廷章負義，嬌鸞賦絕命詞自縊而死。出通言卷三十四。情史卷十六"周廷章"條記此事，情節全同。小說周詩"帕出佳人分外香"一絕，嬌鸞詩"妾身一點玉無瑕"一律及"多情果有相憐意，好倩冰人片語傳"之句，具載情史中。唯女最後致周之古風一篇，小說不載。小說所載長恨歌，情史不録爲異。女詩與公牘封投吳江，因傳於世，似當時實有其事也。入話倡女之鬼藉張客報怨事，見夷堅丁志卷十五"張客奇遇"條。

十三郎五歲朝天（卷三十六）

演宋神宗時王韶子幼慧事。出二拍卷五，原題："襄敏公元宵失子，十三郎五歲朝天。"宋岳珂桯史卷一載此事，小說全本之。"南陔"本王寀自號，而小說以"南陔"爲寀小字，後取名王寀，至爲謬誤。又桯史記寀此事，云時方能言，此迄云五歲，亦揣測之詞。寀字輔道，好學，工詞章，登第仕至校書郎。忽感心疾，好道流，言丹砂神仙事。徽宗時爲林靈素所譖，下大理獄棄市。宋史卷三二八附父王韶傳。桯史云寀第十三，而宋史云韶子十人，不知所取行第之故。韶以文人知兵，當神宗奮發有爲之時，熙河之役，策敵制勝，爲宋名將。案名父之子，詞章知名，早慧如此，乃膺狂易之疾，遭時昏昧，致不得良死，甚爲可惜。此篇後半兼叙真珠姬事，見夷堅志補卷八真珠族姬條，亦實事。按：宋徽宗改公主爲帝姬，宗室女爲族姬。小説本夷堅志，乃謂宗王女名真珠姬，誤矣。

崔俊臣巧會芙蓉屏（卷三十七）

演元至正間崔英與妻王氏遭難離而復合事，以英所繪“芙蓉屏”爲關目。出初拍卷二十七，原題“顧阿秀喜捨檀那物，崔俊臣巧會芙蓉屏”。明李昌祺剪燈餘話卷四有芙蓉屏記，小説全本之。芙蓉屏記之“御史大夫高公納麟”，元史作“納麟”。至正八年，曾由中臺御史大夫退居姑蘇。十二年復起爲南臺御史大夫而去。以後踪跡，不復至姑蘇。元史卷一四二有傳。祖高智耀，河西人，世仕夏國。曾登本國進士。元史卷一二五有傳。陳援庵先生西域人華化考卷二儒學篇西域人之儒學章云：“智耀姓高，非漢姓。其孫納麟，元史別有傳，不戴高姓也。”今芙蓉屏記戴高姓。蓋納麟色目人，不繫姓於名，但以名行。而其祖姓高，人皆知之，故戴高姓稱之曰“高公納麟”。芙蓉屏記之監察御史薛理溥化，疑即爕理普化。蒙古人，字元溥。揭文安公集卷九有送爕元溥序。納麟盛德可欽。昌祺此記，情文並茂。凌濛初轉爲白話小説，文亦宛暢。

趙縣君喬送黄柑子（卷三十八）

演宣教郎吳約被騙事。出二拍卷十四，原題：“趙縣君喬送黄柑，吳宣教乾償白鏹。”與夷堅志補卷一“李將仕”條所載全同，但易姓爲吳，易將仕散官爲宣教耳。騙局甚巧，小説本之，加以粧點，亦至瑣細。

誇妙術丹客提金（卷三十九）

演松江富翁喜黄白術爲人騙取財物事。出初拍卷十八，原題：“丹客半黍九還，富翁千金一笑。”按：馮夢龍古今談概謞知部載丹客二事。其一記被騙者爲某富翁，情節與此篇同，而無剪髮事。其一記被騙者爲松江監生，記剪髮事特詳。初拍此篇，蓋合談概二篇爲一而演之。又明王象晉剪桐載筆有丹客記一文，載堪輿熊見龍所言某縉紳事，云縉紳嗜爐火，延一道士於家園中，爲鍊金。以三百金爲母。一日，道士忽自去。一故人子來訪，攜其婦至，云遭難破家，今遣戍，請暫樓。紳居之園中，紳之子乘間與婦通。而故人子亦自去，留一簡帖，則道士書，述相騙始末。託故人子來訪者即道士之子，其來爲取母金。其故人子姓名，乃得之紳自言。婦則妓也。所記與談概富翁事頗相近，蓋同一傳説也。

逞多財白丁橫帶（卷四十）

演唐末郭七郎納貨爲官破家流落事。出初拍卷二十二，原題："錢多處白丁橫帶，運退時刺史當梢。"太平廣記卷四九九雜録"郭使君"條引尉遲樞南楚新聞，與小説同。郭氏子本一紈袴浮浪子弟，輸錢當道，以白丁而得橫州刺史，可爲朝政紊亂之徵。濛初取此事爲小説，蓋藉以諷時事耳。

一九三〇年九月十一日寫成
載上海亞東圖書館印今古奇觀卷首，一九五七年订

卷二

包公案與包公案故事

一　緒論

　　宋朝灌園耐得翁的都城紀勝和吳自牧的夢粱錄記説話人的色目，於小説下均有"説公案"一門，釋云"皆是朴刀桿棒發跡變泰之事"。語意不甚明。以常語譯之，蓋謂殺人放火之事、摹繪草澤英雄行爲而歸於招安發跡者也。準是而言，則所説者皆是盜案。然民間訴訟，當亦在説公案範圍之內。如簡帖和尚，也是園目著錄題爲"宋人詞話"，今清平山堂收之，所説爲和尚姦騙事，話題下次行題云"公案傳奇"。然則説話所説公案，當包括一切案件，凡理刑緝捕諸事皆屬之，不必限於盜案。這種説法在理論上是可以説得通的。自宋以來，這一類的小説很多，如京本通俗小説第十卷之錯斬崔寧所説即爲公案。此外則三言二拍，以余所知，其應入於説公案類者十之五六。到了清朝，這類的小品小説始漸漸衰歇，然而長篇的章回小説也還有了幾部，雖然文字是很拙劣的。在中國小説中，説公案何以占如此重要位置呢？第一，因爲理刑之官和平民最接近，凡負冤含屈訟獄平反之事與老百姓本身有直接利害關係，其事最親切，故最易於流播。第二，因偵察刺探之術在吾國本無精密方法，官員斷案大概糊突了事，其間才能之士往往運其智慧，或託之神靈，或出以權術，因此而有意外明確的判斷，於是"青天"之名更易流傳，因是而有種種神話和鬼話，因是而添造出種種故事。舉凡諸史循吏傳所記，以及小説所演，皆不過如此，不過文有簡繁雅俗之不同而已。

　　説公案小説多記當時見聞，其斷案之人在當時雖然能舉其姓名，過了幾時便湮沒了（如金之王爺然，元之張鼎，明之況鍾）。然而卻有幾個有名氣的,至今還名字昭昭焉於匹夫匹婦之耳;其人在宋則包拯,在明則海瑞,在清則于成龍、劉墉、施世綸、彭鵬。這幾個官人,真是提起來大大有名,試問引車賣漿之徒,有幾箇不知道包老爺,有幾箇不知道施公的呢?然而包老爺畢竟更有權威,在民間他的勢力幾乎和關老爺(照宋、元人説話當稱"關大王")一樣。如果世間的人真須要一位文聖和武聖配起來,那末包公是唯一之選,因爲平民對於他的印象比孔聖人深多了。

今所傳包公案一書,洋洋百回,按理應當是包公故事的總結集,而其實不然。原來,他是一部"王肅僞撰的孔子家語"。以余所知,全書百則,除極少數外,幾乎全由他書鈔襲而來,不但在史實上與包公無關係,即以故事源流而論,亦幾乎與包公無關係(内中只有七八則是有關係的,不及全書十分之一)。這真是意外之事。其書文字極簡拙,在小説史上沒有地位,似乎不值得一説。不過在我們研究小説的人看來,對於此書也應當刷洗一下。余竊不自揣,爰師孫志祖家語疏證之意,將小説所記各事,就個人所知一一注其出處,其有所不知,不敢妄談,至於包公故事之流變,亦詳言之。世之留意俗文者,或亦有取焉。

二　今本一百條的包公案篇目考

今所傳包公案,有繁簡二本。余所見者,簡本爲乾隆乙未刻本,圖五葉,共得六十六則。繁本爲一百則。舊本大型有圖,每則後附聽玉齋評語。又有種書堂梓中型本封面題"李卓吾先生評""四美堂梓",實無評語,爲清初刊本。在未見較早刻本包公案之先,我們固未易斷其孰先孰後,然余之意見,寧承認百則本爲最初撰集者。故今兹所論一以百則本爲據。試檢點此百則文字,則知其以多種方式拼合而成;有據史實緣飾者,有鈔襲海公案文者,有就宋、明人書所記諸事潤色變易而屬之包公者,有游戲取鬧羌無故實者,駁雜凌亂,殆書賈之所搜集。但亦有數則,可認爲對於包公直接發生的故事。今一一分析如下:

(一)據史實者一篇

割牛(卷六),事見宋史本傳。

(二)鈔海公案者二十二篇

1. 包袱(卷二),即海公案五十四回"判奸友劫財誤董賢置獄"文。

2. 偷鞋(卷三),即海公案三十九回"提圓通伸蘭姬之冤"文。

按：明洪楩所刊清平山堂小説中有簡帖和尚（即古今小説之簡帖僧巧騙皇甫妻），事與此相類。又情史十四情仇類載洪武中金山寺僧惠明事尤爲逼似。此篇與下烘衣篇語意重複，實亦一事，蓋分化爲二以充篇幅耳。

3. 龜入廢井（卷三），即海公案五十一回"周氏爲夫伸冤告張二"文。

4. 烏喚孤客（卷三），仿海公案五十七回"黃鳥訴冤報恩"文爲之。

　　按：詳刑公案（明刊本）卷一有"魏恤刑因鴉兒鳴冤"篇。

5. 臨江亭（卷三），即海公案四十八回"爲友伸冤以姦淫"文。

6. 血衫叫街（卷三），即海公案四十六回"匠人謀陳婦之首飾"文。

7. 殺假僧（卷四），即海公案四十三回"通姦私逃謀殺婦"文。

　　按：此宋向敏中決獄事。疑獄集四"敏中密訪"條載其事。

8. 試假反試真（卷四），即海公案五十五回"判誤妻彊姦"文。

9. 氈套客（卷四），即海公案四十一回"開饒春罪除奸黨"文。

10. 陰溝賊（卷四），即海公案三十八回"姦夫盜銀"文。

　　按：斷此案者本爲明周新，事見明史一百六十一本傳。智囊補卷十以爲晉江吳復事。

11. 窗外黑猿（卷五），即海公案五十二回"開許氏罪將貓德抵命"文。

　　按：此本宋人事。斷此案者爲趙某，夢猿是實。明嘉靖間張景所續疑獄集卷六"趙禱夢猿"條曾載其事。

12. 繡履埋泥（卷五），即海公案五十回"開江成之罪而誅吳八"文。

13. 斗粟三升米（卷七），即海公案三十七回"姦夫誤殺婦"文。

　　按：明張景續疑獄集卷十"王某解卜"條及智囊補卷十"王旻"條（今刊本標題作"王明"）均載此事，斷此案者乃某郡守。

14. 地窨（卷七），即海公案四十回"謀婦命占妻"文。

　　按：其事類元曲生金閣，與明季瑞霓羅曲（曲海總目提要引）亦有幾分相似。

15. 龍窟（卷七），即海公案四十九回"姦夫淫婦共謀親夫之命"文。

16. 賊總甲（卷八），即海公案六十一回"緝捕剪綹賊"文。

17. 石牌（卷八），即海公案四十七回"判爐櫃以追客布"文。

　　按：詳刑公案六有"馮縣尹斷木碑追布"一案，疑即此事。

18. 扯畫軸（卷八），即海公案五十九回"判給家財分庶子"文。

　　按：即小説"滕大尹鬼斷家私"事（古今小説卷十、今古奇觀卷三）。乃永樂年間倪守謙父子事，斷獄者爲滕大尹。當是實事。而海公案以屬之海瑞，改倪守謙爲鄭文忠，子善繼、善述爲應策、應秋。包公案則又屬之包公，唯倪氏父子尚依原名未改。明末無名氏長生像傳奇演此事，亦以斷獄者爲包公，則當時風氣，動輒援引包公，又不獨包公案一書爲然也。

19. 昧遺囑（卷八），即海公案六十回"判家業還支應元"文。

　　按：智囊補九及明鄭瑄昨非庵日纂十五均載此事。斷案者乃奉使者某君。關於遺囑句讀之二讀法，頗堪捧腹，可爲標點符號解嘲。

20. 箕帚帶入（卷八），即海公案六十五回"判賴奸誤姪婦縊死"文。

21. 西瓜開花（卷九），即海公案三十一回"斷奸僧"文。

　　按：詳刑公案案五有"張判府除游僧拐婦"、"曾主事斷和尚奸拐"二案，不知與此事有關否？又本卷上篇"和尚縐眉"文意亦同，當亦一事分化。

22. 床被什物（卷十），即海公案五十八回"白晝强姦"文。

以上二十二篇，均出海公案。大抵直鈔其文，但將人地名稱改換，間有二三篇襲其事而不用其文者。唯海公案所載諸事，亦是從他書中鈔來，非海公實事。如上所舉海公案之三十九回、四十三回、三十八回、三十七回、四十七回、五十九回、六十回，固莫不別有所本。此外如三十回則見拍案驚奇二十六回入話；三十二回見拍案驚奇二十四回入話；四十二回即拍案驚奇之"包龍圖智勘合同文"；七十一回即警世通言之"況太守路斷死孩兒"。其餘借用者尤不一而足。以與本文無關，故略之。

　　（三）借用其他書者十八篇

　　1. 阿彌陀佛講和（卷一），後半似仿智囊補十"徽商"條爲之。又清初無名氏寶釧記傳奇（曲海總目提要四十五）事亦相似，斷獄者爲御史葉夢弼。

　　2. 咬舌扣喉（卷一），中云"倭驚"其非包公事甚明。

　　3. 鎖匙（卷二），與卷二"包袱"篇卷九"借衣"篇事皆相似。當是一事。改易人名，化作三篇。

　　4. 招帖收去（卷二），刑部郎中邊某事，明張景續疑獄集九"邊知冤濫"條，及智囊補卷九"邊郎中"條均載其事。

　　5. 賣皂靴（卷四），因落葉摘奸，乃周新事，見明史本傳。

　　6. 死酒實死色（卷四），貪歡報四回"香菜根喬粧奸命婦"篇演此事。

　　7. 二陰筶（卷四），萬曆年間事，明末人寒山所作天有眼傳奇譜此事。清順治精刻本太上感應篇圖説"木部"亦載之。則當時必實有其事矣。

8. 妓飾無異(卷五)，吉安老吏事，見智囊補十。

9. 騙馬(卷六)，太平廣記一百七十一"精察類"載唐張鷟斷還驢事，與此相類。

10. 奪傘破傘(卷六)，元宣彥昭爲平陽州判時事，見智囊補九。

11. 紅牙毬(卷六)，記潘秀劉女事，頗似醒世恒言卷十四之"鬧樊樓多情周勝仙"篇。夷堅志三十一"鄧州南市女"條所記亦同。

12. 三娘子(卷八)，楊評事事，見智囊補九。

13. 江岸黑龍(卷八)，夷堅志卷四十所載費氏父子事，與此略同。

14. 木印(卷八)，周新事，見明史本傳。

15. 借衣(卷九)，御史陳濂事(濂鄞縣人，成化間官至副都御史)。文與事全襲小説"陳御史巧勘金釵鈿"篇。(古今小説卷二、今古奇觀卷二十四)

16. 梠上得穴(卷九)，一秀才爲僧收養，中舉人，因發寺僧之私，被囚，穴屋而出。

　　按：詳刑公案一有"董推官斷謀害舉人"一案，疑與此事有關。

17. 青糞(卷九)，南史七十傅琰傳所記琰斷爭鷄事與此彷彿。

　　按：詳刑公案七有項縣尹斷二僕爭鵝，疑即此事。

18. 玉樞經(卷十)，鄭宗孔新任岳州府尹事，本篇有明文。

　　按：詳刑公案五有"鄭知府告神除蛇精"一案，其爲此事無疑。

(四)游戲取鬧者十二篇

1. 忠節隱匿(卷四)　　　　2. 巧拙顛倒(卷四)

3. 久鰥(卷五)　　　　　　4. 絶嗣(卷五)

5. 惡師誤徒(卷七)　　　　6. 歇公私媳(卷七)

7. 善惡罔報(卷七)　　　　8. 壽夭不均(卷七)

9. 屈殺英才(卷八)　　　　10. 侵冒大功(卷八)

11. 屍戴椽(卷十)　　　　　12. 鬼推磨(卷十)

此十二篇，皆以游戲出之，隨意編排，不得謂之公案。

(五)不知出處者三十七篇

1. 觀音菩薩托夢(卷一)　　2. 嚼舌吐血(卷一)

3. 葛葉飄來(卷二)　　　　4. 夾底船(卷二)

5. 接跡渡(卷二)　　　　　6. 青靛記穀(卷三)

7. 裁縫選官(卷四)　　　　8. 廚子做酒(卷四)

9. 三寶殿（卷四）　　　　10. 乳臭不調（卷五）

11. 遼東軍（卷五）　　　　12. 岳州屠（卷五）

13. 耳畔有聲（卷五）　　　14. 手牽二子（卷五）

15. 港口漁翁（卷五）　　　16. 紅衣婦（卷五）

17. 牙簪插地（卷五）　　　18. 蟲蛀葉（卷五）

19. 啞子棒（卷六）　　　　20. 移椅依桐同玩月（卷六）

21. 龍騎龍背試梅花（卷六）22. 瞞刀還刀（卷六）

23. 廢花園（卷六）　　　　24. 聿姓走東邊（卷七）

25. 牌下土地（卷八）　　　26. 房門誰開（卷八）

27. 兔帶帽（卷九）　　　　28. 鹿隨獐（卷九）

29. 遺帕（卷九）　　　　　30. 壁隙窺光（卷九）

31. 黑痣（卷九）　　　　　32. 銅錢插壁（卷十）

33. 蜘蛛食卷（卷十）　　　34. 栽贓（卷十）

35. 扮戲（卷十）　　　　　36. 甕器燈盞（卷十）

37. 三官經（卷十）

(六)可認爲包公傳説者八篇

1. 白塔巷（卷三）　　　　2. 黄菜葉（卷三）

3. 石獅子（卷三）　　　　4. 烏盆子（卷五）

5. 金鯉（卷六）　　　　　6. 玉貓（卷六）

7. 獅兒巷（卷七）　　　　8. 桑林鎮（卷七）

以上據史實者一篇、襲海公案者二十二篇、借用其他書者十八篇、游戲取鬧者十二篇、不知出處者三十七篇，可認爲包公故事者八篇，加以語意重複之烘衣、和尚縐眉二篇，恰得百篇之數，故又名"百斷公案"。此書論其事則假冒贋造，除八篇以外，其餘無論在史實根據上或故事源流上説，都和包公無關係。論其文則簡拙，襲海公案者則逐鈔原文，取自他書者則略爲翻譯，毫無作意。故魯迅先生以爲僅識字之人所爲，胡適之先生以爲是明末拙劣文人作的。這話都對。但其中也有幾篇比較瑣細的，如卷二之"鎖匙"，卷四之"三寶殿"、"二陰卦"及"裁縫選官"，卷九之"壁隙窺光"、"桷上得穴"諸篇，叙事皆委曲不很苟簡，顯然和其餘諸篇不同，也許這幾篇是從其他小説中迻録過來的。至於應認爲屬於包公故事的八篇，除"烏盆子"、"白塔巷"二篇甚簡外；其餘六篇，文體和詮叙方法都一樣，粗糙而活潑，的是市人本色。可以看出，這是民間傳説的包公故事。

三　包公故事的產生與元明以來
包公故事研究資料

包拯在宋朝本以清介著名，宋史說他立朝剛毅，貴戚宦官爲之斂手，聞者皆憚之。又說："童稚婦女亦知其名，呼曰'包待制'。京師爲之語曰：'關節不到，有閻羅包老。'"（卷三百十六本傳）這位老先生的脾氣是很古懶的，他嘗說：後世子孫有犯了贓的，不許他回家，死了不許他入祖塋，因爲不照我的樣子行事，那就不是我的子孫了。這可以想見他的風骨，實在有和平常人不同的地方。因爲他有這樣人格，震驚流俗，所以當時童稚婦女皆知其名，這是非偶然的。到了南渡以後，他的名氣仍然很大，並不因爲易世而減其聲價。如呂祖謙的呂氏家塾讀書記上說：公爲京尹，令行禁止，至今天下皆呼"包待制"。元遺山的續夷堅志又說：世俗傳包希文以正直主東嶽速報司，山野小民無不知者（卷一"包女得嫁"條）。可見包公在那時不但著名於南朝，而且盛傳於北方，並且益發將包公神話化了。他在仁宗朝，曾經作過好幾次的州郡守：在河北則瀛州，在江南則揚州、廬州、江寧。召權知開封府，以樞密副使終（宋史本傳）。當時民間各處對於他的傳說一定是很多的，說話人之說公案一派以及散樂衆伎一定有許多關於"龍圖公案"的演唱（宋朝說話人多說當時事，如中興諸將，如宋江）。可惜現在沒有話本流傳，除了宋本醉翁談錄記了一種公案小說，元末陶宗儀輟耕錄記了金人院本一種外，其餘連題目也不知道了。

宋朝、金朝關於包公的故事材料，已不能詳考。現在蒐集包公案的史料，自當從元說起，一直到清季爲止。大概包公故事的傳說，起於北宋而泛濫於南宋和金源，至元朝則名公才子都來造作包公的故事。現在所知道的劇本，有第一期的關漢卿等五人劇共六種；第二期之曾瑞劇一種；第三期之蕭德祥、張鳴善，各一種；又無名氏之陳州糶米等五種（不知其時代，但太和正音譜已著錄，至少是元末的劇）。此但就所知者言之已得此數，實在不算少。到了明朝洪武以後，以包公案故事入劇的風氣似乎消歇下去了。但至嘉靖以後包公案故事又復興起來。現在知見的，有還魂記、珍珠記、魚籃記等幾種弋陽舊曲。以後歷明季以至於清初，劇本也出了不少。明季且有"百斷公案"小說，以包公號召。道光以後，京劇譜包公案故事的也很不少，而忠烈俠義傳亦標"龍圖公案"之名。由此看來，包公故事之流傳竟有七八百年的悠久歷史。其故事之源流變化，無論如何，是極有趣而值得研究的。對於這許多包公故事的材料，爲方便起見，我們無妨分作兩期：自宋、金、元至明嘉靖間爲第一期，明嘉靖後至清季爲第二期。其目如下：

第一期

宋人小説一種

　　　　三現身（見醉翁談録小説開闢篇）

金人院本一種

　　　　刁包待制一本（陶宗儀輟耕録）

元雜劇十六種

　　　　關漢卿　包待制三勘蝴蝶夢（元曲選本）

　　　　關漢卿　包待制智斬魯齋郎（元曲選本）

　　　　鄭庭玉　包待制智勘後庭花（元曲選本）

　　　　武漢臣　包待制智勘生金閣（元曲選本）

　　　　李行道　包待制智勘灰闌記（元曲選本）

　　　　江澤民　糊突包待制（録鬼簿著録）

　　　　　　　　以上元第一期名公才人劇

　　　　曾　瑞　王月英元夜留鞋記（元曲選本）

　　　　　　　　以上元第二期名公才人劇

　　　　蕭德祥　包待制三勘蝴蝶夢（録鬼簿著録）

　　　　張鳴善　包待制判斷煙花鬼（録鬼簿著録）

　　　　　　　　以上元第三期名公才人劇

　　　　包待制陳州糶米（元曲選本）

　　　　包待制智賺合同文字（元曲選本）

　　　　神奴兒大鬧開封府（元曲選本）

　　　　玎玎璫璫盆兒鬼（元曲選本）

　　　　包待制雙勘丁（太和正音譜著録）

　　　　金水橋陳琳抱粧盒（元曲選本。本非包公案，但與後來包公故事
　　　　　有關，故坿録於此。）

　　　　包待制智賺三件寶（晁瑮寶文堂目樂府類著録。疑是元劇。）

　　　　　　　　以上元無名氏劇

小説三種

　　　　羅貫中　彈子僧變化惱龍圖（舊本平妖傳）

　　　　無名氏　三現身包龍圖斷冤（警世通言，疑本宋三現身小説）

無名氏　合同文字記（清平山堂）

第二期

戲曲二十四種

明無名氏　袁文正還魂記（文林閣本）

明無名氏　高文舉珍珠記（文林閣本）

明無名氏　觀音魚籃記（文林閣本）

明沈　璟　桃符記（有鈔本，未見。曲海總目提要十三著録）

明謝天瑞　劍丹記（曲海總目提要三十六著録）

明無名氏　金丸記（曲海總目提要三十九著録）

明清無名氏　正朝陽（曲海總目提要二十九著録。按：曲録五著
　録正昭陽一本，石子斐撰，次在查慎行後，疑即此本。）

明清無名氏　雪香園（曲海總目提要三十二著録）

明清無名氏　斷烏盆（曲海總目提要三十六著録）

明清無名氏　長生像（曲海總目提要二十七著録）

清朱朝佐　瑞霓羅（曲海總目提要二十七曲録五均著録）

清朱朝佐　四奇觀（曲海總目提要二十五、曲録五均著録）

清唐　英　雙釘案（原名釣金龜，古柏堂本）

清無名氏　瓊林宴（曲海總目提要三十五著録）

清無名氏　雙蝴蝶（曲海總目提要四十六、曲録五均著録）

京劇釣金龜

京劇烏盆計

京劇斷后龍袍

京劇瓊林宴

京劇鍘美案

京劇打鑾駕

京劇雙包案

京劇五花洞

京劇鍘包勉

小説五種

明凌濛初包龍圖智賺合同文（初刻拍案驚奇）

明末包公案之一部分（目已見上篇）

清萬花樓楊包狄演義

清清風閘

清末忠烈義俠傳

以上所錄戲曲小説五十種。其中如刁包待制、糊塗包待制、包待制判斷煙花鬼、包待制智賺三件寶四劇，已無法知其内容。其餘諸戲曲小説，猶可據傳本及他書介紹，一一知其内容，對於故事的比較研究極有裨益。包公案故事，自元以來，孳乳浸多。其故事之著者，余別有長文專論之。

四　故事繙作演進至於今盛傳者

（一）雙勘釘故事

包待制雙勘釘雜劇

元無名氏撰。太和正音譜著録。劇本已佚，但其所譜事猶可以考見。陶宗儀輟耕録卷五勘釘章云：

> 姚忠肅公至元二十年癸未爲遼東按察使。武平縣民劉義訟其嫂與其所私同殺其兄成。縣尹丁欽以成屍無傷，憂悶不食。妻韓問之。欽語其故。韓曰：“恐頂顱有釘，塗其跡耳。”驗之，果然。獄定，上讞。公召欽諦詢之。欽因矜其妻之能。公曰：“若妻處子邪？”曰：“再醮。”令有司開其夫棺，毒與成類。並正其辜。欽悸卒。時比公爲宋包孝肅公拯云。

宗儀是元末明初之人。所記此事，即爲劇所譜無疑。姚忠肅公即姚天福。天福字君祥，絳州稷山縣人，以縣吏受知世祖，擢監察御史，歷任河東、淮西諸路按察使。大德四年，以通奉大夫參知政事行京尹事。六年卒。所至“摧强扶弱，理冤肅化”（虞集神道碑），剛毅正直，在元朝稱爲第一。此案在當時甚有名，舊史天福傳不載，至柯鳳孫先生新元史始採入，而虞集所撰姚忠肅公神道碑載此事尤詳：

> 公爲山北遼東按察使。武平路武平縣車坊寨劉義，軍籍也。其兄成暴死，詣官告其嫂阿李與逮州（字疑誤，不知所作）王懷通，疑其爲所殺。縣令丁欽驗屍無死狀，言諸府。府不能決，以告公。公曰：“安得無死狀？”期三日必如期復命。府以責欽，欽憂不知所爲。其妻韓問之，曰：“何爲憂若是？”曰：“劉成之獄，有其情而無其跡，府期責

甚迫，且姚公不可違，奈何？"韓問其始末，曰："驗屍時曾分髮觀頂骨乎？"曰："亦觀之，無見焉。"曰："子不知，是頂中當有物，以藥塗之，泯其跡耳。"欽即往，濯而求之，頂骨開，得鐵三寸許。持告府。府詣公言，公曰："敏哉！令胡為前迷而後得也？"召欽來，賞之。欽至，具言得妻韓教事。公曰："法當賞韓。"以他事苟留欽，而以欽言召韓於家。韓至，即引至公前。公曰："汝能佐夫不及，甚善。汝歸欽幾何時？"曰："妾萊州人，嫁廣寗李漢卿為妻。漢卿死十月，貧無所歸，適丁令半歲矣。"曰："漢卿今葬何所？"曰："寄殯廣寗某寺中，貧未能還葬也。"乃以韓付有司，曰："是有事，當問。"即遣憲吏劉某晝夜驛四百里至廣寗，會官吏即其寺，果得李漢卿棺，啟而視之，其顱則果如劉成也。取廣寗文書封顱鐵以還公。以鐵示韓，韓即款服，而欽亦自縊。不旬日而兩獄皆具。

據碑，天福任山北遼東道提刑按察使，正在至元二十年，與陶宗儀所言時代合。宗儀所記僅本夫劉成、成弟劉義、縣令丁欽及妻韓氏。碑文則云：劉成妻名阿李。縣令妻韓氏萊州人，所害之前夫為廣寗李漢卿。記天福斷獄始末，比輟耕錄更為詳細。據虞集撰神道碑自序，集奉詔為此文，在至順元年。而道園學古錄不載，元蘇天爵國朝文類亦不收，唯稷山縣志藝文志載其全文（碑在稷山縣，見卷七陵墓志）。一九三四年間，余聽柯鳳孫先生講公羊傳時，曾面問柯先生："新元史姚天福傳勘雙釘事，是否根據元虞集作的姚忠肅公神道碑？"先生說："是。我見過這個碑的拓本。"

天福斷此案，在當時甚有名。然而這樣相似案件的傳說，是自漢以來就有的。太平廣記一百七十一精察部引陳壽的益部耆舊傳：

嚴遵為揚州刺史，行部，聞道旁女子哭而聲不哀。問之，"亡夫遭燒死"。遵敕吏輿屍到，令人守之。曰："當有物往。"更日，有蠅聚頭所。遵令披視，鐵椎貫頂。考問以淫殺夫。

按：五代和凝疑獄集卷一亦載此事，而不注出處。"哭而聲不哀"疑獄集作"哭聲懼而不哀"。

嚴遵（張澍蜀典卷二云：當作"遵"），後漢人，字王思，閬中人，與嚴君平、嚴子陵皆非一人。唐段成式酉陽雜俎續集卷四也載一條：

相傳云：韓晉公滉在潤州夜與從事登萬歲樓，宴方酣，置杯不悦，語左右曰：“汝聽婦人哭乎？當近何所？”對：在某街。詰朝，命吏捕哭者訊之。信宿，獄不具。吏懼罪，守於屍側。忽有大蠅集其首，因發瞀驗之，果婦私於隣，醉其夫而釘殺之。吏以爲神。吏問晉公，晉公云：“吾察其哭聲疾而不悼，若强而懼者。王充論衡云：‘鄭子産晨出，聞婦人之哭，拊僕之手而聽。有閒，使吏執而問之，即手殺其夫者。異日，其僕問曰：‘夫子何以知之？’子産曰：‘凡人於其所親愛，知病而憂，臨死而懼，已死而哀，今哭已死而懼，知其姦也。’”

按：酉陽雜俎此條亦見。疑獄集卷三和嶸續，不注出處。這兩條所記，一個是漢朝嚴遵，一個是唐朝韓滉，都是聞婦人哭聲懷疑，以蒼蠅破案，首尾極相像。但還是單釘案。到了宋朝鄭克的析獄龜鑑記張詠事便成了雙釘案了。卷五“察姦門”：

張詠尚書鎮蜀日，因出過委巷，聞人哭懼而不哀，亟使訊之。云夫暴卒。乃付吏究治。吏往熟視，略不見其要害。而妻教吏搜頂髻，當有驗。及往視之，果有大釘陷於腦中。吏喜，輒矜妻能，悉以告詠。詠使呼出，厚加賞勞。問所知之由，令並鞫其事，蓋嘗害夫，亦用此謀。發棺視屍，其釘尚在。遂與哭婦具刑於市。

按：張詠在宋朝傳説很多，此是傳説之一。這一條所記，和姚天福事，太相像了。除了哭聲懼而不哀，還是舊的傳説外，其餘便幾乎和天福勘釘事完全一樣，難道天福此案也是元人敷會出來的嗎？我認爲不是。因爲虞集作這個神道碑是應制而作的，他作此文時態度極矜慎，始則曰：“國人稱治獄二事（另有捉風雪布商寃一案）殊神怪，臣不敢書。察問故吏，考其事實，今奉明詔得而并書之。”繼則曰：“此二事世所傳説多有之，而姚公之事，歲月地理人氏名姓悉詳如此，故可書。”可見他之書此事，是察問故吏的結果，確確鑿鑿，認爲不同於社會一般傳説，這才入於應制之文。而鳳孫先生亦據之而著之於史。這都不失爲實録。凡某一時的新鮮事情和某一時的偉大人物，都可以成爲傳説，但不同時之人而有極相似之事亦是極可能的，因爲時代雖不同，而人情物理卻不甚相遠。姚天福事和張詠事逼肖如此，就是一個例子。

姚天福在元朝的確有包龍圖資格，若論其不畏强禦，橫衝直撞，似乎宋朝的包龍圖還有遜色。（元人曲所譜包公之行爲態度，實皆影射天福。）他之勘雙釘案在當時甚有名，當時人以"本朝包公"之事演宋朝包公，這是俯拾即是，極方便不過的。不過在那時戲爲包公，傳説仍爲天福，到了後來，便把天福忘了，宋朝的包公卻大出風頭，久假不歸，毅然居之而不疑了。

勘雙釘雜劇，不知作者，故很難斷定其在元朝的時代。但以其影射天福事測之，則當爲第二期、第三期的作品，至早亦不得過至元二十年也。

白塔巷

見百則本包公案卷三，亦以天福事演包公，而又摻上些舊的傳説略加變通。略云：

> 包公守東京之日，同胥吏去城隍廳行香畢回來，在白塔前巷口經過。聞有婦人哭丈夫聲，其聲半悲半喜。包公回衙，即問公差："婦人哭的是甚人？"公差道："是謝家巷口劉十二日前死了，他妻吳氏在家啼哭。"便拘吳氏來，叫土公陳尚押吳氏同至墳所，啟棺檢驗。陳尚回報："並無傷痕，病死是實。"包公大怒，限三日若不明白，決不輕恕。陳尚回家，憂悶不已，妻楊氏道："聞有人曾將鐵釘插於人鼻中，壞了人性命，何不勘視此處？"尚依妻言再驗，果有鐵釘二個從後腦髮中插入，遂取釘呈上。包公便將吳氏跟勘，吳氏招認與張屠通姦，不合將丈夫謀害身死。遂將吳氏處斬，張屠發配遠惡軍州。

> 包公究問陳尚："是誰人教你？"陳尚答："是小人妻室有見識，教我如此檢驗，果得明白。"包公叫將尚妻楊氏喚來給賞，問道："當初陳尚與你是結髮夫妻，是半路夫妻？"楊氏覆："前夫梅小九早亡，係再嫁陳尚。"包公便派差王亮押楊氏去亂葬岡墳所檢驗。楊氏胡亂指別人墓，掘開視之，鼻中並無釘子。忽見一老人年七十餘扶杖前來，指着楊氏道："你休要胡指他人墳墓，枉拋了別人骸骨！"便指與王亮道："這個是梅小九墓。"言訖，化陣清風而去。亮開棺檢驗，果見鼻中兩個釘。包公遂勘得楊氏亦謀殺前夫是實，將楊氏處死。聞者無不稱奇。

這種樸拙的記載大概是將舊聞鈔一鈔，欲加詳而不能摩繪，實在是不成熟的東西。婦人哭一事，與益部耆舊傳等書所載同。但諸書皆云懼而不哀，極得犯罪人的心理狀態。此改作半悲半喜，便淺得多了。謀害之法更怪，是鐵釘二個從後腦後插入，穿過鼻孔（如何插法，頗有待於索解）。前後二案皆然。如此説來，這是勘四釘，不是"勘雙釘"了。

舊本釣金龜

據唐英雙釘案傳奇所引，則當時梆子腔有此劇，由來已久。焦里堂劇説卷四云："村中演劇，每演包待制勘雙釘事，一名釣金龜。"下文引輟耕録"姚忠肅"云云。里堂江都人，所謂村中演劇，或爲土班所演之草臺戲（本地亂彈），抑係外來之梆子腔、二簧調、高腔，因未明言不得而知。勘雙釘劇始於元人。明人傳奇，各家著録未見有此本。大概此劇崑曲所無，惟亂彈有之。按劉獻庭廣陽雜記卷三云："秦腔新聲有名亂彈者，其聲甚散而哀。"李斗揚州畫舫録卷五新城北録云："兩淮鹽務例蓄花、雅兩部。雅部即崑山腔。花部爲京腔、秦腔、弋陽腔、梆子腔、羅羅腔、二簧調，統謂之亂彈。"沈起鳳諧鐸十二"南部"條云："自西蜀韋三兒來吳，淫聲妖態，闌入歌臺。亂彈部靡然效之，而崑班子弟亦有倍師而學者。"是則乾隆以前皆以亂彈爲崑曲外一切俗調之總稱。今但目二簧調爲亂彈者非也。據唐焦二氏所述，則釣金龜戲流行至少也在雍乾以前，或遠起於明季，亦未可知。勘雙釘劇之加入"釣金龜"關目，當是明清之際的事。這種推測也許不至於十分錯吧。

雙釘案傳奇

原名釣金龜。曲録五著録。刊本有古柏堂本，題"寄蝸居士填詞"，實爲唐英。英，乾隆間人，曾作過九江關監督，也是愛好詞曲風流好事之人。他與蔣心餘、董榕等往來，自撰或改作的曲子有十幾種之多。此雙釘案傳奇即爲所改舊劇之一。尾聲云："雙釘舊劇由來久，不似這排場節奏，要唱那梆子秦腔盡點頭。"則固不滿意於流行的秦腔舊劇而作。共二十六齣，分上下卷，情節略爲：

> 淮陰人江芸，寡母康氏，婦王氏，弟曰江芊。秋試之年，治裝北上，母攜弟往海州舅家權住，婦往本城母家歸寧。芸至京登黃甲，除授河南祥符縣令。到任一月，派人接母弟妻房前來。來人被王氏撞見，即瞞着婆婆小叔，自來祥符縣。説母親在海州未回，因此先來了。
>
> 實則江芊與母親因海寇作亂，由海州回家已一月之久，對於兒子作官之事全不知曉。一日江芊於運河釣一金龜，以磚敲之，撒下金星點點，大喜收下。遇一公人相告，始知哥已作知縣。即去問王氏，而王氏業已接走。疑是嫂有機變，兄未必至此，因辭了母親，攜帶金龜

逕投祥符縣來。此時祥符縣有一位王學士名彥齡，姪與包公同年。妻亡，遺下二女，長女守寡，次女病重。因南華道人（即莊周）施送丹藥一粒，説須得金龜靈髓作引，煎湯服下，才能治好。遂張榜徵求："若有金龜靈髓，能治得小女者，即以女妻之。"江芋見帖，即叩門將金龜奉上。如法調服，果然好了。王學士即説親事，芋謂須稟明母親方能行禮。遂帶金龜別去，約以一年為期。

芋抵祥符縣見兄，相抱大哭。江芋即着人迎母，適奉上臺委勘水災，急忙走了。王氏慚愧，治酒款待江芋，芋舊恨未釋，辱罵之，謂其犯七出之條，醉中並出金龜誇耀。王氏懼罪又利其寶，遂與婢互兒謀，欲害江芋。互兒者亦祥符人，賣身為婢。其母曰苟氏，已剋過十八個老公，最後攜帶互兒來嫁鐵匠阮定宕，嫌其病廢，又欲改嫁，遂用鐵鎚將釘棺材長釘釘入阮定宕頂心致死。互兒在家，曾偷見其事，至是以此法告知王氏，以七八寸長釘將江芋釘死。

江芸回來，婦謂弟冒風寒心疼而死。芸派人迎母，婦又暗地買囑差人，假説母親因有海寇暫不能來（時寇已為狄青掃平）。而康氏因兒子去了一年未回，遂親身到祥符縣。質對參差，王氏大愧。而江芋又死。母當晚在靈堂安置，江芋即來託夢，説被王氏與互兒合謀害死。今有包公來開封府上任，在城隍廟中宿三，要母親往告。康氏次日即託燒香為名，暗帶狀詞，訴與包公。公以與江芸同年，勸使歸。康氏固請，包公遂到縣衙拘王氏及婢，命仵作丁不三開棺檢驗。驗了兩次，毫無傷痕。公大怒，謂第三次再驗不出，即置死地。此時苟氏謀害了鐵匠丈夫，又轉嫁了丁不三。見丁不三苦狀，即囑其細驗頂心，必見其情。丁不三照辦，果然驗出來了。互兒亦遂招認。包公又問丁不三何以這次聰明？丁不三以實告。包公即傳苟氏，問與丁不三係自幼結配，抑中年改嫁？氏自謂幼嫁，轉問丁則係繼娶。於是刑訊苟氏，亦招出。即命丁不三如法再檢鐵匠屍身，亦於頭頂起出八寸長鐵釘一根。

於是將互兒以銅鍘鍘死，王氏、苟氏均照他方法以釘釘之。江芋得閻王賜保殼靈丹，屍本不壞，其金龜亦是南華道人用椰瓢變的。至是災劫已滿，道人也來了，討還金龜，仍是一個椰瓢。江芋也因道人法力復活。

王彥齡在家，聞因金龜謀害一案，即來訪包公，知被害者即芋。而芋已更生。於是包公作媒，將王學士長女繼配江芸，次女與江芋成親。從此兄弟姊妹結成眷屬。

唐氏此曲，自謂係改定舊本，今就其情節看去，似所改的僅爲曲白。其中節目如南華道人，如定婚、團圓等，也許是新增的，但大體規模似乎仍然和舊本一樣。曲中如"阮定宅"、"丁不三"形聲會意，自是有意取笑。海寇數折，畫蛇添足，不足見長。釣金龜關目，雖爲舊本所有，但以之加入勘釘案中，亦殊無意義，唐氏亦未能毅然删去，使復於原始故事之自然。所以，從關目乃至於從填詞看起來，唐氏此曲都不能說是成功。但俗部舊劇至今未見有流傳劇本，賴唐氏改定本，猶可推知其梗概，對於明以後"勘雙釘"故事可得一具體的歷史觀念。以故事之沿革而論，唐氏此曲也是很有關係很重要的了。

京劇釣金龜

情節與唐英傳奇同，但改江芸、江芋爲張宣、張義。近時所演者衹張義得寶（亦名釣金龜）與行路哭靈二折，謂王氏用七寸鋼釘將張義釘死，與傳奇同，但勘釘情形如何，本案之外是否同時尚有相似之奸殺一案，如傳奇所云苟氏事，今不得而知。問之前輩，則云京劇釣金龜一名審雙釘，謂張義嫂王氏以雙釘釘死張義（行路哭靈不言雙釘事），經包公審出，別無奸殺一案。闇仙師爲余言，二十年前通行雙釘記劇，亦二簧調，譜吳能手、賈有理姦殺案，與包公案所記情節同，爲兩個姦情案子。伶人楊貴雲、路三寶飾旦，肖淫狠之狀，甚得時譽。旋經禁止，今不復演。據此則雙釘記無"釣金龜"關目乃追承元人雜劇之緒。明以來當相傳別有此本，即京劇雙釘記所從出。而某氏又云釣金龜全本即雙釘記。見聞未廣，不敢臆斷，姑識於此，以俟博訪。

如上勘釘故事，自魏晉訖宋代有傳説，至元而真有此案，不久便演成雙釘記雜劇，可惜劇本不見了。至明季則白塔巷小説亦敷演其事。又後則有舊本釣金龜因係俗部劇本，今亦未流傳。至乾隆間唐英改訂本出，名雙釘案，亦標"釣金龜"之目。到了現在演唱的還是釣金龜。綜合起來，此故事之沿革變遷約略如下：

1. 陳壽、段成式所記陳遵、韓滉事，皆是勘釘傳說，但是勘單釘，不是勘雙釘。到了宋朝鄭克託張詠事便是勘雙釘故事了。諸書所記，或係傅會，或爲實事，可不必論。但到了元初便有姚天福所斷之勘雙釘案與張詠事若合符節，爲雜劇所本。從此此故事益爲著名，離了瑣聞與實錄，而入於戲曲小説的造作了。

2. 元人雙勘釘雜劇，今不得而見，其内容大概是兩個姦情案子，都是以釘子釘死，經包公斷出。判斷方法，是因此案而及彼案，後案中之後夫當係令史或縣令，與本事差不多。所以這樣推測的理由，是很簡單的：(1)因爲當時之人譜當時之事，無論如何，應當大體相同。以元曲例之，如蝴蝶夢之與秦閏夫妻柴氏(元史卷二百一列女傳)，合同文字之於寧陵民楊甲王乙事(元史卷一百九十二觀音奴傳)；雖稍有點綴出入，而大體不錯。雙勘釘劇亦可作如是觀。(2)以包公案中之白塔巷證之。白塔巷所演，當本元曲，亦和姚天福本事差不多。凡包公案之出於元曲者，均無大改動，如烏盆子之於盆兒鬼雜劇幾乎完全一樣，桑林鎮之於抱粧盒雜劇雖有增益，大體亦不違背。以此例之，則元人雙勘釘劇當與姚天福所斷案略同，與包公案白塔巷篇亦相去不遠。雖無實證，如此説固無不可也。

3. 包公案白塔巷小説所記，爲兩個姦情案子同時斷出，與姚天福事同(但改兩案雙釘爲兩案四釘不同)。所本當即元曲。因爲作者無才，所以很老實，增改地方都屬末節。

4. 到了舊本釣金龜，"釣金龜"關目便出現了，其本亦不傳，内容當與唐英傳奇大同小異。

5. 唐英改訂舊劇釣金龜而爲雙釘案傳奇，仍用"釣金龜"關目。他所改的只是曲白，情節縱有更動，但至少大部分可以代表舊劇。至京劇釣金龜似仍從舊本釣金龜出，與唐英的雙釘案傳奇無涉。因唐氏改訂本，未必通行於社會爲伶人傳唱也。

6. 由無"釣金龜"關目之勘雙釘故事，變成有"釣金龜"關目之勘雙釘故事，面目大不相同了。現在以唐英傳奇爲主和元明故事比較起來，則演變之跡：(1)由兩個相同的奸婦謀殺本夫案子，變成兩個不同的案子，一個是嫂子因氣忿貪財設計謀害小叔，一個仍是姦情。但以嫂叔案爲主，不以姦情爲主了。(2)添出"釣金龜"關目，將金龜竭力舖張，因金龜而醫病訂婚，因金龜而致死，是重要關目。至於還魂、團圓，頭緒節目比較得多了。這種離開故事本身而生枝添葉的辦法，是明以後傳奇家的格範，牽强做作，將原始故事的自然趣味戕賊無餘。(元人雜劇，其節目雖亦時傷幼稚，但文則渾樸自然，並不在波瀾關目上注意。如包待制公案的曲子，今所見者有十種，只有魯齋郎留鞋記是以團圓、還魂結的，但極自然，並無神異之説摻雜其間。)但因時尚所趨，反而盛傳，到了現在，釣金龜故事有名，舊有的元明故事不復爲世人所知了。

故事情節，列爲下表：

	舊　　說			戲曲小說				
	晉	唐	宋	元	元	明	明清	清	
故事出處	陳壽益部耆舊傳	段成式酉陽雜俎	鄭克析獄龜鑑	虞集姚忠肅公神道碑	包待制雙釘勘	白塔巷	舊劇釣金龜	唐英雙釘案傳奇	京劇釣金龜
斷案人	後漢嚴遵	唐韓滉	宋張詠	元姚天福	宋包拯	宋包拯	宋包拯	宋包拯	宋包拯
緣起	聞婦人哭聲懼而不哀	聞婦人哭聲懼而不哀	聞婦人哭聲懼而不哀	屍親告狀	未詳	聞婦人哭聲半悲半喜	未詳	冤魂托夢屍親告狀	冤魂托夢屍親告狀
案情	一案單釘　姦情	一案單釘　姦情	兩案雙釘　姦情	兩案雙釘　姦情	兩案雙釘　姦情	兩案四釘　姦情	未詳	兩案雙釘　一仇殺一姦情	有仇殺案餘未詳
關目					勘釘	勘釘	未詳金龜	勘釘金龜	未詳金龜

(二)盆兒鬼故事

盆兒鬼雜劇

元無名氏撰，收於元曲選辛集，四折，有楔子。題目爲"咿咿啞啞喬搗碓，玎玎璫璫盆兒鬼"。譜一小負販爲人所害，碓骨和泥燒成瓦盆，後瓦盆爲張憋古所得，盆兒鬼即出現而託其告狀。劇中寫張憋古極活潑有趣，寫盆兒鬼，尤其是精靈滑稽的小鬼，在元人譜包待制公案的劇本中自可首屈一指。因爲如此，所以後來作者往往取其事點綴重演，但皆無以逾之；而故事卻因此盛傳至今，遺澤未斬，爲著名的包公案故事之一。此第一代之盆兒鬼劇本情節如次：

1. 汴梁人楊國用，因在長街市上遇一打卦先生說他百日内有血光之災，須去千里外躲避，百日期内不滿一日也不可回來，楊國用遂向表弟趙客借銀五兩，置辦些雜貨，出去作貨郎兒。

2. 楊國用買賣順利，賺得五六個銀子，九十九天上回來了。天晚投汴梁坿近破瓦村瓦礶店趙家，"借宿一宵，諸般茶飯都不用"。

3. 趙妻憋枝花原是行院妓女出身，見楊國用籠兒沉重，嗾使丈夫將國用殺了，劫他兩擔財物，將屍身放在窰裏燒化，又搗骨夾泥燒成瓦盆。

4. 行兇之後,瓦礶趙家裏常鬧神鬼,因張憼古(原是開封府五衙都頭領,和包待制有關係,現在老了閑着。開封府五衙都首領,即開封府祇候公人。)有代賣家火之情,曾許他夜盆一個,恰值張憼古來討,就把這盆兒給他,意在魘鎮。

5. 張憼古回家,冤魂也跟了來了,打擾他一夜不能睡。張憼古起來小解,盆兒便起在半空,惹得張憼古急了,罵那門神戶尉,扯碎鍾馗。最後魂子説起原由,要他帶盆兒到開封府包爺爺面前告狀。

6. 告狀時,盆兒鬼爲門神戶尉所阻,不能進來。包待制叫人焚冥紙祝告,才進來了。

7. 包待制聽了盆兒鬼詞因,將瓦礶趙夫婦拿到,一訊而服,都凌遲處死。又斷將瓦礶趙家私一半賞給張憼古,一半給楊國用父親作爲贍養之資。(按:元律實如此。)

盆兒鬼劇作於元代何時,現在不能知道,但元遺山的續夷堅志載此一條,頗與此事相類。卷四王生冤報章:

> 定襄邱村王胡以陶瓦爲業。明昌辛亥歲歉,與其子王生者就食山東。一日,有强寇九人爲尉司根捕急,避死無所,就此家藏匿。以情告云:"我輩金貝不貲,但此身得免,願與君父子平分之。"王因匿盜窰中,滿室壞瓦。尉司兵隨過,無所見而去。胡父子心不自安,且利其財,乘夜發火,不移時燻九人死,即攜金貝還鄉。數年,殖產甚豐,出鄉豪之上。泰和中,王生禮五臺,將及興善鎮,怳惚中有所見,驚怖墮馬,遂爲物所憑。扶舁至其家,生口作鬼語,瞋目怒罵云:"尉司追我輩,已得脫,中分貨財,足以致富,便發惡心都將我燒死。尋之數年,乃今見汝。償命即休!"時或持刃逢人亂斫。其家無奈,召道士何吉卿驅逐之。何至,作法,鬼復憑語辨訴。何知冤對,非法籙可制,教以作黃籙超度,或可解脱。胡陳狀齋壇,吐露情實,人始知其致富之由。大建一祠,日夕祈禱;生未幾竟死。紫微劉尊師説。

遺山所記,是金章宗時事,和此劇內容比起來,則被害者强寇七人,害人者定襄王氏父子,王生之死由冥報,未經官斷,而且事情出在山東並非汴梁,這是不同的地方。但兇手職業與其害人方法則恰恰相同。即劇中趙家亦有鬧鬼之事,超度做好事,瓦礶趙與鬼質對時亦曾言之。所以仍可以説大同小異。元遺山生金章宗明昌元年庚戌,卒於蒙古憲宗七年丁巳。是金元間大名士。他作的續夷堅志，今行得月簃刻本，其所從出底本，是元王起善據北地棗本手鈔的。至順三年石民瞻跋說：王起善博學且勤，人有異書，必手鈔之。同年宋子虛跋說：北方書籍，率金所刻，罕至江南。可見遺山此書在元朝南方流傳的很少。我們不妨這樣想：元盆兒鬼劇的作者是北方人，他看過續夷堅志。盆兒鬼劇故事與續夷堅志王生冤報故事有關係。

烏盆子小說

"盆兒鬼"故事發起於元，以後沉埋下去有二三百年之久。至明季始繼絕世而有烏盆子小說，把"盆兒鬼"故事中興起來。此小說見於百則本包公案第五卷，內容大致本元曲而略有增易。撮要如下：

1. 揚州人李浩家私巨萬，來定州買賣，醉倒路中。

2. 賊人丁千、丁萬見之，奪去黃金百兩，二人平分，又恐其醒了赴定州告狀，即將李浩打死，屍身投入窰中燒化，搗骨和泥，燒爲瓦盆。

3. 有定州王老買得烏盆子，爲盛尿之用。夜間小遺，盆子便說起話來，歷訴冤枉，要他將去見太守。

4. 包公審盆子，盆子不答應，怒王老誑，責逐回家。夜間盆子說："今日見包公，爲無掩蓋，這冤枉難訴，願以衣裳借我再去見包太守待我逐一陳訴，決無異說！"王老次日遂以衣裹蓋瓦盆再來告狀。這次有效了。

5. 包公差公牌拘丁千、丁萬到案。二人堅不承認。遂差人將其妻喚來，說他們的丈夫業已招認，黃金交妻子收着。婦驚恐，都實說了。又於家中取得原金，丁千、丁萬遂招認。

6. 丁千、丁萬處斬，王老官給賞銀二十兩，瓦盆及原劫銀兩，着冤鬼親屬領回。

和元曲比較則：

1. 汴京楊國用改爲揚州李浩。

2. 元曲楊國用是貨郎兒，這裏李浩是家私百萬的闊商人了。

3. 李浩在路上醉倒被劫，並未住店。

4. 害人者賊丁千、丁萬不是店主，也不是陶匠。

5. 張懺古成了定州王老。

6. 包公爲定州守，不是開封府尹了。

7. 王老官賞銀二十兩，兇手一半的家私分不到手了。

8. 元曲中盆兒鬼被門神阻擋不能進府衙一段丟了，改爲盆子因無衣服遮蓋,所以不能説話。至於何以必要衣服遮蓋的理由,一字未提。

9. 增出誑賊妻一段,以見包公權術。

10. "烏盆"之稱,始見於此。以後,便相沿不廢,成了故事的定名。

元曲盆兒鬼本是活潑飄逸的文字,到了烏盆子卻成了朴拙簡略的記錄,一點游情餘韻没有了。他所改動的地方,也極疏淺。如起初説包公爲定州守,後又稱府衙,似謂定州爲府,實則宋之定州,政和三年始升爲府,曰中山郡。元之中山府,洪武二年已改爲州,曰定州,隸真定府,這無論在宋在明都不對(包公也没有知過定州)。元曲中瓦礶趙是業陶之人,殺死人搗骨和灰,燒成盆兒,這是很自然的;此改殺人犯爲賊丁千、丁萬,又没有説他們是陶匠,但殺死人之後也燒起窰來,這種賊人也可謂有閒情逸致了。至於將魂子因門神阻擋不能進去一節改爲盆子因没有衣服而不能説話,也没有説出道理來。總之,記事疏略,語不縟完,可知其爲粗識字之人所記錄。但雖然是不完全之記錄,亦差足代表當時民間傳説,且書中出此一條,承前啟後,從故事沿革上看也值得一説了。

斷烏盆傳奇

無名氏撰。曲海總目提要三十六著錄。未見原本。據提要則所譜與包公案、烏盆子事同(人名異,事實同,見曲海總目提要盆兒鬼劇提要),但增包公符召賊人家鍾馗問明一事(疑此受盆鬼劇窰神示儆及張懒古扯鍾馗事暗示而加增飾)。作劇時代,當稍後於包公案。袁枚子不語卷十一謂乾隆年間廣東三水縣演包孝肅斷烏盆,淨扮孝肅云云。"倘屬雅部劇",所演或即斷烏盆傳奇,亦未可知。

京劇烏盆計

包公案中之烏盆子雖本元曲,而改其節目,至京劇則以元曲爲主而參以小説烏盆子及斷烏盆傳奇,其演進之跡,亦詳述之。

1. 被害人元曲爲汴京楊國用,烏盆子爲揚州李浩,便成了淮南人了。京劇改爲華陽劉安字世昌,又移到成都府路。

2. 元曲楊國用是五兩銀子成本的貨郎兒,至烏盆子便成了巨商了,而猶未言所業。至京劇便成了廣有家財的綢緞商了。

3. 害人者元曲爲瓦礶趙夫婦,烏盆子爲賊人丁千、丁萬(意殆云兄弟),京劇爲趙大夫婦,開店燒窰,和元曲一樣了。

4. 害死方法,在元曲是"借宿一宵,諸般茶飯不用",被店主殺死。在烏盆子是醉倒在地,被賊人乘機打死。到了京劇,便受了店家的款待,酒内下毒,主僕都藥死了。

5. 謀害之後，在元曲是得了五六個銀子，在烏盆子是黃金百兩，至京劇便因此而發了大財，翻蓋房子，有會客廳，也有游廊。

6. 元曲的張憨古是舊開封府役，因和瓦磘趙要好，贈他一個瓦盆。烏盆子王老的烏盆是買的，和兇手沒有關係。至京劇張別古便和劉先主一樣，成了賣草鞋的，因趙大欠他鞋錢，以烏盆抵償。

7. 元曲中的包待制，是開封府尹，烏盆子中包公是定州太守，京劇中的包公，是定遠縣知縣，職位更低了。

8. 張別古見鬼始末，略同元曲。

9. 冤鬼告狀時情節，在元曲是爲門神户尉所阻進不去，所以不能説話，祝告之後便説話了。烏盆子是没遮蓋所以不説話，王老給他蓋上衣服帶去便説話了。至京劇則兼取二家之説，先是冤魂爲門神所阻進不去，審問時不答話，將張別古趕出來。經張別古稟明，衙役爲之焚燒紙錢之後，還是不説話，張別古被打五板。出來之後，問其原由。原來是趙大害他之時，剥得赤身露體，想太爺包公日後有三公之位，恐怕衝撞，不便進去。於是包公賞下青衣一件，烏盆便真説話了。前者本元曲，後者本烏盆子。但烏盆子是没有説出理由的，這裏把所以必須衣服遮蓋之故説得清清楚楚了。

10. 謀害時有鍾馗見證，此本斷烏盆傳奇。元曲及烏盆子小説均無此説。

11. 別古因錯打五板，賞銀五錢，所得比烏盆子尤少。趙大夫婦拿問。

忠烈俠義傳

第五回演烏盆事，關目情節一本京劇。如告發人之爲張別古，兇手之爲趙大，被害人之爲緞商劉世昌，姓名均同。趙大行劫發財以及告狀時冤魂第一次爲門神阻擋，第二次又因赤身露體難見星主，包公賜衣遮蓋始進去説話云云亦與京劇同。其稍異者：

1. 華陽劉世昌改爲蘇州劉世昌（無字），成了兩浙人了。

2. 京劇只説劉世昌有母，這裏説母周氏，妻王氏，有三歲孩兒名百歲，叙家世較詳。

3. 謀害方法，是用繩子勒死，不是藥死的。

4. 京劇張別古是賣草鞋的，此改爲賣柴牙儈，因趙大欠他一擔柴錢四百文，登門索取，付錢後另外討得小盆一個。

5. 趙大强硬不招，當堂打死，別古被打十板，賞銀十兩，一板一兩，比京劇賞格高了。

6. 包公計誑趙大之妻,説出趙大謀害事及起贓銀一段,本烏盆子。劫銀着屍親領取,及鈔没家私事,亦本元曲及烏盆子,但劉氏婆媳感張別古之恩將別古帶到蘇州養老一事是新添的。

如上所述,盆兒鬼故事四傳而至忠烈俠義傳,其沿革之跡:

1. 長街問卜事,除盆兒鬼雜劇外,各本皆無之。

2. 盆兒鬼投告情形,在元曲是爲門神户尉所阻,在烏盆子是要衣服遮蓋,以後京劇、忠烈俠義傳則兼取二説。

3. 烏盆子小説比較改換元曲情節甚多,京劇出於元曲,忠烈俠義傳多本京劇,所以都和元曲接近。但亦節取烏盆子及斷烏盆傳奇之説。

4. 如上所記戲曲小説五種,除人名地名職業遞有變更外,其事實情節則大致相似。由此可得一結論:此故事七百年間無大變化。

諸本節目,列爲下表(斷烏盆傳奇不知其細目,姑略之)。

	元	明	清	
	盆兒鬼	烏盆子	京劇	忠烈俠義傳
被害人	汴京楊國用(貨郎兒)	揚州李浩(富商)	南陽劉安字世昌(綢緞商)	蘇州劉世昌(緞商)
兇手	瓦礶趙 妻撇枝秀(開店燒窯)	丁千丁萬(賊人)	趙大夫婦(開店燒窯)	趙大夫婦(燒窯)
告發人	張憼古(開封府老差役)	定州王老(無職業)	張別古(賣草鞋)	張別古(賣柴牙子)
包公	開封府府尹	定州太守	定遠縣知縣	定遠縣知縣
謀害情形	殺死 得銀子五六個	乘醉打死 得黄金百兩	藥酒毒死 暴富	用繩子勒死 暴富
處理	兇手凌遲 抄没兇手家私 以一半賞告發人 一半給屍親	兇手處斬 告發人賞銀二十兩 屍親領回原劫銀兩	趙大夫婦拿問 誤打告發人五板 賞銀五錢	兇手趙大當堂打死 誤打告發人十板賞銀十兩 屍親着領原劫銀兩並接受抄没兇手家私

(三)抱粧盒故事

抱粧盒爲自元以來最有名的故事。由劉后下令叫寇承御謀害太子，演變到買通乳媼以貍貓換太子，中間幾經蛻變，波瀾最爲豐富。其故事之長在袁文正故事之上，而事之恢詭有趣亦過之。胡適之先生對此故事，曾有詳細的論著，極爲有趣。余今爲此文亦不能脫其範圍，但於瑣碎處稍加補綴而已。

抱粧盒雜劇

元無名氏撰，見收於元曲選壬集。劇四折。第一折、第二折前均有楔子。題爲"李美人御園拾彈丸，金水橋陳琳抱粧盒"。劇情略爲：

1. 宋真宗無子，因太史官王宏奏"夜觀乾象，太子前星甚是光彩，如今時逢春季，正是成胎結子之候，合着尚寶司打造金彈丸一枚，於三月十五日向東南方打其一彈，令六宮妃嬪各自尋覓，但有拾得金丸者，因而幸之，必得賢嗣"。天子准奏。如期，真宗彈打一個錦鳩兒。金彈被李美人拾着了。真宗因幸西宮。

2. 劉皇后聞李美人生子，命宮人寇承御去西宮詐傳萬歲旨要看孩兒，將那孩兒或是刀兒刺死或是帶兒勒死，丟在金水橋河下。寇承御如命行事，"則見紅光紫霧罩定太子身上"。恰值穿宮內使陳琳（"穿宮內史"當是"入內都知"之訛）因萬歲爺賜予黃封粧盒到後花園採辦果品與南清宮八大王上壽，由此經過。因強以太子委之，置放粧盒內。陳始畏懼，後亦感動。寇去，劉皇后恰至河邊，見陳琳"遮遮掩掩，進遲退疾"，大疑，欲揭盒蓋。忽寇承御來報聖駕幸宮中，這纔解了圍。其時太子盒中睡着，故無聲息。

3. 陳琳將太子交與楚王（即八大王），楚王初亦畏懼，因有動於陳琳之言，遂收下了（楚王名德芳乃太子親叔）。太子十歲，楚王帶去見真宗，云是自己第十二世子，欲乘機說明原委。被劉后看破，將話打斷了。劉后以世子貌似李美人，又覩八王狀，生疑，回宮拷問寇承御，並疑陳琳，即命陳琳痛打之。陳琳不敢不從，承御撞階而死。

4. 真宗病重，取楚王第十二皇子承繼大統，即仁宗。仁宗久聞楚王言自己是用粧盒兒盛着送來楚府的，至是細問陳琳，因知端的。處置方法則云："寡人若究起前事，又怕傷損我先帝盛德，如今姑置不理。將西宮改爲合德宮，奉李美人爲純聖皇太后，寡人每日問安視膳。"（此時劉氏、李氏均活着。）

因爲這一本雜劇，是故事的第一代始祖，所以説的比較詳細一點。照劇中所説和正史及其他載籍比起來，則：

1. 李宸妃有娠後，真宗有玉釵之卜，其事見於宋史二百四十二后妃傳上，言之不爲無因。唯改玉釵爲金彈不同。又心卜爲宸妃一人，此謂宮娥彩女皆得參預，乃傳奇家言。

2. 據宋史后妃傳，李宸妃生仁宗，劉皇后據爲己子是實，但無謀害之事。

3. 真宗養八王第十二子，言之亦有因。按：真宗章穆郭皇后生悼獻太子玄祐（宋史真宗紀作“玄祐”，宗室傳作“祐”），咸平初封信國公，六年四月卒，追封周王，謚悼獻。後十五日，皇太子生兩月者亦不育，帝乃取宗室子養之宮中（畢沅續通鑑二十三）。范鎮上仁宗疏所謂“真宗以周王薨，養宗子於宮中，天下之大慮也。願以太祖之心行真宗故事”云云，即指此事（宋史范鎮傳）。按：時仁宗未有子，故鎮引真宗事爲勸。後婁寅亮上高宗疏，亦引此語，見宋史本傳。而蘇轍龍川別志述仁宗語，謂明肅章獻嘗自言夢周王祐來告，將託生荆王宮中，時允初始生（原注：允初，荆王少子），所謂“五相公”者，太后欲取入宮養之，呂夷簡爭之乃止，以謂能和協二宮云云。是則養宗子於宮中，前之真宗因周王玄祐之薨而有其事，後之章獻垂簾時，因周王玄祐入夢而有此議，因呂夷簡諫而止。而荆王即燕王，亦即八大王（據宋史宗室傳，太宗子周恭肅王元儼於明道時封荆王，實爲仁宗親叔，與仁宗感情最好，歿贈燕王。於兄弟中行八，世俗所謂“八大王”即是其人。宋史所謂“燕王爲仁宗言陛下乃李宸妃所生，妃死於非命”者，據贈爵稱之，亦是其人）。此劇誤荆王爲楚王，又誤謂楚王名德芳（太祖子行四，不行八）。又因章獻有養允初於宮中之説，遂誤將允初、仁宗紐合爲一人。又因元儼有子十三人（宋史本傳），允初爲少子，遂又誤以仁宗爲楚王第十二世子。

4. 寇承御事無稽。唯宋史章獻傳謂真宗久疾，事決於后，入內都知（龍川別志云東宮宦）周懷政與寇準謀廢后，請皇太子（仁宗）監國。事洩，誅懷政，貶寇準衡州司馬（龍川別志上亦載此事）。則因謀擁立太子而犧牲者，固有宦官周懷政與寇準二人。

5. 仁宗親政，因八王言始知爲李宸妃子，待劉氏寬大是實事。但李宸妃歿於明道元年，劉太后歿於明道二年，俱先死。劇謂仁宗親政時二人皆在，亦不合。

由1、3、4、5看來，劇所説雖不規於正史，而牽强影射之處，猶可勉强比附，只有和史實相去太遠了。仁宗受劉后撫養，母子感情甚好。章獻傳云：“后與楊淑妃撫視甚至。”又云：“太后保護帝既盡力，而仁宗所以奉太后亦甚備。”可見劉氏對仁宗本是很好的。何以作戲的人編排出這種誣蔑的話呢？胡先生的解釋，是民間傳說有意增加劉后的罪過，不欲歸美於劉后。但黃文暘曲海總曲提要根據這一點懷疑此劇，以爲其事不類章獻，所影射者乃明憲宗時萬貴妃事。曲海總目三十九金丸記提要：

> 説本抱粧盒，不見史傳，與明代紀太后事相類，或作者借宋事以寓意耳。太后乃憲宗妃，孝宗生母也。太后賀縣人，本土官女，以征蠻俘入掖庭，通書史，命守內藏。時萬貴妃專寵而妒，後宮有娠者皆給使墮之。一日帝行內藏，妃應對稱旨，悦之，一幸有身。萬貴妃知而惡甚，令婢鉤治之，婢謬報曰：“病痁。”乃謫居安樂堂。久之，生孝宗。貴妃使門監張敏溺焉。（按：此黃氏誤讀史書，紀氏懼萬貴妃，自使張敏溺之，萬貴妃當時尚不知紀氏生子。明史文甚明。清程嗣章明宮詞自注云：孝宗生，紀氏使門監張敏溺焉。語不誤，勝於黃氏。）敏伴奉命而密藏之他室，至五六歲猶未剪胎髮。成化十一年，帝偶召敏櫛髮，照鏡曰：“老將至而無子！”敏伏地曰：“萬歲已有子也。”帝愕然問安在。太監懷恩頓首曰：“皇子潛養西內。”帝大喜，即日遣使迎皇子。懷恩赴內閣，具道其事。群臣皆大喜，明日入賀，頒詔天下。而萬貴妃日夜泣，怨群小紿我。其年，妃暴薨，敏亦吞金死。

又云：

> 楚王元佐太宗(宋)長子，無收養太子之事，亦無劉后使太監溺死之説，故似指紀太后事。（按：劇誤荆王爲楚王，其以八大王爲真宗弟、仁宗叔，不謬。説已見上。）

黃氏且進而懷疑抱粧盒劇。卷四抱粧盒劇提要云：

> 演宋真宗與劉后事，與正史不合……其情節大類明弘治事。

金丸記提要云：

71

元人百種有金水橋陳琳抱粧盒劇，即此事也。然無撰者姓名，恐是明弘治後所作，而嫁名於元人者。

黃氏論點，第一，證明劇所演者爲弘治事。第二，因劇所説爲明弘治事，作劇時代亦當在弘治以後。今即據此二點討論之。第一，謂劇情節類弘治事，不謂無理，然亦不過是摹略之詞。現在拿上文所列五段劇情對勘一下：(1)玉釵之卜，憲宗無此事。(2)弘治始生，即有命張敏溺之之説，雖不出萬貴妃之命，但萬貴妃的確是狠毒婦人，栢賢妃生的悼恭太子便是他害死的。作劇時即以此命屬之萬貴妃，原無不可。此與劇所云劉妃謀害仁宗者相似。(3)弘治生後，憲宗廢后吳氏居西内，密知其事，往來哺養。成化十一年，事既大白，立爲太子。紀妃暴死。憲宗母孝肅周太后恐其遭萬妃暗算，親撫之，使居仁壽宮（明史一百十三）。此與劇所云仁宗育於他室者亦相似。然撫字之者乃已廢皇后、皇太后，而非親王。(4)太監張敏以慮太子死，寇承御亦然。然宋時太監周懷政亦有因謀擁立太子被誅之事。此事宋明事皆同。(5)孝宗立爲太子時，萬貴妃、紀妃均活着，移紀妃居永壽宮，與劇所云仁宗即位時事略同。其大異者，則孝宗於自身來歷分明，生六歲而立爲太子；與仁宗在劉后未死前始終不知有生母，親政後因他人告語始知爲李宸妃生者大不相類。所以，我説：黃氏謂戲情逼似明事，這也是摹略之詞。第二，劇時代問題。黃氏以爲劇是明弘治後所作。按：抱粧盒劇，明寧獻王權洪武中撰太和正音譜已著錄，在“古今無名氏雜劇目”中。由此我們知道，抱粧盒劇出現至晚在元末，或者在洪武初，決不是洪武後編寫的劇本。黃氏忘了太和正音譜已經著錄過抱粧盒劇這個歷史事實，卻大膽的説“金水橋陳琳抱粧盒，無撰者姓名，恐是明弘治後所作嫁名於元人者”，這是非常錯誤的。

關於抱粧盒一劇，不知不覺説了這許多話，實在近乎詞費了，現在應當趕緊收束，説到正面。大抵李宸妃故事自南宋時即有種種傳説，到了元朝末年有抱粧盒雜劇爲其代表，後來許多演這一個故事的小説戲曲都發源於此。此第一代抱粧盒雜劇之重要節目，要刪如次：

1. 李宸妃拾金彈丸得幸有子。

2. 劉皇后無子女，嫉李妃生子，使宮人寇承御害死太子，擲下金水橋河下。

3. 寇承御將太子交給陳琳，陳琳用粧盒盛着交與南清宮八大王收養。

4. 八大王養太子爲第十二世子。

5. 劉皇后見世子生疑，叫陳琳拷打寇承御，寇承御撞階死了。

6. 真宗晚年以八大王第十二世子爲太子。

7. 仁宗即位，因八大王平日説他的話研詰陳琳，事情經陳琳揭破了，仁宗置劉皇后不問，改西宮爲合德宮，奉李宸妃爲純聖皇太后。

金丸記傳奇

此曲僅據曲海總目提要三十九著録，未見原本。據曲海總目提要所説，劇中情蹟以陳琳、寇承御共救仁宗爲大關目，内容悉本抱妝盒劇，所增者爲契丹南侵，陳堯叟請幸蜀，王欽若請幸南京，唯寇準決計勸幸澶淵，畢士安贊其議一段。

桑林鎮小説

見百則本包公案卷七。包公案小説之作當在明季（因書中有取材於馮夢龍智囊補的地方）。但此篇文字似乎時代靠前一些，大蓋是嘉隆以來市人流行的傳説，作書者照樣記下來的。其叙劉李事，大體雖然還和抱妝盒不相違背，而瑣細節目幾乎全部改了，市井里巷的氣息也愈爲濃厚。李宸妃故事到了桑林鎮小説才與包公發生關係，以後便相沿不廢，成了包公斷案中的重大事件，所以這篇小説是很重要的。其節目照録如下：

1. 李宸妃父親單生一女，爲因難養，十三歲就大清宮修行，尊爲金冠道姑。一日真宗到宮行香，見李氏美麗，納爲偏妃。

2. 太平（真宗無此年號）二年三月初三生下小儲君。是時南宮（元曲是中宮）劉妃子亦生一女兒，因六宮太使郭槐作弊，將女兒換了小儲君而去。李宸妃氣悶在地，恨死女兒，被囚於冷宮。當得張院子知其冤，見太子游賞内苑，略説起情由，被郭槐報與劉后，絞死了張院子，殺他十八口。直待真宗晏駕，仁宗接位，赦冷宮罪人，宸妃始得出。爲無人付託，來桑林鎮覓食度日。（以上悉李宸妃自述。）李宸妃在桑林鎮時是住破窰，婆子兩眼也瞎了。

3. 包公自陳州賑饑民回京，來到桑林鎮，歇馬東嶽廟。婆子來告狀，説當今天子是他的親生兒子。問有何憑據？曰：當初生下太子之時，兩手不直，挽開看時，左手有"山河"二字，右手有"社稷"二字。包公信了，將婆子帶回東京。

4. 包公朝見時，驗仁宗手，果然婆子説的不錯，因奏明此事。仁宗派御史王材審問郭槐。劉后使徐監宮買囑王御史，被包公搜出珍珠三斗、金銀各十錠，將王材推出斬首，徐監宮充軍。仁宗着令包公審問郭槐，郭槐起初招了，後又反覆，遂設計在張家園擺設森羅殿。仁宗扮閻王、包公扮判官。將近三更，包公禱告天地，忽然天昏地暗，星月無光，郭槐於此時一一訴出前情。

　5. 仁宗排鑾駕迎李娘娘，送入養老宮，要將劉娘娘受油鍋之刑，包公奏："王法無煎皇后之鍋，着人將丈二白絲帕絞死，郭槐該落鼎鑊之刑。"

　和抱妝盒雜劇比較起來，則：

　1. 金彈丸事刪去了，説李妃以女冠進身。

　2. 陳琳、寇承御不見了，無抱妝盒及拷打關目，以張院子事填補。

　3. 無八大王及收養太子事，説劉妃以仁宗爲己子卻與正史合。

　4. 降劉皇后爲劉妃。

　5. 抱妝盒劇，劉皇后本無生育，此改作李妃生太子，劉妃生女，將女兒換了太子。

　6. 宋史劉皇后僅奪李宸妃之子，並無虐待之事，故抱妝盒劇於李宸妃生子後境遇亦毫未提起，此添出李妃因誤死女兒被囚冷宮及住破窰等事，並且眼也瞎了。

　7. 添出六宮大使郭槐爲"助紂爲虐"之人。

　8. 抱妝盒雜劇云，仁宗認生身母，由於八大王及陳琳報告，與宋史略同；此則平空添出包公，包公成了偵刺審問的重要人物，其節次爲婆子告狀、王材貪賄、審郭槐三事。

　9. 造出仁宗異相：左手有"山河"二字，右手有"社稷"二字。

　10. 事發覺後，劉李二妃均活着，與元曲同，但元曲於劉后置之不問，在此處，劉妃便受了絞刑。

　由此可知，桑林鎮小説對抱妝盒情節全部改動，越發離開宋朝的傳説而成了明朝以包公爲主的民間傳説了。所改如劉后以仁宗爲己子一條，比較更近於宋史，以女易太子之説雖非事實，然亦有因。按：蘇轍龍川別志上載：李宸妃卒，晏殊撰志文，只言生女一人，早卒，無子。（按：宸妃生仁宗後，復生一女，不育。見宋史后妃傳。）仁宗恨之，及親政，出志文示宰相曰："先后誕育朕躬，殊爲侍從，安得不知？乃言生一公主，又不育，此何意也？"呂夷簡爲殊緩頰，言方章獻臨御，若明言先后實生聖躬事，得安否？上默然良久云云。是當時諱生子，而只言生女，實含有誣罔意味。小説所言，如非捏造，即本於此。但最可注意的還是劉氏由后降爲妃、惡人添出郭槐，及劉后和郭槐都受了極刑三事。這些地方，大概很受成化間事的影響。現在約略説一説。抱妝盒曲劉氏是皇后，這還是宋朝的傳説。明朝萬貴妃紀妃一案是宮闈中的大事,很引起朝野的注意,這時民間惡人的印象只有萬貴妃了,所以劉后便降而爲妃子了。與萬貴妃同惡共濟的是太監梁芳等,芳與貴妃謀廢太子,的確是危害東宮的人,所以劉妃的心腹便有郭槐一人。紀妃孕後被萬妃謫居安樂堂,所以李宸妃也住了冷宮。同時還有一位邵宸妃,也是憲宗的妃子。她是興王祐杭的母親,明世宗的祖母。興王之國,她留在宮中,經過弘治、正德兩朝,世宗即位時,她還活着,眼都瞎了。世宗越制尊爲皇太后,太后"喜孫爲皇帝,摸世宗身自頂至踵"(明史卷二百十三邵太后傳)。原來,明朝妃子中實有以瞎子而爲皇太后的,他也是憲宗的貴妃,與萬貴妃同時,也封宸妃與宋真宗的李宸妃一樣,所以宋朝的李宸妃也成了瞎子了。萬貴妃在憲宗時恃寵作惡,憲宗即位時才十六,她已經三十五歲,但憲宗一生受其鉗制。成化二十三年,萬貴妃死了,憲宗便憮然曰:"萬使長去,吾亦安能久矣。"(明宮詞注)是年也死了。因爲憲宗這樣的溺愛,所以孝宗即位,對於這位害死生母的萬貴妃的家屬仍然不問(因爲重違先帝意),對於謀廢立的梁芳也沒有立刻置之重典。民衆心理一定覺得對於他們太寬大了,所以在劉妃、郭槐身上洩憤,都教他受了極刑。這種説法也許是比附太過了。不過,我覺得由那樣的抱妝盒劇一變而爲這樣的桑林鎮,無論如何總有時代的關係。與其説抱妝盒劇演弘治的事,無寧説桑林鎮小説和明朝的時事有關,這倒比較穩當一點。至於包公之成爲處理案件重要人物,這因爲到了明朝包公的權威益見膨脹的緣故,他能殺曹國舅,殺趙皇親,對於這兩宮大事,當然非他不可了。

正朝陽傳奇

曲海總目提要二十九著録,亦未見原書,僅於曲海總目提要知其內容。此曲一本桑林鎮,而亦略有增益,即

1. 劉氏爲皇后,與抱妝盒同。

2. 劉后以所生女易宸妃生男,本桑林鎮;但女子並非李妃悶倒誤死,乃是郭淮摔殺的,劉后即誣宸妃殺之,這更險毒了。

3. 李宸妃貶入冷宮,本桑林鎮;但添出謫宸妃守皇陵(按:宋史后妃傳,李宸妃曾從守真宗永定陵),又令人縱火焚宸妃,令內監雷先春刺仁宗,惡跡更多了。

4. 宸妃正位中宮。

5. 劉后飲鴆死,並非絞死。

6. 惡人郭淮之外還有雷先春。

7. 忠義無寇承御、陳琳,與桑林鎮同;但有蒯飛雲、鞏折天,不是張院

子了。

8. 以呂端保宸妃，寇準隨駕征蠻，楊六郎、孟良等征蠻等事點綴，此與本文無關。曲錄五著錄清石子斐的正昭陽曲，在查慎行曲之後（慎行康熙時人），不知即此本否？大概此正朝陽曲作於清初，其時觀念已和明時不同，對於劉氏覺得應當正名定實，所以仍是皇后；又覺得絞死皇后太過一點，所以劉后的惡跡雖然有加無已，而懲罰則較輕。

萬花樓楊包狄演義

即後續大宋楊家將文武曲星包公狄青初傳。此書沒有名聲，蔣氏小説考證及小説林所刊黃摩西的小説小話均未著錄。余先後收得二本，一爲近文堂本，一爲經元堂本。正文第一頁題"吳西瑞雲齋原本，羊城長慶堂梓"，經元堂封面又題"西湖居士手編"。有鶴邑李雨堂序，結云"戊辰之春自序於嶺南"云云，李雨堂當即作者。戊辰似是乾隆十三年。據末回云此書與下五虎平西二百十二回（今書前後傳只一百五十四回）每事多關照之筆。五虎平西後傳識語亦云"此書爲後傳，須合初傳觀之前後方完全"云云，則似與五虎平西作者爲一人。他的構造很奇怪，將楊宗保、狄青、包公事合演，如史家合傳體裁，叙每人事前後間出而亦自成一貫，大概是將一個以上的話本拼湊而成的，文頗粗獷，市井氣息濃厚。書作雖在乾隆間，以余考之，則所説保存舊傳説不少，至少是明季以來市人流行之談。有二事可證：（1）明鄭仲夔耳新云：小説家演包孝肅事有捕落帽風一事。今百則本包公案無此事（海公案十九回以爲海公事，改爲風吹轎頂）。疑鄭所謂小説家者乃指當時打談人言之。其事即見於此書第十卷第四十七回。（2）書中宮人呼郭槐爲九千歲（五十三回）。稱九千歲乃魏忠賢事（明史忠賢傳云："所過士大夫遮道拜伏，至呼九千歲"）。以此二端言之，疑此書是就明以來説話人相傳話本敷衍成書，其所記者大足代表民間傳説，非可以尋常小説目之也。

此書第三回記劉后謀害太子事，至第四回前半真宗班師、八大王前死、養仁宗爲太子而止。後又轉入他事。直至四十六回以包公捉落帽風引起，四十七回、四十八回叙李宸妃告狀事。以下四十九回至五十二回又轉入他事。至五十三回乃接入斷案正文，叙斬王炳（五十四回至五十七回）、審郭槐（五十八回至五十九回）、迎后戮奸（六十回至六十一回）諸事，至六十二回前半而止。李宸妃事始末至是完具。抱妝盒故事到了萬花樓小説，局面才大開拓起來，頭緒更多了。狸貓換太子之説，始見於此書，自此而後也相沿不廢，成了故事中之重要關目。其所排列叙次實包括抱妝盒曲、金丸記曲、桑林鎮小説、正朝陽曲，一一容納之而集其大成，但亦各有增易潤色之處。今分述如下：

1. 本抱妝盒曲者

(1)劉皇后、李宸妃。元曲作李美人，略同；但此謂劉居朝陽宮，李居碧雲宮，非元曲所有。

(2)劉后誑出太子，使宮人寇承御撩棄於御花園金水池。元曲是金水橋河下。

(3)陳琳救太子一節，全同元曲，但元曲中陳琳是穿宮内使，此則成了南清宮的内監了。

(4)寇承御因救太子及放走李宸妃二事，懼罪投金水池而死，將拷打撞階事删去了。

(5)八王養仁宗爲己子，真宗無嗣，以八王子爲太子事同，但謂仁宗是八王長子，不是第十二世子了。

(6)仁宗即位，八王已前死，故無賜莊田之説。

(7)寇承御追封，陳琳封公爵賜第同。唯陳琳死後又謚忠烈公，元曲所無。

2. 本金丸記者

增真宗幸澶淵拒遼事，本金丸記。但仁宗生在大中祥符三年，此謂景德元年，遼入寇，真宗議親征時生太子，早了六年。真宗以十一月次澶州，十二月回京師，來回不過兩月間事，此謂出征十一年方回，未免與事實相去太遠。

3. 本桑林鎮小説者

(1)劉后生女、李宸妃生子，同。但不用掉換之法，乃是劉后假公主缺乳爲名，親到碧雲宮請李妃哺乳，順便邀其入宮赴宴，郭槐抱着太子進宮。暢談之際，李妃問及太子，劉后説太子睡熟了，已命郭槐送回碧雲宮。李妃宴罷回來，揭褓袱一看，乃是血淋淋一隻死貓。如此一改，事情更詼詭了。

(2)李妃目盲、住破窰乞食，及包公受理事均同，但改桑林鎮爲陳橋鎮，又添出宸妃義子郭海壽一人。

(3)包公没有馬上帶李宸妃還京，但囑地方官好好照顧，直至破案後，仁宗親往陳州迎逆，宸妃才進宮。此與桑林鎮不同。

(4)仁宗異相，"手掌山河"，"足踹社稷"；不是"左手山河"，"右手社稷"了。

（5）御史王材改爲刑部王炳，徐監宮改爲太監。王恩、王炳是包公的同鄉同年，受劉后之賄，拷問郭槐之時，以狀貌相似之人替代郭槐，被包公看破。此一段桑林鎮所無。

（6）仁宗扮閻王，包公扮判官，全同；但裝改御花園爲陰府，不是張家園了。

4．本正朝陽曲者

（1）曲謂劉后謫李妃守皇陵，縱火焚之；此直謂劉后焚碧雲宮，李妃因寇承御告逃出，無貶冷宮及守皇陵事。

（2）曲謂劉后飲酖死，此謂劉后自縊而死，同屬自盡。

5．新增部分

（1）東嶽大帝示夢李宸妃，謂包待制可明其寃。着此一條與東嶽廟相應。

（2）添出李宸妃義子郭海壽。謂碧雲宮焚時，宸妃扮太監逃出，尋南清宮不着，爲孀婦郭氏收留。郭氏死，遺一子，即海壽，宸妃撫之。屋又被焚，母子來陳橋鎮度日。海壽大了，作小經紀養母。包公過陳橋鎮，以捉落帽風誤捉海壽，海壽回窰告知其母，始有告狀之事。後來仁宗呼之爲王兄，封安樂王，他不欲留京，仍回陳州去了。

（3）八王妻狄后（狄青姑母）。

（4）王炳妻馬氏唆丈夫受賄枉法，與王炳同被包公鍘死。

（5）李宸妃因目盲不欲還宮，仁宗禱告天地，宸妃雙目重明。桑林鎮於此事無照應，此以目明結，更合乎傳奇的法則。

（6）郭槐受凌遲之刑，陳琳旁觀，喜天網恢恢，大笑而死，以此兩相形容。

以上所記，萬花樓小説實爲前此諸傳説之總匯，關目不同的抱妝盒曲與桑林鎮小説同時採入了，其他金丸等的情節也收容了許多。他所增加部分，有的是很幼稚的，如叙王刑部受賄，拷打郭槐時，用一貌相似之人替代，而命真郭槐伏在公案下叫痛，被包公看破了。極幼稚可笑。又如郭槐、陳琳，一苦一樂，同時氣絕。這種形容法當然是極粗獷的市人思想。疏漏之處，如劉皇后生女而妄報生太子，真宗回來竟置此事不問，也是極怪的。然而他所增加的，大部分的確有勝於桑林鎮之處：如包公將至，而獄神示夢宸妃。宸妃告狀後暫留陳州，以仁宗奉迎始進宮。以郭海壽爲宸妃告狀引子。宸妃目盲重明。雖不出尋常蹊徑，在此處亦見作意。這種地方都比桑林鎮細密的多，比較起來，是由單純的傳説漸近而爲有意的小説記叙了。

京劇斷后龍袍

劇中所演大致以桑林鎮、萬花樓爲主，而略有改變。節目略爲：

1. 劉妃(不是皇后)與郭槐定計以貍貓換太子，因誣其生妖怪(本萬花樓)。

2. 老王大怒，要斬李妃，賴文武保奏得免，貶入冷宮。(按：正朝陽有呂端保奏宸妃事，即此所本。)

3. 劉妃又與郭槐定計放火焚冷宮(略本正朝陽、萬花樓)，"火光一起，不知那位神聖將哀家救在這破寒窰來了。"(此更近於神話，與桑林鎮、萬花樓不同。)

4. 包公行至趙州橋，有風括去轎頂之異(桑林鎮無此條，萬花樓云落帽)，因進天齊廟，傳地方，令百姓有冤者前來申訴。

5. 包公帶李妃還京。

6. 仁宗問陳琳，始知己乃李妃所生，爲劉妃撫養(此謂劉妃以仁宗爲己子，與桑林鎮同)。

7. 劉妃自盡，郭槐凌遲(本萬花樓)。

8. 李妃回宮，仁宗禱天，妃雙目重明(本萬花樓)。

删改部分：

1. 陳橋鎮成了趙州橋了。

2. 無仁宗異相左右手(或手足)"山河""社稷"之文。李妃生太子的證據，是有身時老王曾賜以手帕，上有寇準題詩云云。

3. 無金水橋、抱妝盒，及拷打寇承御關目。

4. 無郭海壽。

5. 無御史王材或刑部尚書王炳。

6. 無審郭槐事。

打龍袍一事是新添的，各書所無。按元關漢卿有開封府蕭王勘龍衣劇，已佚，疑所譜是宋朝事，不知與俗所傳打龍袍事有關否。在京劇中最可注意的，是排去抱妝盒雜劇中的一切情節不用，所叙一以桑林鎮、萬花樓小説爲主，而其間重要關目如審郭槐等也删去，關係人如王材、郭海壽等也不見了。

忠烈俠義傳

此書光緒四年己卯始出世，全書一百二十回，後半演俠義行徑，意同古人之説公案，已離開民間傳説及故事而入於有趣的個性描寫。包公故事則雜見於前半部中，演述包公故事之書大概以此事爲最後的了。李宸妃故事於第一回即叙起，而完具於第十五至第十九之五回中，其所舖陳雖什之七八仍是舊有的，但很經過一番整理工夫。對於舊有材料，或删削，或訂正增補；别擇去取之際，以及排列組織，很用過一番心思，既非如京劇斷后龍袍之隨意去取，亦非如萬花樓之有聞輒録，他的架子雖然仍是萬花樓的，但許多節目都經其改過，並非萬花樓之舊。萬花樓小説中粗枝大葉的記述到了忠烈俠義傳便成了細膩妥帖的文字了；迁怪麤疏的傳説到了忠烈俠義傳也成了入情近理的故事記載了。現在將他的内容組織分別説明，寫在下面。

1. 叙劉氏謀害太子，仍取"貍貓換太子"之説，但將抱妝盒雜劇關目全數收入，與京劇之屏斥抱妝盒者大異。（萬花樓亦取抱妝盒關目，唯此尤詳而盡。）如寇承御之使、陳琳之救護、八大王之收養以及拷打諸節，皆同元曲。其稍異者：

(1)改太史官王宏爲欽天監文彦博，太子前星光彩的符瑞成了天狗星犯闕於儲君不利的災異了。（這大概因爲謀害太子是不祥之事，使節目相應。）

(2)改劉后、李妃爲李、劉二妃，地位一樣了。

(3)改金彈丸之卜爲玉璽龍袱及金丸（内藏九曲珠子一顆）之賜，龍袱所以鎮壓災異。

(4)改太子在盒中睡熟爲太子啼哭因暗祝而止，這更是小説的描寫了。

(5)於八大王外添出王后狄氏爲撫養太子之人。

(6)改八王第十二世子爲八王三世子，行次高了。

(7)太子向劉后爲李妃求情，是新添的。

"貍貓換太子"之説雖本萬花樓，而改其重要關目。萬花樓小説的記述本是很張皇的，如所説太子生後，劉氏請李妃赴宴，因送回太子而乘機掉换，這是萬目昭彰中的硬换辦法，其叙述是很笨拙的；在這裏改作與郭槐定計，買通乳媪尤氏，於臨盆時掉换，文字細密得多了。又萬花樓謂劉后與李妃同時報生太子，而劉實則生女，此是瞞人不過的事，而真宗於此竟不過問，在情理上實在説不通。此則改爲李妃因産妖怪，貶入冷宮（此本京劇）。後劉妃亦生太子，立爲皇后，便比較近情理。又如把劉妃生的太子犧牲，説他六歲上死了，以牽就抱妝盒真宗無嗣以八王子爲太子之説。也算煞費苦心了。

2.李妃待遇，取舊説而增改。如貶冷宮則本桑林鎮、正朝陽，焚宮則本萬花樓。但諸本所説李妃逃至陳州經過均甚粗疏。如桑林鎮説仁宗即位，赦冷宮罪人，李妃便來桑林鎮覓食。如何來到桑林鎮呢？一字未提。萬花樓説焚宮前，因寇宮人告，扮内監出宮，寄居郭姓家，郭姓又遭火災，遂來陳州。但扮内監出宮，畢竟也是不妥的辦法。此則改爲李妃在冷宮焚香，犯咀咒嫌賜死。有冷宮總管秦鳳的徒弟余忠貌與李妃相似，情願替死，而將李妃假扮余忠卧病在床，因不能作事被逐回籍。於是秦鳳將李妃送至陳州，和秦母一同住去了。而焚宮之後，秦鳳懼罪亦自焚而死。這樣寫來雖然仍是勉強的，但比較是具體的，是有始有末的了。

3.李妃申訴，本萬花樓而略變。在萬花樓，則包公到趙州橋因捉落帽風而得郭海壽，而海壽即李妃之義子，於是李妃和包公見面了。在這裏，則包公到草州橋，因轎桿折而傳地方范宗華，而范宗華即李妃之恩人，亦有母子之義。原來李妃在秦家時，范宗華父在秦家作工，很受李妃優待。秦鳳、秦母死了，李妃在秦家住不了，便住了破窰。而范宗華不忘舊，對李妃甚是孝敬，亦呼媽媽。當下包公下轎，范宗華知會民家有冤來訴。（傳地方事本京劇，但京劇中之地方與李妃無關係。）李妃在破窰内聽見，於是李妃和包公見面了。見面之後，歷訴前冤，説仁宗是他親生子。有何證據呢？娘娘從裏衣内掏出一箇油漬漬的包兒，千層萬裏，裏面露出黄緞袱子來。打開袱子一看，裏面卻是金丸一粒，上刻着“玉宸宫”字樣，並娘娘名號。

4.李妃進京與仁宗相認始末，在桑林鎮説包公受理之後，馬上把宸妃帶到東京去了。這當然是太匆匆了，萬花樓説包公受理之後，承認他是太后，仍把他留在陳州，教地方官好好供奉。在事未大白之先，這樣聲張也是不合理的。此則用折衷辦法：包公與李妃權認爲子母，抬入包府。然後因南清宮狄娘娘華誕之日，李妃以包公的太夫人資格往南清宮上壽，被狄后留下，夜半款談，才説出來歷（金丸作證）。狄后託病，誘仁宗來看（是時八王已死），陳琳在旁，金丸作證，於是仁宗與李妃在南清宮相認。這樣紆徐委宛的叙述，可以説是近理近情。忠烈俠義傳於萬花樓所記之外特別增加這一段，是可取的。

目明事，萬花樓、京劇都以爲仁宗禱天所致。此云包公夫人以古今盆叩天求露水治好的。此是在本書中求照應，無關宏旨。

5.審奸黨事，桑林鎮有審王材一段，本爲贅文。萬花樓改爲王炳，又增出炳妻馬氏，益覺支離。此則毅然删去，是很有見解的。（京劇無王材、王炳。)審郭槐裝設森羅殿地方，桑林鎮是張家園，萬花樓是御花園，此從公孫先生計，在獄神廟。又桑林鎮、萬花樓都説仁宗扮閻王、包公扮判官，這裏撇開仁宗，只説包公扮閻王。都比較得體。又添出妓女耿春假扮寇宮人寃魂勾郭槐對質一事，文字更細密了。

6. 結果。劉后久病，事發驚懼而死，罰亦從輕。郭槐立剮不變。寇宮人立祠曰忠烈祠(元曲封忠烈夫人)。陳琳封都堂(元曲封保定公)。並同元曲。秦鳳、余忠也立祠。萬花樓中的小販郭海壽成了王兄，封安樂王；這裏范宗華卻給了個散官承信郎；改破窰爲廟宇，叫范宗華爲守廟之人，李宸妃住的破窰也有了結束了。

由上所説，知道宋真宗后劉氏謀害太子事發起於元曲，更張於桑林鎮，集成於萬花樓。但自桑林鎮以下，都是粗疏脱略的民間傳説。到了忠烈俠義傳才爲之補充繕完，成了一個轟轟烈烈的"換太子"話本。胡適之先生説：忠烈俠義傳中的"換太子"故事是定本。這話是有道理的。

總結

綜合起來，宋真宗后劉氏謀害太子故事，七百年間，從抱妝盒起，經過金丸記、桑林鎮、正朝陽、萬花樓、京劇斷后龍袍、忠烈俠義傳的增添改換，情形複雜，其蛻變之蹟有如下文：

1. 真宗后劉氏，在抱妝盒裏是皇后。到了桑林鎮降而爲妃了；到了正朝陽、萬花樓又升而爲皇后了。至京劇、忠烈俠義傳又降而爲妃。

2. 謀害太子之法，在抱妝盒是劉后本無生育，誑出太子叫寇承御刺死或勒死，丟在金水橋河下。至桑林鎮則他生了女子，李妃生了太子，與郭槐定計，以公主換太子，將太子據爲己有(正朝陽同)。至萬花樓則他生了女子，李妃生了太子，與郭槐定計，將貍貓換了太子，叫寇承御撩棄太子於御花園金水池。至京劇則與郭槐定計，將貍貓換了太子，但此次不是撩棄了，也是據爲己有。至忠烈俠義傳則與郭槐定計，於李妃臨蓐時將貍貓換了太子，叫寇承御棄太子於金水河。他自己不久也生太子，但六歲時又死了。

3. 李妃被陷害經過，在抱妝盒，是李妃所生太子平空被人誑去了。在金丸記當與抱妝盒同。在桑林鎮，是太子失了換到一個公主，李妃氣悶，誤死公主，被貶在冷宮了。在正朝陽，是太子失了換到一個公主，又被郭槐摔殺公主，卻説李妃害死公主，被貶入冷宮了。在萬花樓、京劇斷后龍袍、忠烈俠義傳，是太子失了換到一個貍貓，並且在斷后龍袍、忠烈俠義傳中，説李妃因產貓而被貶入冷宮。

4. 李妃生子後境遇，在抱妝盒是住在宮裏頭，安然無事。自桑林鎮以下，都貶入冷宮（只有萬花樓未入冷宮），不久跑到陳州，成了住破窰的瞎子了。在萬花樓與忠烈俠義傳，瞎了的眼睛又重明了。

5. 李妃產太子證據，在桑林鎮是說太子左手有"山河"二字、右手有"社稷"二字。在萬花樓是太子手掌"山河"、足端"社稷"。在京劇是有身時老王賞賜的黃羅手帕上有寇準題詩。在忠烈俠義傳是有身時真宗賞的金丸一粒，上刻着"玉宸宮"字樣，並娘娘名號。

6. 仁宗未認親母以前，在抱妝盒是八大王第十二世子。在桑林鎮是劉后之子（正朝陽當同）。在萬花樓是八大王長子。在京劇也是劉后之子。在忠烈俠義傳是八大王第三世子。

7. 包公由陳州回京經過地方，在桑林鎮小說是桑林鎮。在萬花樓是陳橋鎮。在京劇是趙州橋。在忠烈俠義傳是草州橋。

8. 劉氏懲罰，在抱妝盒是置之不問。在桑林鎮是丈二白絲帕絞死。在正朝陽是飲鴆而死。在萬花樓是自縊。在京劇是自盡，不言死法。在忠烈俠義傳是病得久了，畏懼而死。

（諸本故事細目見第九八頁後附表一。）

（四）還魂記故事

此故事之作，始於袁文正還魂記，終於忠烈俠義傳。自明至清數百年間，經小說戲劇家之增易潤色，秀才由袁文正變而爲范仲禹，惡霸由曹國舅變而爲葛登雲，其關目情節亦遞有變遷。今所傳者以京劇及忠烈俠義傳爲定本，舞臺歌榭盛演其事，幾於人人皆知，亦著名包公案故事之一。今以次序之。

袁文正還魂記傳奇

明無名氏作，乃弋陽劇本。凡二十七齣。唐氏文林閣本，題云新刻全像包龍圖公案袁文正還魂（疑脫"記"字）。詞頗鄙俚。鋪陳事跡亦極荒唐。大概作於下士或不知名藝人之手，而內中保存了不少的當時市人流行的傳說。劇情如下：

1. 潮州潮水縣人（按：潮州無潮水縣）袁文正，字惟賢，由農民李仁贈黃金數兩作路費，攜妻韓秀真赴京應舉。

2. 文正至京，在黃婆店住下，始知朝廷因蒼山草寇作亂，科場罷開。端陽節看放龍舟，皇親曹二國舅見韓氏色美。便賺文正夫婦至府，將文正用藥酒毒死，丟在後花園瓊花井內，覆以石板，上植芭蕉一株，以掩其跡。

欲犯韓氏，韓氏不從。被國母（國舅母）收下，認爲義女。而曹二害死文正後，家中常有鬼怪，遂于雞兒巷築新第，移居之，留韓氏於舊府。

3. 新第成，包公往賀，被曹二辱罵。包公出來，忽有旋風圍繞馬前，即批示張龍、趙虎捉風，批文被旋風攝走，至曹府花園芭蕉樹上落下。二人回報，包公即派人下井將袁文正死屍抬至衙中，灑上甘露水酒，放在養屍池內。包公當晚赴城隍廟勘問，果有袁文正冤魂來告狀，說他妻子現在曹家舊府住着。

4. 包公請求國母，要逛舊府花園，國母恐韓氏事發，遂派張清去殺韓氏（七月七日）。張清遇鬼顯示，知其冤，竟做人情將韓氏放出。

5. 是時，曹大國舅、曹二國舅已貶至柳、鎮二州爲刺史。（十七齣奏貶只言二國舅，以前後文義推之，當是兄弟二人同貶。）包公即僞爲國母家書分投二人，說國母病重。二人見信後來京，又被包公截至府衙，强飲以酒。韓氏已受包公之囑，至是來告狀。即席拿下二人，各重打四十。尋釋放大國舅回家。秦聞皇帝，請置二國舅於重典。

6. 國母聞知，向皇后求情。於是聖上徇皇后之請，派保官十員來開封府保救。包公不聽，竟將曹二殺了。並奏請開金庫取出溫涼帽，救袁文正還魂。（祝允明九朝野記記赤腳僧進太祖藥，有溫良藥、溫良石，還魂記溫涼帽當即緣此附會。）封袁文正爲五霸諸侯，敕賜衣錦還鄉。曹大國舅被打後，即厭世往鍾（終）南山修煉，遇張果老接引仙去。

這樣荒唐不經之談，大概不見得是作者一人杜撰出來的，一定有許多話是撝拾了當時市人之談。劇中所説，和元武漢臣的生金閣比起來，除獻寶事不類，秀才還魂説爲元曲所無外；其餘節目悉同。或即由生金閣曲脱化，亦未可知。曹大國舅登仙，吳元泰所作八仙出處東游記亦有其事。説是宋曹太后之弟，名大，其弟曹二奪民産業，佔人子女，後罔逃國法。國舅始勸之不聽，乃盡散家貲，入山修行，遇鐵拐李、呂洞賓遂列仙班（下卷）。所説與還魂記差不多，然無包公事。宋朝曹氏爲皇后的，只有仁宗的曹皇后係曹彬孫女，弟曹佾，從弟曹偕，佾子曹評、曹誘並謹厚以壽終。佾在神宗時尤有純臣之目。被殺及出家之説，均不知所本。唯八仙中如鍾離老、張果老、韓湘子、藍采和、呂洞賓、何仙姑等均見於唐、宋人記載，元人撰曲譜其事者亦多。曹國舅事雖未詳所出，而馬致遠岳陽樓及谷子敬城南柳劇，均有其名，與漢鍾離、呂岩等七仙並列，則亦元以來相傳舊説。大概此事，最初和包公無關，到了後來，便把包公插入了。

獅兒巷

見包公案卷七,演袁文正事與還魂記大同小異。話本題作獅兒巷,因曹國舅害人後家中鬧鬼,另於他巷築新第,巷名在還魂記是鷄兒巷,這裏改作獅兒巷,所以即以"獅兒巷"名篇。他的叙述也充滿了市人之談。内容略爲:

1. 潮州潮水縣孝廉坊鐵丘村秀才袁文正赴京應試,攜妻張氏及三歲兒子同行,至京投寓黃婆店。因上街游玩,被曹二國舅於馬上看見,邀夫婦至府,將秀才灌醉,用麻繩絞死。三歲孩兒亦打死了。張氏誓不辱身,監禁密室。

2. 包公從邊庭勞軍回來,忽馬前起一陣怪風。便遣王興、李吉捉風。那風直至曹府落下。此時曹二國舅移居鄭州,大國舅移居獅兒巷。包公打開門鎖進去,即在曹府升廳,命勾取旋風來告狀。傍晚,果有一寃魂抱着孩子來告,説被曹二國舅謀死,屍身埋在後花園瓊花井中,妻被曹二國舅帶至鄭州去了。道罷,化一陣風而去。包公命人掘井,果得死屍。

3. 包公赴獅兒巷賀新居,爲國舅母太郡夫人所辱。大國舅怕包公懷恨查出二國舅之事,便寫信送鄭州,教二國舅殺張氏以滅口。二國舅遂醉張氏,令院子張公把張氏投入井中。張公卻把張氏放了。張氏因太白金星引導,逕至東京。

4. 張氏赴包公處告狀,在街上誤認大國舅作包公,被大國舅用鐵鞭打死。後來被黃婆救醒了,仍告到包公處。包公准狀,命張氏在後堂暫住。

5. 於是包公用計,先裝病賺大國舅到府來看。即便拿下。又搜得大國舅圖書,寫一假信送鄭州,説太郡夫人病重。二國舅回京,未至家即被包公邀入府中。張氏又走出控告,也捉拿了。

6. 太郡夫人、仁宗皇后、諸大臣、仁宗,先後來説方便,均被拒絶。結果,二國舅處斬。大國舅因有詔"大赦天下"放回,棄官出家,後遇異人點化,已列仙班。包公令將袁文正屍身葬于南山之陰,賜張氏銀兩,仍回本鄉。

據以上所記,知獅兒巷小説大致雖出於還魂記,而節目卻改換了許多,最顯然的是:

1. 還魂記中不言袁秀才有兒子,這裏便説他有三歲孩子。這一條在本篇無關重要,但於後來的戲曲小説頗有關係。因爲後來故事中無論滕秀才或范秀才都有孩子,並且地位也比較重要了。

2. 還魂記中秀才招禍之由是由于看龍舟，這裏改作在大街上遇見。

3. 秀才不是藥死的，是用麻繩勒死。並且三歲孩子也打死了。

4. 韓氏改爲張氏，無國母養爲義女之事；始而監禁，後來又上了鄭州，始終在曹二壓制之下。

5. 還魂記中包公審鬼，還得借城隍廟的地方。這裏即在曹家舊府舉行，不必借城隍廟了。

6. 還魂記中謀害張氏是國母的主意，大國舅並沒有作惡，雖然被打四十，只是因爲家法不嚴（二十三齣）。這裏便成了謀害張氏的主要人物，幾乎受了極刑。

7. 還魂記中曹氏兄弟均貶外州，所以包公賺他們是用一種法子。這裏因爲大國舅在京，二國舅在鄭州，所以改爲兩種法子：一種是自己裝病；一種和還魂記一樣是造謠説他母親病。

8. 曹二處斬，曹大成仙，與還魂記同。但袁秀才竟一瞑不視了。寫包公態度比還魂記尤嚴厲。

以上列舉八事，指出與戲曲不同之點，但情節雖有移動而大體關目仍同。所異者只是加重曹大國舅的罪名，連張氏也幾乎成了寃鬼，與戲曲用意迥異。但此亦無大關係。最可注意的還是袁文正的結果。在還魂記中袁文正是以團圓收場的，用溫涼帽還魂，封爲五霸諸侯；小説削去此事，改爲葬於南山之陰，這便將戲曲題目全部推倒，因爲這是袁文正報寃記，不是還魂記了。

雪香園傳奇

無名氏作，原本未見，曲海總目提要三十二著錄。以内容考之，其時代似在包公案之後（以其關目有襲獅兒巷的地方），大概是清初的東西。獅兒巷小説出於還魂記，所改換的只是瑣細部分，至於規模綱領幾乎完全一樣。到了雪香園，作者便覺得沒有確守家法的必要，改動的地方更爲隨便，漸次違反舊説而異其面目，成了新舊故事中間的過渡東西。曲名雪香園，是因爲説國戚曹鼎害死人埋在雪香園中的緣故。據提要所説，内容如下：

1. 洛陽書生劉思進家貧，清明節至，不能祭掃，妻孫氏因典衣買絨綾作花，自往東京去賣。有國戚曹鼎者，曹后之父，官太師，老而好色。醫生伊思仁、費效泉在門下幫閒奉承，二人路遇孫氏，便以買花爲名，賺至曹府。鼎強逼爲妾，孫氏不從，便將孫氏打死，埋在雪香園的芭蕉下面。

2. 孫氏托夢於丈夫，具言爲曹鼎謀死。劉思進便上東京訪問。路上也遇見伊思仁、費效泉，無意中問得實情，便要往包待制處告狀。此時包待制在陳州未回，伊思仁、費效泉遂教曹鼎扮做包公出行之狀，思進聲冤，便拿下，幾乎打死，監禁起來了。

3. 包待制由陳州回來，孫氏冤魂在路上聲冤，包待制遂到曹府要賞花園，强啟封鎖，掘倒芭蕉，得孫氏死屍，帶回府衙，上其事於朝。

4. 仁宗見奏，怒包待制凌辱國戚，要殺包待制。臨刑之時，仁宗忽然悔悟，又釋放了。於是將曹鼎及伊思仁、費效泉正法。孫氏先已得閻王所賜定魂丹，屍身不壞。包待制又奏請仁宗，借出外國進來的溫涼帽、回生杖兩種寶貝，將孫氏救活了。思進授官，孫氏封勇烈夫人。

這裏所記諸節目與舊説比較一下：

1. 改潮州袁文正爲洛陽劉思進，妻孫氏，無子，無赴京應舉之説。

2. 改曹后兄弟爲曹后之父，名鼎。

3. 添出醫生伊思仁、費效泉二惡人爲謀主。

4. 還魂記中被害者爲袁文正，埋在花園井中，後有冤魂告狀之事；獅兒巷又增出文正妻張氏誤認包公，被曹大打死之事；此則兼取二説而將人物掉換一下，謂害死埋於花園芭蕉下者爲秀才妻孫氏，誤告被打者爲秀才。結果由秀才袁文正還魂變爲秀才劉思進之妻孫氏還魂了。

5. 包公聲勢大不如前，也幾乎被皇帝殺了。

6. 孫氏用溫涼帽、回生杖還魂，本還魂記。

其間最有關係的是改曹大國舅、曹二國舅爲后父曹鼎，和以死後還魂者爲秀才妻孫氏二事。因爲還魂記故事本由八仙故事蜕出，所以還魂記獅兒巷都有國舅登仙之説，此改爲后父曹鼎，便將八仙故事推開而與之斷絕關係，以後便連曹家也沒有關係了。改秀才還魂爲秀才妻孫氏還魂，在此處是隨便掉換一下，固然沒有什麼，但因此而影響於後來故事，如瓊林宴傳奇、瓊林宴京劇、忠烈俠義傳，還魂者便皆爲秀才之妻，無秀才還魂事。袁文正還魂記故事的根荄，在此處也輕輕剷掉了。

雙蝴蝶傳奇

清無名氏作，原本未見，曲海總目提要四十六、曲録五並著録。按清莊親王九宮大成、南北詞宮譜曾引此曲，則此曲之作至少當在乾隆以前。還魂記故事至雪香園曲雖改動一下，而所取材仍不出舊本的範圍；到了雙蝴蝶便離開舊説而入於自己創作，添出僕人陳義一案，以"雙蝴蝶"爲關目，還魂之説不見。此曲頭緒愈繁了，新興故事以此爲先河，後來所演皆以此爲底本而删易潤色之。所以這箇曲子在還魂記故事中是頗有關係的。內容略爲：

1. 江左安慶人滕仲文（庠名斐，字可聞），拔貢生。妻葛氏，子名繼京。大比之年，挈妻子赴京應試。有僕陳義赴嶺南經商未歸；因屬人於僕來時轉告之，令到京相會。

2. 仲文行至東京附近，因銀子丟在店中回去尋覓，留妻子坐山坡等候。不料來了一個老虎把繼京啣去，葛氏驚惶之際，值國舅葛登雲上山打獵，見葛氏美色，又把葛氏搶了去。至家，欲相犯，爲葛女顏珠所救，攜歸己室，與同寢處。繼京被一賣糖人唐老救了。

3. 仲文回來，妻、子都不見了，因住店。店主人乃登雲責逐長班，以登雲劫妻事告之。仲文即登門大罵。登雲假作慇懃，將仲文留下，晚上卻令僕人去殺他。感動了上帝，派煞神來救，將仲文變作瘋子，行刺時刀不能傷。葛登雲因令人置仲文於箱子內，棄之於荒郊。遇樵夫開視，仲文出來就跑了。

4. 陳義在嶺南得了一雙蝴蝶，攜之赴京尋主，到了京城被一賣麵人郝姓害了。是時包待制知開封府，即夢見一雙蝴蝶，因令役捉蝶，恰遇唐老帶繼京前來尋父，擔上有蝴蝶，即行捉拿。包公詢知其故，命繼京以父名應試，點了探花，奉上命娶登雲之女，即是顏珠。是時葛氏已移居皇姑寺。繼京往尋母，路遇唐老，共見一雙蝴蝶向郝家飛去，遂於郝家磨下得一死屍，屍身已壞，不能辨其面目。是時郝姓又投庇於登雲，繼京遂疑登雲害父，欲休妻。而仲文實爲高僧道隆治好。至此，到開封府投告。於是案大白，以郝抵命。仲文復應試，（按：是時繼京已應試點探花，仲文當因包待制薦，得特試。提要所言不詳，姑仍之。）點狀元，與葛氏團圓，繼京、顏珠爲夫婦如初。

這樣事狀紛繁的故事，在還魂記故事的過程中，實在是急遽的變化。在還魂記、獅兒巷、雪香園所寫衹是秀才夫婦之事，此則添出兒子繼京，添出僕人陳義，各有事故；而此與彼之間又互相發生關係，以見其穿插映帶之巧。這的確是明以來傳奇家的風氣。關於秀才夫婦的遭遇，雖有與舊本相似之處，而又多藻飾，異其面目。大概意造者十居六七，偶同者十之二三。今述其增設之跡如下：

1. 滕秀才事

還魂記、獅兒巷之袁秀才皆以應舉入都，雪香園之劉秀才則無應舉之事。此謂滕仲文携妻子入都取應，與還魂記曲、獅兒巷小說所記同，但彼均言爲國戚謀害，死後有瞽井之厄，終以冤鬼告狀，大冤昭雪。袁秀才爲原告中之重要腳色。此雖言謀害事，而避去喪命、斷鬼、還魂諸目，特意寫滕秀才爲一瘋子，以妻子失踪爲起因，以煞神作法爲正文，以樵夫啟視出箱爲開脱，以道隆棒喝爲治療，以中狀元團圓爲收場。（還魂記雖以團圓結，但因賊寇停科舉，不照應應舉事。）人物事跡多多了。

2. 秀才妻葛氏事

還魂記中之韓氏，夫死後爲國母收養，後來國母變了心，有謀害之事。獅兒巷之張氏則有謀害而無收養。此云爲葛女顏珠救護，遭際與韓氏前半同，但韓氏在曹家遇險，逃出後又爲告狀之人，亦是原告中之重要人物。此則删去謀害、告狀事，在葛家住着，十分安逸。及顏珠結婚，有皇姑寺之寄居，臨行有漢玉墜之留記，寺中有從堂姑女冠葛氏之相認，而葛氏又係登雲之姑，頭緒亦可謂極多了。

3. 惡霸葛登雲事

還魂記、獅兒巷中之曹國舅皆是害夫謀妻同時舉行，與此傳奇所叙尋妻鬧府者大異。雪香園則劉秀才因妻托夢尋至東京，誤認曹鼎爲包待制，致被拷掠拘禁，似與此傳奇相類而關目亦不同。所以雙蝴蝶中的葛登雲是自造的。至謂葛登雲悔過，皈依佛法，雖曾作惡，終亦無罪，且與葛氏聯姻，化父母之仇爲冰玉之好，亦可謂離奇之事。至於傳奇中改惡霸爲葛登雲，是極可注意的，因爲還魂記故事到了此曲便完全和曹家脱離關係，不但八仙中之曹國舅渺如黃鶴，即曹鼎之名亦不復與世人相見了。

4. 新增秀才子滕繼京事

還魂記中袁秀才無子，獅兒巷云秀才有三歲兒子，但同時被曹二打死了。此避去打死事，特將秀才兒子繼京描寫一番，因虎厄而遇唐老，因唐老而尋父，因尋父而遇包公，點探花、娶美妻，因尋母而破獲陳義一案，便和獅兒巷中的兒子大異了。

5. 新增出秀才僕陳義事

還魂記、獅兒巷中被脅者爲秀才之妻，被害沈冤者爲袁秀才，故秀才夫婦皆爲原告。此曲避去秀才被害死事，遂請出僕人陳義填補，而告狀者既非冤鬼亦非活人，乃是一雙蝴蝶，這真奇怪極了。陳義一案，既與葛登雲不相干，如何和擄妻拷夫一案發生關係呢？不得已，乃以滕繼京爲發見陳義死屍之人，屍身壞了，誤認作父，而兇手郝姓，亦投在葛府，於是有劾葛及休妻之議，以此牽合真是牽强薄弱極了。

傳奇中滕秀才名仲文，而兒子名繼京，作者的意思大概就是影射宋朝的滕宗諒罷。至於作者用力之點是很明瞭的，只是要頭緒多。實在好的曲子並不在乎頭緒多不多,而在乎情節之調和、文字之漂亮。果能達到這個目的,元人雜劇只四折,也不算少;後來傳奇三四十折,也不算多。如此所譜,弄了一大堆人物,事狀紛挐,究莫知其用意所在,算是很失敗的。不過以人物事情紛繁錯綜矜炫,也是明以來小説戲曲的風氣,而且在戲臺上扮演,從普通人眼光看起來,也許歡迎的反是這一種。所以這個戲曲一傳再傳下去。葛登雲終於戰勝了曹國舅,滕仲文變成了范仲禹(姓名異,事實同),其故事至今盛傳;袁秀才則見屏於雪香園之後,永遠不爲世人所知了。

瓊林宴傳奇

無名氏作,原本未見,曲海提要卷三十五著録。雙蝴蝶曲頗出己意,大改舊本,而頭緒繁多,關合處往往失之牽强;至瓊林宴乃加以修改,並節取雪香園節目,謂枉死者爲秀才之妻,還魂之説也重提起來。還魂記故事自明以來屢經播遷,至此遂漸固定,而成太平之局。後來雖有增飾,要以此爲基礎。內容如下:

1. 延安范仲虞(字舜臣),妻陸玉貞,子錦。汴京開科,仲虞賣驢作旅費,攜妻子往應試,並訪婦弟陸榮。

2. 行至中途,仲虞適因事他往,忽有虎將范錦唧走,是時太尉葛登雲出獵,見陸氏美,强劫至家,逼爲妾。陸氏不從,即監禁之。范錦爲虎唧走,被一樵夫所救。樵夫實即陸榮,知爲甥,即帶至家中。但不久陸榮也出了禍事,原因是陸榮初聘葛登雲女艷珠。榮父曾爲將軍,已故,家唯寡母吳氏。葛登雲嫌其貧,悔婚。至是,誣榮爲賊黨,竟下之獄。吳氏幸有外孫范錦作伴。

3. 仲虞回來,失其妻子,因逕至汴京應試。試畢,聞妻在葛府,即登門往索。登雲故言無有,將仲虞留下,慇懃相待,至晚令人打死仲虞,用大箱抬出,拋在曠野。扛夫行至中途,遇報録者叫唤"范狀元",即棄之而去。仲虞復蘇,從箱中出來,遂瘋了,屢次闖開封府告狀,驅之不去。而陸氏聞仲虞已死,慟哭不已。登雲妻及女艷珠憫之,偷將陸氏放走,又爲登雲所覺,派人追上勒殺之,埋於土地祠旁。

4. 是時包龍圖知開封府。陸氏死後,即有一老人來府告狀,包公遣吏隨之,行至土地祠,老人忽然不見了。同時又有一命案:即陸榮之母吳氏遣僕可福出去做買賣,被穆倫見財起意,將可福害了。穆倫曾買一驢,即范仲虞之驢,其子騎入開封。當葛登雲謀害陸氏時,驢曾見之,遂三突開封府。包公知其異,遣吏跟尋驢至土地祠旁,驢向地數嗅,竟掘得婦人屍。又縱驢行,竟入穆倫家。於是可福被害案審出,以穆倫償命。而婦人死案猶未白。包公念老人當即土地，遂抬土地審問之，果得婦人枉死狀。

5. 於是包公用還魂枕，令陸氏復生，與母吳氏子范錦相見。仲虞瘋疾也好了。令背所試文，皆符。乃具奏，仍以仲虞爲狀元，錦賜甲第，戮登雲，艷珠仍歸陸榮。

6. 爲什麼曲名叫瓊林宴呢？因當時失了狀元，瓊林宴並未舉行，直至仲虞出來才舉行此宴。所以就用了瓊林宴這個名稱。

與雙蝴蝶比較，則修正之跡有如下文：

1. 季才范仲虞事

應舉、妻子離散、鬧府遇害、發瘋出箱諸節，悉與雙蝴蝶同。但把煞神救護事取消了，僧道隆棒喝之事亦此所無。雙蝴蝶説滕仲文病後補考賜狀元，固無不可；但究嫌不自然。此云范仲虞先已於鬧府前應試，打死昇出時已中狀元。扛夫因報録者叫唱仲虞名而中道委棄之。仲虞復蘇。以後病好事白。乃以補行瓊林宴收場。這無論如何稍勝舊作。

2. 妻陸氏事

記陸氏失子後被搶，與雙蝴蝶同。但彼謂葛氏被搶後爲顏珠救護，以後便無厄運；此改爲仲虞死後，被登雲妻及艷珠放走，又被登雲發覺，勒死路旁。後因驢告狀而得屍，因土地陳訴而破案，因包公還魂枕而復活，用意略同雪香園，亦爲曲中重要節目。此一節與雙蝴蝶大不相同。

3. 子范錦事

遇虎事亦與雙蝴蝶同，但彼以救滕繼京者爲路歧人唐老，原無關係；此以救范錦者爲母舅陸榮，便發生親戚關係了。雙蝴蝶謂滕繼京遇包公，以父名應試，又娶仇人葛登雲之女，此二事甚爲支離；此將葛府親事移在陸榮身上，事白後賜甲第，無冒父名應舉之事，皆比較近情。雖其安置陸榮仍有費力不討好之處，但在舊格範拘束之下委曲調停，亦可以説是煞費苦心了。

4. 改秀才僕陳義爲吳氏僕可福

雙蝴蝶曲陳義一案最爲贅疣，無端請出一陳義而置之死地，因滕繼京捉蝴蝶而破案，但説來説去終與葛登雲搶妻拷夫一案無若何關係。瓊林宴作者蓋亦嫌其不切要，遂蓄意將范秀才妻陸氏犧牲，同時造出穆倫謀害一案，以驢告狀爲關目，陸氏之屍由驢掘得，吳家之僕亦因驢昭雪；而兇手穆倫之驢亦即范秀才之驢，於是兩個案子便發生了密切關係，比雙蝴蝶所譜嚴密多了。唯審土地一事尚覺蛇足，但從大體上看來究爲此勝於彼。

5. 惡霸葛登雲

劫婦謀害秀才事同，唯彼爲國戚，此祇云太尉；在彼罪較輕又曾悔過，故結果無罪，此則既打死秀才又勒死秀才之妻，罪不可逭，所以終於受了極刑。

如上所説，瓊林宴修改雙蝴蝶傳奇而使之完善，並重興秀才妻還魂事，所譜頭緒較簡，而結構漸趨嚴密，實爲進步之作。故後來京劇及忠烈俠義傳所演，皆以此爲藍本（除陰錯陽錯一事爲此本所無外，其餘情節關目均大致相同）。還魂記故事到了瓊林宴，算是規模已定了。

京劇瓊林宴

此劇今所演唱者只問樵、鬧府、打棍、出箱四折。所譜以瓊林宴傳奇爲主，亦略採雙蝴蝶節目。事之首尾不完。某氏所作戲考曾補"黑驢告狀"一折，題瓊林宴後本（以問樵、鬧府、打棍、出箱爲前本），云是北京名藝員所排，以陰錯陽錯爲大關目，實即截忠烈俠義傳故事之後半爲之。今所述仍以演唱之前本爲限。

1. 譜范生事，無進場以前事，亦不言探親。所言應試、失妻子、瘋癲、鬧府、打死、遇報録人、出箱各節，均與瓊林宴同，所不同者：

（1）改范仲虞爲范仲禹。

（2）謂進場在失妻子之先，與瓊林宴傳奇正相反，但與忠烈俠義傳同。

（3）戈登雲（不作葛）派家人戈虎行刺及煞神降臨將戈虎殺死事，本雙蝴蝶（瓊林宴傳奇無煞神關目，行刺一節提要亦未言及）。

（4）戈登雲搶妻事，雙蝴蝶謂滕秀才覓妻不得，住店後聞之於爲登雲責逐的長班。至瓊林宴則范秀才入京試畢，始聞其事。何人見告，提要未言，此謂土地變作樵夫，爲仲禹言之，並且兒子下落也説出來了。

（5）瓊林宴謂扛夫抬箱遇報録人唱名委去，仲虞何以出得箱子，提要亦未言。此謂報録人行劫開箱，仲禹便出來了。

2. 秀才子范金（當是范錦之訛）遇虎及爲陸榮所救事，由樵夫口中述出。陸榮本瓊林宴，但生唱云白氏妻，則陸榮又不是范金的母舅了。（按：忠烈俠義傳謂救范金哥者爲母舅白雄，實即陸榮之異名，此既出陸榮又云妻白氏，不知何故。）

3. 戈登雲搶妻及打死秀才事，亦同瓊林宴傳奇，但改太尉爲告老太師，改上山打獵爲帶領家下人等上山玩景。戈登雲與陸榮之關係始末，如悔婚、陷害及女艷珠歸陸榮諸事，均不見此劇。

如上所説，知瓊林宴京劇即從瓊林宴傳奇出，而瑣細節目與忠烈俠義傳尤相近,當即<u>忠烈俠義傳</u>所本。

忠烈俠義傳

演<u>范仲禹</u>應試失妻及陰錯陽錯故事,自二十三回起至二十七回前半而止。正文可分三大段,第一段叙<u>范生</u>臨行摒擋及出場後探親不遇,妻子失散事,第二段叙<u>范金哥</u>出險遇母舅<u>白雄</u>及雄訪問姊丈事,第三段叙陰錯陽錯事,謂<u>范</u>妻<u>白氏</u>自縊後,借<u>山西</u>商人<u>屈申</u>之屍還魂;<u>山西</u>商人<u>屈申</u>被害後,借<u>白氏</u>屍還魂。兩案並發,經<u>包公</u>判斷,以黑驢告狀爲關目。而<u>范生</u>鬧府被打死及<u>白氏</u>自盡事,並隨他文繳出,不爲正文。大致出於<u>瓊林宴</u>,而改作者幾十之六七。在還魂記故事中可爲最後定本。其間頭緒繁多,驟難理解,現在以人事爲綱,把書中所記鈎稽出來,並説明比較如下:

1. 叙<u>范生</u>(依本書例不稱秀才)事,略爲:

<u>湖北武昌江夏縣</u>南安善村人<u>范仲禹</u>,妻曰<u>白金蓮</u>,兒曰<u>金哥</u>,年方七歲。因開恩科擬進京考試而難於路費。老友<u>劉洪義</u>知之,代籌銀百兩,並贈黑驢一頭。<u>范生</u>遂攜妻子進京,一者趕考,二者<u>白氏</u>順便探母。到京,三場完竣,便帶妻子出城赴<u>萬全山</u>探親。不料走錯了方向,尋找不着。<u>范生</u>因叫妻子暫歇,將黑驢放青齕草,自己出東山口,左訪右訪還是訪不着,敗興回來,妻子都没了。向一年老樵夫詢問,始知離山五里有一個<u>獨虎莊</u>,莊上有一個<u>威烈侯葛登雲</u>,方才看他打獵回來,駝一個啼哭婦人回莊上去了(二十三回)。<u>范生</u>聽了便馬上趕到<u>獨虎莊</u>尋找。

原來<u>葛登雲</u>有一親信人叫做<u>刁三</u>,當日上山打獵搶<u>白氏</u>便是他的主意。比及<u>范生</u>來找,又是<u>刁三</u>與侯爺定計,將<u>范生</u>請到書房好言安慰。三更時分,<u>刁三</u>手持利刄來殺<u>范生</u>,不料<u>刁三</u>自不小心,被門檻子絆了一腳,手中刄正中咽喉,穿透而死。<u>登雲</u>便説<u>范生</u>殺他家人,一頓亂棍把<u>范生</u>打死,又用舊箱子將屍首裝好,趁着天未亮抬出去抛於山中(據二十六回家人<u>葛壽</u>供)。不想路上遇見一群報録的人,原是報<u>范生</u>點狀元的,因見下處無人,便往<u>萬全山</u>來找。偶見二人抬着一隻箱,以爲必是貪夜竊來的,倚仗人多,便劫了,連忙開看,不料<u>范生</u>死而復蘇,一挺身跳出箱來,拿定朱履就是一頓亂打(二十四回)。……從此<u>范生</u>時常左手提着衣襟右手拿着一隻鞋各處亂跑亂打。一天,是<u>范</u>妻<u>白氏</u>借老西兒<u>屈申</u>之屍還魂,大家圍着看。<u>范生</u>又拿着一隻鞋來了,便被地保一同捉拿,送至<u>祥符縣</u>。入後解到<u>開封府</u>。<u>包公</u>一見,知是痰迷之症,便交<u>公孫</u>先生用五木湯(桑、榆、桃、槐、桴五木熬湯,洗浴發汗)治好,教他將場内文字鈔録出來,待本閣具本題奏(二十七回)。

2. 范妻白氏。白氏被搶是如何情形呢？這只有白氏自己説得明白：

> 我丈夫進山訪問去了，我母子在青石上等候。忽然來了一隻猛
> 虎將孩兒叼（作此字）去。小婦人正在昏迷之際，只見一群人，内有一
> 官長連忙説"搶"，便將小婦人拉拽上馬。到他家内，閉于樓中。是小
> 婦人投繯自盡（二十六回詞因）。

> 威烈侯將奴家搶去，藏閉在後樓之上，欲行苟且，奴假意應允，支
> 開了丫鬟，自盡而死。（二十五回自述）

白氏死後又如何呢？

> 因用棺木盛好女屍，假説是小人之母，抬往家廟埋葬（二十六回
> 家人葛壽供狀）。

> 是時，看家廟道士姓葉名苦修，因聽見是主管的母親，料他棺内
> 必有首飾衣服，一時貪財心盛，故謊言禁土，叫他們將此棺放在後院
> 裏。以爲撬開棺蓋得些東西，不料剛將棺材起開，那婦人就活了，把
> 小道按住，一頓好打。（二十六回道士供狀）不是婦人活了，這原來是
> 屈申借屍還魂。

3. 屈申。如何説屈申借屍還魂呢？

原來城中鼓樓大街西邊有座興隆木廠，卻是山西人開的。兄弟二人，
哥哥名叫屈申，兄弟名喚屈良。屈申長的相貌不揚，又搭着一嘴巴扎煞鬍
子，人人皆稱他爲"屈鬍子"。因萬全山南便是木商的船廠，一日聽説新貨
一到，便帶四百銀子，備了匹醬色花白的叫驢，竟奔萬全山南船廠。事畢
回來，于路上見范生的黑驢還在那裏齦草，比他的驢好，便把自己的驢拴
在小榆樹上，騎着范生的驢走了。掌燈時候，投宿李保家中，被李保與妻
子李氏商議，將屈申灌醉勒死，趁夜靜無人，拋在北上坡廟後，將范生的黑
驢打跑了。天明被行人地保發見了北上坡死屍，剛要報縣，此時屈申又活
了。只見屈申微睜二目，瞧了瞧衆人便道："嚇，你等是甚麽人？爲何與奴
家對面交談？"説罷，將袖子把面一遮，聲音極其嬌嚦。這不是屈申，這是
范生妻白氏借屍還魂。

4. 范金哥與白雄。你道金哥爲何不見？

只因葛登雲進山打獵，趕起一隻猛虎，虎便跑下山來，從白氏母子休

息處經過，就一口將金哥叼去，連越兩小峰，被一樵夫救了。此樵夫名白雄，即金哥母舅，帶至家中交於母親，替金哥敷藥治療（二十三回）。白雄便大賣力氣，尋起姐夫來。一共尋了三次：第一次尋到萬全山，遇見了范生，卻是一個瘋子，不敢認，回去了。第二次至城內下處訪問，也沒有見着，且喜聽得姐夫已中了狀元，回去了（二十四回）。第三次又到萬全山東山口找尋，忽見小榆樹上拴着一頭醬色花驢，以爲是姐夫的驢子（驢子形狀，金哥沒有說清），牽着就走。恰恰遇見屈申兄弟屈良因哥哥一夜未回前來找尋，見是自家驢子，上前一把揪住，向白雄要哥哥、要銀子。二人相扭來至北上坡，便和借屈申屍還魂的白氏、瘋癲的范生撞在一起。被地保將兩案四人一齊送至祥符縣（二十五回），後解到開封去了。

5. 包公斷男女錯還魂。

此故事甚有名，普通謂之“陰錯陽錯”，今以話題不雅（陰錯陽差乃二十七回中語，本書並未以之標回目），姑以男女錯還魂目之。此處名稱雖爲斷男女錯還魂，其實包括五箇案子：

(1) 范生被打復蘇，因而瘋了，此可謂范生案。

(2) 屈申被李保害死，白氏借屍還魂，此可謂白氏案。

(3) 白雄尋姐夫，因牽屈申之驢，與屈良互扭，此可謂白雄屈良案。此三案併在一起，一同解至開封府。

(4) 白氏被逼自縊，停柩威烈侯家廟。因老道開棺，屈申借白氏屍還魂。被楞爺趙虎遇見，因而拿了老道，拿了李保解至開封府，此可謂屈申案。

(5) 道士開棺亦是一案，此可謂盜棺案。

統共五個案子，皆以黑驢告狀爲之樞紐。何以說以黑驢爲樞紐呢？這話還得表明一番。因爲包公下朝，范生的黑驢跑了來，將兩隻前蹄一屈，望着轎將頭點了三點。包公知其異，便派四爺趙虎跟着驢走，走至威烈侯家廟後，黑驢便不動了，正是老道開棺屈申借屍還魂按着老道大打之時，被四爺看見了，這才將老道捉拿（二十五回），又因錯投魂之屈申指示，而將李保捉拿（二十六回），帶至府衙。此時包公正審范生、白雄、屈良、屈申，一個瘋子，一個婦人聲的男人，言語不清，神情詭異，正在爲難之際（二十六回）。於是因黑驢而獲得老道與李保，因老道而問出家人葛壽，因家人葛壽而問出范生之被打死、白氏之自縊，因白氏之爲屈申，知屈申之所以爲白氏（二十六回），於是包公用還魂枕游地府而知古鏡之用法，因古鏡而使男女魂各復其舊（二十七回）。五個案子同時解決，皆因黑驢一告之功。這還不是以黑驢爲樞紐嗎？

6. 結果

威烈侯用虎頭鍘鍘了。李保用狗頭鍘鍘了。李保妻李氏絞。葛壽斬。老道充軍。老西兒屈申拿便宜,將他的花驢入官。黑驢有功,奉官喂養。范生夫婦父子團圓;白氏母子相會。包公具摺奏明:狀元范仲禹現在病未痊癒,懇恩展限十日,着一體金殿傳臚,恩賜瓊林筵宴(二十七回)。這樣頭緒繁多的故事和瓊林宴傳奇(以下省作傳奇)比較一下。

甲　關於范仲禹者

(1)改傳奇延安為武昌江夏,籍貫不同了。

(2)傳奇謂仲禹入京前賣驢作路費,其事當甚略,此處開首記友人劉洪義贈金贈驢事有一千多字,便入於瑣細的敘述了。(按:第一代之袁文正還魂記有友人李仁贈金事,與此合。)

(3)進場在失妻子之前,與傳奇相反。

(4)何人告妻下落,瘋疾何以治好,雙蝴蝶説的明白(相告者登雲責逐長班,治瘋者僧道隆)。瓊林宴提要於此等無明文。此謂見告者為樵夫(京劇同),治疾者為公孫先生,便是小説家的具體寫法了。

(5)有僕人行刺事,同雙蝴蝶。無煞神,同傳奇。

(6)有報録人行劫事(京劇同)。瓊林宴提要不云報録人行劫。

(7)瘋癲在出箱之後(雙蝴蝶謂秀才之瘋乃煞神所為),同傳奇。

以上范秀才事,與傳奇大體相同。

乙　范妻事

(1)改陸玉貞為白玉蓮。

(2)情節與傳奇不同,在葛家自縊而死,並非逃出後被人勒死。其餘諸目也都改換了。

丙　子與妻弟事

(1)范錦改為金哥,遇虎被救事,同傳奇。因為他是七歲,故無賜甲第之榮。

(2)白雄即陸榮之異名,傳奇猶為舊本所拘,所譜與葛登雲聯姻始末頗無謂。此寫白雄只尋找姐夫一事,乾淨多了。

丁　葛登雲事

傳奇是太尉,在這裏成了威烈侯,並且住鄉下不住城内。附逆人有刁三、葛壽,人物比傳奇多了。

戊　錯還魂事

傳奇寫吳氏僕可福一案雖勝於雙蝴蝶,但究竟不甚好。如范氏夫婦及可福兩案並以驢子爲關目，但可福案因驢子而解決，范氏案則因驢子發掘出范妻死屍之後，包公還是沒有辦法，所以又把泥塑的土地審一下，而後歸結於還魂。這還是力量不到處。忠烈俠義傳作者覺得傳奇寫此案不能令人滿意，便索性改造一下，將吳僕可福案換作山西人屈申案，又用錯還魂之法，使與范案打成一片，白氏即屈申，屈申即白氏，於是二案益發生不可拆開的關係。而范生夫婦及屈申案中又挾帶着三個案子，同時因黑驢告狀而解決。處處合拍，一毫不亂，又無勉强湊合之病，這的確比傳奇好得多。此一段文字佔全故事文字四分之三，是作者出力寫出來的。

拿忠烈俠義傳的范仲禹故事和瓊林宴傳奇比起來，忠烈俠義傳的確後來居上。以其脩補之善，遂凌駕所有"還魂記"故事，成爲最後定本。忠烈俠義傳這個故事流傳至今，沒有爲人忘掉，不是偶然的。

總結

以上還魂記故事，經袁文正還魂記傳奇、獅兒巷小説、雪香園傳奇、雙蝴蝶傳奇、瓊林宴傳奇、京劇瓊林宴、忠烈俠義傳之遞演遞變，綜合起來，其變遷之跡有如下文：

1. 秀才由潮州潮水縣袁文正（袁文正還魂記傳奇、獅兒巷）變而爲洛陽劉思進（雪香園傳奇）。又變而爲安慶拔貢滕仲文（雙蝴蝶傳奇）。又變而爲延安范仲虞（瓊林宴傳奇）。又變而爲府學生員范仲禹（京劇）。又變而爲武昌江夏范仲禹（忠烈俠義傳）。

2. 秀才妻由韓秀貞（袁文正還魂記傳奇）變而爲張氏（獅兒巷小説）。又變而爲孫氏（雪香園傳奇）。又變而爲葛氏（雙蝴蝶傳奇）。又變而爲陸玉貞（瓊林宴傳奇）。又變而爲白玉蓮（忠烈俠義傳）。

3. 秀才子由袁文正無子（袁文正還魂記傳奇）變而爲有三歲孩子同死（獅兒巷）。又變而爲滕仲文子滕繼京以父名及第，點探花，妻國戚之女（雙蝴蝶傳奇）。又變而爲范仲虞子范錦賜甲第（瓊林宴傳奇）。又變而爲范仲禹子范金哥年方七歲（忠烈俠義傳）。

4. 惡霸由曹二國舅（袁文正還魂記傳奇）變而爲后父曹鼎（雪香園傳奇）。又變而爲國戚葛登雲（雙蝴蝶傳奇）。又變而爲太尉葛登雲（瓊林宴傳奇）。又變而爲告老太師葛登雲（京劇）。又變而爲威烈侯葛登雲（忠烈俠義傳）。

5. 助惡人由國母（袁文正還魂記傳奇）變而爲曹大國舅（獅兒巷小説）。又變而爲醫生伊思仁、費效泉（雪香園傳奇）。又變而爲刁三、葛壽（忠烈俠義傳）。

6. 秀才妻救護人先有國母、後有張清（袁文正還魂記傳奇）。一變而爲院子張公（獅兒巷）。又變而爲葛登雲女顏珠（雙蝴蝶傳奇）。又變而爲登雲妻及女艷珠（瓊林宴傳奇）。

7. 秀才子救護人由賣糖唐老（雙蝴蝶傳奇）變而爲母舅陸榮（瓊林宴傳奇）。又變而爲母舅白雄（忠烈俠義傳）。

8. 報告秀才人由開店人原係葛登雲責逐長班（雙蝴蝶傳奇）變而爲京城某氏（瓊林宴傳奇）。又變而爲土地所化之樵夫（京劇）。又變而爲人間樵夫（忠烈俠義傳）。

9. 秀才遭遇由藥酒毒死（袁文正還魂記傳奇）變而爲麻繩勒死（獅兒巷）。又變而爲誤告，拷掠瀕死（雪香園）。又變而爲謀害不遂，裝箱抬出，遇樵夫出箱（雙蝴蝶傳奇）。又變而爲打死，裝箱抬出，遇報錄人劫箱開看，死而復蘇，出箱（瓊林宴傳奇、京劇、忠烈俠義傳）。

10. 秀才妻遭遇，由國母收留，謀害遇救（袁文正還魂記傳奇）；變而爲被曹二監禁謀害，遇救。誤告，被大國舅打死，又蘇醒了（獅兒巷）。又變而爲不從，打死（雪香園傳奇）。又變而爲不從，遇救，優待（雙蝴蝶傳奇）。又變而爲監禁逃出，又被勒死了（瓊林宴傳奇）。又變而爲不從，自縊（忠烈俠義傳）。

11. 還魂人由袁文正因溫涼帽還魂（袁文正還魂記傳奇）變而爲袁文正長逝（獅兒巷）。又變而爲劉秀才妻孫氏因溫涼帽回生枕還魂（雪香園）。又變而爲范秀才妻陸氏因還魂枕還魂（瓊林宴傳奇）。又變而爲范秀才妻白氏借屍還魂，因古鏡復原（忠烈俠義傳）。

12. 治秀才瘋方法，由僧道隆棒喝（雙蝴蝶傳奇）變而爲自癒（？）（瓊林宴傳奇）。又變而爲以五木湯治好（忠烈俠義傳）。

13. 同時被害人，由滕秀才僕陳義（雙蝴蝶傳奇）變而爲范秀才岳母僕可福（瓊林宴傳奇）。又變而爲山西商人屈申（忠烈俠義傳）。兇手由賣麵郝某（雙蝴蝶傳奇）變而爲不知何職業人穆倫（瓊林宴傳奇）。又變而爲從包公家逃走惡奴李保夫婦（忠烈俠義傳）。

14. 告狀者由袁文正冤魂及妻韓氏、張氏（袁文正還魂記、獅兒巷）變而爲劉秀才妻孫氏冤魂（雪香園傳奇）。又變而爲陳義的雙蝴蝶，從此便成了動物了（雙蝴蝶傳奇）。又變而爲范秀才之驢爲兇手穆倫買得，撞開封府告狀（瓊林宴傳奇）。又變而爲劉洪義贈范秀才之黑驢曾入山西商人屈申之手，被兇手李保打跑，攔路告狀（忠烈俠義傳）。

（諸本故事細目見附表二。）

附表一　抱粧盒故事諸本細目表

		劉氏		李氏			仁宗		李氏恩人	奸黨	告發人	審問人	結果	
		地位	陰謀	地位	境遇	生子證據	救護人	撫字人					劉氏	李氏
宋	本事	皇后	李宸妃生仁宗,后以爲己子(章獻傳),在襁褓章獻以爲己子(宸妃傳)	真宗以爲司寢(宸妃傳)	生仁宗,封崇陽縣君,仁宗即位爲順容,疾革,進位宸妃(宸妃傳)		太后(劉后)保護帝盡力(章獻傳)	劉后			燕王(宸妃傳)李淑妃(王銍默記)		遇劉氏加厚(宸妃傳)	尊爲皇太后,謚莊懿(宸妃傳)
元	抱妝盒	皇后	誑出太子,棄置金水橋河下(后無生育)	美人	在宮中無恙	八王、陳琳口證	寇承御、陳琳	八大王(養爲第十二世子)	無	無	八大王、陳琳	仁宗	置劉氏不問	改西宮爲合德宮,奉爲純聖皇太后
	金丸記	皇后	略同上	略同上	略同上	略同上	略同上	略同上	略同上	略同上	略同上	略同上	略同上	略同上
明	桑林鎮	妃	以己女易太子,據太子爲己有(后生女)	偏妃	貶冷宮,瞀貧	太子左手有"山河"二字,右手有"社稷"二字	無	劉后	張院子	郭槐、御史王材	李宸妃、包公	仁宗(閻羅)包公(判官)	丈二白絲帕絞死	迎入養老宮
	正朝陽	皇后	以己女易太子(后生女)	妃	貶冷宮,守皇陵,失火瞀貧	未詳	無(有崩雲飛、翠折天,不知其事)	?	呂端保奏	郭槐、雷先春		包公?	飲鴆死	正位中宮
	萬花樓	皇后	以貍貓換太子,棄太子于金水池(后生女)	妃	宮焚逃出,瞀貧	太子手掌"山河",足端"社稷"	寇承御、陳琳	八大王、狄后(養爲長子)	寇承御、郭氏、郭海壽	郭槐、尚書王炳	李宸妃、包公	仁宗(閻羅)包公(判官)	自縊	還宮
清	京劇斷后龍袍	妃	收生時以貍貓換太子,據太子爲己有	妃	問斬貶冷宮,失火瞀貧	老王賜黃羅手帕	無	劉后	文武保奏	郭槐	李宸妃、包公	仁宗	自盡	還宮,目復明
	忠烈俠義傳	妃生子後立爲皇后	收生時以貍貓換太子,棄太子於金水河(后生子六歲死)	妃	貶冷宮賜死,瞀貧	金丸	寇承御、陳琳	八大王、狄后(養爲第三世子)	秦鳳、余忠、范宗華	郭槐、產婆尤氏	李宸妃、狄后	包公(閻羅)	病久,畏懼而死	還宮,目復明

附表二　還魂記故事諸本細目表

			秀才	秀才妻	秀才子	惡霸	助惡人	秀才妻子救護人		同時命案		告狀人	還魂人
								妻	子	被害人	兇手		
明	萬曆	袁文正還魂記	袁文正(死) 誘至仇家 藥酒毒死 還魂 封五霸諸侯	韓秀貞(生) 誘至仇家 不從 國母收留 謀害 遇救	無	曹二國舅	國母	國母、張清				袁文正冤魂 妻韓氏	袁文正用溫涼帽還魂
		獅兒巷	袁文正(死) 誘至仇家 麻繩勒死 改葬	張氏(生) 誘至仇家 不從 監禁 謀害遇救	無名 三歲 打死	曹二國舅	曹大國舅	院子張公				袁文正冤魂 妻張氏	(袁文正長逝)
	崇禎	雪香園	劉思進(生) 誤告 拷掠 幾死 賜官	孫氏(死) 誘至仇家 不從 打死	無	后父曹鼎	醫生伊思仁、費效泉					劉秀才妻孫氏冤魂	劉秀才妻孫氏用溫涼帽回生枕還魂
清	順治	雙蝴蝶	滕仲文(生) 問店主 鬧府 被殺 得煞神救護而不死 裝箱抬出遇樵 應試中狀元	葛氏刧至家 不從 遇救 優待	滕繼京遇虎被救 點探花 娶葛顏珠	國戚葛登雲(釋罪)		葛登雲女顏珠	賣糖唐老	滕秀才僕陳義(死)	賣麵郝某	雙蝴蝶	
		瓊林宴	范仲虞(生) 問某氏 鬧府 打死裝箱抬出 復蘇 瘋 病愈 赴宴	陸玉貞(死) 刧至家 不從監禁 逃出勒死	范錦遇虎被救賜甲第	太尉葛登雲		葛登雲妻及女艷珠	母舅陸榮 娶葛艷珠	范秀才岳母僕可福(死)	穆倫	驢	范秀才妻陸氏用還魂枕還魂
		京劇瓊林宴	范仲禹(生)進考場後失妻 問樵 鬧府 謀害不遂 打死裝箱抬出 復蘇 中狀元 瘋 病愈 赴宴		范金遇虎被救	告老太師戈登雲			陸榮				
	光緒	忠烈俠義傳	范仲禹(生)進考後 失妻 問樵 鬧府 謀害不遂 打死裝箱抬出 復蘇 中狀元 瘋 病愈 赴宴	白玉蓮(死) 刧至家 不從 自縊	范金哥七歲遇虎被救	威烈侯葛登雲	家人刁三、葛壽		母舅白雄	山西木商屈申(錯還魂復原)	包公逃奴李保夫婦	黑驢	范秀才妻白氏錯還魂用古鏡復原

卷三

李笠翁與十二樓

—— 亞東圖書館重印十二樓序

一

明清兩代的戲曲與小説文學,從時間上觀察有一種不同的地方:就是明朝中葉以後,戲曲小説最發達;清朝中葉以後,戲曲小説最不發達。直到清末,因爲一般人思想之轉變,小説一類的書才稍稍抬起頭來。情形是如此,其原因也是顯然易見的。明朝人不喜講考證,萬曆以來,士大夫生活日趨於放誕纖佻,所以在這個期間小説戲曲也特別走了好運。清朝人好讀古書,好講考據,尤其是嘉慶以還士大夫的志趣幾乎完全在窮經稽古一方面,成了一時的風氣;生在經學昌明之世,學問既要樸,生活方法也不得不單純;據當時人的見解,連詞章之學還覺得可以不作,何況於小説戲曲呢? 學者默想到嘉道間樸學如何之盛,便知道戲曲小説在當時有不得不低微的理由了。所以以小説戲曲而論,萬曆以降的明朝和嘉慶以降的清朝,其情形是正相反的。而在清初,其時去明未遠,士大夫或者是從明朝過繼來的,或者是直接間接承受了明朝的風氣,生活趣味以及治學態度,尚不如後世之固執謹嚴;明朝的宗社雖然亡了,而明朝人"搜奇索古引商刻羽"之習依然存在着;即稗官野史以及所謂"才子筆墨"者讀書人亦不避忌。所以,自順治以至於乾隆間戲曲小説的造作,比起明朝來仍然不算很少。而且在規模文字方面講,也頗有足以凌轢前人的。著名的戲曲作家,如尤西堂,如吳梅村,如洪昉思、孔東塘;著名的小説家如蒲松齡,如曹雪芹、吳敬梓:都是清初或嘉慶以前的人。

　　以戲曲家兼小説家的李漁（笠翁），在清初亦頗負盛名。無論他的學問如何，無論他的作人態度如何，在清代文學史裏總應當佔一重要地位。可是除了他的小説戲曲與其他著作因爲著作本身有通行的理由，得以流傳到現在外；關於他的事蹟，清朝較早的志傳各書，都没有詳細的記載。舉幾個例子：如李漁在南京住了二十年，晚年回到杭州終老，而康熙五十七年魏峴修的錢塘縣志（此時笠翁死了將近四十年了）以及嘉慶江寧府志人物傳流寓門中均未道及李漁一字。可見世人對於他的輕視了。清李桓耆獻類徵四百二十六載有王廷詔作的李漁一傳，文僅五六十字。

　　　　李漁字笠翁，錢塘人（原注：一作蘭谿），流寓金陵。著一家言，能爲唐人小説。吴梅村所稱，精於譜曲，時稱“李十郎”。有風箏誤傳奇十種，及芥子園畫譜初二三集行世。

笠翁籍本蘭谿，晚年寓錢塘，此傳逕指爲錢塘人，已不免小誤。至其寓金陵，本康熙十年以前的事。傳云“流寓金陵”，卻竟似老於金陵者；這更是錯了。曲海總目提要卷二十一一種情傳奇下云：

　　　　漁本宦家書史，幼時聰慧，能撰歌詞小説，游蕩江湖，人以俳優目之。

這是用菲薄態度述笠翁的事蹟，文只寥寥數語，更不足以徵笠翁始末。清康熙間劉廷璣的在園雜志卷一載一條云：

　　　　李笠翁（漁）一代詞客也。著述甚夥：有傳奇十種、閒情偶寄、無聲戲、肉蒲團各書，造意創詞皆極尖新。沈宫詹繹堂先生評曰：聰明過於學問。洵知言也。但所至攜紅牙一部，盡選秦女吴娃，未免放誕風流。昔寓京師，顏其旅館之額曰：賤者居。有好事者戲顏其對門曰：良者居。蓋笠翁所題本自謙，而謔者則譏所攜也。然所輯詩韻頗佳；其一家言所載詩詞及史斷等類，亦別具手眼。

廷璣此條記笠翁事較詳，但劉記述評本非傳記，所以僅僅據此亦不能悉笠翁始末。最詳細的要數光緒蘭谿縣志了。（嘉慶蘭谿志據金華詩録爲笠翁立傳，但仍不如光緒志之詳。）卷五文學門李漁傳云：

李漁字謫凡，邑之下李人。童時以五經受知學使者，補博士弟子員。少壯擅詩古文詞，有才子稱。好遨游。自白門移居杭州西湖上，自喜結鄰山水，因號“湖上笠翁”。……性極巧，凡窗牖牀榻服飾器具飲食諸制度，悉出新意；人見之莫不喜悦。故傾動一時。所交多名流才望，即婦孺亦皆知有李笠翁。晚年思歸，作歸故鄉賦有云：“采蘭紉佩兮，觀瀫引觴。”蓋於此有終焉之志也。生平著述彙爲一編，名曰一家言。又輯資治新書若干卷，其簡首有慎獄芻言、詳刑末議數則，爲漁所自撰，皆藹然仁者之言。（原注：近賀長齡爲采入皇朝經世文編，以漁僑居邗上，故賀作漁爲江南人。）作詩文甚敏捷，求之可立待以去，而率臆搆思不必盡準於古。最著者詞曲；其意中亦無所謂高則誠、王實甫也。有十種曲盛行於世。當時李卓吾、陳仲醇名最噪，得笠翁爲三矣。論者謂近雅則仲醇庶幾，諧俗則笠翁爲甚云。昔漁嘗於下李村間鑿渠引水，環繞里址，至今大得其水利。

此傳記笠翁習業非常詳細，品評亦算公允。這大概是因同鄉前輩的緣故，所以能够泯除過去的成見，而對於笠翁有相當的認識。但是這箇傳所記笠翁事蹟究屬概略；如果在我們不知道笠翁以前，以之作參考是可以的。如果已經知道了笠翁，要考其文、論其世，對於笠翁生平作仔細的研究，則縣志此傳實不能滿足我們的要求。所以現在考究笠翁的身世，單靠書傳記載是不够用的，只有向笠翁自己的詩文集裏去找了。以下就笠翁一家言全集詩文所記，鉤稽出來，略述李漁的事蹟。

二

笠翁是李漁的字。他初字笠鴻（風箏誤虞鏤序，南曲新譜參訂入目），一字謫凡（光緒蘭谿志），別號笠道人，亦號“隨菴主人”（玉搔頭序）。寓杭署“湖上笠翁”，亦署“新亭客樵”（芥子園畫傳初集卷一跋）。他是浙江蘭谿縣人，但其出生卻在江蘇如皋。而且他的長兄就死在如皋；寄櫬於此，久之始返葬。其父母之來如皋，當在萬曆三十九年以前（詳下文），其時江南尚稱承平，其所以流寓如皋之故，是不能明的。

全集卷三與李雨商荆州太守書云：“漁雖浙籍，生於雉皋，是同姓而兼桑梓者也。”

同上卷六過雉皋憶先大兄詩序云:"大兄殁於此地,旅櫬在焉。"

根據他的順治十七年庚子的詩,知他生於萬曆三十九年(一六一一)。

卷六詩集有庚子舉第一男時予五十初度一題。

按:詩集不記年號,以笠翁所生時代考之,知當在順治十七年。蓋漁庚子年五十,上數萬曆廿八年庚子,言五十則太早;下數康熙五十九年庚子,言五十則太晚也。以庚子當爲順治十七年考之,逆數五十年,適當萬曆三十九年。

他何時回原籍雖不知,但他在崇禎八九年間二十幾歲的時候,已在浙江游泮。

全集卷二春及堂詩跋云:"蓋春及堂主人非他,乃予一生受德最始之一人也。侯官夫子爲先朝名宦,向主兩浙文衡。予出赴童子試,人有專經,且間有止作書藝而不及經題者。予獨以五經見拔。吾夫子獎譽過情,取試卷災梨,另爲一帙。每按一部輒以示人曰:'吾於婺州得一五經童子,詎非僅事!'予之得播虛名,由昔徂今,爲王公大人所拂拭者,人謂自嘲風嘯月之曲藝始,不知實自採芹入泮之初,受知於登高一人之説項始。……迨今甲寅歲,其象賢公于王先生乘騘按浙,予適過之,先生出此帙示予。"

同上卷三與許于王直指書云:"某受先夫子特拔之知,四十年來報恩無地。"

按:據漁跋,所云春及堂主人當即侯官許豸。其子許于王乃許賓也。乾隆福州府志卷五十列傳:"豸字玉史(千頃堂目卷二十八作玉斧),侯官人,崇禎辛未進士,歷户部郎擢寧紹道。改督浙江學政。子賓歲貢,訓導。"康熙杭州府志十九崇禎時按察司僉事有許豸,注云:"由進士任。"不注何年。上劉麟長八年任,下韓一光九年任。豸改任學道,似即在八年。子賓康熙間任浙江巡鹽御史,見杭州府志卷十九;注云:"侯官人,十二年任。"次郭維藩,注云:"十三年任。"漁跋言今甲寅歲,甲寅爲康熙十三年,蓋賓解職在十三年。漁所謂許于王直指者即賓無疑(福州府志但云訓導,不言爲巡鹽御史,蓋偶失之)。漁書云:"受先夫子特拔之知,四十年來報恩無地。"由康熙十三年甲寅上數四十年，適爲崇禎八年乙亥，其時漁年二十四歲也。

在三十歲以前（即崇禎十三年庚辰以前），似乎他也應過幾次鄉試。不幸落第，又值喪亂，遂不免敗興。

全集卷六榜後柬同時下第者詩，有"才亦猶人命不遭，詞場還我舊詩豪"，及"姓名千古劉黃在，比擬登科似覺高"之句。

同上卷八有元日鳳凰台上憶吹簫詞云："閏人也添一歲，但神前祝我早上青雲。待花封心急，忘卻生辰。聽我持杯歎息，屈纖指不覺眉攢。封侯事且休提起，共醉斜醺。"自注云："是年三十初度。"則詞是崇禎十三年庚辰作。漁于此時已有倦進取之意矣。

同上卷五應試中途聞警歸詩云："正爾思家切，歸期天作成。詩書逢喪亂，耕釣俟昇平。帆破風無力，船空浪有聲。中流徒擊楫，何計可澄清！"次爲甲申避亂、乙酉除夕諸詩，皆騷楚之音，則漁甲申前尚赴試也。

自此以後，漸走入放浪生活，索性連舉業也荒廢了。

全集卷五有夜夢先慈責予荒廢舉業醒書自懲一詩。

在癸未（崇禎十六年）乙酉（順治二年）之間，他大概也感受些亂離之苦。在癸未冬有東陽許都事件。次年乙酉，南京被陷，馬士英以黔兵退杭州，各鎮潰兵騷擾浙東。次年丙戌，所謂"王師"始下浙東，鬧了一年多才平定了。據漁自述，此時曾在金華府同知署中避難二年。

全集卷二許青浮像贊："橄彩許公以吾郡別駕，即擢吾郡司馬。憐才好士，容我於署中者凡二年。自鼎革以後，音問不通，聞已溘焉朝露矣。"又卷六亂後無家暫入許司馬幕詩，又有"祇解凌空書呶呶，那能入幕記翩翩？時艱借箸無良策，署冷添人損俸錢"之句。

按：金華府志卷十一通判欄有許宸章，注云："蘇州人。崇禎十五年任。"當即其人。同知欄不出許名，然漁贊云"以別駕升司馬"，則其人十五年後固擢本郡同知也。

就在乙酉年的春天，娶了一位姓曹的姨太太，是許檄彩替他娶的。

> 全集卷七納姬三首序云："姬即曹氏，爲故明某公之幼妾，娶未期年而寡。"按笠翁鳳求鳳傳奇中的曹婉淑，也是寡婦。

不久他就薙了髮，作清朝的順民了。

> 全集卷五丙戌除夜、丁亥守歲二詩，並提及薙髮，很有感慨之意。詩集七又有薙髮詩二首，似即乙酉年作。

曲海總目提要(一種情傳奇)説李漁本宦家書史，不知是否指的是入許司馬幕中的事。漁以崇禎乙亥游沜，年已二十四歲。他的父母跑到一二千里外的如皋也許因爲家貧之故。但黄鶴山農玉搔頭序説他"家數(素)饒，園亭羅綺甲邑内。久之，中落，始挾策走吳越間"云云。則笠翁又本非寒微。他回籍入沜之後，已頗有文名，聲氣也很廣。與丁藥園即在此時訂交。當時生活狀況，似乎也不很壞；因爲根據他的詩文，此時已有姬妾之奉，並且能够自置莊園了。

> 全集卷六有伊山別業成寄同社詩五首。卷七有伊園雜詠九首。自注云："余初時別業。"
> 按：光緒蘭谿縣志山川門出伊山，注云："二十五都五圖。蘭谿葉左文先生云：漁家在二十五都五圖，村名下李。"

自崇禎乙亥(七年)至順治丙戌(三年)十二年間，笠翁家只是住在金華原籍；這從他的詩文裏看的出來的。詩集五的丙戌除夜詩有"髡盡狂奴髮，來耕墓上田"之句；知道他乙酉在郡城薙了髮之後，丙午仍回到蘭谿本縣。是年秋，清兵移師向浙東，許檄彩也許逃走，使他不得不回本縣。此時笠翁失所依，正是無聊的時候。全集卷五丁亥守歲詩云：

> 著述年來少，應慚後世稱。豈無身後句，難向目前謄。骨立先成鶴，頭髡已類僧。每逢除夕酒，感慨易爲增。

由此看來，似乎丁亥仍在家度歲。此後浙事已定，不久他就到杭州去了。

104

笠翁第一次移家至杭州，大概住了有十年的光景。

全集卷二沈亮臣像贊云："居杭十年，僅得一友。"下文云："近居京洛，其名益吼。"則文在北京作。

按：笠翁一生入都，可知者有三次：（一）順治間居杭不得意，游京師。見詩集丁藥園序。（二）寓金陵時康熙丙午，由都入秦。（三）寓金陵時康熙癸丑入都訪友。並見文集喬王二姬傳及詩韻自序。迨康熙丁巳由金陵返杭時，年已六十七歲。此後應無入都之事。則所謂居杭十年者，乃指第一次居杭言之，無疑也。

他的小說，都是在這個期間作的。戲曲亦半成於此際。所謂"西泠十子"，如毛先舒、柴紹炳、孫治、沈謙等，相交大概皆在此時，後來都成了他的老友。與毛先舒則尤相親暱。其由蘭谿遷杭，似在順治五六年之間。到了順治十四五年間，又厭倦了，便移家至金陵。

笠翁離杭，應在順治丙申（十三年）後，戊戌（十五年）前。因卷一文集序文安紀子湘的求生錄，述子湘語而釋之曰："此先生未去杭時告余之言。"考康熙杭州府志推官有紀元，文安人，順治十三年任，即子湘。是順治十三年丙申，漁猶在杭。又漁以康熙十六年丁巳由金陵返杭，自云"居金陵二十年"。由丁巳起上推二十年，適爲順治十五年戊戌。是清順治十五年戊戌，漁已在金陵。其離杭至早不得過順治十四年丁酉也。

其所以離開杭之故，據說是因爲他刻的書爲杭州人翻板之故。

卷三文集與趙聲伯文學書云：弟之移家秣陵，祇因拙刻作祟，翻板者多。

但事實上決不止此，大概時局和個人生計都有關係。此時明諸王雖先後覆敗，但鄭成功的勢力猶盛。順治十四年八月，鄭成功曾攻台州。明年五月，又攻陷了瑞安。此時浙江是極不安寧的。又觀丁澎（藥園）序漁的詩集說他自澂（蘭谿）遷於杭，無所合，遂去游燕。可見他在杭州不甚得意。因爲如此，所以決意遷移了。

笠翁搬家到金陵之後，一直住了二十年（見全集卷三上都門故人述舊狀書）。所謂芥子園，就是他在金陵時的別業。

> 全集卷四芥子園雜聯序云："此予金陵別業也。地止一丘，故名芥子，狀其微也。往來諸公，見其稍具丘壑，謂取'芥子納須彌'之義。"

而且開的書肆，也名芥子園。他的詩有"門開書肆絕穿窬"之句（全集卷六癸卯元日詩），大概書舖和住宅是連在一起的。

笠翁到金陵之後，運氣似乎比在杭州時好得多。他雖然常常出游到各省去打抽豐，而事實上以金陵爲家。一時勝流貴人，都相攀往。時宦如王阮亭，如周亮工；鉅公如崑山三徐，如季滄葦；名士如杜于皇、余澹心（二人並流寓金陵）、尤西堂、吳梅村、倪闇公（燦）、紀伯紫（映鍾）、徐電發（釚），都有交誼，通聲氣。他是苦於無子的，但移家金陵之後，自庚子至壬寅，連着生了三個兒子（見全集卷六）。晚年回到杭州的時候，有五子三女（全集卷三上都門故人述舊狀書）。書舖的買賣也很好。芥子園刻的書，偏於天下，至今還有名。他自製的箋亦極精雅。現在看見的畫譜以及戲曲小說，凡是芥子園原刻的，圖像無一不精。

到了康熙十四年乙卯，因爲他的兩個兒子在浙江游泮，方動了故鄉之念。

> 全集卷七嚴陵紀事詩序云："乙卯夏，送兩兒之嚴陵應童子試。"
> 卷三上都門故人述舊狀書："自乙卯歲兩兒泮游於浙，遂決策移家。"

明年丙辰，得了浙中當道的幫助，在西湖上買山（全集卷三上都門故人述舊狀書）。至十六年丁巳，才正式由金陵回到杭州。

> 全集卷一今又園詩序云："丁巳春，余自白門移家湖上。"

名所居曰層園。

> 全集卷六次韻和張壺陽觀察題層園十首序：予自金陵歸湖上，買山而隱，字曰層園。因其由麓至巔，不知歷幾十級也。乃荒山雖得，

廬舍全無。戊午之春,始修頹屋數椽,由蓬蒿枳棘中,闢出迂徑一二曲,乃斯園之最下一層。……觀察張壺陽先生,突然而至,坐而悦之。

層園是張侍衛舊宅。笠翁修造時,因其材析鍾山舊廬而益之(丁澎序詩集語)。以笠翁胸中邱壑測之,似其地勢適宜,扼湖山之勝,所以卜居於此。自此笠翁了婚嫁之事,終老錢塘。"湖上笠翁"真成了湖上笠翁了。

關於笠翁老來湖上的生活及身後狀況,仁和趙坦(寬夫)保鞏齋文録卷三有書李笠翁墓券後一文,於笠翁杭州別業,及卒後葬地,記載均詳。

> 笠翁名漁,金華蘭谿人。康熙初,以詩古文詞名海内。晚歲卜築於杭州雲居山東麓;緣山構屋,歷級而上,俯視城闉,西湖若在几席間,煙雲旦暮百變,命曰層園。客至,弦歌迭奏,殆無虛日。卒,葬方家峪九曜山之陽。錢塘令梁允植題其碣曰:"湖上笠翁之墓。"今墓就圮矣。仁和趙坦命守冢人沈得昭修築之,復樹故碣,且俾爲券藏於家。笠翁豪放士,非坦所敢慕;特以其才有過人者,一抔克保,庶可無憾。時嘉慶十二年三月二十七日也。

笠翁層園在杭州雲居山東麓,及卒葬方家峪九曜山之陽:皆他書所不載。笠翁的婿是沈因伯,守墓者亦沈姓,或者即是其婿的族人。文云:笠翁卒後錢塘令梁允植題碣。據康熙杭州府志二十一守令門,錢塘知縣梁允植,十一年任,真定人。次遲炘,十九年任。允植卸任,非康熙十八年,即康熙十九年。笠翁序千古奇聞,署"康熙己未仲冬朔"。己未爲康熙十八年,是笠翁康熙十八年仲冬猶無恙。其卒非康熙十九年(一六八〇),即康熙十八年殘冬(一六七九),年七十歲或六十九歲。因寬夫"錢塘令梁允植題碣"之言,必據墓碣官銜,允植卸任,至晚不得過十九年也。笠翁事蹟,無人注意。死後百餘年,乃得寬夫以同鄉後學經營其墓,置券樹碣,也可謂死後的知己了。

三

綜記笠翁一生,幼在如皋;四十以前家於蘭谿(原籍),四十八歲以前住杭州,六十七歲以前住金陵,晚年回到杭州終老。中間以住金陵爲最久。但他以出游爲常,實際上住在金陵的日子也不多。曲海總目提要説他"游蕩江湖";他的生活,實在是游蕩的。他到北京至少有三次。此外各省也多有他的游踪。在喬復生王再來二姬合傳(全集卷二)中,他自己說過。

> 予數年以來,游燕,適楚,之秦,之晉,之閩,泛江之左右,浙之東西,諸姬悉爲從者,未嘗一日去身。

又同上卷三復柯岸初掌科書:

> 漁二十年間,游秦,游楚,游閩,游豫,游江之東西,游山之左右,游西秦而抵絶塞(曾赴蘭州),游嶺南而至天表(全集卷三有粵游家報數函,卷五有粵東家報詩一首)。

漁以康熙丙午(五年)由都入秦。六年丁未,居西安,凡四月。七年戊申在蘭州。九年庚戌游閩。十二年癸丑游楚,住了半年。其入都可知者三次:(一)在順治十五年戊戌卜居金陵以前;(二)康熙五年丙午;(三)康熙十二年癸丑(以上據丁澎詩集序,包璿一家言序,及全集卷二喬王二姬傳,全集卷一詩韻序)。其餘各省年月不可考,大概各處有只去一次的,也有重去的。他自稱"二十年來負笈四方,三分天下幾遍其二"(全集卷三與都門故人述舊狀書),是不錯的。爲什麼他這樣僕僕風塵不憚煩呢?説到這裏,牽涉明以來所謂山人的行徑。現在引四庫全書總目提要爲證。提要別集存目七趙宦光牒草條:

> 有明中葉以後,山人墨客,標榜成風。稍能書畫詩文者,下則厠食客之班,上則飾隱君之號,借士大夫以爲利,士大夫亦借以爲名。

所謂山人者,是借士大夫以爲利的。明季山人甚多,最闊氣的是陳繼儒。清初山人著名的,便是李漁。這些先生們非工非商,不宦不農,家無恒產而需要和士大夫一樣的享受。一身而外,所有費用皆取之於人。所以游蕩江湖,便是他們的職業。明白這個道理,便知笠翁之負笈四方,是爲生計問題所驅使不得不如此的(全集卷五有答家人問楚游壯否詩一首,卷三有粵游家報數函,可以看出他之出游對於家人關係之切)。在全集卷三復柯岸初掌科書中，説的甚爲明白質實：

> 漁無半畝之田，而有數十口之家，硯田筆耒，止靠一人。一人徂東，則東向以待；一人徂西，則西向以待。今來自北（時在京師），則皆北面待哺矣！

可見一家枯菀，繫於一人之游，其意義甚爲重大。下文又表明他的干人態度：

> 矧又賤性硜硜，恥爲干謁，浪游天下幾二十年，未嘗敢盡一人之歡。每至一方，必量其地之所入，足供旅人之所出；又可分餘惠以及妻孥，斯無内顧而可久。否則入少出多，勢必沿門告貸，務盡主人之欢；一盡主人之歡，則有口則留之心則速之使去者矣。

"恥爲干謁"，是自己説門面話。"其地之所入，足供旅人之所出；又可分餘惠以及妻孥"，拿白話解釋，就是第一要够盤費，第二要有敷餘。"不敢盡人之歡"，也許笠翁真是如此。但他向人開口，毫不客氣；至於口氣大小，是酌量對方的情形如何而定的。全集卷三與龔芝麓大宗伯書云：

> 日來東奔西馳，絶無善狀，不得已而思及天上故人。然所望於故人者，絶不在綈袍二字。以朝野共推第一、文行合擅無雙之合肥先生；欲手援一士俾免飢寒，不過吐難舌香數口向人説項，便足了其生平。

龔芝麓爲人頗好士，就是杜濬也得其資助。芝麓投降了清朝，作大官，是有力量的人；所以笠翁對於他希望甚奢。拿這話和他處對照："知老父臺厚待故人，不必定爲不費之惠。倘蒙念其淒涼而復憫其勞頓，則綈袍之賜不妨遣盛使頒來"（全集卷三與諸暨明府劉夢錫書）。在大官則所望者絶不在綈袍二字；在小官則一袍之費即屬厚待故人。可以知道他入世之巧了。

據笠翁自稱，他各處周游只有陝西之行較好，福建次之。其餘都不得意。

全集卷三與龔芝麓大宗伯書：漁終年託鉢，所遇皆窮，唯西秦一游，差強人意。八閩次之。外此則皆往吸清風，歸餐明月而已。

同上答顧赤方書云：弟客楚江半載，得金甚少，得句頗多。

他在陝西主巡撫賈膠侯。賈膠侯便是賈漢復，是刻孟子石經之人（賈漢復在北京東城牛排子胡同有住宅。宅中假山，是笠翁設計砌的。其宅後爲麟慶所有。見震鈞天咫偶聞）。笠翁秦游家報詩有"不足營三窟，唯堪置一邱"之語；大概秦游所得，已足以置莊園，數目不少，在他處都比不上。本來，打抽豐也是不易的事。達官貴人行事不同：有闊大的，也有瑣細的，那能一律？但當時風氣對於山人墨客照例敷衍，況以笠翁名氣，所至決無空手而回之理。所以推想他的一生"託鉢"收入，當然不在少數。況且，"託鉢"之外，賣文賣書也是一筆收入。就常理推測，他的生活是可以夠的。然而，事實上絕不如此。他是時常鬧窮，並且到處欠債的。據他自己說，在杭州時候曾借營債（全集卷三復王左車）。營債是戎弁以重利放錢給人民的債，貸者往往妻女不保。康熙杭州府志卷三十七紀載此事甚詳。康熙二十年，王國安撫浙，始破除情面，下令禁止。他卜居金陵之後，西秦之游得錢甚多，回來也因爲償積債一散無餘了（卷五詩序）。及晚年由金陵回杭的時候，也因爲積債走不動。

揣想笠翁所以至此，是因爲一切太講究了之故。我們看閒情偶寄一書，便知道他以一個乏恒産的人，卻是如何內行、如何精細地講究飲食服御、營造、刻書等等，並且養着歌姬舞女，姬妾還講究裝飾。

按：笠翁夫人徐氏（據卷五詩序）。妾之可知者，唯崇禎乙酉許橄彩代娶之曹氏。但決非此一人。因全集卷六後斷腸詩序，記王姬不欲被遣去，諸妾曰："我輩皆有子，汝或不生，後將奚恃？"姬曰："主母恃諸郎君，予請恃其所恃。"歌姬不得與妾比，故曰主母，則其妾當有數人。其姬之著者，有在平陽所購喬姬，在蘭州所購王姬，聲容最妙。喬死於癸丑游楚之年，王死於康熙甲寅入都之年：俱年十九。笠翁痛之，既爲作合傳，又撰前後斷腸詩哭之。自此意趣索然。二姬之外，尚有黃姬，亦見二姬傳及後斷腸詩序。然亦決非此數人。二姬傳云："在蘭州所納姬，不止再來（王姬名）一人，而再來其翹楚。"是游秦隴時所納姬已多。傳又云："數年以來出游時，諸姬皆爲從者。甲寅入都，諸姬不與，惟再來及黃姓者與俱。"後斷腸詩序云："諸女伴中，王姬與喬、黃最密。"曰"諸姬"、"諸女"，其大齊可知。又笠翁常出家姬演劇娛客。演劇排場,非少數人所能爲役,必其所蓄者多,自爲班行(尤西堂雜俎二集閒情偶寄序云:笠翁薄游吳市,攜女樂一部,自度梨園法曲,紅絃翠袖,燭影參差,望者疑爲神仙中人。按此序今本偶寄不載),事亦至明也。歌姬之外,又常置婢。全集卷三粵游家報所謂"客中買婢,是吾之常,汝等慮我岑寂,業已囑之於初,必不嗔之於後"者也。又其姬妾服飾,亦甚講求。卷七詩序云:"有遣侍過寓,學家姬盥櫛者"云云,則其姬妾妝飾且爲人所羨矣。又觀笠翁與余澹心書云:"啼飢之口半百。"(全集卷三)上都門故人述舊狀書云:"家人三四十口。"笠翁眷屬,妻徐氏外凡五子三女,長女淑昭適沈因伯,嘗居笠翁金陵寓代主家政(據卷五詩序)。以妻子及壻計之,亦不過十餘人。設非多置姬侍,何得有半百之數乎?

這簡直是闊老官的生活。明季的錢岱,清初的季滄葦,他們講究這些窮不了。攔在笠翁身上,如何擔得起?所以他收入儘管多,而窮也是真窮,當時他的朋友,也有不以爲然的。但笠翁卻不承認是錯處。看他上都門故人述舊狀書:

> 親戚朋友憐之者固多,鄙而笑之者亦復不少。皆怪予不識艱難,肆意揮霍,有昔日之豪舉,宜乎有今日之落魄。而不知昔日之豪舉,非自爲之,人爲之也。食皆友推之食,衣皆人解之衣;即歌姬數人,並非錢買,皆出知己所贈。良友之贈姬妾,與解衣推食等耳。譬之須賈以袍贈范雎,五侯以鯖賜婁護,雎、護不自衣食,而以之售財作家,有是理乎?乃今則皆死矣!死可也,賣則不可。

笠翁此言説得很響亮,似乎理由充足,其實是自飾之詞。因爲姬妾是人,不是物。圖財賣妾,固然不可;若遣嫁,卻是可以的。笠翁是研究戲曲小説的人,劉宏嫁婢的事,豈不爲人艷稱嗎?他在喬王二姬傳中,説在蘭州納王姬的經過云:"主知予有登徒之好,有先購其人以待者。到即受之。"然則昔之受姬,爲有登徒之好;後日之不肯遣姬,亦是爲有登徒之好。反正是好聲色,不必説其他理由也。

因爲他生活豪奢,錢到手任意揮霍,所以窮得不得了。因爲窮便不得不常求人,而求人又未必能盡如意,在這種情形之下,便不免牢騷抑鬱起來。第一,是對於自己筆墨生涯的牢騷;説他的文章賣不了多少錢,不能療貧:

　　僕無八口應有之田，而張口受餐者五倍其數。即有可賣之文，然今日買文之家，有能奉金百斤以買長門一賦、如陳皇后之於司馬相如者乎？子必曰：無之。然則賣文之錢，亦可指屈而數計矣。（卷三與都門故人述舊狀書）

笠翁這段話，他的好朋友毛稚黃（先舒）就駁他。稚黃評此段云：

　　賣賦得金者，相如以後如翁者原少。但相如寡累，而翁費不貲；且以不肯題橋，故終年處困。

稚黃言外之意，即是説他浪費的多。至於題橋之話，我也爲笠翁如此想。因爲在那個時候，科舉是士人唯一的出路。科舉了才有官，作了大官才可免於窮。笠翁爲什麼不應舉呢？大概他的脾氣不耐心作舉業，或者是因爲浪跡江湖舉業荒廢了的緣故罷。第二，是對於世人的牢騷；説自己多才多藝，而得不到世人的同情：

　　漁自解覓梨棗以來，謬以作者自許。鴻文大篇，非吾敢道；若詩歌詞曲以及稗官野史，則實有微長：不效美婦一顰，不拾名流一唾，當世耳目爲我一新。使數十年來無一湖上笠翁，不知爲世人減幾許談鋒，增多少瞌睡？以談笑功臣，編摩志士，而使飢不得食，寒無可衣：是笠翁之才可憫也。一藝即可成名，農圃負販之流皆能食力。古人以技能自顯，見重於當世賢豪，遂致免於貧賤者，實繁有徒，未遑僕數。即今耳目之前，有以博弈、聲歌、蹴踘、説書等技，遨游縉紳之門，而王公大人無不相見恐後者。漁之識字知書，操觚染翰，且不具論；即以雕蟲小技目之，閒情偶寄一書略徵其概：不特工巧猶人，且能自我作古。乃今百技百窮，家無擔石，猶向一技自鳴者貸米而炊，質錢以使：是笠翁之技可憫也。夫有才有技而不能見知於人，反爲當世所擯者，古今來間亦有之；以其爲人叵測，胸伏甲兵；不則見事風生，工於影射；不則據隴盼蜀，誅求無已。……試問下交笠翁之人，曾受三者之累否？（全集卷三與陳學山少宰書）

這話説的非常可憐，亦非常抑鬱。誠然，他的戲曲小説是有以自立的。閒情偶寄至今看起來，還是見智慧有趣味的書。在王公大人前，他的交際手腕也極盡了敷衍巴結之能事。然而，究竟解決不了生活問題。這完全是時代社會的關係。他的戲曲小說以及其他著書雖然爲人歡迎，但只能自己刻了賣，並不能如今日之賣稿子或者抽百分之幾十幾的版稅。王公大人雖然賞識他，但一個人賙濟人，一次兩次是可以的；要說常了，誰也辦不到。他不是舉人，不是進士，不能作官。當時大學鄉校，並沒有"文學史"或者"文學批評"一類的講座，教他們如何安置他呢？當時以一技著名的人，度曲如蘇崑生，說書如柳敬亭，疊石如張漣（南垣），誠然是受公卿士大夫之優遇。但公卿士大夫之待笠翁，至少不比待他們更壞，是可以想到的。張漣晚年有子，退老鴛湖。柳敬亭老了沒有錢，吳梅村作疏，替他募捐，"營菟裘於吳中"。笠翁晚年也卒賴故人之力，徜徉湖上。他的晚景，比張漣差不多；比柳敬亭則頗勝之。況且，笠翁究竟還多了文名。又幸而生於清初，有人照顧；倘生在嘉道以還，除了唱戲他是沒有出路的。湖上笠翁似乎也不必牢騷了。

　　綜計笠翁一生，人甚聰明敏捷，但其立身行己甚不講究。不但無硜硜之守，而且不惜降志辱身以迎合時勢。我們看他文集中的書信，大多數是爲干求而作；一片逢迎阿諛之詞，自忘其醜。其奔走營營以趨事公卿爲樂，也可以在他的詩文中看出來。有時扭捏作態，故意求去；及至得了人的口風，則又說感遇之恩，不得不留（全集卷三復柯岸初掌科書，可見一斑）。讀者看到這種地方，真替他肉麻。曲海提要對於笠翁說"人以俳優目之"；當時這種品評也許不免。在梅村家藏稿中有贈武林李笠翁一詩（卷十六）：

　　　　家近西陵住薜蘿，"十郎"才調歲蹉跎。江湖笑傲誇齊贅，雲雨荒唐憶楚娥。海外九州書志怪，坐中三疊舞"迴波"。前身合是玄真子，一笠滄浪自放歌。

詩中對於他，雖然有稱許的話，但"誇齊贅""舞迴波"都不是高尚的譬況。"舞迴波"尤其是倡優之事。（唐崔令欽的教坊記說伎女入宜春院，謂之内人。教坊人唯得舞"伊州"，餘悉讓内人；如"垂手羅""迴波樂"之屬，謂之軟舞。孟啟本事詩嘲戲類記中宗時内宴唱"迴波詞"。優人進詞"迴波爾時栲栳，怕婦也是大好"云云。韋后意色自得，以束帛賜之。）吳梅村詩中用此事，固然是指笠翁的姬妾而言，但在詩中與笠翁對舉，描摹笠翁身分係以微諷的口氣出之，言外之意就是把他比作俳優了。在清初人筆記中，記笠翁的事尚有對於他更不好的話。如董含三岡識略（按：是書一名尊鄉贅筆）卷四云：

> 李生漁者性齷齪，善逢迎。常挾山妓三四人，遇貴游子弟便令隔簾度曲，或使之捧觴行酒，並縱談房中術，誘賺重價。其行甚穢，真士林所不齒者。余曾一遇，後遂避之。

董含對於笠翁簡直是持深惡痛絕的態度，似乎太嚴厲了。但笠翁攜家姬出游，所至演劇，受人家的纏頭費，原是實事。

> 全集卷二喬王二姬傳述王姬事云："蓋素望誕兒，凡客贈纏頭，人皆隨得隨用；彼獨藏之，欲待生兒製褓襋。"全集卷七記其歌姬在姑蘇寓中演劇詩，亦有"纏頭錦字壓羅衣"之句。

可見蜚語之來，也是笠翁咎由自取，不能盡怪世人之造黑白也。

照以上所説的看起來，笠翁品節甚不足道。他是在明朝游過泮之人，當鼎革之際，縱然不能了卻秀才事，也儘可如杜濬之安貧自守（濬明副貢生）。卻爲了吃飯和享樂問題，東奔西馳，不顧風節，完全拋掉了書生本色。他雖然沒有事新朝，卻伏侍了無數的新貴，這和他們是一樣無恥。無怪當時人對於他不敬。然則笠翁定論，竟是一個有文無行可嗤可鄙之人，難道他在作人方面連一點好處也沒有嗎？這卻又不然。他之可取之點，只是坦白。在一家言全集卷八餘集中有笠翁的過子陵釣臺一詞，可以看作笠翁的自讚。

> 過嚴陵釣臺，咫尺難登。爲舟師計程遥發，不容先輩留行。仰高山形容自媿，俯流水面目勘憎。同執綸竿，共披蓑笠，君名何重我何輕！不自量將身高比，纔識敬先生。相去遠，君辭厚祿，我釣虛名。再批評一生友道，高卑已隔千層。君全交未攀衮冕，我累友不恕簪纓。終日抽風，只愁載月，司天誰奏客爲星？羨爾足加帝腹，太史受虛驚。知他日再過此地，有目羞瞠。

再讀他的和諸友稱觴詩（見全集卷六）：

世情非復舊波瀾，行路當歌難上難。我不如人原有命，人能恕我
爲無官。三緘寧敢期多獲，萬苦差能博一歡。勞殺筆耕終活我，肯將
危夢赴邯鄲！

爲什麼無官就被人寬恕呢？在他的詩句中，也許含着一種微妙的意思。
有官的人拿錢是多而且易的，他們成千上萬的拿了老百姓們的錢自己家
中享福，一個無官的人向他們要幾個錢維持生活，是沒有甚麼不可以的。
而且費唇舌，陪小心，本意不敢望多，在笠翁看起來這是非常安分非常可
憐的了。

四

笠翁平生著作甚多，現在就所知道的説一説。他的著作可以分作三
類：（一）是單篇的詩文；（二）專集專著；（三）戲曲小説。屬於第一類的，在
通行本一家言全集自卷一至卷八的八卷書中都收進去了。屬於第二類
的，通行本一家言全集只收了耐歌詞、論古及閒情偶寄三書。屬於第三類
的，都是別行的，不在全集之内。

通行本一家言全集不是笠翁手訂的。卷首有雍正八年芥子園主人的
題記，題記中説：

湖上笠翁先生，……生平著述甚夥。……其最膾炙人口者，如詩
文之一家言，詩餘之耐歌詞，讀史之論古，閒情之偶寄，……不脛而走
天下近百年於兹矣。但所著皆各成一册，購取者見先生之一斑即欲
窺先生之全體，如登浮屠者，必至九級始見曠觀。……故特取先生之
雜著，合成一書。

據題記説的話，則一家言全集包括四部書：一家言是詩文集；耐歌詞是詞
集；論古是史論；是閒情偶寄。最初都是單行的，雍正間始合爲一書。就
拿詩文集的書名名此書，名爲一家言全集。現在根據這段話，把所收的每
一種書考校一下：

（一）一家言　全集本自卷一至卷四，收笠翁的文字，題曰“文集”。所
包括的東西，爲序跋銘贊傳記書信等，及其他雜文。賦與聯對也收在裏
邊。自卷五至卷七收古今體詩，題曰“詩集”。文集的編次分類，甚爲凌

雜。據我的意思，文集詩集之分，乃雍正間編次人所定，並不是笠翁原書的標題。因爲全集卷首尚載有笠翁的一家言釋義（原注：即自序）一文，說："一家言維何？余生平所爲詩文及雜著也。"詩韻自序（全集卷一）："詩文諸稿不以集名，而標其目曰一家言。"可見他的詩文雜著，只用一家言一個名稱，並不分文集詩集。全集本的詩集前面尚載丁葯園序，引笠翁的話"吾生平所著律詩歌行尚未盡傳於世者，子盍爲我序之以行"。序是爲笠翁古今體詩而作，而開篇首句說"一家言者，李子笠翁之所著書也"，可見笠翁衷次他的詩，也只名一家言並無詩集之名。笠翁一家言釋義作於康熙十一年壬子，丁序作於康熙十七年戊午。中間相距有七年之久。根據笠翁的喬王二姬傳說："癸丑適楚，越夏徂秋，……時余方輯一家言之初集未竟。"（癸丑是康熙十二年，尚在作一家言釋義之後一年。釋義先成，而書實未竟業。）因此我疑心笠翁的一家言，是分兩期出的。第一期名初集，所收爲散文雜著，也許有詩。這些文字，大部分收在通行全集本的文集裏面。第二期名一家言二集，所收爲古今體詩，即通行本全集所收的丁澎序本。雍正間編次一家言全集的人，在文集中很添了些笠翁康熙十一年後的文字。但在詩集中並沒有增加詩篇，大概用的就是笠翁康熙十七年的手定本。在翼聖堂原本閒情偶寄封面上，有八個小字的廣告二行，文曰："第二種一家言即出。"這也可以作一家言有二集的證據。

（二）耐歌詞四卷　康熙刊本。第一第二兩卷爲小令，第三卷爲中調，第四卷爲長調，前附窺詞管見二十二則。有康熙戊午（十七年）笠翁自序。一家言全集卷八所收的笠翁詩餘，題作"笠翁餘集"的，即從此本出。但此爲孤行別本，在全集之先，近已不多見。

（三）笠翁增定論古四卷　康熙刊本。前有康熙三年王仕雲、四年余懷等序。所收皆是論史的文章，據說係根據十七史所載事蹟立論，但事實上所據恐怕仍是通鑑綱目一類的書。所論亦没有什麼道理。一家言全集卷九卷十收此書，但改題"笠翁別集"，已不標"論古"之名。此本係就初編增定的，但已不多見。傅惜華有此書。

（四）閒情偶寄十六卷　原板爲金陵翼聖堂刊本。通行一家言全集本，附刻此書，分六卷，又把原題書名寄託之"寄"改作"集"字，甚屬不通（書名取陶淵明賦閒情之意，謂閒情偶寄於此）。此全集本與別行本，除分卷之外，內容全同。但考校起來，原書實是十六卷。因全集卷三與劉使君書，贈閒情偶寄一部，云："請自第六卷聲容部閱起。其第一卷至五卷，則單論填詞一道，猶爲可緩。"按之十六卷本，聲容部實在第六卷；而六卷本

116

聲容部卻在第三卷，與此言不合。又六卷本論音律一章，謂琵琶尋夫一折"補則誠原本之不逮，已附入四卷之末"，是原文。而曲文實在二卷，前後牴牾，亦不合。而在十六卷本則恰恰符合。因此知道十六卷本爲原本無疑了。

除以上四書見收於雍正本全集之外，我所知見的尚有以下十四書：一種是詩集，十三種是專著。

（一）韶齡集　這是笠翁早年的詩集。所收大概是三十以前的詩。全集五卷活虎行有王安節眉評云："此先生三十年詩也，向于韶齡集中見之。"此集當刻於崇禎順治間，今未見。

（二）古今尺牘大全八卷　周啟明藏有康熙二十七年刻本。題"湖上李笠翁先生纂輯"。卷首有李漁的啟白一首。所選古今尺牘自春秋戰國起至明止。書不多見。

（三）尺牘初徵　此是選近代人尺牘之書。全集卷三有與曹顧菴太史徵稿書云："尺牘新稿，立候見頒。"與杜于皇書云："來牘九首，祇登其八。復何元方一剳，過於抹倒時人，未免犯忌。故逸之。"有與吳梅村太史書云："尺牘新篇尤望傾庋倒篋。"按：梅村以順治十年癸巳應召入都，授秘書院侍講，尋升國子祭酒。此猶以太史稱之，則笠翁從事選輯在順治十年以前。據四六初徵凡例，知書名尺牘初徵。今亦未見。

（四）尺牘二徵　見古今尺牘大全，封面題識云："初徵行世已久，二徵旦夕告成。"未見。

（五）名詞選勝　全集卷一載自序云："是刻名曰選勝，蓋以諸選皆勝而我拔其尤者。"按全集卷三與徐電發（釚）書：詞選不久告成，屬寄龔芝麓稿備選。與丁飛濤儀部書謝貺詩詞云，"自選詞以來，未有慶得其人如今日"者。則亦選並時人詞。今未見。

（六）資治新書十四卷二集二十卷　此書選官人案牘。坊間傳本甚多。初集間收明人案牘，附詳刑末議、慎獄芻言共一卷於首。二集皆清人吏牘。初集有康熙二年癸卯王仕雲、王士祿二序。二集首康熙六年丁未周亮工序。按一家言全集卷一序紀元求生錄謂元理杭十載，"茲擢官淮上。余適假館白門，因覼資治新書之二集，走力索稿於先生。先生惠予數十幅，悉平反大獄"云云。元任杭州推官，在順治十三年。十三年後，擢官淮上，是時已謀梓新書二集。二集自順治十三年前後着手，至康熙六年，經十一年之久，終刊印成書。初集之輯當遠在順治十三年之前，亦直至康熙二年始出書：皆未免稍遲。或限於貲力，或因隨時添加而遲遲出書，均不可知。前集尚載吳三桂文移，題曰"平西王"。蓋二書刊行皆在康熙十二年三桂未反之前。書已行世，偶未刊削，坊間合刻二書亦遂仍其舊也（據沈心友芥子園畫傳凡例，則心友續輯資治新書三集。三集今未見）。

（七）新四六初徵二十卷　書輯近代人駢文。有金陵翼聖堂康熙十年原刊本。乃漁居金陵時屬其婿沈心友編次者。分二十門：曰津要部，藝文部，箋素部，典禮部，生辰部，乞言部，嘉姻部，誕兒部，讌賞部，感物部，節義部，碑碣部，述哀部，傷逝部，閨情部，祖送部，戲謔部，豔冶部，方外部。但因事立目，於文體無所剖判。每篇後附注釋，亦不能舉其出處。封面題記謂漁經十餘年採輯而成。又云"二集即出"，似尚有二集。

（八）笠翁詩韻五卷　書罕見。傅惜華藏康熙乙未書林黃天德刊本。前載笠翁自序。按此書有康熙十二年癸丑刊本，未見。

（九）笠翁詞韻四卷　書罕見。周啟明有此書。例言署"笠翁自述"，無序。

（十）綱鑑會纂

（十一）明詩類苑

（十二）列朝文選

右三書，俱四六初徵凡例引。云：嗣出。今未見。

（十三）古今史略　禁書目應燬書中出此書云"李漁著"，未見。

（十四）千古奇聞十二集　傅惜華有此書。題"湖上笠翁李漁鑑定"。所載皆是女子的事。據康熙己未笠翁自序，知道此書係刪定陳百峰輯的女史而成，本是教他的女兒用的。序署"康熙己未仲冬朔"，這應當是笠翁辭世前最後的一種著作。

笠翁詩文及各種著作如上所舉。以下說笠翁的戲曲小說。

笠翁戲曲，最著者為十種曲。十種曲人所習知。現在把名目寫在下面，略加以考核。

（一）憐香伴二卷　這本傳奇，大概是笠翁第一次創作。前面有虞巍的序云："笠翁攜家避地，窮途欲哭，余勉館粲，見其妻妾和諧，兩賢不但相憐，而直相與憐李郎。當場者莫作亡是公看"云云。署"勾吳社弟"，不記年月。按：崇禎乙酉，笠翁妾曹來歸。夫人徐氏甚憐之。笠翁喜甚，為賢內吟十首詠之（全集七）。虞序謂笠翁直以自寓，蓋近於事實。又據序所言，笠翁眷屬此時尚是一妻一妾，味"攜家避地，窮途欲哭"之言，則傳奇當是笠翁初來杭時所作。曲名憐香伴，一作美人香。王國維曲錄於美人香下注云："新傳奇品云即憐香伴。然傳奇彙考著錄美人香，又有憐香伴，未知孰是?"今按虞序有"以美人而憐美人之香"之語,知美人香與憐香伴實是一曲。

(二)風箏誤二卷 首虞鑛序,署"勾吳社小弟",亦不記年月。按全集卷三答陳蕊仙書:"風箏誤浪播人間,幾二十載。其刊本無地無之。"

(三)意中緣二卷 首黃瑗介序,不記年月。瑗介字皆令,嘉興儒家女,工詩畫,歸士人楊氏。此序自云:"不慧自長水浮家西湖,垂十年所矣!"似皆令此時方寓湖上。曲演董思白、陳眉公事,亦在西湖。疑此曲亦笠翁在杭州時作。

(四)蜃中樓二卷 此本合元曲張生煮海、柳毅傳書事爲一。首孫治序,無年月,署"西泠社弟"。(治與毛先舒、丁澎、柴紹炳等結社,號西泠十子。)似曲亦作於杭州。

(五)鳳求鳳(一名鴛鴦賺)二卷 首杜濬序,無年月。笠翁無聲戲小說有寡婦設計贅新郎 衆美齊心奪才子一回,與此曲同演一事。按:全集卷二喬王二姬傳云:"丙午(康熙五年)由都入秦,道經平陽,有二三知己相遇,命伶工奏予所撰新詞名鳳求鳳。此詞脫稿未數月,不知何以浪傳遂至三千里外"云云。漁過平陽時,歲已暮(據詩集)。知曲即康熙五年丙午作。因成於金陵,故曰三千里外也。此曲他書或書作鳳求凰,以全集考之,知原題實是鳳求鳳。

(六)奈何天(一名奇福記)二卷 首錢塘胡介序,無年月。笠翁無聲戲小說有醜郎君怕嬌偏得艷一回,亦演此事。

(七)比目魚二卷 首山陰女子王端淑序。署"辛丑閏秋",即順治十八年。笠翁無聲戲有譚楚玉戲裏傳情、劉藐姑曲終死節一回,與戲曲同演一事。

(八)玉搔頭二卷 此曲傳鈔本,也有題作萬年歡的。首黃鶴山農序,署"戊戌仲春"。戊戌爲順治十五年。序謂笠翁挾策走吳越間,賣賦以餬口。按:笠翁移家金陵,即在順治十五年戊戌。序所言如此,似其時卜居尚未定也。

(九)巧團圓(一名夢中樓)二卷 首康熙七年戊申樗道人序。笠翁十二樓小說生我樓一回,亦演此事。

(十)慎鸞交二卷 首郭傳芳序。序中有"丁未余丞於咸寧"之語。按:咸寧,陝西西安府屬縣。蓋笠翁康熙六年游秦時屬作序也。

此十種,有翼聖堂原本,有覆本,有重刊本。但各種最初皆是孤行單本,隨編隨印。合刊本是在後的。今日翼聖堂原本已不易得,至於單本更

是不易了。十種之外,坊間尚有笠翁傳奇五種。其目爲:

萬全記二卷　首四願居士自序。演卜豐、卜帙父子富貴登仙事。一名富貴仙。

十醋記二卷　首西湖素泯主人序。演郭汾陽及龔節度懼內事。一名滿床笏。

雙錘記二卷　首看松主人自序。演張子房遣力士陳大力擊始皇事,本逢人笑小説。一名合歡錘。

偷甲記二卷　首秋堂和尚序。演時遷盜甲事。一名雁翎甲。

魚籃記二卷　首魚籃道人序。演于粲生、尹若蘭事,本載花船小説。一名雙錯㿻。

又有笠翁新傳奇三種,目爲:

補天記二卷　首小齋主人序。演關羽單刀赴會,伏皇后死,其魂附周倉身自訴事。一名小江東。

雙瑞記二卷　首長安不解解人自序。演周處事。一名中庸解。

四元記二卷　首燕客退拙子自序。演宋再玉以解元兩中會元,又中狀元事。一名小萊子。

坊間又有把以上五種本、三種本合爲一編的,書名繡刻傳奇八種。封面題"李笠翁先生閲定",末附豆棚閒話、萬古情、萬家春雜劇三種(總名三幻集)。這些曲子,大概都和笠翁没有什麽關係,因爲序文、詞曲、賓白都不像笠翁。笠翁散文玲瓏纖巧,而此等序文皆甚拙。笠翁詞諧暢穠豔,而此較生硬。笠翁賓白、排場甚爲講究,而此不免疏忽。這是從筆墨上看得出來的。再檢前人的論證:

姚燮的今樂考證第五本著録九:於范希哲下録補天記一種。自記云:"此希哲作之署名者。"於四願居士下録偷甲、魚籃、雙錘、萬全、十醋、四元六種。附按語云:"曲考以偷甲、魚籃、雙錘、四元、萬全五種,與笠翁十種並列,云笠翁所作;而入十醋於無名氏,注云:龔司寇門客作。或云係范希哲作。或又以萬全一種爲范氏作。近得五種合刻本,有十醋無四元,署曰:四願居士。笠翁無此號,殆爲希哲無疑耶?然讀其詞斷非笠翁手筆也。"我替姚先生找了兩個證據:

北京圖書館藏的箋注牡丹亭(乾隆壬午年刻,不分卷,前有笠閣漁翁刻才子牡丹亭序,笠閣似清初人)第四册,有"笠閣批評舊戲目"。目中有補天記,注云:即希哲小江東。品云:中中。有十醋記,注云:即范希哲滿床笏。品云:中上。有萬全記,注云:范希哲作。品云:中中。所記希哲曲三種,與今樂考證之言合。這是一個證據。

更以笠翁一家言及杜濬所引笠翁曲子考起來,以前的十種曲中,就有七種徵引過。(憐香伴見無聲戲序,玉搔頭見一家言卷六贈韓子蘧詩序,意中緣見卷七擬木蘭父送女從軍詩序,風箏誤見卷三答陳蕊仙書,巧團圓見卷三與杜于皇書,凰求鳳見卷二喬王二姬傳,奈何天忘其卷第。)以後的八種曲,在笠翁和他的朋友詩文中沒有一種提到。如果後八種是笠翁作的,據情理推測,亦不應至此。這也是一個證據。

笠翁究竟自已作了多少曲子呢? 這個問題,單靠刻本是不能解決的。郭傳芳序慎鸞交,曾提及笠翁撰曲:說他的戲曲已刻的是前後八種;新作的有內外八種。統共是十六種。現在,把這一段有關係的原文鈔在下面:

> 笠翁按劍當世,為前後八種之不足,再為內外八種以矯之。……予家密邇於燕。十年來京都人士大噪前後八種,余購而讀之,恨不即覯其人。丁未,余丞於咸寧,笠翁遂出慎鸞交劇本屬一評。予快讀數過,乃知前後八種,猶為笠翁傳奇之貌,而今始見其心也。

丁未是康熙六年。照此序所說,知道笠翁的前後八種曲子,都是康熙六年以前出書的。慎鸞交的稿子或者是五年丙午在北京的時候作的,六年入長安,便請他作序。(全集卷三有與某公書說:"此劇上半已完,可先付之優孟。自今日始,又為下場頭矣。月杪必竣,竣後即行。觀場盛舉,恐不能與。"不言何劇。然作此劇時在京師,或即慎鸞交劇亦未可知。)則慎鸞交當在未刻之內外八種之內。又如巧團圓載有康熙戊申的序。戊申是康熙七年,則巧團圓亦當在未刻內外八種之內。然則見行十種曲中,慎鸞交與巧團圓應屬於未刻內外八種是沒有問題的。除了慎鸞交、巧團圓之外,十種曲本的其餘八種,或者就是康熙六年以前所刻的前後八種。再看閒情偶寄詞曲部音律章,笠翁的自述:

> 自手所填諸曲。如已經行世之前後八種及已填未刻之內外八種。

此處笠翁說的話,和慎鸞交序說的話是一樣的。余懷序閒情偶寄,在康熙十年辛亥(是年漁六十一歲),可知內外八種中之慎鸞交、巧團圓二曲,至少在康熙十年稍前,笠翁作書的時候,還是沒有刻。現在假定十種曲慎鸞交、巧團圓以外之八種，即是已刻之前後八種，則未刻之內外八種中只有六種不能知其題目。日本前田侯家尊經閣有笠翁小說無聲戲一書，似是初集。其第一回演闕生事，目錄題目下注："此回有傳奇，嗣出。"即指笠翁奈何天傳奇而言。第二回演蔣瑜事，第十二回演馬麟如妾碧蓮事，目錄下並注："有傳奇，嗣出。"不知演此二事之傳奇，是否在笠翁未刻六種之內？但演碧蓮事之雙官誥係陳二白劇。笠翁的戲曲小說，雖多同演一事之例，此蔣瑜錯姻緣與碧蓮守節二事，不但十種曲中沒有此二本；即身分不明之八種中亦沒有此二本。究竟是沒有刻呢，或者是沒有作呢？現在無從考證了。

笠翁除自撰傳奇外，尚有改正前人的曲子。全集卷二喬王二姬傳：

> 予於自撰新詞之外，復取當時舊曲，化陳爲新，俾場上規模矍然一變。……如明珠煎茶、琵琶剪髮諸劇，人皆謂曠代奇觀。

又卷八詩題云：

> 予改琵琶、明珠、南西廂舊劇，變陳爲新，兼正其失。同人觀之，多蒙見許，因呈以詩。

明珠煎茶他改作了三折（第三折改白不改曲），文載閒情偶寄。琵琶改尋夫一折，亦載閒情偶寄。至琵琶剪髮及南西廂改本，今俱未見其文。

> 偶寄於南西廂云："擬痛反其失，別出心裁，創爲南本。"於琵琶記云："擬翻成北曲，向填一折付優人，尚思擴爲全本。"所言如此，似僅屬一種計劃，無全本改作之事也。

關於笠翁的戲曲撰作，個人所能說的只有這些了。以下說他的小說。

笠翁作的小說，以短篇爲最多。他的短篇總集，現在知道的有兩種：一是無聲戲，一是十二樓。

無聲戲現在知道的有三個本子：一個是僞齋主人序本，書名無聲戲。收小說十二回十二篇。此本中國沒有，日本前田侯家尊經閣藏有一本。一個是睡鄉祭酒（杜濬）序本，書名無聲戲合集，我國馬隅卿先生藏有一殘本，僅存二篇。以附圖十二葉考之，知此本至少有十二篇。一個是大連圖書館藏的有睡鄉祭酒序的鈔本，已改名連城璧。連城璧分全集外編。全集十二集，回目次第與馬隅卿藏刻本可知之十二篇全同。外編六篇，只鈔了四篇。馬隅卿之無聲戲十二篇與連城璧之全集十二集回目次序，都與偽齋主人序本不同。根據杜濬的序說"於笠翁無聲戲前後二集，皆爲評次，茲復合兩者而一之"，知道無聲戲合集，是將前後二集的小説併爲一書的。連城璧與無聲戲合集，大概是一部書。其偽齋主人序本，或者是無聲戲的初集。我最初因爲連城璧分全集外編兩部分，疑心全集相當於初集，外編相當於後集。後來看十二樓卷六的萃雅樓杜濬評，有"初集尤瑞郎"的話。尤瑞郎的事，偽齋主人序本有(第六回)，連城璧外編也有(卷三)，知道外編並不相當於無聲戲後集；根據杜濬的話，反應當説是初集。連城璧全集十二篇，雖然只有八篇見於偽齋主人序本；而外編見存四卷卻全收在偽齋主人序本中。如此看來，偽齋主人序本大概是初集。連城璧全集的其餘四篇，或者是二集的文章了。但鈔本連城璧所以把合集分成了全集、外編之故，現在還是不能明白。

原本無聲戲印行，大概在順治十一年至十五年之間。當時浙江左布政使張縉彥與此書頗有關係。據清史列傳貳臣傳乙張縉彥傳載順治十七年御史蕭震劾縉彥疏云：

> 縉彥仕明爲尚書，闖賊至京，開門納款。猶曰事在前朝，已邀上恩赦宥。乃自歸誠後，仍不知洗心滌慮：官浙江時，編刊無聲戲二集，自稱"不死英雄"，有"弔死在朝房，爲隔壁人救活"云云。（按：無聲戲除日本尊經閣及我國大連圖書館外，未見完本，此等語在何篇中，今不能詳。）冀以假死塗飾其獻城之罪，又以不死神奇其未死之身。臣未聞有身爲大臣擁戴逆賊，盜竊宗社之英雄。且當日抗賊殉難者有人，闔門俱死者有人，豈以未有隔壁人救活遜彼英雄？雖病狂喪心，亦不敢出此等語，縉彥乃筆之於書，欲使亂臣賊子相慕效乎？……

最可怪的，無聲戲是李漁作的，蕭震卻放在縉彥身上。大概書是縉彥代刻的，蕭震欲重其罪，便靈妙的用了"編刊"二字。疏上，"下王大臣察議，以縉彥詭詞惑衆，擬斬決。上貰縉彥死，褫職流徙寧古塔，尋死。"（縉彥傳）笠翁無聲戲小説，給別人惹起這樣大的風波，這在小説史上也是一段重要的掌故。

十二樓成書，在無聲戲之後，因爲杜濬評此書，在第六卷中已經引初集尤瑞郎的事了。但只言初集而不標舉無聲戲之名,也許十二樓本亦爲無聲戲之一集,別行而改名十二樓。此書卷首有杜濬的序,末後一行署"順治戊戌中秋日鍾離睿水題"。這和黃鶴山農序玉搔頭同在順治十五年。黃鶴山農序在仲春,杜序在中秋,相差不過數月。笠翁是順治十五年搬到南京去的,原板十二樓或者是在杭州刻成的,或者是在江蘇刻成的,現在不知道了。今所見十二樓以消閒居本爲最早,恐尚非原刊本。

除了無聲戲、十二樓之外,尚有一部長篇小說,就是迴文傳。此書分十六卷,不標回數。封面署"笠翁先生原本","鐵華山人重輯"。笠翁作此書,除了本書所題之外,別人沒有說過。可是考核起來,似此書確與笠翁有關。在本書第二卷後有署名"素軒"的評語。文云:

> 稗官爲傳奇藍本。傳奇有生旦,不能無淨丑。故文中科諢處,不過借筆成趣,觀者勿疑其有所指刺也。若疑其有所指刺,則作者嘗設大誓於天矣。

在一家言全集卷二文集中有笠翁曲部誓詞一文(四六初徵卷二藝文部亦收此文,改題傳奇誓詞。)序謂:"余生平所著傳奇,皆屬寓言。其事絕無所指。恐觀者不諒,謬謂寓譏刺其中,故作此詞以自誓。"誓詞是一篇四六短文,今摘錄如左:

> 不肖硯田餬口,原非發憤而著書;筆蕊生心,匪託微言以諷世。……加生旦以美名,概非市恩於有託;抹淨丑以花面,亦屬調笑於無心。凡以點綴劇場,使不岑寂而已。但慮七情以內,無境不生;六合之中,何所不有? 幻設一事,即有一事之偶同;喬命一名,即有一名之巧合。焉知不以無基之樓閣,認爲有樣之葫蘆? 是用瀝血鳴神,剖心告世;稍有一辜所指,甘爲三世之瘖。即漏顯誅,難逭陰罰。作者自干於有赫,觀者幸諒其無他!

笠翁唯恐作文得罪了人,發生麻煩,或者妨礙銷路,故設此大誓,以自白無他。素軒先生或者就是笠翁先生。他所說的作者嘗設大誓於天的事,即指此誓詞無疑。此書所演梁棟材和桑夢蘭小姐因蘇蕙回文錦發生的一段姻緣,雖不出才子佳人蹊徑,但前半行文,頗瑣細有法,入後稍嫌駁雜。恐怕所據底本,確是笠翁的稿本。

此外還有肉蒲團一書，據劉廷璣在園雜志説也是笠翁作的。劉廷璣是康熙時人，距笠翁甚近，所言當屬可靠。雖只此一證，可爲定讞也。

芥子園刻的書，現在看見的，有芥子園畫傳四集，初集山水譜卷首有笠翁康熙十八年己未的序。卷一後有笠翁跋亦己未作。乃其婿沈心友所輯，摹古者爲金陵王安節（槩，詩畫有名當時）。二集花卉，三集生物，四集寫真。並沈心友於康熙間先後輯印，今坊間石印有初二三集本，亦有四集本。李桓著獻類徵、吳修昭代名人尺牘小傳於漁傳記所著書並云：芥子園畫傳三集。按：笠翁卒於康熙十八年與十九年之間。今本蘭竹譜載諸昇序，是康熙二十一年壬戌作的。此時笠翁已前卒。二集三集編印，笠翁實未及見。笠翁鑑定過的芥子園畫傳，只是初集山水譜。李桓、吳修説他著芥子園畫傳三集，都與事實不符：這是應當糾正的。又羅貫中三國志傳，有笠翁序評本。水滸傳亦有芥子園本。三國二十四卷百二十回，水滸百回，並依明本之舊。並且有人説見過芥子園刊四大奇書原本，則金瓶梅、西游記亦曾刻過。這些書的流通，大概都依笠翁的意思，和笠翁有關係罷？

以上所舉笠翁著作，計一家言、耐歌詞、論古、閒情偶寄四種，韶齡集及古今尺牘大全等書十四種；戲曲前後内外十六種，又訂舊曲數種，小説無聲戲十二樓兩集短篇小説數十篇，又長篇迴文傳十六卷，共計起來，不下數十種，論數量已不算少。現在分別檢討一下：

把一家言集所收散文韻文讀過一遍之後，覺得他的詞勝於古今體詩，詩勝於散文。他的詞是屬於本色一派的。詩也頗有穩諧之作。所以袁枚隨園詩話説："李笠翁詞曲尖巧，人多輕之。然其詩有足采者。"引送周戎之浦陽、婺寧菴五言律二首以明之（卷九）。至於文章，亦復近於纖巧。他自己向人説："弟之諸文雜著，皆屬笑資。"（全集卷三與韓子蘧書）又説："古文詞之最易倦人者莫過於賦，唯拙稿不然，以其意淺而詞近耳。"（全集卷三與梁冶湄明府書）他的雜著十餘種，現在看起來，十之七八是應時的貨物，並非著作。例如資治新書、名詞選勝、四六初徵，這種性質和選制藝闈墨差不多，一方向各方徵稿，見好於人，一方亦可以謀利，絕不能與列朝詩集、詞綜、唐人萬首絕句選諸書等量齊觀。因爲那是"只此一家，並無他處"的名產上貨；這是應時的行貨，不但他可以選可以賣，別人也可以選可以賣的。所以，他這些著作，都可以置而不論。不過，其中閒情偶寄，的確是好書，的確是一家之言，在這書中講詞曲，講聲容，講建築，講種植頤養，無一不精細，無一不内行，並且確乎有個人的獨到獨得之處。他承明季山人之後,一般講幽尚,但他是真知其所以爲幽尚者,決非如四庫全書總目提要所罵"山人競述眉公,矯言幽尚"者可比。中國子部雜書,成系統的很少。像這樣言之成理,叙次有法的書實在少見。這是笠翁居金陵二十年精心結撰的書,有此一書之精,可蓋他書之猥雜,無怪他自己得意了。

至於笠翁戲曲小説的創造,與閒情偶寄是同樣自負的。在他與陳學山少宰書(全集卷三)中説:

> 若詩歌詞曲以及稗官野史,則實有微長,不效美婦一顰,不拾名流一唾,當世耳目,爲我一新。

高奕新傳奇品也説:

> 笠翁曲如桃源笑傲,別有天地。

笠翁不但是製曲家而且是導演家,他很通達舞臺上的事情,所以他的劇本,是適於扮演的;不但音節和諧入格,即腳色場面分配亦至停當,兼能顧及演員的勞逸。所以,別人製的劇本,儘管有文章好而不適於演唱的,在笠翁則無此弊病。曲家劇本在戲臺上歷史最悠久的,在清朝恐怕他要首屈一指。這可以知道他的戲曲造詣了。

他的小説作法,也和戲曲一樣。他自己説:"稗官爲傳奇藍本,有生旦不可無淨丑。"現在看他的小説命名叫無聲戲,就知道他作小説的門徑。同是傳奇,不過不唱而已。所以他的小説格局和戲曲是一樣的。長處是關目新,人物配置的好;短處是有意求新,人工多而天工少,其結果不免失之纖巧。

至於選材隸事,則笠翁亦不能不顧及時好。他的戲曲小説,差不多都是憐才好色之作。在他的詞曲境界中,是清麗有餘,道上不足。他沒有吳梅村的蕭瑟哀咽,也沒有尤西堂的慷慨激昂。他給尤西堂的信(全集卷三)稱贊尤西堂,説他的曲旨超最上一乘。而説自己"調不能高,即使能高亦憂寡和,所謂多買胭脂繪牡丹也"。這是謙恭的話,也許有自知之明。平心而論,文章絕非一格。人的性趣亦有宜於彼不宜於此的。這種地方我們也不必苛責笠翁了。

他認爲作小説與作戲曲同一門庭,我覺得頗有討論的餘地。因爲二者從來源上説雖同是雜伎,但事情根本不同;風格亦何能一致?最明顯的，戲曲是代言的，小說是紀言紀事的，爲什麼中國演戲要分別生旦淨丑？是把固定的品類性格付與演員，要他以活動方式形容出來，示與觀衆的；作小說時對於人物性格固然要辨清，但其責任完全在記叙者之筆尖，不是另外付於人去扮演的。認爲小說中的人物，即等於戲曲中的腳色，這是不對的。關漢卿作雜劇，固然分別生旦淨丑，司馬子長作列傳，何嘗胸中有生旦淨丑之分呢？況且戲曲所重在唱，言情寫景，概以詞曲出之，而賓白居於疏通地位並非至要。小說所重在白，而四六及詩詞摘句等居於疏通地位，可有可無。如果小說就是無聲的戲曲，難道把劇本的曲子部分删去，把賓白聯綴起來就可以變成小說嗎？由說唱的詞話可以不甚費力地改成說散的小說；因爲詞話中大段說白是可以憑藉的。由說唱的戲曲改成說散的小說，必須把科白擴大加細，重新改組一下，才是小說。這可以知道二者文體是如何的不同了。我們看笠翁的短篇小說，有時覺得用意與格局都甚好，可是總覺得有點不足，像少點什麼似的，就是因爲神理間架都好，而叙次描寫尚不能瑣細入微，新奇的事情，不能得平常的物理周旋回護，所以看來只覺得纖巧。這種地方，大概因爲笠翁誤認小說戲曲是一件事情的緣故罷！

五

現在要談談十二樓了。

十二樓是我們易見的唯一完整無缺之笠翁短篇小說集。笠翁作此集，在無聲戲之後。杜濬給他作序，在順治十五年戊戌，但成書也許更靠後一點。此書體例，與無聲戲不同之點，便是：無聲戲每一篇小說，不分爲若干回；雖然日本尊經閣本標回數從第一篇至第十二篇共十二回，但每回只是一篇。十二樓是每一篇有三字標題；標題之外仍立回目，多的一篇分六回（如拂雲樓），少的卻祇一回（如奪錦樓）。無聲戲的體例是和馮夢龍三言凌濛初初二刻拍案驚奇一樣的。十二樓的體裁，明人短篇小說集亦有其例：如鴛鴦針即是如此。現在看起來，是第一個體裁好一些。但在理論上講還是一樣。因爲，說書講通鑑書史，固然非許多次數不可；講古今瑣事，亦不見得一次就說完。水滸傳記白秀英說雙漸趕蘇卿，唱到節次，秀英的父親說："我兒你且回一回。"就是說：且停一停，姑且算一回罷。元雜劇貨郎擔第四折張三姑唱貨郎兒，自云編了二十四回說唱。京本通俗小說西山一窟鬼篇說："因來臨安取選，變做十數回小說。"秀英說唱的是

127

諸宮調;張三姑説唱的是貨郎兒;西山一窟鬼,大概是説話的稿本。三者在樂藝上門徑雖不同,然其所説故事皆是小説而非講史。可見話本之爲長篇短篇,是因爲所講的事情有大事小事:大事説的時間長,次數多,所以文字也長;小事説的時間較短,次數少,所以文字也較短。但分回是一樣的。分回與否,並不能看作長篇短篇的區別。十二樓是短篇集,雖然每篇分回與三言、二拍不同,這在理論上是没有不可以的。

書名十二樓的緣故,是因爲每一故事中都有一座樓,就拿每一故事中之樓名作爲每一篇的題目。命意標題,都未免纖巧。但這一點可以置之不論。現在把十二篇的題目寫出來,並加上簡單的題解。

合影樓 三回

演元朝的事情,説廣東曲江縣有兩位縉紳:一個是屠觀察,一個是管提舉。二人是僚婿,但性情相反。管是"古板執拗",屠是"跌蕩豪華"。以此相左。他們的宅第相連,中隔一牆,獨有池沼相通,兩家各有水閣東西相望。管公卻因爲要避内親嫌疑之故,在池子中立起石柱,石柱上舖上石板,也砌起一帶牆垣。這樣防微杜漸,不謂不至,但兩家兒女因同時在水閣嬉戲,各從水面上認識了彼此的影子,因而隔牆細語,流水荷葉作了遞書的使者。不久,屠公的兒子,便得了相思病了。屠公愛子情切,因託他朋友路公向管公求親(路公爲人,不沾不滯,既非道學,亦異誕放,和僚婿兩人都和得來)。但越發激起管公之怒,被拒絶了。恰好路公有個女兒,屠公因與路公對親。不料兒子知道了,病勢反而增加。又懇求退婚,而路公的女兒又怨恨不已。路公爲難,遂想出一個權便法子:向管公説自己兒子尚未有室。請管公以女兒許字;及至管公允許了,又説自己女兒許過屠公之子;擇期同時婚配,請管公會親。管公眼見他的女兒和路公的女兒雙雙與屠公的兒子行禮,卻不見自己的女婿:經路公説明經過,才恍然大悟。後悔也不及了。自此兩家合好,推倒中間的牆壁,將兩個水閣作了洞房,題曰"合影樓"。此篇情節,雖不出才子佳人窠臼,但關目甚屬好看,文章亦乾淨。本來,以一男一女的才子佳人爲主的小説,内容既甚簡單,只以作短篇爲宜。明清之際的人卻偏要湊成二三十回的小説,結果,節外生枝,令人討厭。像笠翁這篇小説,在才子佳人一派小説中,算是出類拔萃的。

此文開篇説治家之道,應該防微杜漸,使他授受不親,不見可欲;不但不可露形,亦且不可露影。這是笠翁的假話。他在閒情偶寄頤養部中説:

"終日不見可欲,而遇之一旦,其心之亂也十倍於常見可欲之人。不如日在可欲中與此輩習處,則是司空見慣矣。"可見他的男女見解,是不以在男女中間築起一帶高牆爲然的。管提舉在水面上砌的牆垣,雖然牢實,但最後牆壁仍然被推倒了。可見儒者言防微杜漸,有時亦防不勝防。這是笠翁的微旨。所以文中對於管提舉之主持風教,每有嘲誚之詞。屠公是風流人,管公是迂腐人,只有路公是不沾不滯不夷不惠的,這大概是笠翁理想的人了。

奪錦樓　一回

這篇所演的,是一種婚姻公案。説明朝正德初武昌有一魚行經纪錢小江。妻邊氏,孿生二女。父母醜陋,而女兒甚美。小江性情倔強,妻亦潑悍,以此夫婦不和,對於女兒的親事,二人單獨接洽,各不相謀。結果,一對女兒許了四家,四家的姓是"趙錢孫李"。因此糾紛成訟。夫妻各執一詞。彼時知府,係刑尊代理。把四家兒子喚來,都是醜形怪狀的,不堪匹配,恰有百姓拿了一對活鹿解送到府,遂下令舉考生童,卷上要注上已娶未娶字樣。以兩女兩鹿爲瑞標,已娶者得鹿,未娶者得妻。結果,取了一位姓袁的,一位姓郎的。又發覺郎生之文係袁生代作。遂以二女歸袁。這篇所寫衹是一幕滑稽劇,並没有多大意思。在資治新書初集卷十三判語部有劫親大變一判,係錢小江與妻邊氏一案,判文與小説所載全同。注云:失名。判尾云:"各犯免供,僅存此案。"是僅作爲存案,並無懸標考秀才之事。後半大概是笠翁造出來的。他在金華當秀才時,山民獲二稺虎獻於同知瞿萱儒(名鳴岐,見康熙金華志卷十一)。萱儒以一虎送給笠翁。詩集有活虎行(七古)一篇即詠此事。稍後許宸章(橄彩)作同知,又給他娶妾曹氏。他和當道交游,大概是受文字之知。可見瑞獸美女兩種錦標,都是笠翁自己經驗中的事了。

這篇故事中並没有樓,"奪錦樓"之名,是硬加上的。又全文只是一章,既没有二回三回,標題第一回,也覺得不大合式。

三與樓　三回

此篇寫一慳吝有心計的富翁,甚得其似。唯後半記俠客設策一段,不免牽強造作。大意説嘉靖時四川成都有富翁叫唐玉川,專買田產,不治宮室。有高士名虞灝,字素臣,是善讀詩書不求聞達的人。一生愛造園亭,窮精極雅。與富翁連巷。富翁知道到素臣營造不已,力量不夠了,必要出賣，便放下起美屋花園的心思，專等素臣出賣。果然數年之後，素臣積逋甚多，將樓房賣與他，只留了一座高樓自住，下層是接客之所，題曰"與人爲徒"；中層是讀書臨帖之所，題曰"與古爲徒"；上層是靜修之所，題曰"與天爲徒"。總額是"三與樓"。日居其中，甚覺受用。而富翁還是等着買此一樓，因素臣久之不賣，遂逼素臣取贖。素臣有好友要代出贖園亭之費，素臣婉謝之。到了六十歲上生子，因賀客盈門，置酒席虧空了，遂自動的把此樓售與富翁。朋友不服，説他巧遂了富人之願。但素臣不以爲意，以爲本人年老，將來妻子孤單更啟其謀害之心，不如此刻賣了倒好。過了幾年，素臣果然死了，兒子發科得了官還家。富翁因人告他窖金藏盜，遭了官司。經縣官斷結，將園亭贖回，仍歸故主。原來告狀的人，是素臣生時的俠友；埋金栽贓，乃是俠客之計。按：文中虞素臣，即是笠翁自寓。在他的詩集中，有賣樓徙居舊宅七絕一首云："茅齋改姓屬朱門，抱取琴書過別村；自起危樓還自賣，不將蕩產累兒孫。"（全集卷七）又有賣樓長律一首云："百年難免屬他人，賣舊何如自賣新。松竹梅花都入券，琴書鷄犬幸隨身。壁間詩句休言值，窗外雲衣不算緗。他日或來閒眺望，好將舊主作佳賓。"（全集卷六）此二詩小說開篇都載了，説是明朝一位高人爲賣樓別產而作。可見高人就是他自己。笠翁一生移家數次，賣樓詩不知何時所作。大概他賣樓時，也許受了富人揹勒之苦，雖然勉作達觀的話，心中卻希望將來有好兒子有好朋友，恢復了自己的產業。他在順治十七年五十歲上才生子；文中説虞素臣是六十歲上生子，差了十年。虞素臣樓三層：下層接客，中層讀書臨帖，上層靜修。這是笠翁自比梁朝的陶弘景。（梁書五十一陶弘景傳："永元初，更築三層樓，弘景處其上，弟子居其中，賓客至其下。與物遂絕。"）夏敬渠自命聖賢，小説中"文素臣"是寫他自己。笠翁自命隱君，小説中"虞素臣"也是寫自己。這真是無獨有偶了。

夏宜樓　三回

演書生瞿佶與詹小姐姻緣，以望遠鏡爲關目。託元時事。謂金華有鄉宦詹公，女曰嫻嫻。瞿佶曾在肆上買一望遠鏡，登塔試眺。詹公家有池塘。一日，諸侍女跳在池中洗澡，小姐出來看見了，把他們責斥一番。佶則於塔上見之，豔小姐之色，因登門求婚。詹公示意，云不招白衣女婿。小姐知佶乃才子，聞事未就，甚覺不快，方撚毫作詩，僅成四句而擱筆，佶又在塔上看見，詳其文字，爲續成四句，託人寄示小姐。小姐因疑佶爲神。時佶已中舉人，入京會試，中二甲。不待考選而回。但同鄉登第者，連佶在内共三人,都是求親的。瞿公囑小姐拈鬮定之,不料竟拈着了别人。小姐託言亡母入夢,説只有瞿姓者應爲婿。父不信,自於神位前禱祝求應。所爲疏文,佶又於望遠鏡中詳其文字,囑人告知小姐。小姐因謂母又入夢,並能背誦疏文,不差一字。父意動,遂以女歸佶。結婚後,始知佶並無神術,先後都是鏡子的力量。細思雖係人謀,亦有天意。因將此鏡供養在小姐住的"夏宜樓"上。此文命意太巧,因望遠鏡而想到窺人家閨閣,心術亦不正。望遠鏡明季已入中國,但以此器入小説,笠翁算是第一次了。此文開篇載採蓮歌六首,云係少時所作,十首去四。今全集卷七詩集尚載十首原文。

歸正樓　四回

　　此篇所叙,純是譎智。寫一盗,恃其智術以種種方法騙人財物,積得多金。但性頗豪奢,所捐者亦多。後遇一妓,因厭風塵,欲出家爲尼。此盗即出私財買大宅第改建一庵。舊有匾,額曰"歸止",不料燕子銜泥,竟在止上添一橫,成了"正"字。盗謂神明示勸,遂出家爲道士。又思作殿堂,而費無所出。遂又設詭計勸募,得數千金。造殿成,二人都成了正果。文中所記種種騙人方法,大抵是摭拾見聞,湊在一起的。最後募緣騙富商一事,馮夢龍智囊補卷二十七有譎僧一條,方法完全相同。今將智囊補原文節録如左:

　　　　有僧異貌,徽商競相供養。曰:無用供養我,某山寺大殿毁,欲從檀越乞布施。因出疏令各占甲乙畢,仍期某月日入寺相見。及期,衆往詢,寺絶無此僧。殿即毁,亦無乞施者。方與僧駭之,忽見伽藍貌酷似僧,懷中有簿,即前疏。衆詫神異,喜施千金。後乃知塑像時因僧異貌,遂肖之作此伎倆。

此事宋人説部中亦載之,馮夢龍仍是轉鈔來的。笠翁曾幫人删定夢龍談概諸書,大概此條來源就是智囊補了。

萃雅樓　三回

　　記明嘉靖時京師金、劉二姓與一揚州權姓者暱。共設一肆廛,市書籍、名香及花,額曰"萃雅樓"。嚴世蕃聞權之名,欲召入府中。權拒之。世蕃乃示意一内相,誘權宫之。遂出入嚴府,盡知其私事。及世蕃被劾,權盡以奏聞。上震怒,遂置極刑。權至法場,目覩世蕃之死,並取其頭爲溺器以報夙怨云。此篇取材甚無謂,語意亦太儇佻。開篇虎邱看花詩,今在全集卷五。小說云詩乃覺世稗官二十年前所作,則漁崇禎時所爲詩也。

拂雲樓 六回

此篇出力寫一婢子。記裴七郎娶妻納妾始末,其關鍵全在韋家侍婢能紅。略云:七郎未娶時,先與韋氏有成約。後其父貪封氏妝奩之富,與封氏訂婚。封女醜陋,不愜七郎之意。後因游湖,雨中遇韋小姐及婢能紅,羡之。悔前約不成,懊喪殊甚。未幾,封感病死。乃求親於韋氏。韋恨前之見棄,拒之。七郎乃覓女工俞阿媽,請其向閨中人關說,並謂“小姐如不可求,情願得婢爲妻”。能紅喻意,乃設法擺布,卒使韋姓意轉,以小姐適七郎,而已爲側室。因爲能紅在韋家“拂雲樓”上看見七郎的風姿,故小說取名拂雲樓。按舊式婚姻,誠然迷信的事情甚多。文中記能紅設策,以算命占夢諸說惑小姐及其父母,固於情理不悖。但其私心滔滔,爲自己留地步,亦甚明顯。何韋姓一家聽其擺佈,竟是憒憒全無知識者?欲見能紅之巧,反覺小姐太庸。文章不免因之而減色。

十卺樓 二回

此篇記永樂初永嘉一士人姚氏,將婚,起一樓,仙人降乩,題其匾曰“十卺”。已而迎娶,乃一石女。繼換得其妹,貌醜兼有隱疾;又換得其姊,貌與女埒而不貞,又送還其家。自此續娶,凡九次,非入門即亡,即因故退親。不勝寂寞之苦。過了三年,母舅某氏游西湖,爲聘一婦至。入門識其人,即第一次所娶之石女。相處數夕,婦因生瘡,人道遂通。夫妻好合逾常。“十卺”之言亦驗。

鶴歸樓 四回

這一篇記宋政和間有僚婿二人,一名段玉初,一名郁自昌,同婚於官尚寶家。段妻曰繞翠,郁妻曰圍珠:俱是國色,而翠尤勝。段性安恬,結褵後每慮造物忌盈,與妻以惜福安窮相勉勵。郁風流多情,夫妻恩愛異常,誓不相離。是時國家多事,段、郁俱奉命使異國。臨行時郁惜別眷戀,不勝悱惻;段以冷語絕其妻,諷其再嫁,並題所居樓曰“鶴歸樓”,示不望生還之意。恝然竟去,婦大恨之。既至金,俱被羈留,段居厄處困,夷然甘之;郁則念室家不已。數年放遣。郁已鬚髮皓白,視其妻,則思夫不至,已憔悴而死。段猶健旺，視妻則貌加豐，色加麗。相見詢問，妻因前隙，怨猶未已。段乃具述夙昔所以故爲寡情之故，並指八年前羈旅中寄內詩爲證，順讀之，乃決絕之詞。試使逆讀，則皆慰藉温存之語，以織錦回文自喻。妻意乃解。於是會親友，"重拜花堂"，"再歸錦幕"，勝新婚之好云。郁大概就是"慾"字，郁自昌就是"慾自昌"。段玉初乃"斷慾於初"耳。全集卷三有粵游家報一首云：

> 因輸榷錢，稍停一二宿。不出日之四五，決抵家矣！明知歸期不遠，而前信中迂其說者，慮爾輩望人急切，深難爲情，"朝朝江上望，錯認幾人船"，此等閨情皆爲早訂歸期誤之也。即今不出四五之說，亦是我自爲政，未嘗慮及於天。不見出門之兩畫一夜乎？勿盼來人，但占風信可耳。

拿小説中段玉初教郁自昌的話比較一下：

> 生端爭鬧者，要他不想歡娛，好過日子；題匾示訣者，要他絶了妄念，不數歸期。這個法子不但處患難的丈夫不可不學，就是尋常男子，或是出門作客，或是往外求名，都該用此妙法。知道出去一年，不妨倒説兩載；拿定離家一月，不可竟道三旬。出路由路，没有拿得定的日子，寧可使他不望，忽地歸來；不可令我失期，致生疑慮！

這是笠翁的話，借着段玉初口中説出來的。文中所寫段玉初的學問，也就是笠翁的學問。

奉先樓　二回

記明末池州東流縣舒秀才妻存孤事。舒姓世世單傳。舒妻生子，時天下已亂，妻矢守節，夫勸其存孤。會族人於宗祠（奉先樓），人言皆與夫同。志遂決。未幾婦爲亂兵所獲。鼎革後，輾轉入一清將之手。生丐食覓妻子，相遇於湖、湘間。婦在官船上，知爲夫，命以鐵索繫其頸。將軍後至，驗鐵索，知無他。聞係故夫，即以子付之。生去，妻遂自縊。將軍壯其節，追生回竟以婦還之。舒家世不殺生，戒食牛犬，生在旅途困苦中，猶確守此戒。夫妻父子卒得團圓，亦得神默佑云。婦節行甚高，文據實敷衍，頗能傳神。

生我樓　四回

此篇演一家團圓事,與巧團圓同。云宋末事,似有所本;但寫的恐怕即是明末亂離的情節而加以點綴。略謂湖廣郿陽府有富翁尹氏,因起樓時生子,就名子爲樓生。子幼時失踪,頻老無子,乃出游欲覓一可託者爲嗣。自書賣身文告,云有人以父事之者則屬之。至松江,一後生如約買之,執子禮甚恭。時元兵深入,父子急歸。舟至漢口,子云夙所聘婦在此,將尋之。既別,登陸,時亂兵擄民間婦女,封置布袋中列肆售之。子買婦,乃得一老嫗,遂母之。嫗爲言同難中有一女絶麗,袖藏一玉尺可驗,屬再買之。子如言,得之,即所聘婦,玉尺乃當年媒定之物也。相與買舟至勛陽,恰遇尹翁,而嫗即尹翁之婦。至家,子登樓,識其物色,而子即當年所失之子。其事甚巧。文中所記買父母一節,尤屬奇僻。但聊齋菱角亦有此事。一個天性篤厚的人在伶仃孤苦的時候,或者能有此癡心,亦未可知。王士禛池北偶談卷二十四"一家完聚"條,記浙東人家事與此篇相似。文云:

> 浙東亂時,諸暨陳氏女年甫十六,爲杭鎮撥什庫所得,鬻於銀工,堅不肯從。杭人郭宗臣、朱膽生、尚御公者,創義釀金以贖難民。知女之義,贖之。方至,忽友人某贖一童子,問之,即其夫也。翌日,贖一嫗至,乃其母也。繼又贖一嫗至,其姑也。有兩翁覓其妻踉蹌至門,即其父與翁也。兩家骨肉,一時完聚。蓋將於十二月二十四日婚而兵忽奄至,遂被掠云。

有人引此條以爲即巧團圓所本。但細察並不盡同,似非笠翁所本。因爲士禛所記此條,比巧團圓、生我樓還巧,笠翁是好奇的人,如本此事作稗官,斷無改換情節使趨於簡單之理。當明季亂時,骨肉相失者固多,即離而復聚,湊巧的亦必不少,決不止池北偶談所載的一事。笠翁偶拈一事爲題,雖家人巧遇相同,卻不必説定是此事。至於口袋裝人出賣的話,卻是當時實情。如嚴思菴(即嚴虞惇)所記揚州蔣老娶京師妓女羅小鳳事(文據香豔叢書二集卷一所載):

> 已而大兵渡江,軍中不許攜帶婦女,限三日賣諸民間。諸披甲以買主揀擇,致價不均,各以巨囊盛諸婦女,固結囊口,負至通衢,插標

於囊上求售甚急。一披甲欲賣去囊中人，三日不售，怒而欲投之江，同伍力阻之，曰：蔣蠻子勞苦無妻，曷以賞之。

於此可以知道國破家亡之時，人民遭遇之慘，無奇不有。笠翁此篇與上篇奉先樓，都根據耳目所見聞的寫的。雖然是小說，亦當時社會史料之一角也。

聞過樓　三回

這一篇是十二樓之最後一篇，與上篇三與樓同是笠翁的自寓，其追懷往事夢想將來也是一樣的；而此篇格調清新，尤覺空靈可愛。不但入話一段純爲自敘，即正傳顧呆叟故事，亦不是華嚴樓閣憑空蹴起的，其實完全說的是自己。略謂：明嘉靖間常州宜興有林下太史姓殷，其中表曰顧呆叟，爲人恬淡寡營，是隱逸一流，因場屋不利，遂絕意進取。然太史與諸鄉宦皆重之，樂與往還。呆叟以酬酢不勝其煩，自結茅屋於鄉曲，移居之。衆知之而無可如何。殷太史以不復聞呆叟規戒之言，念之尤切，至題其樓曰"聞過"，志響慕之誠。久之，衆人均不勝索居之苦，乃相與設計，謀之縣令，先迫之爲掾吏，以行賂得免。又屬人僞爲盜劫之，幾罄所有。又誣其通匪窩贓，驅入城拘審。稍近城門一小村落，則衆鄉宦皆候於此，屬其暫寓村中，將爲分解。呆叟從之，諸鄉宦者皆先後別去。已而縣役至，返其前賄；頃之盜至，返其劫貨；又頃之縣令至，致敬禮而去。呆叟大疑惑。既夕，諸公攜酒至，爲述始末，始知前後遭遇皆衆人相召之計。其莊園即縣令與衆人預爲呆叟置之者。呆叟感其意，遂移家近郊。太史亦置別業於近側，時與呆叟談讌云。

我們稍知笠翁生平，便知道這一篇小說是笠翁自己的夢。他一生搬家數次；早游吳中，由吳中回金華原籍，在金華住十來年，鼎革後又搬到杭州。在杭州住了十年，又移家至南京。最後又由南京返湖上。此文入話，自稱"余生半百之年"；順治十七年庚子笠翁年五十，此時已寓金陵。大概這篇小說，是初到南京後作的。（杜濬的序雖署順治十五年戊戌，預先作序，也是常有的事。）他的遭際，在原籍時很不壞。他性喜幽尚，有亭園之好，而此時即有伊園別業。在他的詩集中，有擬構伊山別業未遂一題（全集卷六）；大概最初有志修造，而爲力量所限，但不久居然成功了。考笠翁造伊園，正是他居金華郡齋之時。（全集卷七有詩序云："郡齋有花數種，余歸茸舍，灌漑無人，皆先後枯死，唯芍藥尚有生機，移歸志喜。"）大概給他出貲修造的，就是金華同知許宸章。讀他的伊園雜詠詩（全集卷七五絕），知此園雖小小規模，亦有勝概。所以，他此時非常滿意，形之歌詠：在詩集中有伊山別業成寄同社詩五首（全集卷六七律）；有伊園十便詩十首，有伊園十二宜十二首（並全集卷七七絕）；又有山居雜詠五首（全集卷五五律），都是這個時候作的。他的古體詩都不好，近體亦近率易，但這些詩都是安閒春容的。可見當時意趣之佳。但笠翁這種安適恬淡的生活並不能長久。到了鼎革之後，他一時失其所依，不得已移到杭州。住杭十年，甚不得意。因爲受不了營債及其他債務之累，又跑到了金陵。此時正是促促不寧的時候，想起先年個人生活遭遇，自然免不了要感慨思慕。在此篇入話中所引的詩，都是當時爲伊園作的，可以知道笠翁此時對於陳跡是如何繫戀！所以，我説：這是笠翁的舊夢。但舊夢之外，還有新夢。因爲過去的事，空想是無益的了，人的性情，於懷舊之外，還是盼望將來。笠翁此時，便是盼望再有一般鄉紳大老幫他的忙；對於他的居住生活問題，重新解決一下。這話不是揣測，是有事實可以證明的。以下就集中所載，略指出數條，作爲説話的根據：

笠翁移居金陵之後。第一感到切要的，自然是居住問題。在一家言全集卷三柬趙聲伯書云：

> 日暮途窮，料無首丘之日。欲得數椽小屋，老於此邦。顧不欲近市，市太喧；不欲居鄉，鄉有暴客之警。非喧非寂間，幸叱尊伻，爲覉人留意。

他的理想的住所如此，這和聞過樓中殷太史給呆叟置的村落"近城數里之外，樸素之中又帶儒雅，恰好是儒者爲農的去處"，條件恰好相合。他的芥子園金陵別業，地近長干，大概也在不喧不寂之間。金陵別業，是否即趙聲伯代爲物色的，或是別人幫忙，現在不能考證了。

笠翁是游蕩江湖没有恒産的人，所以，他的莊園之興時時流露。他於康熙六年入秦，所得甚豐，寄家人詩，便有"不足營三窟，唯堪置一丘"之句。當他六十餘歲寓金陵的時候，龔鼎孳由京師給他來信，云將購"市隱園"，與笠翁結鄰。他歡喜的了不得，立成四絕奉寄以速其成，詞甚卑屈（全集卷七），並與芝麓書述此事云：

> 聞購市隱園，預爲"太傅"鏖棋之所，與予小子衡門咫尺，使得曳

杖追隨，甚盛事也。而漁之所幸，不獨在廡下備舂，可時受"皋伯通"
照拂，且以生平痼疾，注在烟霞竹石間，泉石經綸，則綽有餘裕。……
兹聞"裴公"將闢"綠野"，去隱人邁軸，不數武而遥。"公輸"在旁，徒
使袖手而觀匠作，大非人情，刻出知人善任之主人翁乎？是向託空言
者，今可見之實事。（全集卷三）

余澹心板橋雜記載鼎孳順治丁酉（十四年）偕夫人重游金陵，寓市隱園中
林堂。當時或係借寓，至此時始議購買。鼎孳待笠翁很好，所以笠翁聞知
此信甚喜，立促其實現。信中提及游秦游閩，又說到閒情偶寄，並有擬入
都之語。考笠翁游閩在康熙九年庚戌；閒情偶寄於康熙十年辛亥成書；而
鼎孳卒於康熙十二年九月。是笠翁寫此信決不能過康熙十二年。其時當
在康熙十年後及十二年癸丑夏入都之前，上距順治十五年戊戌十二樓出
書，相隔已有十餘年了。小說中的顧呆叟，是與殷太史結鄰的。笠翁作小
說，並不能將後十年的事寫進去。也許鼎孳在順治間和他早有結鄰之約，
小說暗寓其事。到了康熙年間，舊約要實踐了。於是小說中的幻想，幾乎
成了事實。雖然小說在先，事實在後，而我們仍不妨看作一事。以此證明
作者的心理，是沒有不可以的。

康熙十三年甲寅，笠翁游杭。回到金陵以後，又與徐電發信，請其向
當道說話。全集卷三載此書云：

歸舟日把新篇與柳村、棠村二帙，更翻快讀，竟不知爲路幾何，爲
日幾何，而已忽抵金陵矣。吾鄉寇警漸疏，此地妖氛轉熾。弟欲歸依
"劉表"，未審貴東翁及在上諸當路，肯復授一廛而爲氓否？

這也是求人代置莊園的信。此書不記年月，但考究起來應當是康熙十三
年甲寅。因爲書中提及柳村詞。柳村詞是錢塘知縣梁冶湄（即梁允植，真
定人）作的。笠翁游杭時，冶湄出所著柳村詞屬笠翁選定，笠翁因作詩贈
之。事正在康熙甲寅。
　　按：全集卷六有贈梁冶湄詩。詩序不書年月。但贈梁詩次贈皋
憲郭生洲詩之後。贈郭詩序云：甲寅復至武林。按郭生洲即郭之培。
康熙十二年十三年，任浙江按察使。梁永植任錢塘知縣凡八年，自康
熙十一年起至十九年始離任（並據杭州府志），與郭生洲同時相值。
康熙甲寅春耿精忠叛，浙江戒嚴。笠翁以秋至武林，故贈梁詩、贈郭

詩均有"傳檄""羽書"之語。則晤二人贈詩,均在甲寅秋無疑。徐電
發是江蘇吳江人,此時館於杭州。笠翁在杭州贈徐詩有"西湖近有蓮
花幕"及"更喜主人能和客,新詞日競紫毫鋌"之句(卷六)。似電發即
客梁冶湄署中。笠翁返金陵後,與徐電發書述途中事,有舟中讀柳村
詞之語。則梁以柳村詞贈笠翁,與笠翁所云舟中讀柳村詞,前後一
事。與徐書亦當在康熙甲寅無疑。

是年,耿精忠與鄭經連絡反清。清朝派軍隊去打他們。浙江官吏供
應不遑,南京亦風聲鶴唳。笠翁大概鑑於順治十六年鄭成功攻瓜洲江寧
之事,欲回杭州,所以給徐電發書有"欲歸依劉表"之語。明年乙卯,笠翁
送兩兒回浙應試,歸志益決。又遲了一年,至康熙十六年丁巳,便正式由
南京遷回杭州。笠翁的目的於短期間真達到了。

笠翁湖上買山,自稱是"浙中當道維持之力",大概給徐電發這封信很
有關係。丁巳卜居後,因構造層園,又與都門故人書,以"修葺未終,不能
釋手"爲詞,請其向京師貴交關說,各助以力(卷三上都門故人述舊狀書)。
可見笠翁關於居處莊園問題,自壯至老無一次不需人之助,無一時不望人
之助。聞過樓小說,便是笠翁理想的遭遇。他希望他所結交的朋友待他,
如殷太史和諸位鄉宦待顧呆叟一樣;他所遇的地方官,是小說中常州府宜
興縣的地方官。這篇小說雖然是順治末年作的;但十幾年前的伊園,眼前
的芥子園,二十年後的層園,都是宜興縣城外小村落的變相。我們認識了
聞過樓中的顧呆叟,便認識了笠翁了。

原載一九三五年十二月圖書館學季刊第三、第四合期

與胡適之論醒世姻緣書

北平中海晤談，甚以爲快。醒世姻緣小説，曾約通信，遷延至今，將及二月，未能踐言。實因入夏多病，精神消乏，又不欲草率徒爲泛言，坐是遲遲，甚以爲仄。請先生諒之！秋來病起，精神興趣俱覺良好，謹追憶所知益以近今所獲得者，粗爲整理，與先生商推。是否有當，端望指教。

此書作者，骨董瑣記以爲係蒲留仙。前曾訪骨董瑣記作者鄧文如君，叩其來歷，云據繆荃蓀雲自在龕筆記稿本。所記鮑廷博語乃繆氏親聞之丁晏者。而其書又不可見。（聞先生亦曾通信詢之。）即此一條，别無佐證。因記載之缺乏，勢不得不於小説本身求之，楷第嘗紬繹其文字，即書中所説，求其綫索，則可推知者有以下數事。

一、所指地域，確爲章邱。

二、其事實人物，係捏合成化後至康熙中葉二百年間事爲之。但所叙種種情節，實是章邱淄川事。

三、由錯雜之事實人物細意推求之，知作者時代在崇禎康熙之間。其著書時代至早不得過崇禎。

四、因地域時代相當，以爲蒲留仙作，頗有可能性，否亦必爲明清季章邱人或淄川人所作。

論指既定，以下就書中所記地理，事實，人物，詳細説明之。

一　地理

書中所記，爲武城縣及繡江縣事。自二十三回以下，則全以繡江爲主。其記事實重在狄薛，所謂晁計及珍哥惡報，不過爲行文關目耳。所謂繡江縣者，實即章邱。明史地理志山東章邱下云：東有淯河，一名繡江。康熙章邱志：淯河，縣東一里許，即繡江也。（章邱四至，西南至歷城縣治一百一十里，與小説所説合。）是以繡江爲章邱，實借水名爲之。其地"東

139

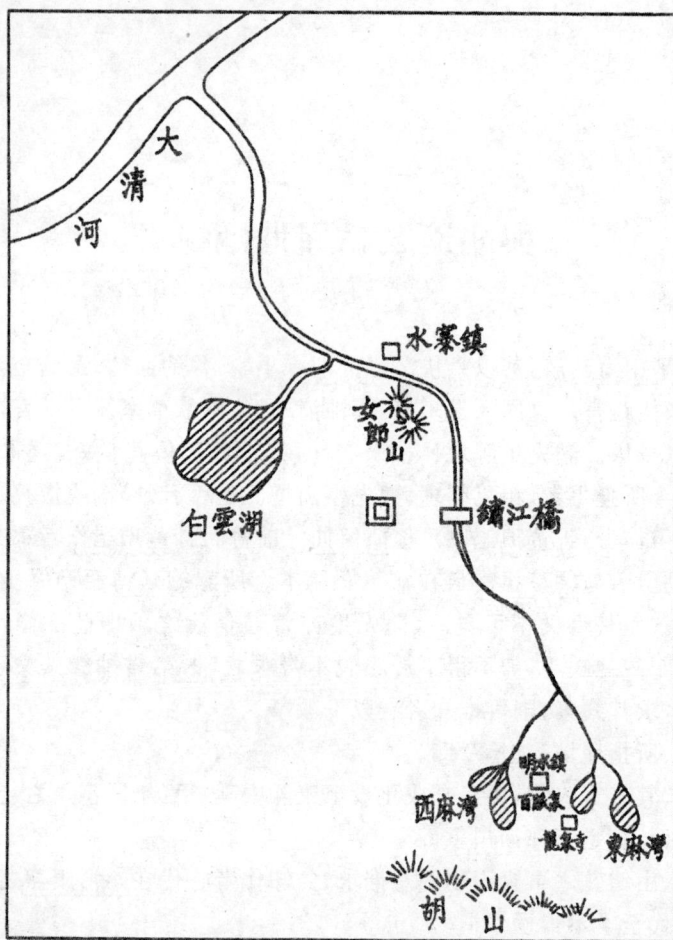

覽會仙之巍峰,北枕女郎之秀巘,淯水直通於濟瀆,獺河曲注乎淄門。凡
冠蓋之所經,與夫貢賦之所入,行商估販之所往來,絲粟魚鹽之所交易,靡
不先匯於此而後折入省垣。故其地較他邑爲繁。"(府志引通志縣志語)小
說説他是山東有數的大地方(二十三回),並無誇誕。

　　會仙山　在鄒平縣西南。舊傳歲以三月三日爲清明節,則群仙來集,
仙燈夜見,故名會仙(道光府志)。小説以爲繡江縣的第一名山(二十三
回),頗與事實不符。但會仙爲長白之一峰,康熙章邱縣志有長白山,云:
今入鄒平。新志云:會仙山釁堂嶺昔隷章邱,今隷鄒平。是小説以會仙山
屬之章邱,據舊時事言之,原無不可。但謂會仙山有無數流泉,瀉成一片
白雲湖(二十三回),則殊爲錯誤。因爲繡江納東西麻灣、瓜漏河諸水北

流，至章邱城西北，匯爲白雲湖。繡江之源爲百脈泉，百脈泉在縣城南明水鎮，去鄒平之會仙山甚遠，安得云白雲湖由會仙泉水瀉成？但其致誤之由，亦有二：名勝志引抱朴子云：長白，泰山之副嶽，繡江發源於此。又章邱有獺河（一名楊緒水），出長白山之陽，俗名東瓜漏河，爲繡江之支流。上游山泉五十有餘。（並見道光濟南府志）是謂繡江發源長白，自葛洪已有此誤。而其支流獺河實出長白，又足與繡江相混。而在小説，其時代人物，皆隱晦其跡，故爲牽合，即山川景物亦無妨悠謬言之也。

繡江　即淯河。源出縣南明水鎮東之百脈泉。百脈泉會淨明泉、清水泉，東西麻灣諸水西北流，經縣城東繡江橋，遶女郎山後，折而西北，經水寨鎮左納白雲湖水，北流西注於大清河。縱横章邱境内百餘里，居民灌田疇，置水磨，種稻，植荷，受其利者甲於他邑。（據道光府志）

龍泉寺　在明水鎮，百脈泉由此出。小説謂明水鎮有座龍王廟，廟基底下發源出來滔滔滚滚極精美的甘泉，當即指此。

白雲湖　一名劉郎中陂。萬曆舊志（萬曆二十四年邑令董復亨修）云：在縣西北七里許，周圍六十里，産有魚藕菱芡蒲葦之利。自洪武迄正統，均有河泊所之設。道光新志謂介在歷章之間，歷城得湖之七，章邱得湖之三。李開先濬湖私説曾形容其勝云：

> 白雲英英出其中，湖因以名。重青淺碧，拖練揉藍。嘗游於湖心，山如錦屏，天如華蓋，信爲一方之浩壤而三齊之水府也。自水澤漸消，去城微遠。

其在嘉靖時，湖上風光，蓋饒勝概。（康迪吉、張堯臣均有游白雲湖詩。）而中麓已有水澤漸消之語。董復亨在萬曆中云：湖今枯竭，湖田已經涸出，改作子粒地（康熙志云明藩子粒地）。然順治時邑人張光啟（生萬曆乙酉，年八十餘，蓋歿於康熙初）、牛天宿（順治己丑劉子壯榜進士）均有游詩。邑志載光啟詩二首，其一客中憶白雲湖畔諸友云："一楂一壺山艇裏，諸君端不負春光。夜來夢到雲湖上，蘆荻風吹半尺長。"是春季水猶盛。天宿白雲晚棹詩，更有"風紋水面荷香遠"之句，似非虚語。在康熙時，則邑令鍾運泰（康熙辛未縣志即運泰所修）、教諭紀之竹，均有白雲晚棹詩。道光章邱新志於"白雲湖"則云：今湖水漸竭，惟湖心尚生蘆葦。然則董復亨所謂枯竭者，殆謂面積縮小，改作子粒地者，亦僅指湖壖言之，非其全部。鍾運泰志題白雲晚棹圖云："夕陽在山水光色中，蘆荻蕭蕭，荷香拂拂，魚艇游船似在畫圖，昔之勝概如此，今亦不敢没其名也。”玩其語意，當謂風景遠非昔比，非僅存其名而已。約而言之，白雲湖大勝於明時，萬曆後漸衰，至於清初猶非全無景物可言。小説二十三回云：“白雲湖遇着天旱的時節，這湖裏水不見有甚消涸；遇着天濕時節，這湖裏的水不見有甚麽汎溢。”當指舊事言之。二十四回云：“若是如今這等年成把那會仙山上的泉源旱得乾了，還有甚麽水簾瀑布流到那白雲湖裏來？若是淫雨不止，山上發起洪水來，不止那白雲湖要四溢汎漲，這些水鄉的百姓，也還要冲去的哩！”此謂旱則枯竭，雨則泛漲，似是康熙來情形。然則鍾等所謂晚棹，殆夏秋時事乎？

明水鎮　小説謂在縣南四十里。康熙志“百脈水”下云：縣南三十里明水鎮。“龍泉寺”下云：在縣南二十五里明水鎮。則有三十里二十五里二説。兹鎮清泉美池，錯列境内。百脈泉外，有東麻灣，並匯於百脈泉。又有清水泉，方塘澄澈，流注繡江；淨明泉，泉水至潔，纖塵不留，稱爲聖水。百脈泉爲繡江之源，方圓半畝，泉百餘湧出，纍纍如貫珠。流出鎮内錦江橋，溉田百頃，傍栽芰荷，香豔迎人。南則胡山（通志作湖山），文石煤炭桃栗之藪，又多檞材，巨可構室，細可供爨。論其風景品彙，誠爲樂土。文人學士，詩酒流連：其在明時，康迪吉（嘉靖進士，官知府）之漪漪亭，康大猷（迪吉子，明拔貢）之南園、北園，並在鎮中。又康星燾有猗清園，亦在明水鎮，饒竹木水泉之勝。李中麓讀書别業在胡山中麓。（以上並據府縣志）要其湖山之勝，足以移人。凡小説所稱道讚美者，絶非虚語。

風俗　小説二十三回稱明水風俗之厚，有云：“小人家的婦女從不曾有出頭露面游街串市的。”康熙志風土志云：“婦女勤紡織，又矜奮節義，以失身爲辱，往往至老死不出門行街市間。”引諺云：“章邱女兒見不得。”所言不誤。志又云：“民間之俗，農勤耕作，歲時伏臘，則多隨香社徼福於泰山，名曰上頂。”則小説謂薛素姐上廟諸事，亦有由也。以上就地理風俗論之，知小説所指地域確爲章邱。

二　事實

本書卷首凡例，謂“晁源、狄宗羽、童姬、薛媪皆非本姓，不欲以其實跡暴於人也”。在作者自言，既已如此。故其故事中之主要人物，頗難辨識。如云晁思孝任南直隸華亭知縣。考縣志則華亭明代知縣，並無山東章邱之人,僅李嵩字惟嶽,邠州人,宏治十三年任;李莊字敬夫,陽信人,正德十三年任。狄希陳任成都府經歷,章志選舉中亦無成都府經歷其人者。既云非真,似難强爲稽求。唯二十七回、二十九回、三十一回歷數成化以來諸災異,年代日時,言之鑿鑿,似乎有資考證(書中年代,皆不言何朝)。而細按之,其時代亦不相值。如云辛亥年初九初十暴雨,洪水暴發(二十九回),諸志自成化以至康熙,辛亥年並無大水之事。癸酉十二月除夕雷雨(二十七回),府志災祥志有之,乃崇禎癸未年(十六年)事,又非癸酉。事不同時,作者於凡例亦自言之,不足爲怪。但其時代雖不盡相符,而事實則隱然有據。對於作者時代之推測,頗有關係。兹摘取府志(道光二十年王鎮修),及章邱(康熙志)、淄川(乾隆志)二縣志"災祥部"所舉諸災異,列爲年表。其與小説合者,附諸按語,如左。

　　成化辛卯(七年)
　　　　府志:七年,大饑,人相食。
　　　　淄川志:七月、八月,大饑,人相食。
　　成化癸巳(九年)
　　　　府志:淄川晝晦如夜。
　　　　淄川志:九年復饑,人相食。
　　宏治壬子(五年)
　　　　府志:淄川人相食。
　　　　淄川志:五年大饑,人相食。
　　正德戊寅(十三年)
　　　　府志:章邱淄川大水。
　　　　章邱志:大水幾没城。
　　嘉靖壬寅(二十一年)
　　　　府志:閏五月,淄川地震,淫雨至七月。
　　嘉靖庚戌(二十九年)
　　　　府志:五月,章邱淄川雨雹,傷禾。
　　嘉靖癸丑(三十二年)
　　　　淄川志:旱饑。
　　嘉靖甲寅(三十三年)
　　　　府志:淄川大疫,饑,人相食。
　　　　淄川志:三十三年大疫,春饑,人相食。

嘉靖丁巳(三十六年)

　　府志:七月,淄川暴風大雨三日,壞民廬舍禾稼殆盡。

　　淄川志:三十六年七月,暴風淫雨三日,壞民廬舍,害稼殆盡。

　　按:小説謂辛亥七月初十大雨,發洪,壞廬舍死人。(二十九回、三十一回)

嘉靖戊午(三十七年)

　　府志:六月,淄川暴風雨雹,大水,浮耒耜於河堤柳樹上。

　　淄川志:三十七年春,饑,人相食。四月雹,五月雨雹,有大如斗者。六月,暴風雨雹,大水,浮耒耜於河堤柳樹上。

　　按:二十九回謂大水後,道士張水雲的屍首還好好的躺在椅子上,閣在一株大白楊頂尖頭上。又謂狄希陳扯着箱環浮到一株樹叉裏,連箱擱住。天明,狄周見門前樹梢上面掛着一隻箱子,一個孩子,扯住箱環不放,細看就是狄希陳。

嘉靖庚申(三十九年)

　　府志:二月二十三日,淄川風霾竟日,道路咫尺不能辨。

　　淄川志:三十九年二月二十三日,風霾竟日,道路匍匐以歸,親識相遇不能辨。春夏不雨,七月初十霖雨,至二十日始霽。

　　按:二十七回云:庚申,十月天氣,卻好早飯時節,又没有雲氣,似風非風,似霾非霾,晦暗的對面不見了人。待了一個時辰,方纔漸漸的開明。年與事皆符。

隆慶辛未(五年)

　　府志:五年五月,齊東章邱濟陽大風雨,壞屋、拔木、飄麥。

萬曆癸酉(元年)

　　府志:大旱,至七月始雨。

　　淄川志:元年,大旱。

萬曆丙子(四年)

　　府志:五月,淄川黑風自西北起,發屋傷禾,天地晦冥,行人有吹去十數里者。

　　淄川志:五月十四日黑風自西北起,折禾拔木,天地晦冥。

萬曆丁丑(五年)

　　府志:淄川大旱,蝗蝻食禾殆盡。淄川志同。

萬曆戊寅(六年)

　　府志:淄川蚜蚄生。

淄川志：蚜蚄食穀。

萬曆庚辰（八年）

府志：淄川大旱，榆楊皮根殆盡。（按：當云食殆盡。）

淄川志同。

萬曆乙酉（十三年）

府志：淄川等縣大旱，免田租之半。

淄川志：十三年大旱。

萬曆丙戌（十四年）

府志：夏，淄川齊東長清新城大旱，饑，賑之。

淄川志：十四年大旱。

萬曆丁亥（十五年）

府志：夏，大旱，免站銀一千五百兩，發臨清德州倉粟賑之。

淄州志：十五年旱甚。

按：淄川自萬曆元年至十五年，頻遭旱災。

萬曆庚寅（十八年）

府志：三月三日，章邱齊東大風，晝晦。

萬曆丁酉（二十五年）

府志：四月，章邱濟陽大雨雹。

萬曆戊戌（二十六年）

府志：五月，章邱東錦鄉河窪莊蚩生，廣長約七八里，麥禾俱枯。

萬曆庚子（二十八年）

府志：大風雹，擊死人畜，傷禾稼。

淄川志：二十八年，申時，怪風驟起，白晝如夜，雹降小者如卵，大者如杵，壞坊傷人，落地無聲。

附錄：居東集一則，見鴻書。萬曆庚子夏，四月二十四日，淄川縣大風雨雹。城堞剷落二百餘丈，磚石皆在城上，無漂搖城下者。城隍廟樹六七圍者二十餘株，盡拔折。東壁有榦木丈餘，縈一飛瓦，若果不墜，城中坊石傾頹殆盡。人壓死無算。巨石鐵檻，碎若蓋粉。獨高氏坊下菜傭，聞風中人語甚急，曰：不可動！不可動！兩坊夾持，左右俱衝毀。此坊居中獨存。坊柱先日開裂，次日復合。官民廬舍，發揚一空。有王氏屋三間，自西院移置東院，門窗戶牖衣服筆記宛然如初。南街國氏巷，屋脊上有桌一張，平敧，上面鰭薪布列，盃中酒滿不溢。物色之，乃近地人家筵客物也。客因風尚在其家未去。街民某家,有十二甕,飄去不知所之。次日,行人從黃姑菴得其二,中盛米蔬如故,無顛破。文學董生有紅紗一匹,緘封笥內,上有封識手號,飄至空中,儼然某生紗也,而廚笥未發如昨。離城十餘里,高梁二莊屋盡毀,風後,見樹上翻掛一盆,觸而墮地不破,盆幽咽如啼聲,踰刻乃止。離城十五里,有土地祠,祠前有古樹,不知幾百年,霹去半身,剩一枯枝,上有鷹巢未毀,鷹雛四,是日悉飛去。樵者晨起入山,望見滿山長人,伏石下,熟視良久,風動則着帽披衣者皆樹也。城中人衣履吹去者,多自此間得。是日,先大雨雹,如馬蹄,如杵,婦男爭戴笠取視。俄而晦暝,天地不辨,屋瓦上如車輪聲。行人傍巖曲,望見雲中巨人手指一節丈餘,往來忙擾。上下身首俱不見,或見雲初起處,有人捧長牒,展兩足,踏兩獸背上坐。兩小兒持鞭,急擊獸,獸搖拽不前。良久。既而入城爲風。或見紅綠衣人持短兵格鬥。或見長繩千尺,翻轉絡繹。傳語略同,實古今未有之變也。

按:此一大段所記極詭異,府志不載,殆惡其涉怪而棄之。然小說二十九回所記,即從此事化出。如云:"那會仙山白鶴觀的道士蘇步虛,尚在後面道藏樓上,從電光中看見無數的神將,都騎了奇形怪狀的鳥獸,在那波濤巨浪之內一出一入,東指西畫,齊喊說道:'照了天符冊籍逐門淹沒,不得脫漏取罪。'後面又隨有許多戎裝天將,都乘了龍馬,也齊喊說:'丁甲神將用心查看,但有真君的堤堰及真君親到過的人家,都要仔細防護。'又申言之云:'次日那水纔漸漸的消去。那夜有逃在樹上的,有躲在樓上的,看見那電光中神靈的模樣,叫喊的說話,都與那道士蘇步虛說的絲毫無異。'"此與鴻書中所記巨人騎怪獸,捧長牒,往來忙擾等情一般無二。又謂道士張水雲坐着椅子死在白楊梢頭,狄希陳與箱子擱置樹杪,亦與屋脊着桌、樹上掛盆之言略同。高氏坊獨被保全,與狄薛二家爲真君救護事同。薛教授、狄希陳親聞神語,坊下萊傭亦聞風中人語。至謂申牌時候,雲起雨作,則猶與縣志所記合。是其摹繪情景,悉本此事,實無可疑。蓋萬曆庚子之災,爲千古怪變,故雖事隔百年,而猶深深保存於民衆傳說。奇文異事,遞相告語,言者若親見聞,聽者亦側耳咋舌。作者習聞其說,故行文時乃取以點綴也。

萬曆乙卯(四十三年)

府志：八月霜，晚禾盡傷。

淄川志：四十三年，大饑，人相食。

章邱志：四十三年，秋田顆粒無成，遂大饑，人食樹皮，父子相食。

按：二十七回云："七八月就先下了霜"，與此年事合。

天啟辛酉（元年）

淄川志：天啟元年旱蝗。

天啟丁卯（七年）

府志：章邱齊東大水。

章邱志：天啟七年，大水泛漲，薄城，不没者數板。東南郭外，居民廬舍漂没殆盡。

崇禎壬申（五年）

章邱志：崇禎五年，復大水，泛漲近城。

崇禎丁丑（十年）

府志：秋，歷城淄川章邱蚄蚄生。

崇禎戊寅（十一年）

府志：六月，淄川旱。

淄川志：夏旱。

崇禎庚辰（十三年）是年蒲松齡生。

府志：五月，大旱，饑，樹皮皆盡，發瘞胔以食。

淄川志：崇禎十三年，大饑，人相食。

章邱志：崇禎十三年，大饑，斗米千錢，父子相食，人死大半，南山（即胡山）土寇蜂起，聚數千人行劫，撫院王遣兵討平之。十四年、十五年，民間有以人耕者。

按：三十一回謂"每清早四城門出去的死人，每門上極少也不下七八十個"。始則取屍骸割食，繼則把活人殺吃。"父子兄弟夫婦親戚，得空殺了就吃"。慘狀與以上所引相類。雖時代未符，當即指此年事言之。三十一回又謂守道副使李粹然救荒有善政。粹然爲李政修字。據府志秩官志，政修以按察使簽事任濟南道，正在崇禎時。則所記爲此年事。

崇禎癸未（十六年）

府志：夏，淄川雨雹。除夕，雷雨大作。

按：二十七回云："十一二月還要打雷震電。"又云："癸酉十二月的除夕，有二更天氣，大雷霹靂，震雹狂風，雨雪交下。"雖時代不符，

147

當即此年事。淄川志但載夏雨雹事，不言除夕雷雨。然府志與小説均言之，必有其事也。

順治壬辰（九年）

府志：五月，淄川雨雹。大者如盂，傷刈麥者。

淄川志：九年，雨雹。大者如盂，碎瓦傷人。時正穫麥，晚者災。

按：二十七回云："丙子七月初三日，預先冷了兩日，忽然東北黑雲聚起，冰雹如碗如拳的，積地尺許。"

康熙癸卯（三年）

章邱志：四月隕霜，殺麥。

康熙乙巳（四年）

府志：春饑。

章邱志：春，人食樹皮。

康熙戊申（七年）

府志：章邱山水暴發，傷稼，溺死附近居民七十餘人，免田租。

章邱志：六月十二日，卯，南山潦水暴發，田禾盡浻，溺死附近居民七十餘人。撫院劉具疏題請，奉旨蠲免本年田租十分之一。

按：二十九回、三十回謂明水鎮大雨發洪，浻没房屋，溺死人。當即此年事。下移三年，云辛亥七月事，當是悠謬言之，圖隱其跡耳。是年，淄川章邱均地震，毁屋傷人，但淄川無水災。

康熙辛亥（十年）

府志：旱蝗，免六年以前民欠錢糧。

康熙壬子（十一年）

府志：五月，歷城章邱淄川長清旱蝗。

淄川志：五月不雨，至於七月雨。蝗蝻蚜蚄傷穀。

章邱志：秋，旱蝗。

康熙癸丑（十二年）

淄川志：春夏旱，麥不登。

康熙甲寅（十三年）

府志：大旱。

淄川志：夏旱，六月廿日始雨。

按：二十七回云：丙辰旱，六月二十後始得雨。

康熙乙卯（十四年）

府志：四月十二日，……淄川……隕霜。十八日復隕霜，殺麥及桑。

淄川志：春不雨，四月十二日隕霜，殺麥及桑。十八日復隕霜，麥枯殆盡。四月不雨，至於六月雨。

康熙丙辰（十五年）

淄川志：是年以軍需匱乏，稅間架。凡臨街房屋，每間納銀二錢，樓房納銀四錢，又宦戶錢糧增加十分之三。

康熙戊午（十七年）

府志：大旱。

淄川志：旱，沴氣爲祲，人多病疫。至六月二十二日乃雨。秋，大饑。

按：此亦與二十七回六月二十後始雨説合。

康熙己未（十八年）

府志：饑，免本年田租，並發倉穀賑之。

淄川志：夏旱，秋蚜蚄，大饑，流移載道，凶荒異常。

按：三十一回："莫説那老嫗病媼，那丈夫棄了就跑；就是少婦嬌娃，丈夫也只得顧他不著。小男碎女，丟棄了的滿路都是。"

是年，春，蒲松齡聊齋誌異成。

康熙辛酉（二十年）

淄川志：春夏旱。秋，多雨，菽不登。再稅間架一年。

康熙壬戌（二十一年）

府志：章邱淄川……大旱，六月始雨。淄川長山大水，漂没田廬，溺人畜，淄川尤甚。

章邱志：五月內，旱既太甚，漬潔二河俱乾無水。至六月間，忽降大雨，水勢泛漲。

按：二十四回云："若似如今這等年成，把那會仙山上的泉源旱得乾了，還有什麼水簾瀑布流得到那白雲湖裏來？若是淫雨不止，山上發起洪水來，不止那白雲湖要四溢氾漲，這些水鄉的百姓，也還要冲去的哩！"

淄川志：春夏不雨，大無麥，報旱災。六月，連晝夜大雨，漂没田廬，淹死人畜。……繼而冰雹大作，遍地蚜蚄。郡守勘災報上，止准旱災，免糧二分三釐，謂一歲無二災之例也。秋，大無禾，宦戶免加增銀兩。

康熙癸亥（二十二年）

府志：淄川齊東大稔。

淄川志：元旦雪，占主豐。三春雨暘時若，二麥大有。但凶年之後，人多癘疫也。

按：三十一回謂連年荒歉，縣官奉按台命祈雨。“二月二十七日清明，從黎明下起大雨，下了一晝夜。”“三月初九又下了一場大雨。”“三月二十三日，又是一場透地的大雨，把那年成變得轉頭。”雖未明言年代，似即此年事。又謂縣官恐饑民得了新麥，一味饕餮，必致傷生，條示各處飯食須漸漸加增，而愚民貪食，不信條示，胃氣填塞，往往登時畢命。“誰知好了年成，把人又死了一半”，尤與縣志所謂凶年之後人多癘疫之語合。蓋自崇禎十三年大饑之後，淄川自康熙辛亥（十年）至康熙壬戌（二十一年）十二年間，連年荒旱，至此始得豐年。章邱則自康熙乙巳（四年）起，戊申（七年），壬子（十一年），壬戌（二十一年）亦頻有旱潦（縣志所載只此四年，蓋遠勝於淄川），而又稅間架，增田賦，搜括不已，報災且格於條例，民命危賤，無怪作者言之慨然也。

康熙丙寅（二十五年）

府志：蝗過章邱七日夜，免田租。

章邱志：五月飛蝗布天五七日，穀田山南受傷。

淄川志：七月十八日，雨雹。

康熙丁卯（二十六年）

府志：七月淫雨四十日，害稼，免本年漕米。

章邱志：七月間霖雨四十餘日。民間房舍倒傾千餘間。

康熙庚午（二十九年）

按：康熙章邱志山川志“胡山”下云：“康熙二十九年夏，天旱甚，知縣鍾運泰齋心步禱，直至山巔，叩謁神祠。甫下山取水，即密雲四起，疏雨廉纖。及歸，甘霖大沛。”小說三十一回亦有縣令祈雨之事。

康熙癸未（四十二年）

府志：秋，章邱大疫。

康熙甲申（四十三年）

淄川志：穀貴錢賤，民饑。六月初八日得雨，禾苗茂盛。七月蚄蛄生，繼之以蝗，歲歉。

按：淄川是年大饑，民鬻子女，人相食，見縣志義厚傳、孫玶傳。

又高之驟傳、高之驟傳亦載之。

康熙乙酉（四十四年）

　　府志：淄川大有年。縣志同。

康熙己丑（四十八年）

　　府志：章邱有年。

康熙辛卯（五十年）

　　按：縣志：蒲松齡是年貢。

康熙甲午（五十三年）

　　府志：章邱大有年。

康熙乙未（五十四年）

　　按：是年蒲松齡卒，年七十六歲。

康熙庚子（五十九年）

　　淄川志：秋，歉。

康熙辛丑（六十年）

　　淄川志：旱，麥不登。

康熙壬寅（六十一年）

　　淄川志：旱。

　　右表自成化起至康熙止。成化以前不列入。因小説有自太祖爺至天順爺末年風調雨順之語（二十七回起首語）。又作者當爲順康時人，故康熙後事亦不列入（康熙後事，亦絶無相似者）。

　　如上表所列舉，庚申晝晦（二十七回）爲嘉靖三十九年淄川事，年代與事皆符；癸酉除夕雷雨（二十七回），本崇禎十六年癸未事；丙辰八月降霜（二十七回），乃萬曆四十三年乙卯事；丙辰夏旱六月二十後始雨（二十七回），則康熙十三年甲寅、十七年戊午，淄川均有其事；丙子雨雹如碗，乃順治九年壬辰淄川事。除夕雷雨，事誠怪誕，除崇禎十六年外，別無其事（唯崇禎十三年正月朔歷城雷電雨雪，事相仿佛，但非除夕）。此雖年代不符，可確認爲崇禎癸酉事。其餘霜雹諸事，時代亦不符，或故爲錯迕，或別有其事，可不必深論。唯云辛亥大水後，壬子、癸丑、甲寅、丙辰、丁巳，連年旱荒，至於流離載道，父子兄弟夫婦相食，則爲希有之災，決非輕易言之。而按其時代事實，惟與康熙十年至二十一年情形爲近。所不同者：康熙十年壬子苦旱，並無水災。明水發洪，在康熙七年戊申，下距壬子之旱尚有三年。此其一。小説謂辛亥至丁巳凡七年荒旱（中含乙卯一年），而按之

151

載籍，則丁巳之後，尚有戊午至壬戌五年。十二年間，災旱頻仍。此其二。以康熙辛亥至壬戌間災荒而言，上之崇禎十三年庚辰，下之康熙四十三年甲申，均有人相食之事。此十二年間，人民雖呻吟苦楚，按之載籍，尚未至於骨肉相殘，如小説所云，或系失載，亦未可知。但發瘞菑，人相食，及李粹然任濟南道，確是崇禎間事。此其三。大抵筆端縱橫，半生經歷，任其驅使，時代先後，原無定律。而在作者，則亦有苦心。蓋説當時事，不便質言，故徜徉迷離其詞，以康熙五年大水事下移三年，以屬之辛亥；將災荒時期縮短，以戊午至壬戌五年事，括之於七年之中；而崇禎庚辰及康熙甲申之災，至爲慘酷，爲作者所親歷，故亦聯帶叙入；而更衍之以萬曆二十六年怪變。故此一大段文字實包括不同時的七種事實。

	醒世姻緣事實	志書事實
㊀㊁	辛亥大雨，發洪，漂没田廬。	康熙七年（戊申），章邱事。 康熙二十一年（壬戌），淄川事。
㊂	壬子至丁巳，連年荒旱。 溺死人甚衆。	康熙十年（壬子）至二十一年（壬戌），淄川事。
㊃㊄	人食死屍，骨肉相食。	崇禎十三年（庚辰）章邱、淄川事。 康熙四十三年（甲申）淄川事。
㊅	靈怪，報應，奇蹟。	萬曆二十八年（庚子），淄川事。
㊆	久旱得雨，大稔，民飲食不慎，多以病死。	康熙二十二年（癸亥），淄川事。

　　七事中六種爲崇禎、康熙年間事，一種萬曆年間事；蓋崇禎、康熙時事爲作者所親歷，其萬曆二十八年事乃聞之老郎傳説，不過爲行文點綴增其色澤耳。尤有趣者：二十二回謂自太祖爺至天順爺末年，年豐人樂。今章邱及淄川災祥志於明代皆從成化起（府志此九十七年間雖有災異，但絶無章邱、淄川之文），則其語言有據，絶非輕率爲文，而作者當爲章邱或淄川人，亦於此可信也。

三　人物

　　凡例稱"懿行淑舉，皆用本名，至於蕩檢敗德之夫，名姓皆從捏造"。書中人物，如晁大舍、施珍哥、薛素姐，皆形容醜德，其爲捏造無疑。其他鄉賢名宦,姓名籍貫及發科年代,言之鑿鑿,似屬可靠。而細按之,實亦不然。如二十回之明水鎮楊尚書,致仕家居,具諸厚德,大有平民精神。考縣志章邱顯宦,楊姓卻無以宮保尚書致仕者。(所説楊氏林下盛德,頗與李縉明爲近。高珩縉明墓誌謂縉明嗜酒,有來就飲者,輒與之飲,不問貴賤,以爲"禮裼裸裎,安能浼我",亦與小説所謂與皂隸同飲事仿佛。縉明字仲卿,順治乙丑進士,仕至工部郎中,係縣治東十里梭莊人。姓名既非,里居亦不符。)李大官人長子李希白,次子希裕,從舒秀才讀書,均娶舒女。希白仕至布政,希裕仕至户部郎中。據府志:李冕字端甫,世居章邱百脈泉。幼從鄭鸞學,鄭奇之,許妻以女。中嘉靖丙戌進士,位至山西右布政使(縣志名賢志及選舉志下均云仕至雲南右布政使)。其事悉合。冕父名秀,贈員外郎,亦見縣志(封贈下),然其人爲李冕,不名希白。辦賑者有巡按御使楊無山,湖廣常德府武陵縣人,辛未進士。考武陵志,楊鶚,崇禎辛未進士,科第年代同,俱無山東巡按之説。武陵志又載楊輔,永樂丁酉舉人(常德府志同,濟南府志云進士),景泰時官至山東按察司副使(濟南志),亦不合。又四十六回之知縣徐文山,江西吉水人,甲戌進士;知縣谷器,江西新淦人,二甲進士;晁知縣舊西賓邢宸(字皋門),河南淅川人,歷官湖廣巡撫,陞北京兵部侍郎;按之吉水新淦淅川諸志,均無其人(吉水甲戌科進士則並無徐姓)。十八回爲晁知縣點主之姜副使,祀土之劉游擊,弔祭之陳方伯亦無考。三十一回助賑之姚鄉紳,名萬涵,己未進士,原任湖廣按察使。考淄川志則自明永樂以至清雍正,己未進士即無姚姓其人(章邱進士亦無姚姓)。七十六回、百回之相于廷,字觀皇,二甲進士,由工部主事升四川副使,爲狄希陳親戚,章邱志亦更無其人。(章邱顯官唯康迪吉,世居明水鎮。李冕即小説所謂李大官,世居明水鎮之百脈泉。餘無可考。)是知"正人君子"名字之不可靠,正與蕩檢敗德之夫同。作者於凡例之言,並未實踐。但在許多不可靠的名字中,卻有一人籍貫、仕履、科分,無一不合;則三十一回所謂李粹然是。

三十一回云:"天地的心腸就如人家的父母一樣,……還要指望有甚麽好名師將他教誨轉來;所以又差了兩尊慈悲菩薩變生了凡人,又來救度這些凶星惡曜:一位是守道副使李粹然,是河南懷慶府河内縣人,丙辰進士。……"河内縣志二十六先賢傳:

　　　　李政修字粹然,萬曆丙辰進士。授介休令,丁内艱。起復,補淄川,節省馬價八百金,悉充逋賦。調滋陽令,擢禮部郎中,遷濟南道,視左轄篆，卻岱宗香税三千金。遷嘉湖道。再遷濟南道，未任乞休。頃之，起冀南道。歲祲，多乞兒，修慈幼局收鞠之。國初，薦補天津道，陞淮海道，卒於官。郡人謂政修殂後，無復以地方利弊抗言於監司守令者。祀鄉賢。

粹然入清，尚任天津道、淮海道。觀其在各任施爲，誠不愧爲循吏。小説所稱道者甚是。據河内志，粹然任濟南道前，曾任淄川令；乾隆淄川志秩官志云：

> 李政修，字粹然，懷慶衛人，進士。天啓元年任。三年，調滋陽。仕至本省副使。

淄川任後，又爲滋陽令。

> 康熙滋陽志知縣下：李政修，河南河内人，天啓三年由進士任。
> 光緒滋陽縣志知縣李政修下，即爲王國川。云：天啓六年任。

粹然去滋陽，非天啓五年，即天啓六年。又入都爲禮部郎中。其任濟南道，當在崇禎時。道光濟南府志秩官志崇禎時按察使僉事下：

> 李政修，河南懷慶人，進士。

是粹然以按察司僉事任濟南道，正在崇禎時；何年任則未詳。據河内志，粹然濟南任後，曾任嘉湖道、冀南道。粹然任嘉湖道在崇禎七年甲戌（見嘉興府志十一崇禎監司下），再遷濟南道，未任乞休。頃之，起冀南道（河内志），而明遂亡。則粹然任濟南道，當在崇禎七年以前。其任冀南道，當在崇禎十年左右（潞安府志三節鎮志冀南兵巡道下云，崇禎時李政修）。歲祲辦賑，殆是崇禎十三年任冀南道時事（是年冀南亦大饑，父子兄弟夫婦相食，與山東同。見潞安志十五災祥志）。以屬之濟南，亦非。然粹然任濟南道，的是崇禎初年事，倘小説作於崇禎以前，即無李粹然任守道之事。然則謂此小説之作，至早不得過崇禎，乃極有把握之論斷也。

小説中人名，大抵子虛烏有，至少亦不可考，獨於李粹然言之甚確如此，足資考訂，在吾輩實為異數。但守道副使之言，亦有小小錯誤：一，府志明謂政修以僉事任濟南道，非副使（淄川志云副使，亦誤。實則副使僉事僅四品五品不同）。二，明時巡道以按察使副使僉事任之，守道以布政使司參政參議任之，無副使任守道之事也。

四　作者之推測

以上略舉三意，說明是書之性類及時代，以章邱即繡江證之，知所指地方確為章邱；以所說皆章邱、淄川事證之，知作者必為淄川或章邱人；以李粹然崇禎時任濟南道證之，知著書時代不能在崇禎以前；又所說為崇禎以來至康熙三四十年間事，則書成當在康熙間。夫書記章邱淄川事，作書者固不必為章淄人，然觀其記風土物產之宜，古今人情之變，親切沈著，以及天變災異言之綦詳，雖年代不免扭合，而事實則決非泛指，故知作者必為章淄人。（今小說署"西周生輯著，燃藜子校定"。按二十六回云："這明水鎮的地方若依了數十年先，或者不敢比得唐虞，斷亦不亞西周的風景"，是西周生者，只言時代，與地域無關。題曰輯著，或係增定舊作。）今以小說文字論之，全書百回，赤地新立，純粹用土語為文，摹繪村夫村婦口吻，無不畢肖，文筆亦汪洋恣肆，雖形容處稍欠蘊蓄，要為靈動活躍最富有地方性之漂亮文字，在中國小說中實不多見。又作者於通俗文學，修養亦深，觀其用事點綴處可以見之。然則作者必為當時有文學修養有文學地位之人，可以斷言。試按之蒲留仙，則地域合，時代合，其文學趣味及當時之文學地位亦合。而與聊齋誌異比較，則亦有足言者；如薛素姐之暴戾，大似江城，其飾以佛法因果亦同。江城篇末云"余於浙紹得晤王子雅，言之竟夜甚詳"，亦與題言傳自武林之語為近。（小說言似實有所指，江城事亦借其關目，鮑以文謂書成為其家所許，至褫其衿，容或有之。）又三十五回謂北人天資大過南人，南方人得功名，全由人力培養而成。其議論氣概，亦與司文郎篇語意合。由是言之，則繆荃蓀氏所引鮑以文語，頗為近情。（鮑氏生乾隆時，時代較近，言之自有根據。）或謂此書文筆姿肆，與聊齋之凝鍊纖巧者不同（舊學菴筆記），因而懷疑蒲留仙說。但同屬一人作，因文體不同而表現之氣分亦異，亦理所能通。彼以摹古為工，故極其凝鍊；此則甘心為通俗小說，無所拘羈，自應宏肆。苟其才力有餘，何妨異曲同工。是則以文心判斷作者，亦有時不可能。總之，謂小說為蒲留仙作，乃極近情理極可能之事也。（據近人所印聊齋白話韻文，皆以小曲演故事,是蒲留仙實爲愛好通俗文學之人。)

五　論小説體裁

　　小説首言武城事,謂晁大舍寵妾(小珍哥)虐妻,妻計氏至自縊而死。又獵雍山,射死一狐,自此家門不安,時見災異。隨父宦通州時,挾制伶人梁生胡旦,吞没其金;母氏慈善,以私蓄金還之。梁、胡旋畏罪爲僧,名梁片雲、胡無翳。其後晁大舍以姦被殺,妾亦死。片雲感夫人德,托生爲晁知縣遺腹子,名晁梁。自一回至二十二回止,全演此事。二十三回以下,則謂武城人悉托生於繡江縣。大舍爲狄希陳;狐爲狄妻薛素姐,計氏爲希陳妾童寄姐,小珍哥爲童婢小珍珠。妻則虐夫,妾則凌婢致死,因果不爽,冤冤相報。後以神僧胡無翳法力,消除冤愆,晁、梁亦悟前生,削髮爲僧。扭合前後不相干二故事,一一照應,用意頗爲奇特。然明末人有醒世魔傳奇,格局乃與此相類。曲海總目提要卷十五曾載其略,謂宛平人弓德惡董芳妻花三姐之淫,殺之。已而二人俱出家,弓名回光,董名返照。三姐托生爲孫承女,有魔王在陰司悦花三姐,亦托生爲丘無岳子。有婚約。女厭其醜,悦麻秀才美,奔之,爲王小二所殺,昇屍井旁。回光誤墮井,因嫌下獄。已而大士現形指示諸人因果,謂花三姐更前世爲僧,曾殺放生牛,王小二即牛托生。弓德亦僧,曾負花,故有受官刑之報云云。曲本今不傳,曲海總目提要載之,蓋乾隆間尚有其本。自明以來曲家唯以筍節波瀾相尚,諸凡所譜,若有定型。而變化離奇,至於不可究詰。至清初其風氣猶然。而在小説,亦受其影響:如褚人穫之隋唐演義本之逸史(見自序),前半叙隋煬事,後半叙唐明皇事。謂唐明皇爲朱貴兒後身,貴妃爲隋煬帝轉生,以往劫恩愛,再得配合。隋煬弑逆,亦以馬嵬報之。此醒世姻緣所演,亦其流風。蓋喜其關目新奇,因而效之。但用意實以寫狄希陳家庭瑣事爲主。雖飾以因果,未必專主勸懲也。

六　餘論

　　書中用事,取之説部者甚多。兹就所知者略舉六事。
　　(一)第一回云:“每次人家出殯,我不去粧扮了馬上馳騁?不是昭君出塞,就是孟日紅破賊。”按曲海總目提要十三著録葵花記一種,云明初舊本。略謂高彦真登第,入贅宰相梁計府。妻孟日紅入洛尋夫,爲梁所酖,埋後園井中，覆葵花其上。九天玄女救活之，授以天書兵法，遂以女將征西立功，封一品夫人，撤梁計職，與彥真團圓云。此本，曲錄不載，小說所言如此，則清初尚盛傳之。

（二）第二回咬臍郎，見白兔記。

（三）第六回晁大舍以五十金買一紅色獅子貓，三四月脫毛後，仍變白色，乃以茜草染成者。此事始見夷堅志卷三十"乾紅貓"條，云：

> 臨安內北門外，西邊小巷，民孫三者居之，一夫一妻，無男女。每旦攜熟肉出售，常戒其妻曰："照管貓兒，都城並無此種，莫要外間見！若放出，必被人偷去。我老無子，撫惜他，便與親生嬰孩一般，切須掛意！"日日申言不已。鄰里未嘗相往還，但數聞其語。或云："想只是虎斑，舊時罕有，如今不足貴，此翁忉忉護守爲可笑也。"一日，忽拽索出。到門，妻急抱回。見者皆駭，貓乾紅深色，尾足毛鬣盡然，無不羨歎。孫三歸，痛箠厥妻。已而浸浸達於內侍之耳，即遣人以厚值評買。孫拒之曰："我孤貧一世，有飯吃便了，無用錢處。愛此貓如性命，豈能割捨！"內侍求之甚力，竟以錢三百千取之。孫垂泣分付，復箠妻，仍終夕嗟悵。內侍得貓不勝喜，欲調訓安貼，乃以進入。已而色澤漸淡，才及半月，全成白貓。走訪孫氏，既徙居矣。蓋用染馬纓紼之法，積日爲僞，前之告戒箠怒，悉姦計。

智囊補二十七所載略同，不注所出，當本洪書。小說用此點綴，恐仍是據智囊補文也。

（四）第二十三回謂小户祝其嵩拾得劉書辦銀七兩六錢，檢還之。書辦謂數不符，尚短十兩，扭祝至官。縣令鑑其奸，謂數既不符，即非原銀，命歸拾銀者。按：元楊瑀山居新語載縣尹聶以道斷賣菜人拾鈔事，與此事頗相類。馮夢龍古今小説卷二陳御史巧勘金釵鈿篇入話所記金孝拾金事全本山居新語。而云："此是老郎們相傳的説話，不記得何州縣。"此以屬之章邱，亦借用耳。

（五）四十七回晁梁進學，族叔思才族姪無晏在酒館私議。晁思才説："……那瞀徐大爺替他鋪排的好不嚴實哩！你怎麼弄他？"晁無晏説："那麼我説他那瞀是假肚子，抱的人家孩子養活。"光棍魏三聞之，因誣晁梁爲己子，云因貧難度日，得晁家銀子三兩，交蓐婦老徐抱去。縣官谷器惑其説，判晁梁留養養母終身，俟梁生子，留一子奉晁氏香火，方許復姓歸宗。

值宗師徐文山按臨，晁氏往訴。文山曾任武城縣，親見梁生母沈氏懷孕，並薦蓐婦徐氏往收生（二十回）。至此復出徐氏詳問，並得鄉約報告晁梁生時魏三配發在徒，且是曠夫鰥處之日，未嘗得妻，何從有子？. 事遂大明。智囊補卷九"韓億"條載一事，與此相似。

> 韓億知洋州。大校李申以財豪於鄉里。兄死，誣其兄子爲他姓，賂里嫗之貌類者使認爲己子，又醉其嫂而嫁之。盡奪其資。嫂姪訴於州，積十餘年，竟未有白其寃者。公至，又出訴。公取前後牘視之，皆未嘗引乳醫爲驗。一日，盡召其黨至庭下，出乳醫示之。衆皆服罪。子母復歸如初。

（六）六十二回謂高穀往省城科舉，路經一村，村有烏大王廟，每年選一美色女子與大王爲妻。穀因斬妖救郎氏女。中舉後，娶爲妻。妬甚，高甚懼之。陳循閣老將夫人痛責，始得納妾，延血祀。按斬妖納妾，本郭元振事（小說有烏將軍記）。吳昌齡西游記始譜入戲曲，以事屬之行者，妖爲豬八戒（四卷十三齣妖豬幻惑）。及沈璟埋劍記乃以爲吳保安事，妖爲蛟神（二十六齣除孽）。馮夢龍萬事足傳奇，又以屬之高穀，妖爲獨腳大王（不作烏大王）。女爲柳新鶯（小說云姓郎），於路救之，因納爲妾（六折誅妖救女），寄頓村中。及貴，懼嫡妻邳氏妬，未敢迎娶。同年陳循憐其老而無子，痛責邳氏，邳亦悔過，得團圓云云（三十一折筵中治妬）。小說此段，全本馮曲，唯以妬妻爲邳氏，柳春鶯實乃妾媵，稍爲不同。陳循責高穀夫人亦實有其事，見菽園雜記（余所見萬事足傳奇爲十種合刊本，無序，不知書成何時；以意度之，當在泰昌天啓間）。

拉雜言之，不覺滿幅，是否有當，尚祈先生審察！聞將遷居北平，何日來此，暢談爲快！祇頌

撰安

後學 孫楷第

十九年九月二十一日

原載亞東書局本醒世姻緣傳卷首

夏二銘與野叟曝言

野叟曝言一書,洋洋灑灑長至百五十餘回,在才子佳人之作中,可謂龐然巨帙,作者又爲名士,故得著稱於世,流傳最廣,決非同類中其他諸書所及。無論如何,其在文學史上之地位,自不容否認。余因撰中國通俗小說提要,對於此書及作者事略,稍爲留心,爰以暇日,撰爲此篇,事異造作,文非雅正,且所據爲浣玉軒集一書,緣是輯本,於作者生平,猶恐未能深悉,疏漏之處,當所不免。海内同志,幸督教之!

一　版本

此書夏敬渠撰。今所見者,祇光緒辛巳毘陵彙珍樓活字本,及光緒壬午申報館排印本二本。皆不題撰人名。辛巳本半頁十行,行二十八字,板心上題第一奇書,全書二十卷一百五十二回。句下有評注,每回後有總評(間有白文無評者)。第二回末及第三回首均有缺文。二回後有字二行題云:"下有發水覆舟救妹挖龍擒怪宿廟結妹逢兇截僧燒寺破牆放女等事世無全稿祇仍原缺。"卷十八第一百三十二回至第一百三十五回,四回均有目無文。其餘諸回中,缺失亦多。(如第十一回、第二十六回、第五十五回、第七十回、第七十六回、第八十四回、第一百零三回、第一百零七回、第一百三十回、第一百三十六回、第一百三十九回、第一百四十回、第一百四十五回、第一百五十一回均有缺文,第一百三十六回僅存一頁,殘缺尤甚。)卷首光緒辛巳知不足齋主人序,又凡例六條。序稱"野叟曝言一書,吾鄉夏先生所著也。惜原本缺殘。有名太史某公,才名溢海内,擬爲補之,終以才力不及而止。近有某先生邃於宋學,謂此書足資觀感,欲爲付梓。集資甫成,遭亂而輟。兵燹後傳本愈尠,殘失愈多。予自維才譾,何敢續貂,姑搜輯舊本之最完者繕付剞劂。普天下才子倘有能續而完之者,予將瓣香祝之矣"云云。壬午本一百五十四回,亦二十卷。增多第三、第四二回（以原書第三回爲第五回），於前之缺文皆已補完。無評注，每回後總評悉同辛巳本。凡例亦六條，其前四條亦與辛巳本同（辛巳本第五條謂此書從未刊刻，兵燹後鈔本又多遺闕；第六條謂闕處仍依原本注明，不敢妄增一字，俟高才補續云云。此本既稱全稿，故删此二條）。此本除排印本外，未見刊本。首光緒壬午西岷山樵序，稱康熙中其先五世祖輜叟宦游江浙，交敬渠，得見敬渠原稿。請爲之評注，因錄副本。什襲者百有餘年，遵先人之命，終未刊行。及見吳中刊本，缺失十一，始出其全本，付海上之刊是書者。按此二本所載序，其言皆未的；而壬午本尤可疑。辛巳序謂敬渠康熙間幕游滇黔，足跡半天下，抱奇負異，鬱鬱不得志，乃發之於是書。壬午序謂其五世祖於康熙中獲交敬渠。敬渠應人聘祭酒帷幕中，徧歷燕晉秦隴，自湘浮漢，泝江而歸，首已斑矣。乃屏絕進取，一意著書。閱數載，始出野叟曝言二十卷云云。按：敬渠生康熙四十四年（詳見後），至康熙六十一年，亦僅十九歲，曷得有“足跡半天下”“首已斑”“屏絕進取”之語。此由年遠失實，猶可言者。至壬午本則可疑之點有三：（一）據壬午本序，野叟曝言爲家藏秘本，曷以凡例中四條及每回後總評（序謂其祖請爲評注，似所藏者爲其先人評本）悉取辛巳刊本之文？（二）辛巳本於缺處仍依原本注明下缺，不敢妄增一字（凡例第六條），態度至爲忠實。如第十八卷中缺四回，注云：“原稿全缺，祇錄卷數回目。”又如第三回、第七十六回、第八十四回、第一百三十六回、第一百三十九回、第一百四十回回首均注缺，而皆著其目。原稿既缺，卷數回目何以知之？必其目錄未缺，猶可依據。倘原本第二回後缺二回，辛巳本亦必存其目，今僅注缺失，別無二回之目，則原書目錄只一百五十二回可知。然則此書本爲一百五十二回，壬午本乃據二回後所記事端增撰二回之文，作一百五十四回。（三）以辛巳缺本校壬午足本，足本文字往往與辛巳刊本不合，且有不相銜接之處。如壬午本七十六回論陳壽帝蜀不帝魏事有云：“謂其（指魏武）挾天子以令諸侯，資後嗣以篡漢之基云耳。”辛巳本則令諸侯下尚有六字，文爲“謂其挾天子以令諸侯，□而□食□千，資後嗣以篡漢之基云耳。”按：浣玉軒集卷二讀史餘論載此文，作“謂其挾天子以令諸侯，因而并食疆土，資後嗣以篡漢之基云耳。”則原文有六字甚明。壬午本無此六字，明以缺三字，譌一字，失其句讀，遂毅然删去不用。又第一百四十回辛巳刊本自“曲阜縣辭去留進内書房”起，以上文全缺。壬午排印本文不缺，獨失“曲阜縣辭去”五字，此亦續作時因文便略去此五字。由是言之，則壬午本殆爲續作而非足本。其所據者，即是辛巳本。因辛巳本序及凡例均有望高才者補續之言,已啟人續作之機也。

二　作者略傳

　　敬渠字二銘,一字懋修(江陰縣志云:號懋修。魯迅云:號二銘。按二銘與敬渠相應,朋輩亦皆以二銘呼之。疑二銘是字),江陰人。曾舉博學鴻詞不第(見集四舉鴻詞被放詩及悼亡妹文),楊名時擬薦修八旂通志不果(見浣玉軒集潘序),江陰志稱其"英敏績學,通經史,旁及諸子百家,禮樂兵刑天文算數之學,靡不淹貫。著述甚多,有綱目舉正四卷,全史約論不知卷數,醫學發蒙四卷,唐詩臆解二卷"。嘉慶十年,子祖耀輯經史餘論、學古編文集爲浣玉軒文集四卷;輯亦吾吟等集爲浣玉軒詩集二卷(內分亦吾吟、向日吟、五都吟、鼠肝吟、吳歈吟、鞦韆吟、瓟龘吟七集),均未刊。庚申(咸豐)兵燹後,書多散失,姪孫子沐輯爲浣玉軒集四卷刊之。其生平行事不可考。蓋嘗游楊名時、孫嘉淦、高斌等之門,甚負時譽。四十年前,設帳北京,居甚久,讀經餘論、讀史餘論、學古編、亦吾吟、浣玉軒文集、唐詩臆解即作於此時。(據文集潘永年經史餘論序及惠元點唐詩臆解序。)又漫游南北,嘗客陝西、江西、福建、湖南諸省。(據集四諸詩。辛巳本小說序則云曾入黔滇。)蓋皆度其幕僚生活。生康熙乙酉四十四年。(錢靜方蔣瑞藻考證及辛巳、壬午小說序均謂敬渠爲康熙時人。魯迅定爲乾隆間人。按集三悼亡妹文:"辛卯年冬,龍蛇運厄,珠胎孕腹,正先嚴易簀之時。"敬渠及見孫嘉淦,則辛卯爲康熙五十年。又據孤兒行云,"孤兒七歲老父亡",上推六年,適當康熙乙酉。)享年甚久(婿六雲望斗南浣玉軒詩集跋),其卒當在乾隆末,嘉慶初。野叟曝言一書,當爲其晚年所作也。

三　內容評論

　　書記成化時事,略云:文白字素臣,蘇州府吳江縣人。有兄,母水氏,早寡。素臣具文武才,尤以崇聖闢二氏爲職志。嘗試於有司不利,覩國事日非,乃欲遍游天下,備他日之用。南游杭州豐城以徵召入都。面奏罷二氏,誅奸黨,得罪謫遼東。旋歸省親。復出,由閩渡海,游臺灣,又道南京至登萊。所至鋤強扶弱,物色英雄,尤爲美女所傾心,先後得三妾,再入都,東宮尊以師禮,欽賜翰林。與皇甫金相巡按九邊,徧歷燕晉秦隴雲貴川廣各地。遂大拜。新主即位,寵眷尤深。天子加禮,號爲"素父"。敕建府第。又尚郡主，爲左妻；妻田氏，爲右妻。二妻四妾，分居六樓，樓名皆如其人。母百年壽，天子賜匾與聯。子孫蕃衍，咸得高第，躋大官。除夕家宴罷，素臣夢至"薪傳殿"，位在昌黎上云。即以夢結束，意亦謂託之幻想，如盧生黃粱之夢也。綜其摭拾事端，不出三塗：一曰影射明人事，如平謀叛宗藩之似王守仁；搗紅鹽池營之似王越；景王爲寧王宸濠；相臣"安吉"，即萬安劉吉；太監"靳直"，即汪直劉瑾；附靳直之"陳芳""王綵"，即附汪直之陳鉞王越，附劉瑾之焦芳張綵。錢靜方小説叢考言之綦詳，茲不具引。二曰取當代人事爲之，如毀五通廟似湯斌，治任知縣女病似葉天士。三曰自述，如所述素臣家庭游歷之地，以及學問志趣，無不與敬渠合。唯顯貴爲不侔，則作者固反言之爲快意之談耳。故論其始否終泰，以文字補足個人之缺憾，實與才子佳人者流同，而間架魄力較爲宏闊，其慾望亦不僅至於中狀元得美色而止，斯爲少異。但文素臣既爲作者自寓，如書中所述素臣經文緯武，居然一代偉人，夸誕如此，殊可駭怪。而細按之則亦不足異。作者於當時蓋負時譽，曾游名相之門，得其賓禮，如孫嘉淦則因講"君子中庸"章至有下拜之事（見潘永年經史餘論序及懷人詩注）；而朋游品藻，尤多溢美。作者既矜其學，益以自負，而自傷不遇，坐廢"明時"，遂乃造作小説，寄其幽憤，肆爲大言。其於書中，蓋無時不發揮其衛道之精神：愚夫愚婦，咸蒙"開導"；淫僧惡道，任其誅夷；語録之作，連篇累牘。"素臣"也者，特素王之次耳。然而"怪力亂神"紛然俱作，以云聖道，實乃雜糅。而又道心不堅，時作綺語，每至蕩魄銷魂之際，輒能克制，無所玷染；其叙在李又全家被羈一段，摹繪媟狎之狀，長至四回一萬餘言（第六十七回至第七十回），最後乃以胸中無妓了之。蓋既以衛道自命，則雖舖陳男女情態亦不得不飾以儒術，而事乃益苦，文乃愈怪。小説小話譏之，謂雜事秘辛與昌黎原道並列，非無由也。書中古文俚語，參差并出，構造事端亦頗失之張皇。至集中論經史文字，往往摘録於各回中，一字不易，尤爲小説中未有之例。

四　浣玉軒集與小説

小説所記有與二銘事相印證者，今不憚瑣細，詳述如左：

（一）家庭　小説謂素臣兄弟二人，母水太夫人，早寡，生女不育。據浣玉軒集，二銘母湯氏（集四有別母舅湯西崑詩）；又有長兄（集有"伯氏仲氏"之語）；妹嫁某氏，不得志，常居母家，以病死：此其家世悉同。所謂"水太夫人"者即析"湯"字之半爲之。

（二）游歷之地　小説述素臣游歷，謂道杭至豐城，以徵召赴京，得罪謫遼東。後一度南歸，再出，由杭入閩，渡海至臺灣。折回，經南京至萊州。奉太子詔入京。從皇甫金相巡閲九邊，歷晉、陝、甘、雲、貴諸省，至廣西視察苗侗云云。據集，則二銘足跡所至，有江西（集四有滕王閣放歌及抵南昌一律）、福建（集四別明直心王靜齋等詩有"那知殘臘盡，真向八閩行"之句，又卷首著作目録綱目舉正下，祖耀案：有攜入閩中之語）、東三省（詩集有靺鞨吟）、陝西（集四有經華山、復題華嶽、華清池坐湯三詩及自潼關至商南道中口占七首）、湖南（集四有九日登君山分韻詩）。又嘗設帳京師，迎母奉養（集四有明歲春正奉請家母入都詩）。與小説悉合。唯廣西似未至，而集四有送八叔父之廣西羅城詩，懷人詩注謂"何梅村赴思恩太守任，曾作札以愛民告之"，則因親朋所至連類及之；又集爲輯本，或曾親至，固未可知也。

（三）朋游推許　第一回謂素臣將遠游，叔何如約諸友爲素臣餞行。其人爲申心真、景放亭、元首公、金成之、匡無外、余雙人、景日京，賓主共八人。即席言志，素臣云："設使得時，當踵韓公原道之志。"衆皆稱善拜下風云。按潘永年經史餘論序云："丙辰歲，諸名士集芳三蔡君寅、翁君朗夫、謝君皆人、沈君碻士長於詩；王君夢屺、侯君元經長於古文；自朗夫外，皆長於制義；而皆人、碻士又善論詩，芳三又善論制義。衆謬推余長於經史，而以二銘爲兼備衆人之長。余時亦以爲然。"主客亦八人。其人名與小説有相應者，有不相應者。雖互爲品目非言志之謂，而其事實相類。言志一段，即緣此而作，無可疑也。

又潘序於二銘推許極至，引高陽令浦湘之言云："吾於二銘如許魯齋之於小學，敬之如神明，愛之如父母。"序又謂："客山李君工詩，與碻士齊名，謂讀二銘解秋興八首，乃知從前箋注，直是癡人説夢。皆人（謝皆人）心醉臆解，……恨年已遲莫，不克盡棄所學而學之。"惠元點唐詩臆解序云："余少即學詩，自與二銘交而學廢；尤喜爲人説詩，自與二銘交而説廢。"二銘在當時爲儕輩所推許如此，固無怪小説中素臣之雄長一世，到處逢迎也。

（四）怨家　小説小話謂其同邑仇家爲周某，所謂"吴天門"者即是其人。按十二回所記富人田有謀事，當亦有所指。集四詩有匹夫一首，歷數匹夫之罪有云："匹夫有物盈阿堵，筦庫殺人不可數。""匹夫有印粉綬組，威福殺人不可數。"結云："新詩繪成九鼎圖，千古匹夫淚如雨。"其人蓋富貴而慳吝險詖者，小説小話所云，或不謬也。

（五）母百年慶壽事　小説謂水太夫人百歲壽，皇帝題匾爲"女聖人"三字，又贈二聯：一云："百年人瑞，萬世女宗。"按集四懷人詩注云："相國徐蝶園元夢壽余母六十，親書一聯曰：'名聞天下，節冠江南'。"又云："相國高東軒斌任直隸總督時，奉旨查勘南河，於臨發時爲余母親書'金石同堅'匾額。"是題匾贈聯，均有其事，特爲相國而非天子，百年壽爲六十壽不同耳。

（六）發水覆舟事　集四詩有夜泊奔牛忽遇大風雨舟破沈水得漁船撈救口占一首。

（七）拒婚仗義事　小説叙素臣仗義濟人之危，其事甚多；又到處爲女子傾倒，向素臣求婚，多持正拒絶之。事亦有因。集三悼亡妹文云："丁年未聘，屢卻富女於王孫。"又云："頻年下第，翻憐此輩登科；從井救人，惟笑庸夫無膽。"則小説事固爲素臣自道。

（八）人名　小説小話謂二銘至友爲王某徐某，即所謂"匡無外""余雙人"。按王爲王靜齋，官文選司主事，罷任家居，貧而有守（懷人詩注）。徐爲徐澹庵（集四有送徐澹庵南歸詩）。小説中之"趙日月""申心真"當是一人，其人爲明德（明德，字直心，旗人，姓趙，爲八溝同知，亦見懷人詩注）。元首公當爲侯元經（元經見潘永年序）或趙麐山（麐山，名元機，曾爲廬州府學博，見懷人詩注）。"金成之"當爲表母舅盛金（金字苣濱，見懷人詩注）。素臣季叔雷，字觀水；族叔點，字何如；集四有別蘭臺叔及懷八叔父滇南、送八叔父之廣西羅城三詩，當即其人也。又小説十九回謂至友洪長卿在京病危，急往視之。集四有二律題云：聞張魯傳死信五年矣今忽知其見在喜占二律卻寄，當即其人。其餘書中諸人，大抵有所影射，第見聞未博，苦難詳考，其約略可知者僅以上諸人而已。

（九）詩文　二銘著唐詩臆解、經史餘論、綱目舉正、全史約論諸書，爲朋游所稱。均已佚。如小説第一回解崔顥題黃鶴樓詩，七十五回辨杜詩"分明怨恨曲中論"一段，當即唐詩臆解之文。七十二回論吳季札與集一左傳論意同，當是讀經餘論之文。七十六回論陳壽帝蜀不帝魏，舉二十四事爲證，自"古人每以陳壽帝魏不帝蜀"句起至"非即以盡之也"句終，與集二所載一字不錯。至論司馬溫公通鑑帝魏之故，及解陳壽挾嫌不表揚諸葛一大段，幾至三千言，爲集所不載。七十三回論漢高帝、唐太宗、宋太宗，集亦不載，當是全史約論或綱目舉正佚文。又集四詩古意一首載小説第一回；滕王閣放歌一首，又遠行一首載十三回；西游辭一首載十七回（遠行詩小説所載比集少六句,餘詩亦間有異文),即以此詩受任氏女湘靈之知,意惹情牽,實緣此詩,終成眷屬。凡小説所載,蓋皆二銘得意之作也。

　凡一種創作,無論如何,不能超出個人經驗之外,故小説之作,半爲自述。此野叟曝言一書,論其外貌可謂怪怪奇奇,羌無故實,而按之遺集,則其一一隱合,士生百年之後可以考見者猶如此,斯亦饒有趣味之事矣。

原載一九三一年三月九日大公報文學副刊第二六五期

關於兒女英雄傳

一　緒論

在清朝小説中,文康的兒女英雄傳,和以聽石玉崑説書的筆記爲底本的忠烈俠義傳最爲晚出。同是北京人作的,同是用北京話演説的北方文學,一則形容草澤英雄,一則述八旗宦家的生活,俱能紆徐盡致,可以説是清代小説的後勁。忠烈俠義傳經俞樾品題,很引起世人的注意。兒女英雄傳在當時還沒有這樣的遭際。而近年來因白話文學之興起,以其北京語言之妙,甚爲研究語言者稱許。吾師錢玄同先生便是其中之一人。他曾在京報投稿,冒充青年,列此書爲本人愛讀書之一。錢先生對於此書能成誦,談話之際,動不動徵引,幾乎成了他的類書。可以想見他的狂癲的趣味了。

我之尚友文康先生,是近年的事。對於此書,愧沒有多少的見解。然而零零碎碎的也還有一點。現在就草草寫在下面。疏陋之處,定然不少。望讀者原諒。

二　版本

此書出後,最初只有鈔本。今所見者,以清光緒四年戊寅北京聚珍堂活字本爲最早,無圖,無評注。其次爲清光緒六年庚辰聚珍堂活字本,無圖,有董恂評注。又次爲清光緒十四年戊子上海蜚英館石印董評本,從庚辰本出,每回前附圖一頁兩面,亮光的墨色兒,精緻的圖兒,可知好哩!這三個本子,都可算善本。董恂評此書在光緒六年庚辰,聚珍堂的戊寅本業已出版二年,但董所據的恐怕還是鈔本。此外凡附董評的,多半從蜚英館本出。如上海著易書局印本,正文和圖的樣子都和蜚英館本差不多。可

166

是有一件,就怕比較,若拿蜚英館本一對,就知道差得遠了。又有申報館排印本,有掃葉山房排印本,皆無評,實是一本。掃葉山房本每回前多了縮印蜚英館本的圖。這兩個本子都不好,錯字很多。還有一個刻本,本文則覆刻聚珍堂庚辰本;圖則翻刻蜚英館本,刀子劃的橫一道,豎一道,人物都分辨不出來。這本不值得說的,因爲在兒女英雄傳的版本上是一件趣聞,所以附帶着當笑話兒說一說。總之,只有聚珍堂兩個活字本和蜚英館的石印本是好本子。其餘的,若照安老爺的說話,都是"自鄶而下無譏焉"的不地道貨兒,所以"君子不取也"。

三　文康及其家世

文康的仕履,八旗文經馬從善序及英浩所作長白藝文志均載其略。今具錄如左。

八旗文經五十九作者考:文康字鐵仙,勒保孫,歷官理藩院員外郎,安徽徽州府知府,駐藏大臣。

馬從善序:文鐵仙先生康,爲故大學士勒文襄公保次孫。以貲爲理藩院郎中,出爲郡守,洊擢觀察,丁憂旋里,特起爲駐藏大臣,以疾不果行,遂卒於家。先生少席家世餘蔭,門第之盛,無有倫比。晚年諸子不肖,家道中落,先時遺物,斥賣略盡。先生塊處一室,筆墨之外無長物,故著此書以自遣。

長白藝文志小說部:兒女英雄傳,文康編,字鐵仙,一字悔盦,勒保之孫。由理藩院員外郎歷官徽州知府,駐藏大臣。因致仕家居,群公子耗貲敗産,無聊而編者。

就中以馬從善所記爲較詳;如所云出貲爲郎中,洊擢觀察,八旗文經及藝文志均略之。序謂文康簡駐藏大臣,以疾不果行,文經及藝文志則徑云駐藏大臣。據馬從善序,自云館其家最久,所記大概是可靠的,當以序所言爲是。藝文志說他一字悔盦,可補文經及馬序之缺。由諸家所記,知道文康是以捐納出仕,並未發科,而經過一番家門盛衰之人。

他的家世,我根據清史列傳和清史稿的勒保傳、永保傳、文慶傳作了一個世系表。表如下:

```
                                    ┌── 英蕙    文厚
                                    ├── 英德    文康
                                    ├── □□    文俊
                                    ├── 英綬
                          ┌─ 勒保 ──┼── 英奎
                          │         ├── 英秀
                          │         ├── □□
                          │         ├── □□
                          │         └── □□
                 温福 ────┤
                          │         ┌── 英志    文禧
                          │         │  (寧志)
                          └─ 永保 ──┤           文慶 ── 善聯
                                    │
                                    └── 英華    文玉
                                       (寧怡)
```

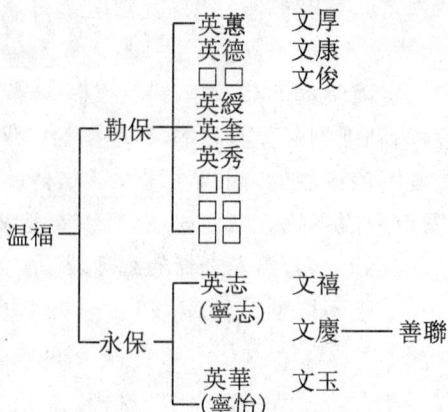

温福以乾隆三十八年征金川役陣亡。長子勒保嘉慶間征川陝起義教徒有
功,仕至軍機大臣兼管理藩院,卒贈一等侯。次子永保,仕至兩廣總督。
"英"字輩中,則英蕙道光中仕至科布多參贊大臣,襲三等威勤侯;英綬任
至工部右侍郎。"文"字輩中,勒保一支,則文厚嗣侯爵;文俊仕至江西巡
撫。永保一支,則文禧曾任户部員外郎,文慶以翰林起家,咸豐時官至大
學士,尤爲華貴。文慶子善聯,由禮部郎中官至福州將軍(清史稿文慶
傳),小説中之安公子,即影射文慶,暫且不表,留在下面再説。

四　故事及人物

　　此書開始爲緣起首回,以下自一回起至四十回止。雖然是四十一回
文字,而每回是很長的,依然是一部洋洋大文。内容大略是:京師正黃旗
漢軍有一位稱爲"安二老爺"的,雙名學海,字水心,妻佟氏。只有一個兒
子,乳名玉格,學名驥,字千里,别號龍媒。"安老爺"四十開外才中的舉,
五十左右中進士,揀發河工知縣。因爲開了口子,革職拿問,還得賠修河
工銀兩。"安老爺"上任的時候,留下"公子"在家,聽説出了禍事,便湊了
銀兩往淮安去贖罪。路過茌平,在能仁寺投宿,廟中和尚卻是强人,劫了
銀子,要殺要剮。被一位不相知的女子救了。那女子不言姓名,自稱是
"十三妹"。同時在廟中還救了一個打河南來的鄉下女子,名張金鳳。十
三妹硬作媒,就把"張小姐"許聘了"安公子"。又贈金而别。"安公子"偕
金鳳到了淮安。"安老爺"交上賠金,照例開復。"公子"就在那裏和"張小
姐"成了親事。"安老爺"細問十三妹事,心知爲故人何氏女玉鳳。於是即
偕眷北上訪之。不久,到了茌平。先結識了一位義士鄧九公,原是十三妹

的師傅。十三妹也住在附近的青雲山上，此時他的母親已死，因爲和大將軍紀獻唐有殺父之仇，要去報仇。於是“安老爺”和鄧九公上山，見着十三妹，告以紀獻唐已伏國法，本人與何氏世交，要帶他進京，安葬二親。“何小姐”最初不幹，經“安老爺”說了一番聖賢大道理，便沒的可說了。到京以後，把何家夫婦殯葬。服滿，“安公子”就要娶她。“何小姐”更是不幹。事情鬧僵了，虧着張金鳳以“現身說法”“十層妙解”感動了“何小姐”，即日成親。“安公子”得二美妻，心滿意足，所少的只是功名。於是下闈苦攻。先已進學，至是中第六名舉人。明春點探花，授編修，升侍讀學士，國子監祭酒。已而有烏里雅蘇台參贊之命，舉家惶恐。幸以故舊周旋，改授内閣學士兼禮部侍郎，簡放山東學政，兼觀風整俗使，欽加右副都御史銜。於是合家歡喜。“公子”自去上任。金玉姊妹各生一子。安老夫婦壽登期頤，子貴孫榮，至今書香不斷云。

如此這般一大段故事，他的作風算來仍是才子佳人的苗裔。自從明季以來，才子佳人的小說，隨着才子佳人的戲曲而發達。如玉嬌梨、好逑傳一類的東西，作了又作，千篇一致，男爲狀元，女爲才女。後又稍變，改才子爲英雄，而才女或照舊或又爲女將。如薛丁山等俱以能征慣戰之人，臨陣結親，實在好笑。此兒女英雄傳所說，遠之則師才子佳人之遺意，近之則亦英雄兒女之氣習，而稍稍變其格範，以英雄屬之女人，閨閣而有俠烈心腸，公子卻似女兒柔弱；只這一點稍微有點不同。至於先憂患，後滿意，加官進爵，其用意則一般無二。所以就兒女英雄傳的格局看起來，是陳腐的舊套了。然而他畢竟是文人之作。若從文筆上講，則摹繪盡致，遠非過去一切才子佳人兒女英雄一派的小說所及。在陳陳相因的格範之下，居然能翻筋斗，這實在因爲文康有創造的天才的緣故。至於他的北京話的漂亮，是人人知道的，不必說了。

書中人物，大概都有所指。如“安老爺”大似紅樓夢中“政老”之迂，而安龍媒卻無“怡紅公子”之達。又如寫十三妹前後性格，直是兩人，殊不可解。此外如“張小姐”、張老夫婦、舅太太等或村或諧，咸如其人。而鄧九公粗豪之概，尤形容盡致。馬從善說：“書中所指皆有其人，余知之而不欲明言之。”從善既知之而不言，像我們後來的人，言之亦未必準對。不過也無妨說一說。今就所知，試爲考證如下：

安公子　書中的“安公子”，即是文慶的影子。因爲費莫氏一家，自温福以來，祖孫四代，只有文慶是翰林出身。而且他的仕履都一一與安公子相合。文慶清史列傳和清史稿都有傳。但清史列傳較爲詳細。清史列傳卷四十文慶傳：

　　文慶，道光二年進士，改翰林院庶吉士，三年散館授編修。四年八月充日講起居注官，陞翰林院侍講。五年，充山東鄉試副考官，轉侍讀。九年正月，遷國子監祭酒。……十一年五月，充福建鄉試正考官。十二年三月，陞都察院左副都御史。九月，陞內閣學士兼禮部侍郎銜。十月，署禮部左侍郎。十二月，實授禮部右侍郎。……二十八年，實授吏部尚書。……三十年革職。咸豐二年五月，授內閣學士兼禮部侍郎銜。……四年閏七月，管理國子監事務。……五年九月命以戶部尚書兼協辦大學士。十二月，授文淵閣大學士。……六年十一月，改武英殿大學士。是月卒。

因爲文慶是翰林，所以“安公子”就以旗人點探花。文慶先授編修，後以侍講轉侍讀學士，“安公子”也以編修升侍讀學士。文慶作過國子監祭酒，“安公子”也是國子監祭酒。文慶充山東鄉試副考官，“安公子”便充山東主考。文慶以道光十二月升都察院左副都御史，又兩次授內閣學士兼禮部侍郎銜，“安公子”不去烏里雅蘇台，便也改授內閣學士兼禮部侍郎，欽加右副都御史銜。又據清史列傳文慶傳：

　　（道光）十五年，調戶部右侍郎。十六年三月，以御史許球奏參陝西巡撫楊名颺，遵命偕戶部尚書湯金釗前往查辦。五月，通政使司參議劉誼奏請清查四川捐輸及軍需銀款，與各州縣被參交審各案。遵命偕湯金釗由陝赴蜀清查。旋奏大竹縣知縣郭夢熊，廣元縣典史董秉義，知縣春明，巴縣知縣楊得質，江安縣知縣夏文臻，資州知州高學濂、薛濟清，前任四川布政使李義文等狀，並請嚴議。……九月回陝，奏奪楊名颺職。……遵旨由陝赴豫，查明武涉縣知縣趙銘彝被參各款，奏請褫職。十七年，熱河新任正總管福泰奏庫存銀兩虧短，命文慶前往偕都統宗室耆英查辦。尋查明請將副總管榮桂及歷任總管恒榮等一併革職。二十五年，以駐藏大臣琦善參奏前任大臣孟保、前任幫辦大臣鍾芳等溫提官物，命赴四川查辦。尋按實奏請將孟保等分別嚴議。……八月命署陝甘總督，查辦河南賑務。奏請將考城縣知縣畢元善解任嚴辦，署獲嘉縣鄒之翰、長葛縣知縣彭元海、署洧川縣周劼，均請下部議處。允之。

這當然是觀風整俗使了。又文慶從道光十二年至二十三年，作過滿洲蒙古漢軍各旗的副都統六次，道光二十二年賞三等侍衛，充庫倫辦事大臣；因此安公子也加了副都統銜放烏里雅蘇台參贊大臣。文慶的上一輩爲寧志寧怡；安氏父子之所以姓“安”，大概就是這個緣故罷。（按：安、寧同義。）

其所以影射文慶的緣故是可以推測的。一清朝科舉，本以團結漢人，在旗人最初並不看重。後來漢化深了，連旗人也以科甲出身爲榮。如文康一家自曾祖以來都以軍功起家，不經科第，其本人則出貲爲郎，大概也曾經過場屋的困難。文慶是他的堂兄弟，獨以翰林爲文臣，位至宰相。這當然是他引以爲榮而極羨慕的。其次則文慶一生遭際極好，雖“緣事罷斥，旋即起用”（文宗上諭），歷事二朝，始終恩眷不衰，並沒有像他們的祖一輩受那樣的嚴威；兒子善聯也服官，後位至將軍。大概文慶一支，父作子述，比文康强的多，是文康所親眼見的。在牢騷與羨慕中，不覺不知便將文慶的事蹟寫入了。

十三妹　小説十九回安老爺述十三妹之家世，謂何氏爲正黃旗漢軍。何小姐曾祖名何登瀛，翰林，詹事府正參，終江西學院。祖焯舉人，本旗章京，即安老爺的老師。父杞三等侍衛，二品副將，即爲紀獻唐陷害者。其人與事，均難詳考。唯何焯恰恰與何杞瞻同姓同名。這何焯當然不是那何焯。不過何義門在康熙末年，的確和諸王爭立案有點關係。據雍正四年檔案秦道然口供，謂允禩（皇八子）將何焯小女兒養在府中。何焯是允禩侍書之官，將他女兒養王府中，如何使得！而是年三月上諭亦有“允禩聽信妻言，將何焯之女養在府中，意欲何爲？其何焯之女曾否放出，應詢明允禩另行定擬”之語。按：何義門以李光地薦於康熙四十二年賜進士，改庶吉士，侍讀皇八子貝勒府，兼武英殿纂修（門人沈彤撰行狀）。此秦道然口供所謂何焯，即爲何義門無疑。其小女在允禩府，當亦是實事。而行狀及全祖望所撰墓碑，均不言杞瞻有女，殆諱言之。而其女究亦不知下落。又全祖望述門人陸錫疇語謂杞瞻歿時，“值諸王多獲戾者，風波之下，麗牲之石未具”。則何杞瞻固當時案中之嫌疑者。以生前善於自處，死後猶未至於獲罪，實亦萬幸。此以十三妹爲何焯之孫女，不知何意。而小説中之何焯與校勘家之何焯是否有關，今亦不敢説。只好當作疑案罷了。

小説中之十三妹，前半則劍氣俠骨，簡直是紅綫、隱娘一流。及結婚後，則菊宴箴夫，想作夫人，又平平極了，與流俗女子無以異。一人人格前後不調和如此，真是怪事。如第四回至第六回所寫，一個千嬌百媚的女子騎着一頭黑驢兒，到店中盤問"公子"，教"公子"不要走，等他回來。"公子"不信，果然受腳夫之騙，幾乎喪命。終於被女子救了。這樣一個女子不但"安公子"當時見了不知高低，就看書的人也覺得這女子是極奇怪極突兀的。但這樣奇怪突兀女子，並非文老先生創造的，在前此説部中卻早已見過。如初刻拍案驚奇卷四"程元玉店肆代償錢，十一娘雲岡縱譚俠"一篇，説徽州的程元玉走川陝販貨，一日落店，買酒飯吃，正吃之間，"只見一個婦人騎了驢兒，也到店前下了，走將進來。程元玉抬頭看時，卻是三十來歲的模樣，面顏也儘標緻，只是裝束氣質帶些武氣，卻是雄糾糾的。飯店中客人個個顛頭聳腦，看他説他，胡猜亂語"。這樣一個女人吃了飯，卻沒有飯錢。程元玉便替他還了。那女人謝了，向程元玉問姓名，並且説道："公去前面，當有小小驚恐。妾將在此處出些力氣報公。所以必要問姓名，萬勿隱諱。若要曉得妾的姓名，但記着韋十一娘便是。"程元玉見他説話有些尷尬，不解其故，只得將姓名説了。那女人道："妾在城西去探一個親眷，少刻就到東來。"説罷，"跨上驢兒，加上一鞭，飛也似去了"。程元玉上了路，很懷疑那女子的話，以爲不足憑。在路上問道，果然受了騙，貪小路之便，避開大路。走了不遠，有險峻高山，又隨那引路人走過一個崗子，路更崎嶇。便遇見一群賊人，把貨物劫了去。天又黑了。正悽惶間，被十一娘的弟子接引了去，到雲岡住了一宿，見了十一娘。那雲岡便是十一娘的小菴。明日上路，行不數步，只見昨日的盜已將行李僕馬在路旁等候奉還。程元玉要分一半與他，他死不敢受，説："韋家娘子有命，雖千里之外，不敢有違！"這一個故事實在和第四回、第五回所説的安公子遇十三妹一段太相像了。這個故事，清末北京人曾編爲子弟書，我所見的"百本張"鈔本子弟書目錄，有談劍術三回，注云："程元寶（玉）遇劍仙。"我們無可疑慮的，可以斷定説：程元玉遇的這個女子，便是十三妹前身。一個是十一娘，一個便是十三妹；一個使盜賊畏服，"雖千里之外，不敢有違"，一個也教海馬周三等屁滾尿流；一個住在雲岡，一個便住在青雲山。又如王士禛的池北偶談卷二十六所記，也有一女子：

> 新城令崔懋，以康熙戊辰往濟南，至章邱西之新店，遇一婦人，可三十餘，高髻如官妝，髻上加氈笠，錦衣弓鞋，結束爲急裝。腰劍，騎黑衛，極神駿；婦人神采四射，其行甚駛。試問："何人?"停騎漫應曰："不知何許人。""將往何處?"又漫應曰："去處去!"頃刻東逝，疾若飛隼。

這也是一個騎黑驢的怪女子。我們明白了，原來小説前半部的十三妹的人格，是從説部中鈔襲而來；後半部的十三妹，才是作者理想與經驗的人物。這無怪其不調和了。

　　鄧九公　作者寫鄧九公很豪爽，很好勝，是一個極活躍極有意思的老頭兒。可惜不知道是指的那一位。但八旗文經卷十九有文康的史梅叔詩選序一文，説："史梅叔名密，山東人，慷慨尚奇節。嘗舉明經第，累不得選，稍差旗學官。又以西邊事棄之去。中途聞兵罷，南下維揚，展轉吳楚間。先來京師，與文康定交；至是又來北京，相與樽酒唏噓，雖勃宕猶昔，而若有不勝其感者"云云。與第三十九回義士鄧翁傳所説鄧九公，茌平人，應童子試不售，改武科，僅綴名榜末，而翁竟由此絶意進取，身份大致相同，文章也的確是出於一手的筆墨。如果大膽一些，也可以説這位山東的史梅叔就是鄧翁了。

　　以上把書中人物略考一下。此外行文關目，也有襲取他書的地方。如緣起首回的悦意夫人一大段，便是將蔣心餘的香祖樓關目拿來重演一番。但這是小節，無關宏旨，現在不多説了。

五　評者還讀我書室主人

　　清光緒六年聚珍堂活字排印的兒女英雄傳評注本，每回下題云："還讀我書室主人評"。這位"還讀我書室主人"就是董恂。董恂（本名董醇，後改今名），字忱甫，號醖卿，甘泉縣人，進士，官至户部尚書，光緒十八年卒。怎見得就是他？這話説來是有根兒的。小説四十回後有這麼一行字：

　　　　光緒六年，歲在庚辰上浣，醖卿閲竟，識於京邸還讀我書之室。時年七十有四。

醖卿即是董恂之字。據他手訂的還讀我書室老人年譜，光緒庚辰他正是七十四歲。別號又同。所以斷定是他無疑。爲什麼他自署"還讀我書室主人"呢？因爲他的齋名叫"還讀我書室"。爲什麼齋名叫"還讀我書室"呢？因爲他住的樓叫"讀我書樓"（年譜光緒十七年）。因爲辦公回來讀書於此，所以又加上一個"還"字，名爲"還讀我書室"。他批注此書卒業於光緒六年。大概開始讀去，也就在這一年。年譜光緒八年書云：

先是總理署治公牘所後院,有古桑蔭數畝,復補植穉杏一,恂因隸其額曰"綠肥紅瘦之軒"。治公於此,即讀書於此。故凡有所記載,即題其所記帙首,曰"綠肥紅瘦之軒隨手記"。比總署卸差,則記事於私室,曰"還讀我書室"(下疑挩隨手記三字)。

總署卸差則記事於私室,曰"還讀我書室"。他之總署卸差,正在光緒六年庚辰。此小說題記均署"還讀我書室",所以開始讀小說在這一年無疑了。

他的評語,沒有什麼大道理。今擇其有關係者,摘錄數條:

第一回"安老爺"云:"那一甲三名的狀元榜眼探花,咱們旗人是沒分的。"(評)此在下未充讀卷大臣以前舊事也。自同治乙丑,經在下面奏例無明文,遂不拘此。

按:此言非也。順治九年壬辰科滿洲榜狀元爲麻勒吉,正黃旗滿洲人。順治十二年乙未科滿洲榜狀元爲圖爾宸,正白旗滿洲人。是旗人未嘗無鼎甲。此後廢滿洲榜,旗人乃無鼎甲。至同治乙丑,崇綺始中狀元。

第三十六回"安老爺"云:"那有個旗人會點探花之理?"(評)你老不知道,在下充讀卷大臣時,旗人還會點狀元哩。

據年譜,他於同治四年乙丑四月,鈐派殿試讀卷。是科狀元爲崇綺。正符第三十六回評語。

第三十六回安老爺云:"不走翰林迪途,同一科甲就有天壤之別了。"(評)可憐在下至今讀之,不覺心酸!又同上安老爺云:"也慮着你讀書一場,進不了那座清祕堂,用個部屬中書,已就失之毫釐謬以千里了!"(評)誰說毫釐不千里來?咱可憐可憐!

第三十七回安老爺道:"原來鼎甲的本領,也只是如此,還是我這個殿在三甲三的榜下知縣來替你獻醜罷!"(評)阿哥偶讓一句,老翁遂自鳴得意。細味之不免牢騷。蓋此老之牢騷,在下知之最深。

爲什麼他看到"安老爺"幾次的話就心酸起來連呼可憐可憐呢?原來他於道光二十年以殿試二甲及第,考選點主事(考選庶吉士者始得爲翰林),簽

174

分户部學習，也和"安二老爺"一樣，進不了那座清秘堂。此後由部屬外任觀察，擢順天府尹，至咸豐十一年，始補授户部右侍郎（自道光二十年中式至此凡二十一年）；至同治五年，始補授兵部尚書。官運亨而不快，在他當然認爲是極可憐之事，牢騷是時常有的。所以一看到"安老爺"的話，心眼兒就酸起來了。

　　　　十一回評云：縱禽有法，想見龍媒八股工夫。

董恂對於八股，是有揣摩工夫之人，所以他的評語都是以選家眼光看出來的考語。他的思想見解實在和"安老爺"差不多，也是一位"安老爺"。（文康也是一位"安老爺"。）他之所以愛好此書詳讀而仔細批之，大概也就是因爲裏邊有"安老爺"的緣故罷。

　　他的評注有兩條是逐錄的，如第四十回"安老爺"用口語和"公子"説話，下注云：

　　　　秋坪譯漢，恂照錄。
　　　　按：此二句清語譯漢話，係"此話關係最要，外人不可洩露"。

又"公子"答應了一聲"依是拏"下注云：

　　　　並於拏下注奴字。

秋坪爲景秋坪，名廉，字儉卿，號季泉，又號秋坪，正黃旗滿洲人。咸豐二年壬子恩科進士，散館後授編修。歷官軍機大臣，兵部尚書，降内閣學士。著有冰嶺記程。見朱汝珍詞林輯略。清國史列傳有景廉傳。由此可知兒女英雄傳出來不久，便通行於士大夫間了。

　　　　　　　　原載一九三〇年國立北平圖書館館刊第四卷第六號

跋警富新書

　　警富新書四卷四十回，不著撰人名氏。首嘉慶己巳敏齋居士序，云安和先生著，亦不知何人也。演雍正間廣東番禺民凌梁二姓公案。謂凌貴興惑於風水之説，結怨戚串梁天來，縱火焚其室。死者七人。總督孔大鵬已繫貴興於獄。案未結，離任。府縣官受賕，反其案，釋凌。後天來叩閽鳴寃。上命大鵬往勘其案，始得昭雪云云。其云七屍八命者：以天來弟君來婦方孕，亦遭焚死。又云九命者：則以貴興妻妹以諫貴興不從乃憤而自盡也。按乾隆末東莞人歐蘇作藹樓逸志，其卷五雲開雪恨一條，載此事甚詳。云事起雍正五年丁未九月，至九年辛亥五月始得昭雪。所記年月確鑿，當是實事。以勘小説，則事亦相同。唯小説孔大鵬，逸志只作孔公。小説云大鵬遷河督以去，逸志云升京堂。小説謂奉命勘獄者即孔，逸志謂勘獄者爲巡撫鄂爾泰。小説謂獄定，斬二十六人，絞三人，流二人，徒七人，杖九人，並歷舉其名姓。逸志則謂斬八人，絞四人，軍三人，流五人，徒十二人。小説凌貴興，逸志作桂興。（光緒廣州府志作貴卿。）小説謂貴興凌遲，其叔宗孔處斬，逸志謂二人在牢中得冥譴以死。小説地師馬半仙入流犯。逸志作坐仙，云諸犯中唯此一人漏網。皆不免歧異。然小説所記詞意鄙俚，往往可笑。其三十八回云：太師馬齊係三朝元老。考清國史大臣傳齊雍正元年以大學士晉太保，非太師也。齊歷相聖祖、世宗、高宗三朝，至乾隆四年始卒。並高宗朝數之，始得云三朝。雍正時亦不得有三朝之説。至總督姓孔，二書所同，疑即孔毓珣。考阮元廣東通志卷四十四職官門，載兩廣總督孔毓珣曲阜人，雍正三年任，六年專轄廣東。雍正一朝，廣東總督別無孔姓，當即其人。廣東通志卷二百五十五有孔毓珣傳云，毓珣以雍正七年秋遷河道總督，未幾卒於官。則小説言遷河督不誤，而逸志言升京堂者非是。又逸志記奉命往勘獄者爲巡撫鄂爾泰。考廣東通志，是時巡撫爲鄂彌達。鄂爾泰雍正六七年間任雲貴廣西總督，無任廣東巡撫事。則逸志所記亦不免乖舛。蓋二書成於乾隆末及嘉慶中，上距雍正中葉已六七十年,傳聞均不免有誤;而事則實有,非妄載也。唯凌桂興窮兇極惡,孽由自作,以他書考之則亦不盡然。光緒廣州府志卷五十四雜記二引粵小紀云:"世傳梁天來七屍八命事,皆訛罪於凌貴卿。而蘇古儕珥贈貴卿子漢亭詩曰:九疑風雨暗崎嶇,八節波濤險有餘。世路合裁招隱賦,俗情催廣絕交書。傳聞入市人成虎,親見張弧鬼滿車。舊約耦耕堂願築,平田龜坼又何如。注云:凌後人名揚藻,有答黃香石書,辨此事之誣尤詳。"意者戚黨交訌,所指貴卿事亦不免誣罔,及貴卿身得重辟,凡眾所舉讁者,皆似牢不可破,如鄭鄤在明季事歟?此小説本名警富新書,後來石印本有題孔公案者,非其舊題。光緒末,南海人吳沃堯更取而重編之爲三十六回,於情節有移動處,官吏姓名亦多臆改。蘇珥字瑞一,順德人。乾隆三年舉人。篤學,詩有別趣,文與書稱二絕。所著有安舟遺槀。清國史文苑傳有傳附何夢瑤傳。凌揚藻字譽釗,番禺人,諸生。學有根柢,亦工詩。著有藥洲詩略、藥洲文略。清國史文苑傳有傳附謝蘭生傳。珥,雍正乾隆間人,與凌貴卿同時。揚藻嘉慶間人,即貴卿後裔。二人必非妄語者。其爲貴卿辨誣之詞,俟得其書更詳考之。

一九三四年稿,一九六一年十二月改訂

董解元弦索西廂記中的兩個典故

在現存董西廂卷一有柘枝令一曲。其文云：

> 也不是崔韜逢雌虎，也不是鄭子遇妖狐，也不是井底引銀瓶，也
> 不是雙女奪夫。也不是離魂倩女，也不是謁漿崔護，也不是雙漸豫章
> 城，也不是柳毅傳書。

下接着牆頭花曲云：

> 這些兒古蹟見在河中府，即日仍存舊寺宇。這書生是西洛名儒，
> 這佳麗是博陵幼女。……

先是盤旋騰挪了一番，繞了一個大灣子，然後扣到題面。我們曉得，這不
是偶然的說話，這是勾欄中的老規矩。當那鑼聲乍歇，群眾屏息，伎藝人
登了臺要伏侍天下看官的時候，未曾敷衍正文，先須交代題目。而交代的
方法，便是這樣不慌不忙，東拉西扯，漸漸引起。董解元"既然要在諸宮調
裏着數"，自然脫不了要學技藝人的口吻。像元無名氏貨郎旦雜劇第四折
肖那嬭母張三姑說唱貨郎兒的口吻，也是如此。看轉調貨郎兒一曲：

> 也不唱韓元帥偷營劫寨，也不唱漢司馬陳言獻策，也不唱巫娥雲
> 雨楚陽臺，也不唱梁山伯，也不唱祝英臺，只唱那娶小婦的長安李
> 秀才。

像後來的"遠不說秦漢三國，近不說殘唐五代"也是一樣的罷。於此可見
由不唱某某而說到要唱某某，這是當時演唱人的口頭禪，其目的在於表示
他所唱的並不是路歧人和一般勾欄中所唱的尋常話本尋常題目，乃是書

會或者個人新編的嶄新話本，風流格範。以此推去，則所云不唱的，大概是當時常唱的了。然而後來的結果，有說唱人所預料不到的。比如，董解元柘枝令曲後闋所舉的"離魂倩女"等四個故事，除了"雙漸豫章城"故事不甚普通外（余友趙斐雲先生有詳考），餘皆爲常人所知。而前闋的四個故事，則普通人多不知道。"井底引銀瓶""雙女奪夫"其事尤僻（明沈受先有鄭清之銀瓶記，未見，不知與"井底引銀瓶"故事有關否）。余年來翻閱雜書，隨時留意，極欲知此二事之來歷佐證，直至今日，尚無頭緒。自唯譾陋，遠愧向歆之多識，近無紀昀之淹通，將以窮幽顯之理，極事物之微，以我這樣的，實在辦不到。無已，姑就所知者寫出來，貢之同好，略佐談塵。世之博雅君子，苟能知井底之瓶，見奪之夫，輒惠尺書示其原委，斯則不勝感激者矣。

　　按："崔韜逢雌虎，鄭子遇妖狐"，大曲中俱演之。元曲選本關漢卿金綫池雜劇第一折前楔子仙呂端正好曲云："鄭六遇妖狐，崔韜逢雌虎，那大曲內盡是寒儒。想知今曉古人家女，都待與秀才每爲夫婦。"可以證明。（明刊古名家雜劇本、顧曲齋本金綫池端正好楔子"鄭六"作"鄭生"。）所云鄭六，即董西廂之鄭子。（此金綫池劇中語，王靜安先生宋元戲曲考誤記作謝天香劇。）武林舊事所載宋官本雜劇段數，有崔智韜一本，艾虎兒雌虎（原注云崔智韜）一本，崔智韜亦當即崔韜。宋官本雜劇，據王靜安先生考，所唱諸曲有大曲、法曲，有諸宮調，亦有普通詞調。此但以故事爲目，不知何曲。至董西廂作者自云爲諸宮調，所列諸目，以意推測當亦是諸宮調。此二故事在當時流行演唱，蓋亦不亞於會真記等，可惜至今沒有留下的話本，連其事也幾乎沒有人知道了。

　　崔韜逢雌虎事，見太平廣記四百三十三引，注云："出集異記。"按：唐集異記有二書：一曰薛用弱集異記。新唐書藝文志著録，云三卷，宋史藝文志作一卷。文獻通考卷十八中經籍考，據晁氏讀書志作二卷，與今顧氏四十種小說同，然只十六則（四庫收一卷本，亦十六則），更無崔韜之文。一曰陸勳集異記。文獻通考於薛用弱集異記後，出陸氏集異記二卷，引晁氏讀書志云："唐陸勳纂，語怪之書也。凡三十二事，言犬怪者居三之一。"（按廣記卷四百三十七卷四百三十八皆記犬怪，中多引集異記，當即陸書。今宋史藝文志作陸勳集異志二卷。"志"字蓋誤。）此書沒有單行古本流傳。此廣記所引或爲薛氏佚文，或是陸書之文，均不可知。今鈔録於左，以便觀覽。

崔韜,蒲州人也。旅游滁州,南抵歷陽。曉發滁州,至仁義館宿。館吏曰:此館兇惡,幸無宿也!韜不聽,負笈升廳;館吏備燈燭訖。而韜至二更展衾,方欲就寢,忽見館門有一大足如獸,俄然其門豁開。見一虎自門而入。韜驚走於暗處,潛伏視之。見獸於中庭脫去獸皮;見一女子奇麗嚴飾,昇廳而上,乃就韜衾。出問之曰:"何故宿余衾而寢?韜適見汝爲獸入來,何也?"女子起謂韜曰:"願君子無所怪!妾父兄以敗獵爲事,家貧,欲求良匹,無從自達,乃夜潛將衾皮爲衣,知君子宿於是館,故欲托身以備灑掃。前後賓旅皆自怖而殞。妾今夜幸逢達人,願察斯志!"韜曰:"誠如此意,願奉懽好。"來日,韜取獸皮衣棄廳後枯井中。乃挈女子而去。後韜明經擢第,任宣城,時韜妻及男將赴任,與俱行。月餘,復宿仁義館。韜笑曰:"此館乃與子始會之地也。"韜往視井中,獸皮衣宛然如故。韜又笑謂其妻子曰:"往日卿所着之衣猶在。"妻曰:"可令人取之。"既得,妻笑謂韜曰:"妾試更著之。"接衣在手,妻乃下階將獸皮著之。纔畢,乃化爲虎,跳擲哮吼,奮而上廳,食子及韜而去。

像這女子所説的,因爲家貧不能託媒的緣故,才穿上虎皮到館驛中來求愛,真是怪談。可憐那崔韜只知貪戀女色,蒼猝間和女子組織了家庭,後來直鬧的一身不保,覆宗絕嗣,演成了大慘劇。遇見這樣雌虎,真是不幸極了。按吾國民俗,認爲獸類中之狐狸爲最近於女性的。在許多小説許多傳聞中,差不多艷跡皆屬於狐狸。其間固然有受蠱惑而死的,但也享盡了洽狎之福,並不覺得怎麼可怕。像這一段以虎爲女子,在吾國小説中可以説是極少見的,而最後仍不脱殘惡之本性,寫來更是怕人,似乎對於風流的子弟郎君們下一警告:應當注意一點,説不定有遇見雌虎之可能。總之,根據書傳的記載,狐變的女子,無論如何,比虎變的女子平和的多,雖然有時更狡猾一點。所以,同一遇見妖精,其命運實大有逕庭。讀者如不相信,試把下面鄭子所遇的妖狐和崔韜的雌虎比較一番,便知言之不謬了。

"鄭子遇妖狐"事出於有名的沈既濟的任氏傳,太平廣記四百五十二引。傳中的"鄭子"已失其名,第六。文中輒泛稱之爲"鄭子",董解元因之也用了"鄭子"之稱。但究竟不是姓"鄭"名"子",所以比較起來,還是元曲選本金綫池劇的"鄭六"妥當一些。但這是末節,沒有關係。原文約數千言,清新雋永,極盡文人之能事。現在不能全引,約略的説説。大意是大唐信安王禕的外孫有韋使君名崟者。韋使君的從父妹婿有鄭姓,第六,不記其名,貧無家,託身於妻族。一日在里曲中遇見一位漂亮的姑娘偕伴步行。鄭子便獻慇懃,以乘驢借之。隨至家中,便結歡好。詰其人,云:任氏,第二十。天明別去。問女所居,則本是棄地無第宅,但有一狐常引誘男子。鄭子雖知之,而懷想彌切。經十餘日,方遇之於西市衣肆。任氏側身避於稠人中。鄭子連呼,任氏方背立,以扇障面。說道:"公知之,何相近焉?"鄭子極力解釋,說自己雖知之,並不以爲意。於是兩人商量好,便租了房子同居起來。那韋崟亦好色之徒,聽見鄭子得了一位絕代的佳麗,便馬上跑到他家去看。值鄭子不在,任氏一人在家。一見驚絕,發狂擁抱。任氏竭力撐拒。汗流被體,度力不能支,乃長嘆云:"鄭六之可哀也!"韋崟覺得話有點奇怪,便問此言何意。那任氏的答覆最爲慷慨,最爲悱惻動人:

> 鄭生有六尺之軀,而不能庇一婦人,豈丈夫哉?且公少豪侈,多獲佳麗,遇某之比者衆矣;而鄭生窮賤也,所稱愜者唯某而已。忍以有餘之心而奪人之不足乎?哀其窮餒,不能自立,衣公之衣,食公之食,故爲公所繫耳。若糠糗可給,不當至是!

韋崟雖是紈綺公子,但頗有義氣,一聞此言,便釋手不肯相犯。以後常以財物周濟他們夫婦。與任氏雖歡洽備至,而不及亂。任氏也很幫韋崟的忙,給他介紹過好幾個女人(素所悅慕而不能得的)。鄭子亦倚仗任氏的經營擺布,發了幾批大財。歲餘,鄭子得了官,將往金城縣上任,欲攜任氏同行。但任氏非常不願,詰其故,則曰:"有巫者言,某是歲不利西行,故不欲耳。"鄭子與韋崟共笑其迂,固請之。任氏不得已,乃同行。任氏乘馬居前,鄭子騎驢在後。行至馬嵬,突然發生了不幸的事:

> 是時西門圉人教獵狗於洛川,已旬日矣。適值於道,蒼犬騰出於草間。鄭子見任氏欻然墜於地,復本形而南馳。蒼犬逐之。鄭子隨走叫呼,不能止。里餘,爲犬所獲。鄭子銜涕出囊中錢贖以瘞之。

那末任氏死後的情景如何呢?

> 迴視其馬,囓草於路隅。衣服悉委於鞍上,履襪猶懸於鐙間,若

　　蟬蛻然。唯首飾墜地，餘無所見。

任氏便這樣的斷送了她的青春。後來鄭子思慕不已，與韋崟同適馬嵬，展任氏之墓，長慟而歸。沈既濟記任氏事也至此而止。以下的文字，便是餘波了。

　　如此迤邐紆曲寫出來的任氏，真是東方式的淑婉女子。他很聰明，很能體貼丈夫，很隨便但也很貞烈。至於勉徇夫主之意，飽獵犬之腹，則尤值得同情。像這樣的妖狐，就是屢次遇見又有什麼妨礙呢？最有趣味的，是他的捐生之地竟和楊玉環一樣在馬嵬驛。而論他的品格，卻比玉環高多了。一個能同情於他的情人鄭子，而不爲戚畹豪華之韋崟所屈。一個則羨慕乃翁三郎之富貴，聽其作新臺之行，朝歡暮娛，把可憐的壽王竟置之度外，造成唐朝的穢史、痛史。雖亦不免馬嵬一役，而其人實不可恕。沈既濟這本傳奇，也許是有寓意的，並非偶然；或者真有意和大唐的第六代天子開玩笑，也未可知。

　　以上解釋兩個典故，話是說得不少了，本文就在這裏結束。"井底引銀瓶"、"雙女奪夫"，我希望尚有能發見之一日。

原載一九三二年國立北平圖書館館刊第六卷第二號

再論九歌爲漢歌詞

——答許雨新

一九四六年胡適之先生主編大公報文史週刊,囑余撰文。余以一日之力,寫得九歌爲漢歌辭考一文,載上海大公報,一九四六年十二月四日,文史週刊第八期。論九歌之事,本非一文所能盡,又急於脫稿,不能周詳,僅就平日所見粗釋大意而已。文出,朋游相見,有盛譽之者,亦有以爲有理而不必盡然者。至於爲文辨難則無之。今年秋,始於天津大公報九月五日文史週刊,得見許君雨新讀孫楷第九歌爲漢歌詞考一文。余初見其題,以爲必有精意。讀竟,乃覺其論九歌必爲戰國時楚詞,既多空疏不實之言,其持以攻余説者,又未能中的。而又不工爲文,繁言碎詞,枝節橫生。夫辨論名理,當能立能破。今立則無充實證據可以服人,破則徒爲無謂之爭,强欲上人,雖辨何益?故余於許君此文,初不欲有所答辨,以不足答辨也。繼思胡先生主編大公報文史週刊爲一純粹學術刊物,北方學者之文,往往在是。恐少數讀者以信文史週刊者信許君,謂余言果傅會,而九歌真戰國時楚辭。是則人毀人譽可不必計較,而余所提出之九歌問題,既非傅會如許君所言,不可不使世人知之也。今就許君所言,逐條答辨於下:

(一)許謂泰一雜甘泉壽宮歌詩十四篇,史已明載,不煩影戲者。余前文第四章有云:"漢書藝文志歌詩類有泰一雜甘泉壽宮歌詩十四篇。余疑九歌十一篇即在其中。"疑者審慎之詞,不敢云必是,而至今仍認爲可備一解。今許君駁余説,一則曰:郊祀歌青陽、朱明、西皞、玄冥,即所謂太一甘泉歌詩。再則曰:所謂太一甘泉十四篇,完全在郊祀十九章內。三則曰:太一甘泉壽宮歌詩即郊祀歌。用漢書藝文志文,忽省"壽宮"二字,忽不省,已屬可怪。其引史記、漢書凡六事:一曰漢家常以正月上辛祠太一、甘泉。二曰嘗得神馬渥洼水中，復次以爲太一之歌。三曰後伐大宛得千里馬，次以爲歌。四曰作甘泉宮，中爲臺室，畫天、地、泰一諸鬼神，置祭具，五曰置壽宮神君。又置壽宮、北宮，以禮神君。六曰爲伐南越，告禱太一。於此諸祀，一律目爲郊祀，不加分別，亦可怪也。夫郊祀者祭於郊之謂。漢書禮樂志所載諸詩，皆郊廟歌詩，而史記封禪書、漢書郊祀志所記諸祀事，不盡爲郊祀。以郊祀言，漢家常以正月上辛祠太一、甘泉。此常祭也。得神馬渥洼水中，得大宛馬，爲太一之歌。此報塞之祭也。爲伐越告禱太一。此師祭也。祭非一，而祭於郊則一。故禮樂志有其辭。至甘泉臺室之祠，壽宮與壽宮北宮之祠，皆宮中之祭，非郊祭。故封禪書、郊祀志有其事而禮樂志無其辭。甘泉臺室之詞，起齊人少翁。少翁爲"文成將軍"，言曰：上即欲與神通，宮室被服非象神，神物不至。乃作畫雲氣車。又作甘泉宮，中爲臺室，畫天、地、太一諸鬼神，而置祭，具以致天神。居歲餘，其方益衰，神不至。"文成"旋以僞帛書誅。事見史記封禪書、孝武帝紀、漢書郊祀志。甘泉泰畤，立於武帝元鼎五年。而武帝因少翁言作甘泉宮，在元狩三年。其祭之性質與祭之時地不同如此。今乃以甘泉臺室之祭爲郊祀，何其不善讀書也！神君之祠，始長陵女子以乳死見神於先後宛若。元光中，武帝置祠之上林蹏氏觀內中。及元狩五年，武帝病甚。游水發根言上郡有巫，病而鬼神下之。上召置祠之甘泉。及病，使人問神君。神君言："天子無憂病。病少愈，強與我會甘泉。"於是上病愈，遂起，幸甘泉，病良已。大赦，置壽宮神君。又置壽宮北宮，以禮神君。事見史記封禪書、孝武帝紀，漢書郊祀志。神君者秦漢間民間禮神鬼之尊稱。韓非子說林上有神君，其神君是蛇。漢有順帝永和六年所立白石神君碑。碑在今元氏縣；有拓本。其神君是山。武帝壽宮所禮神君，其神君爲太一、大禁、司命之屬。則星官天神也。所指非一。蓋一切鬼物皆可謂之神君，猶今俗言大仙爺也。甘泉泰畤，立於元鼎五年。而武帝置神君祠凡二次，一在元光中，一在元狩五年。祠神君先後三處：一上林中蹏氏觀，一甘泉宮，一壽宮。甘泉宮即桂宮，在未央宮北，見初學記二歲時部夏篇引潘岳關中記，及水經注卷十九渭水注。漢有祠甘泉宮樂人，見後漢書劉盆子傳。云"盆子居長樂宮。有故祠甘泉樂人尚共擊鼓歌舞，衣服鮮明，見盆子叩頭言飢。盆子使中黃門稟之米，人數斗"是也。漢北宮中宮室有壽宮。北宮在長安城中，近桂宮，俱在未央宮北。見三輔黃圖卷二、卷三。甘泉郊泰畤與壽宮神君祠，不同性質、不同時、不同地。今乃以壽宮神君祠爲郊祀。何其不善讀書也！夫設論難人，當於人言先有了解。余前文謂武帝祀太一,有郊祀,有宫中之祀。武帝因少翁言所置甘泉臺室祠,因上郡巫所置甘泉神君祠,及病愈後所置壽宫神君祠,皆宫中之祀,非郊祀。據封禪書立説,余固非誤讀史書者也。今許君於余文不能解,於余所據史書之文,又不能解,反詆余讀史疏,詆余爲影射附會。是以己之不是攻人之是也。豈非憒憒乎?

(二)許謂漢武時歌篇歷載本紀並未提及九歌十一篇者。史之本紀以紀大事。如許君所舉白麟之歌,寶鼎天馬之歌,西極天馬之歌,朱雁之歌,漢書本紀書其篇目者;以此等皆武帝所謂祥瑞,薦之上帝,特爲製歌。且舖張其事,或因而改元,或見之詔書,故宜載。如瓠子歌爲塞河隄而作。塞河大事,篇目亦宜載。若九歌十一篇,余疑爲甘泉臺室壽宫歌詞者,其詞爲巫覡之言,其事爲下神,其祀皆宫中小祀,自不應書。故余説只可求證於郊祀志,不應求證於本紀。本紀之不載九歌目,正不妨余説之成立。長陵女子見神事,郊祀志書之,而本紀元光年不載。少翁以方致神,上郡巫下神事,郊祀志書之,而本紀元狩年不載。此正史家著述之體。許君乃云:“如孫作之假設成立,在班書武紀,便算獨違史例。”是何言也。且許謂大事異徵作歌志盛,本紀例皆紀載者;亦不然。漢武爲伐南越,告禱太一。南越平,塞南越,禱祠太一、后土,始用樂舞。見郊祀志。此亦大事也。而本紀元鼎五年、元鼎六年不載。此可謂盡載乎? 又謂本紀所書元封五年作盛唐樅陽之歌,即郊祀歌之赤蛟。不知赤蛟乃送神曲。宋書樂志載謝莊造宋明堂歌,其迎神歌詩注云:“依漢郊祀迎神,三言,四句一轉韻。”其送神歌辭注云:“漢郊祀送神,亦三言。”此是莊自注。漢郊祀送神三言,正指赤蛟篇。王先謙注郊祀歌赤蛟篇引宋志云云,即宋書樂志之文。許君顧遵先謙漢鐃歌釋文箋正之誤説,而不見其未誤之郊祀歌注。亦疏也。

(三)謂九歌與郊祀作者風格不同者。郊祀歌多舉司馬相如等所造詩賦,故多爾雅之文,通一經之士,不能獨知其辭。須集會五經家相與共講習讀之,乃能通知其意。九歌乃巫覡之詞。其詞或臨時編造,或承用舊巫詞稍加改定。故易解。此因作者身分與祠祀之性質不同而異其文體;猶之晉宋以來南朝郊廟歌皆典雅,而神弦歌皆佚蕩,不得持此以爲楚、漢文體之别也。又以句法分别,謂郊祀歌多三四言,房中樂高祖鴻鵠歌皆四言,而九歌多雜言,不類漢歌。此似不曾讀漢書者。高祖大風歌,見高祖紀。武帝瓠子歌,見溝洫志。趙幽王友歌,見高五王傳。燕剌王旦歌,華容夫人歌,廣陵厲王胥歌,見武五子傳。李陵歌,見蘇武傳。皆兮歌雜言也。而辭皆質,氣分與九歌爲近。何以見九歌不類漢歌也? 又以九歌與房中歌、鴻鵠歌比較，謂九歌純用楚調。其意若云：楚、漢音異；九歌倘是漢歌，何得復用楚調？此論亦不典實。九歌當兼荆、秦、晉之謳。如非逕認九歌爲戰國時楚詞，實無法證明其純爲楚聲。而房中歌爲楚聲，漢書禮樂志有明文；鴻鵠歌爲楚聲，張良傳有明文。漢非無楚聲也。特許君不知耳。夫詩體是一事，詩式是一事，歌調又是一事。以詩式與歌調言，詩同式者歌不必同調。而歌同隸一調者，可有若干詩式。許君於此等不甚了了，故所説多不中肯。所謂强作解事也。

　　（四）許謂壽宮早見於春秋時代，不始於漢者。余前文第四章謂九歌雲中君之壽宮，即封禪書武帝所置壽宮。余爲此言，非僅以宮名同也。以九歌、封禪書所載壽宮，同爲祠神之宮，其祠同爲巫祠，九歌所祠神多與漢同，而壽宮神君祠爲漢武帝置。若云其事偶合，無如是之巧者。故余自謂所言有理，根據不薄弱。許君乃特別注重置壽宮事，謂封禪書“大赦，置酒壽宮神君”當以“置酒壽宮”爲句。“神君”二字宜依通鑑删。武帝置酒於壽宮，非置壽宮也。其言甚辯而鑿。夫通鑑删“神君”二字乃以意剪裁，非有實據。史記孝武紀作“大赦天下，置壽宮神君”，漢書郊祀志作“大赦，置壽宮神君”，明封禪書“置酒”下脱一“置”字。史記孝武紀、漢書郊祀志省“置酒”二字，而“置壽宮神君”之“置”字是原文，以“置酒”二字可省，“置壽宮神君”之“置”字不可省也。置壽宮神君，猶言置壽宮神君祠耳。壽宮神君祠是新置，壽宮亦當是新置。以壽宮僅見此文，不惟上文無有，即他處亦無有也。故史記孝武紀集解引服虔説曰“立此便宮”。漢書郊祀志顔注引孟康説曰“更立此宮”。服虔，漢人；孟康，魏人，去漢未遠，言當有據。且維壽宮是武帝置，故下文言“又置壽宮、北宮，張羽旗，設供具，以禮神君”。若上文之壽宮不謂武帝置，下文之“又置壽宮、北宮”，其又字何所承乎？此易見也。余前文引封禪書此條，擬於“置酒壽宮”下增一“奉”字，作“大赦，置酒壽宮，（奉）神君。”今知其句讀誤，增“奉”字非是。以“大赦置酒”相連爲詞，“置酒”二字不應屬下讀。“壽宮神君”相連爲詞，“壽宮”二字不應屬上讀也。然余擬增“奉”字雖誤，其以壽宮爲武帝置，固不誤。許君以余爲大誤。余不敢承也。又引吕氏春秋知接篇“齊桓公絶乎壽宮”，晏子春秋内篇雜上“齊景公游壽宮”，謂壽宮早見於春秋齊國，不創始於漢。夫宮觀之名，相同者衆。春秋時衛有楚宮，魯亦有楚宮。戰國時齊有檀臺，趙亦有檀臺。秦漢以降，宮扁門扁名相襲者，尤不知凡幾。若但論宮殿之名而不論其事，則是衛事可屬之魯，齊事可通於趙，有是理乎？吕氏春秋知接篇壽宮，高誘注“寢堂也”。寢堂名壽宮，猶漢書廣川王傳載太后所居名長壽宮耳。而晏子春秋、賈子新書則作"胡宮"。即依呂氏春秋作"壽宮"，許君能證明春秋時齊桓公所居壽宮爲祠神之宮乎？能證明齊桓公曾於所居壽宮祠太一諸神乎？晏子春秋載齊景公游壽宮。"壽"字似可讀爲"疇"。疇，高土也。字亦作"保"。保，都邑小城也。即不破字仍依宥韻讀之，許君能證明春秋時齊景公所游壽宮爲祠神之宮乎？能證明齊景公曾於所游壽宮祠太一諸神乎？如曰不能，則是名偶同而事不同。所拈出者無價值之材料耳，不足爲證。又何足以撼吾説也？

　　(五)許謂太一與九歌的東皇太一方位不同不得混合者。漢書禮樂志云：武帝定郊祀之禮，祠太一於甘泉，就乾位也。於易乾爲天。乾位在西北，故云就乾位。許君偶見禮樂志此語，遂謂太一位在西北。其實武帝元鼎五年初祠太一於甘泉，本緣四年得寶鼎，迎鼎至甘泉，有黃雲蓋之。齊人公孫卿言："今年得寶鼎，其冬辛巳朔旦冬至，與黃帝得寶鼎時等。"又言："黃帝接萬靈明庭。明庭者，甘泉也。"武帝信其言，因立太一祠壇於甘泉，以是年十一月辛巳朔旦冬至郊拜太一。非緣甘泉在京師西北是乾位也。若以太一言，則太一是天帝之別名，其星爲北極。北極天之中，是爲中宮，不得言太一位西北，若以祭天之禮言，則祭天當於南郊。甘泉雖在京師西北，而太壇實在甘泉宮南。見漢書郊祀志所載，匡衡成帝初奏。漢以後，除後魏初本其國俗曾祠天西郊外，亦絶無以西郊爲祠天之地者。許君乃云太一位西北，何其不稽古也。又謂青帝、東皇係一神兩名。此亦不思之甚。晉以前天文家所言太一有三。一中宮紫宮中天極星，其一明者，太一常居。一紫宮中鈎陳口中一星曰天皇太帝，即太一，此皆指天帝言。一紫宮門外天一星南一星曰太一，此是天帝之神，主使十六神，知風雨水旱兵革饑饉疾疫災害所生之國。凡漢五行家、兵陰陽家、雜占家所云太一，大抵是主使十六神太一也。神仙家所言太一，是天皇太帝也。太一既非一星，故封禪書、郊祀志載術士之言曰：天神最貴者太一。泰一佐曰五帝。此執其一以爲説，明有不貴者在也。五帝者，五精之帝，以人帝配，主四時。其星在中宮者，是五帝内座。在南宮者，是五帝之庭。無論就天帝別稱之太一言，就主使十六神之太一言，五帝與太一不同星座，不同神名。漢以來古書從無謂五帝爲太一者。許君乃謂東皇即青帝，何其不稽古也。且九歌以"東皇太一"四字爲詞。"太一"之目爲"東皇"，雖不甚可解，其爲天神最貴者，則無可疑。今許君乃以己意截去"太一"二字，直目之曰"東皇"以牽就青帝。不知舍"太一"則無以言"東皇"。此乃荒唐之至也。又云郊祀志載八神太公以來作之齊，日主以迎日出，四時主蓋歲之所

187

始。可見九歌記述東君或東皇太一，承襲歷史風氣已久，不必等待漢武帝時候。此又不深考而强爲之説。東君日神，與日主性質固同。然神之同性質者不必同名，即不必爲一祀，以神之發生地不同也。漢祠八神，又祠東君，明非一祠。且迎日出與太一何關也？豈許君以太一爲日神乎？候歲始乃占歲之法。其法自歲首立春日始，以陰晴占五穀豐耗。候竟正月。見封禪書、郊祀志。今北方俗猶如此。漢書藝文志雜占家有泰一雜子候歲二十二卷。使許君見之，必且喜以爲四時主即東皇太一，吾又得一證。然四時主是何神，太史公亦不知，故爲不定之詞，曰四時主蓋歲之所始。泰一雜子候歲，蓋以主使十六神太一所在占歲美惡。乃候歲之一法，非四時主之謂。且四時主是八神之一。八神在秦，已非貴神。寧可以四時主與九歌中號爲上皇之太一混爲一談而謂四時主即東皇太一乎？太一稱東皇，其事難解。余之假説如下。一東皇太一者，漢方士之言。自戰國齊威宣燕昭之時已使人入海求神仙。以燕齊近海，宜若可致也。秦始皇則數遣使，求之愈力。史記淮南王安傳，載伍被之言曰："秦使徐福入海求神異物。還爲僞詞曰：'臣見海中大神曰：汝西皇之使邪？臣答曰：然。汝何求？曰：願請延年益壽藥。'"此必故老相傳之言。福言外之意有"東皇"在。東皇必爲殊庭貴神無疑矣。及漢武因李少君言遣方士入海求神仙，燕齊怪迂方士多更來言神事。薄人謬忌奏祠太一方，於是太一有郊祀。齊人少翁以方見，於是太一有宮中之祠。漢武用方士言祠太一。而方士以祠祀方先後來見者多齊人。余因疑東皇太一之名，即方士少翁輩所立。蓋神仙在海中，而太一實主御群靈執萬神圖。漢時又有太一行九宮之説，見易乾鑿度下。鄭玄注謂"太一北辰神名，行九宮猶天子巡狩。"太一既主御群靈，又有時在第三宮震宮；方士之居齊者，既援太一以重其術，又援太一以重其所居。因謂太一爲東皇太一。此可能爲方士之言也。余爲此説，於漢書尚得三證。藝文志載神仙家有泰一雜子十五家方二十二卷。又有泰一雜子黄冶三十一卷。黄冶謂化丹沙爲黄金之術。見封禪書、郊祀志。明方士所傳仙術託之太一。證一。地理志載琅邪郡不其縣有太一仙人祠九所，武帝所起。於海上立太一祠，明欲於海上接天神。證二。王莽傳載莽下書曰："紫閣圖曰：太一黄帝皆僊上天。"紫閣圖蓋當時所謂秘書。太一爲天帝，而本是仙人。可悟方士言僊道必託附太一之故。證三。然東皇太一，除九歌外不見他書。故余不敢言此假説可成立。二東皇太一者，漢巫覡之言。古無星官太一之説。星官有太一，蓋自戰國時始。韓非子飾邪篇：魏數年東鄉，攻盡陶衛；數年西鄉，以失其國。此非豐隆五行太一歲星數年在西也，又非天缺弧逆數年在東也。此主使十六神太一也。史記天官書：中宮天極星，其一明者太一常居也。此天帝別名也。漢世所傳星占二家：一魏人石申，一齊人甘公。史記天官書多本石氏。漢書天文志，則兼取甘石二家之言。齊魏皆在東。戰國以來言仙道者皆燕齊人，而齊在中國最居東，余疑太一貴神之說本起於東。祠太一亦東方之俗。漢世方士之自東方來者多言太一。山東人之遷關中者，亦或喜言太一。巫覡習聞其言，但知太一爲貴神而不深究其說，遂目太一爲東皇太一。此可能爲巫覡之言也。然東皇太一除九歌外不見他書。故余亦不敢言此假說可成立。余於東皇太一曾加考慮。所考慮者，似比許君爲詳。然終不敢質言之。以考古貴有確據，事之難言者不得輕言之也。今許君之言乃勇決如此。是余之所難乃許君之所易。其道不同，固不敢冀彼此議論之合也。

（六）許謂日月星辰四時神爲漢前普祀，適合楚君祈神佑助者。凡許君駁余之說皆無謂。余具疏如上。此節標題命意既不可解，所論尤空洞不實。余若辯則徒費筆墨，若不辯，則許君所以主張九歌爲戰國時楚詞者固在是。無已，姑列其詞，略加評論，使讀者知之。許君之言曰：

> 史記封禪書載秦併天下，雍有日月參辰……風伯雨師之屬百有餘廟。秦八神之屬，上過則祠，去則已。郡縣遠方神祠者，民各自奉祠，不領於天子之祝官。秦代民間既各有所奉祠，那末楚人原有奉祀司命雲中君諸神，又何足怪呢？

許君所引封禪書此文，無一字提及司命雲中君。其論乃謂秦代民間既各有所奉祠，那末楚人原有奉祀司命雲中君諸神，又何足怪。此是何等辨證法也？又曰：

> 荆巫祠司命之屬，晉巫祠五帝東君雲中之屬，具載封禪書。晉楚密邇，且同用東土文字，風俗習尚相同，蓋可推知。九歌發生於楚，似無容疑。

封禪書載晉巫所祠原有司命，郊祀志無之，蓋偶脫此二字。許君引封禪書，乃於晉巫所祠神中刪去司命。何以見封禪書必誤而郊祀志必是也？漢高祖即位，立秦晉梁荆諸巫之祠，本以秦晉梁荆，皆先人所在之國。劉氏之先爲范氏。范氏世任於晉，故祠祀有晉巫。范會支庶留秦，爲劉氏，故有秦巫。劉氏隨魏都大梁，故有梁巫。後徙豐，豐屬荊，故有荊巫。見漢書高帝紀贊及注引文穎之言。所謂晉，指河東之晉。漢平魏豹，以其地爲河東太原上黨三郡者也。所謂梁，指戰國時魏所得宋地，漢以封彭越者也。所謂荊，指戰國時楚所得宋地，漢以爲沛郡，以豐沛屬之者也。沛郡與河東相去甚遠。許君乃以爲晉楚密邇。許君亦知封禪書所謂晉指何晉，所謂荊指何荊乎？史記貨殖傳敘"三河"及西楚、東楚、南楚風俗，漢書地理志敘趙地魏地及楚地風俗，各疏其不同。許君乃以爲同。其理由，是同用東土文字。許君何以知凡文字同者其風俗習尚必同乎？夫風俗因地方而異。故曰："入境而問禁，入國而問俗。"文字則不必因地方而異。故不同國者，不妨用同一文字。此理至淺也。許君乃謂風俗繫乎文字，其文字同者，其風俗習尚必同。此又是何等辨證法也？又曰：

> 何況楚懷王隆祭祀事鬼神，欲以獲福助卻秦師，明見於漢書郊祀志谷永説？

因楚懷王隆祭祀事鬼神，欲以獲福助卻秦師；即知九歌爲戰國時楚詞。此亦許君之辨證法。漢武何嘗不隆祭祀事鬼神，欲以獲福乎？又曰：

> 這幾篇祭歌，描寫神飾及其舉止之壯偉，想象不可思議的力量，籲祈佑助，鼓舞人心，這正合於楚國的希冀。若少司命之寫揮劍拒彗；東君篇之寫挽弓除暴；國殤篇之寫陣間戰鬭，其激勵敵愾，不亞於秦風的駟鐵、小戎、無衣等篇。

九歌是巫下神時所歌。故其詞多與所下之神相應。國殤是戰死之鬼，故寫兵事，其辭誠偉矣。然何以知爲戰國時楚歌？豈楚有國殤，漢無國殤乎？漢書魏相傳載相奏曰："孝文皇帝時以二月施恩惠於天下，祠死事者；頗非時節。"史游急就篇四云："謁禓塞禱鬼神寵。"古者祭殤於道，其祭名曰禓。故説文曰："禓，道上祭。"周禮春官宗伯："太祝辨九祭，二曰衍祭。"鄭玄注引鄭司農云："衍祭羨（音延）之道中，如今祭殤，無所主命，周祭，四面爲坐。"無所主命，謂不用珪幣。此漢祭殤之法也。東君日神。詞云："舉長矢兮射天狼。"此不過形容陽精之威力，無緣目爲戰國時楚歌。司命，天文家所言有三：一，三台六星上台之司命，主壽。即九歌中之大司命。所謂"何壽夭兮在予"者也。二,文昌六星第五星之司命,主滅咎,如太史。三虚北之司命,主壽命、爵禄、安泰、危敗、是非之事。九歌中之少司命非主壽者。詞云:"登九天兮撫彗星。"撫當讀爲撥,謂除去之也。豈少司命即主滅咎者乎? 此詠所主之事,亦無緣目爲戰國時楚歌。且詞云"懿長劍兮擁幼艾",非揮劍拒彗也。此處劍是飾,亦非用爲誅殺之具。許君誤矣。九歌如少司命已多暱語。"滿堂兮美人,忽獨與余兮目成。"蕩詞也。如湘君湘夫人則寫妖嬈之態或爲惆悵切情之語,其名句爲人傳誦。許君乃謂諸歌盡描寫神之壯偉,想象不可思議的力量,不知何所見而云然? 又云:

> 所用吳戈犀甲,自是楚物。短兵相接,亦係南方密林間應用。

謂吳戈犀甲是楚物,臆説也。用吳戈者,不必定爲戰國楚人。稱吳地不必定在戰國楚時。古者甲以革爲之,故考工記有犀甲兕甲。秦以來以金爲之,另造鎧字。而犀兕甲不廢。故淮南子屢言兕甲,後漢李尤鎧銘有"甲鎧之施,扞禦鋒矢。當其堅剛,或用犀兕"之語。亦非唯戰國時楚有犀甲也。且國殤除吳戈犀甲外,尚有秦弓,此又將何以爲説乎? "短兵相接,係南方密林間應用",語既不通,意亦非是。妄言也。漢書鼂錯傳:"錯上書言兵事曰:'兵法曰:山林積石,經川丘阜,草木所在,此步兵之地也,車騎二不當一。土山丘陵曼衍相屬,平原廣野,此車騎之地也,步兵百不當一。平陵相遠,川谷居間,仰高臨下,此弓弩之地也,短兵百不當一。曲道相伏,險阨相薄,此劍楯之地也,弓弩三不當一。'"弓弩長兵;劍楯短兵也。無弓弩則用短兵。如漢書吾丘壽王傳載公孫弘奏言"禁民不得挾弓弩,則盜賊執短兵。短兵接則衆者勝"是也。矢盡則用短兵,如王莽傳載"莽之漸臺,衆兵追之,圍數百重。臺上亦弓弩與相射。矢盡,無以復射,短兵接"是也。追兵及、弓矢失其效則用短兵。如季布傳載"丁公爲項羽將,逐窘高帝彭城西,短兵接"是也,是則古書言短兵接者,乃戰時形勢不可用弓弩,或無弓矢可用,因以短兵接戰,與作戰地之在南在北無關。今許君之言如此。是於"短兵接"三字尚未解也。若以南北地形言,許君所指出之地,正當用步兵。而國殤所寫,又非步兵。曰"車錯轂兮短兵接",曰"左驂殪兮右刃傷",曰"霾兩輪兮縶四馬",此兵車也。戰地又非山林積石,經川丘阜,草木所在。曰"出不入兮往不反,平原忽兮路超遠",此平原廣野也。其言如此,而許君以爲寫南方密林間之戰,不亦異乎? 前漢時戰,車騎並

191

用。故史書屢言車騎。史記靳歙傳:"將梁趙齊燕楚車騎。"馮唐傳:"魏尚爲雲中守。虜曾一入,尚率車騎擊之。"吳王濞傳:"吳多步兵,步兵利險。漢多車騎,車騎利平地。"匈奴傳:"發車千乘騎十萬長安旁,以備匈奴。"其言兵車及車士者:如史記夏侯嬰傳屢言"以兵車趣攻戰疾"。漢書陳勝傳:"行收兵。比至陳,兵車六七百乘,騎千餘。"馮唐傳:"拜唐爲車騎都尉,主中尉及郡國車士。"注引服虔曰:"車戰之士也。"皆戰用車之證。故國殤之寫兵車,於余之九歌爲漢歌詞説,並無妨礙。又曰:

> 楚懷王死於秦,楚人皆憐之。項燕爲楚將,有功;楚人憐之,或以爲亡。可見六國惟楚民爲有愛國心。故楚南公曰:楚雖三户,亡秦必楚。

六國惟楚民爲有愛國心,此武斷之言也。張良爲韓報仇之事,亦嘗聞之乎? 縱如許君所言,六國惟楚民爲有愛國心;此即可以證明九歌爲戰國時楚詞乎?

自此以下盡爲題外之文,本可不引。唯此題外文,許君或自以爲有關世道人心。其文雖淺而旨甚大,不可不引。許君之言曰:

> 我南土義民寧死不屈的精神,發揚蹈厲於祭神之傾,故九歌剛雄的風格,正開楚人將霸之氣,卻非西漢盛世之音。今日何日? 翹首而望,旅大接收無期,北疆則寇伺日深。楚君先以媚神致福,繼以冒險朝秦之不健全的心理,應共引爲羞鄙。楚民決心報復,三户亡秦的故事,卻應引以策勉。這是我的近感,雅不欲隨俗附和,作單調的疑古。質之孫君,以爲如何?

嗚呼,此許君南土義民之言也。許君之志甚偉,人甚正。吾讀許君此文知之。惜其言過狹,似謂義民盡在南土。吾今欲正告許君。凡有血氣之倫,莫不知愛其國。旅大孰不欲收復? 北藩孰不欲鞏固? 南土固多義民,河朔亦豈可謂遂無烈士? 許君之志,即河朔人之志。此不容致疑者也。唯此乃家國問題,非學問問題。若以學問言,則當實事求是,唯真理是從。舊説之是者,不必强欲推翻。舊説之可疑者,亦不必强加擁護。若乃見仁見智各有不同,不妨虛心討論。苟其證據確鑿,即文終不可掩,勿作無益之爭可也。今讀許君此文,則知其雅不欲隨俗附和作單調之疑古者:實緣

有感於時事，旅大則接收無期，北疆則寇伺日深，鄙楚君媚神朝秦之不健
全心理，而引三戶亡秦事以自策勉。吾一鄙儒，研究楚詞，偶覺九歌非戰
國時楚歌，爲文以破舊説，初不知九歌問題，與眼前國家大事關係若是之
深也。夫九歌果爲楚懷王時歌，則許君之感慨爲不虛。九歌而果非戰國
時楚歌，則吾文之作，亦不可逕目以單調疑古，牽涉國家大事，被以不義之
名。問題在九歌是否楚懷王時歌，許君之言與吾之言，孰爲有典據孰爲合
理耳。凡許君駁吾者，余已逐條答辨。許君倘見吾文，願許君更思之。余
之宗旨，略見前文。今此文所説，以許君難吾者爲限，其言已盡。不暇頻
爲此事作文也。

一九四七年十月二十一日寫訖
載學原第二卷第四期

漢魏晉南北朝樂府詩選序例

一　漢樂府

漢承秦之後,雅樂已衰,周詩聲律間有存者,僅用於鄉射辟雍及太樂食舉曲中;自郊廟神靈以及燕享所用,莫非鄭聲。周樂既不行於漢,其詩體亦衰;故今所見漢四言詩,率無可取。其漢樂府詩,今所存者,可別爲五類:

一曰安世房中歌——高祖姬唐山夫人所作,祭宗廟之詞也。

二曰郊祀歌——武帝時文臣所作,祀太一后土諸神之詞也。

三曰短簫鐃歌——其詞蓋出武帝宣帝之世,從行或燕享之詞也。(鐃歌本軍歌,亦用以充庭;故今所見漢鐃歌十八首,多燕享之詞。)

四曰相和歌及清商曲——本里巷歌謠,漢魏世後宮女樂所習,統於清商令者也。

五曰舞曲——其目有鐸舞、巾舞,亦燕享時用之。

此五者,房中歌、郊祀歌體似詩頌,其詞典奧,頗無可採,巾舞、鐸舞,詞與聲雜,不可句讀,今皆略之。鐃歌聲詞亦雜,不甚可解,今取其詞意明顯者。相和、清商,有雜言者,有純五言者,其詞既多採自民間,以詩論乃國風之遺,以體論又爲五言之祖,究漢代文學者,莫尚於是矣。此類詞以沈約宋書及郭茂倩樂府詩集所錄考之,尚可得二三十首,今錄其尤著者若干首。

樂府詩集所錄有"雜曲歌詞",中有漢人曲詞,辛延年羽林郎,宋子侯董嬌饒,及古辭焦仲卿妻,其最著者也。雜曲者蓋不知爲何類之曲,余疑詩集所錄漢人雜曲,非相和即清商曲,以相和、清商乃漢魏最流行之樂,且觀其詞意與相和、清商爲近也。然相和、清商本出民間歌謠,民歌不必盡被之管絃,如焦仲卿妻長歌,殆亦不歌而誦者歟?玉臺新詠錄焦仲卿,云出漢末建安中，近人或疑爲五代劉宋時詩。按玉臺新詠，乃梁太宗爲太子時令徐陵與父摛所編；其時去宋未遠，摛之生且在宋時；苟詩爲宋人作，陵父子何竟不知之而誤爲漢，且明指出爲建安中詩也。太宗在東宮時，所置學士，極天下之選，焦仲卿之目爲漢詩，必當時講求討論有所據而云然。今選古詩，亦以焦仲卿入漢詩云。

文選録李陵與蘇武詩三首，蘇武詩五首，詞雖樸茂，而語意多複，非五言詩之至者。文心雕龍明詩篇已疑之，今不取。范曄後漢書列女傳載蔡琰詩二首，其一爲五言，其一爲騷體，宋人亦疑其非真，謂曄不知而誤採；然曄書本删諸家漢書而成，其載是二詩或有所據。其餘諸家詩散見各書者，大抵爲東漢人，不見西漢之作，豈非五言詩起於東漢歟？晉摯虞文章流別，稱五言七言，于俳諧倡樂多用之。（藝文類聚五十六引）明五七言本爲倡樂之詞，文人效其體乃有五七言詩之作。而五言在四七言之間，以之叙事抒情，差爲便利，久之遂爲通行詩體。然最初文人效俳優爲詩，終不如俳優之熟；故今所見東漢文人所撰五言詩，反不如相和、清商諸詞之爲五言者也。今於漢文人五七言詩，但取張衡同聲四愁，蔡琰悲憤，及趙壹疾邪三詩，餘概從略。雖孟堅史才，其詠史一章今亦不取，因選詩以詩論不以人論也。

漢歌詩有後人代題作者姓名者，如飲馬長城窟，文選二十七及樂府詩集三十八均云古辭，而玉臺新詠以爲蔡邕作。文選古詩十九首不著作者，而行行重行行等八首玉臺新詠以爲枚乘作，冉冉孤生竹一首文心雕龍明詩篇以爲傅毅之詞，殆不然矣。去者日以疎、客從遠方來二首，鍾嶸詩品上云：“疑是建安曹王所製。”疑是陳思，亦非確然有據之言也。余疑古詩十九首，其始皆爲樂府。觀生年不滿百，宋書題西門行，云“大曲瑟調古辭”；冉冉孤生竹、驅車上東門，樂府詩集七十四、六十一引，均以爲“雜曲古辭”可知。且宋書所引西門行，本雜言，與文選所引爲純五言者不同，由是知文選所録，乃由樂府詞翦裁而來。此三首爲樂府，然其他亦未必不爲樂府明矣。唯文選、玉臺新詠所録古詩，今不能一一明其出於何曲，今録漢無名氏古詩，其明知爲樂府者逕入樂府，其不可考者但據文選、玉臺新詠書之。

二　魏晉南北朝樂府

魏晉南北朝詩分二類：一曰樂府詩，一曰擬樂府及五言詩。屬於第一類者又分三類：一、魏三祖及東阿王植所撰相和、清商諸曲，此以帝王效街陌歌謠之體，親製曲詞，付之倡優，以備宮中之樂者也。二、江左所行吳歌雜曲及荊楚西聲，其詞自晉以來迄于陳遞有增益，此本平民歌詞漸被之管絃者也。三、梁鼓角橫吹曲，其始本鮮卑慕容氏拓跋氏之歌，馬上所奏，經戰亂傳於南，梁樂府所習目爲胡吹者也。此三者，皆爲入樂之詩。其屬于第二類者，自魏東阿以下庾鮑陶謝諸人所撰所擬者是也。此爲不入樂之詩。今各因其類，説明如下：

　　漢之清商，世人目爲鄭音。（張衡西京賦："嘲清商而卻轉。"薛綜注云："清商，鄭音。"）鄭音者，俗樂之謂也。實則漢樂除不常用之周頌雅樂外，餘皆是鄭音，清商之目爲鄭音者，特以其爲燕私之樂，別於太樂雅樂而言之耳。魏之於漢，其樂不殊，郊廟食舉以及黃門鼓吹，悉用漢樂；而清商以常御之故，特爲世重，三祖風流，親爲製詞，無形中遂提高清商之地位。爰及晉宋樂府，肆習不輟，不唯音足尚，亦重其人也。今觀三祖東阿王所製相和、清商諸詞，其每一曲句讀，雖間有出入，不盡一律，然據其多數言之，似有定型。如燕歌行例爲七言，短歌行例爲四言，長歌行、苦寒行例爲五言是。由是知當時製曲，蓋如後世之填詞；其同一曲而諸篇句法有不同者，亦如後世製詞，同一牌名，而句有繁簡之異，蓋句雖不同而皆可合調入律也。漢之相和、清商，本街陌歌謳。其入樂也，乃因其歌聲以樂和之。三祖之曲，乃純爲因樂定詞者。既因樂定詞，則其製詞也，非出於無意，故今所見三祖曲，其篇章雖富，而其詞則不如漢諸曲之自然，有蹇拙之詞，有舖排堆積之句。此緣臨時造作，牽合聲律，致有此弊，非才短也。然魏武雄才，登高必賦，時能自見其性格；文帝風流儒雅，作亦閑麗；唯明帝無甚可觀。至於子建，則發揚蹈厲，有非聲律所能限制者矣。今於武帝、文帝、東阿王植各選一二篇，以見一斑。晉之張華、傅玄、陸機，皆有清商曲辭，其詩或是爲樂而作。又張駿亦有薤露行、東門行。永嘉之亂，五都淪覆，清商樂分散。張氏保涼州，獨存晉樂，有清商。其詩亦是樂歌無疑。唯陸機及二張詞俱平，休奕稍勝，亦非絶作，今俱不取。

　　漢之相和歌、清商曲，本街陌歌謳也，以魏"三祖"嗜之而貴，以"三祖"親製曲而益貴。及永嘉渡江，音傳至江左，以其爲中朝舊音則尤貴。故昔之目爲鄭音者，至南朝則爲正聲雅樂矣。然雅正者不祥之名詞，凡曲之被目爲雅者，即其曲已不通行之徵，以人所嗜者新聲俗曲，古今一理也。是以魏三祖之曲，至宋而衰。南齊書卷三十三王僧虔傳載僧虔於宋昇明中上表，稱"今之清商，實由銅爵'三祖'風流，遺音盈耳，京洛相高，江左彌貴。而情變聽移，稍復銷落，十數年間，亡者將半。自頃家競新哇，人尚謠俗，務在噍殺，不顧音紀。宜令有司務勤功課，緝理遺逸，所經漏忘，悉加補綴”云云。“三祖”曲至宋末乃至缺亡，須有司緝理補綴，則其曲之不振可知也。吳歌雜曲，其發源地在建業，西曲出於荆郢樊鄧之間。此二者始亦民間歌謳，既而被之管絃。吳歌之遠者或出於漢，餘皆晉宋以來所增。今樂府詩集卷四十四至五十一所收此等曲，不下數百首，大抵男女相悦之詞，即僧虔所謂“新哇謠俗”者也。以吳歌西曲視清商曲、相和歌，一則中原舊聲，一則吳楚新聲；一則樸實言情敘事，一則盡是狎媟之詞，雅俗之判顯然矣。然此特以聲音文句論，若以樂器論，則所用鐘、磬、琴、瑟、箜篌、琵琶、笙、箏、塤、箎之屬無不同者，固皆中國音樂，與北朝所尚胡聲異也。是以魏得南音，以江南吳歌荆楚西聲，與相和諸曲，總謂之清商樂；隋得陳聲，總謂之清樂。蓋諸音自北人視之，以爲此皆華夏正聲爾，不暇於南音之中，更分別雅俗也。然此魏人隋人所謂清樂者，至唐開元中，其聲亦絕。清樂之不敵胡樂，亦緣胡樂爲當時流行之樂，而清樂乃前朝舊音也。晉以來所行吳歌西聲歌曲，其原委如此。至其詞樂府詩集所收既衆，且多短章，語意重複，今約取之，不暇多録，亦無須多録也。

　　樂府詩集卷二十五載梁鼓角橫吹曲二十餘曲，其曲有曰慕容垂者，鮮卑慕容氏之歌也；有曰高陽王樂人者，元魏之歌也。其折楊柳歌云：“我是虜家兒，不解漢兒歌。”明是虜歌矣，顧何以目爲梁鼓角橫吹曲？豈非樂府詩集誤編乎？余謂樂府詩集此卷收北歌，決非誤編，請以三事明之。詩集此卷諸曲釋題多引古今樂録，明諸曲詞據古今樂録引。古今樂録乃陳沙門智匠於陳宣帝太建初年撰，倘諸曲非梁時所引，智匠斷不目爲梁曲，此其一。此卷隴頭流水歌釋題引古今樂録曰：“樂府有此歌曲，解多於此。”隔谷歌釋題引古今樂録曰：“前云無辭，樂工有辭如此。”樂府者，陳樂府；樂工，陳樂工也。明曲陳時尚有之。陳曲當因梁曲。此其二。且以此諸曲爲梁曲，不僅樂府詩集而已，舊唐書音樂志亦然。志稱“後魏樂府始有北歌。今存者五十三章，其名目可解者六章：慕容可汗、吐谷渾、步落稽、鉅鹿公主、白淨王太子、企喻也。其曲多可汗之詞，知此歌是燕、魏之際鮮卑歌。歌音詞虜，竟不可曉。梁有鉅鹿公主歌辭，似是姚萇時歌，辭華音美，與北歌不同。梁樂府鼓吹有大白淨皇太子、小白淨皇太子、企喻等曲，隋鼓吹有白淨皇太子曲，與北歌校之，其音皆異。”企喻、鉅鹿公主，樂府詩集均有其詞；大白淨皇太子、小白淨皇太子詞亡。然卷首序引古今樂録亦有其目，云是梁樂府鼓吹舊曲。據唐志所記，知當時鮮卑歌本分行于南北，其行於北者是虜音，唐人所見本是；其行於南者已譯爲華言，樂府詩集所錄是。梁鼓吹用北歌以備四夷之樂，不必疑樂府詩集誤收。此其三。以此三事徵之，則鮮卑諸少數民族歌在北方因虜音難曉，浸至失傳者，幸於梁保存其譯本，亦異數也。顧北歌何由傳至南，余謂此問題易解。自晉、宋以來，南之與北，用兵者數矣。魏孝文、宣武用兵淮漢，因得相和清商諸曲，南歌因北師勝而入北，北歌亦可因南師勝而入南。晉破苻堅，宋武滅南燕後秦，皆俘其主。梁武時魏諸元來降，使陳慶之送魏北海王顥入洛，雖大功未竟，亦深入內地。北歌之入南，當在此等時。梁鼓吹之有北歌，其事無可疑也。今讀其詞質直俊爽，大勝吳歌西聲諸詞，不能盡錄，擇其尤者。至北齊斛律金所唱敕勒歌，爲千古絕調，今附梁譯北歌之後。

樂府詩集梁鼓角橫吹曲附木蘭詩二首，其第一首乃世所傳誦者，第二首文異而氣格甚卑。郭茂倩釋題引古今樂錄曰：“木蘭詞不知名。”又自釋之曰：“浙江西道觀察使兼御史中丞韋元甫續，附入。”據此，知第一首乃郭茂倩據古今樂錄引，第二首乃郭茂倩所附入者。文苑英華則二首並題“韋元甫”。木蘭爲南北朝詩，自來選詩者無異議。近胡適之先生撰白話文學史，亦以木蘭詩附梁譯鮮卑北歌之後。而近人乃有定爲隋唐詩者。其認爲隋詩者，如已故姚大榮先生是，謂詩中可汗乃劉武周也。其認爲唐詩者，某氏於所撰樂府文學史中有是説。其言曰：“樂府詩集引古今樂錄曰：‘木蘭不知名，浙江西道觀察史兼御史中丞韋元甫續附入。’據此木蘭詩始由韋元甫傳出，余疑皆韋氏一人之作，英華所題不誤。”余謂某氏之言誤矣。樂府詩集木蘭詩釋題，自“浙江西道”以下乃郭茂倩之詞，以上乃引古今樂錄之詞。某氏不察，乃通以爲古今樂錄語。不知元甫唐人，肅宗時官浙江西道觀察使。（據新唐書韋元甫傳乾隆浙江通志一一二浙江西道諸使條。）撰古今樂錄者乃釋智匠，智匠陳宣帝時人，豈有陳宣帝時人撰書而知百八十餘年後唐有韋元甫乎？且以元甫詩與木蘭原詩較，不唯氣格不同，即叙事亦不同。原詩所記山川如黃河、黑山，皆在今綏遠境內，唐杜牧有木蘭廟詩云：“彎弓征戰作男兒，夢裏曾驚學畫眉。幾度思歸還把酒，拂雲堆上祝明妃。”新唐書地理志云：“中受降城有拂雲堆祠。”唐中受降城在今綏遠烏喇特旗境內，以牧詩及木蘭詩考之，木蘭出征之經行地可要略推知，要之不出今綏遠境。元甫詩所記山川地名，如雪山（即祁連山）、青海、燕支、于闐皆在今甘肅、青海、新疆境內。據原詩、木蘭是北征，據元甫詩木蘭乃是西征，何一人之作乖異如此也！故木蘭詩二首決非元甫一人作，英華並題元甫，乃傳寫之誤，其事甚明。至木蘭原詩，其時代雖不可確知，然陳釋智匠已引此詩,則詩出必在陳之前,疑亦北歌之入南者耳。宋魏泰臨漢隱居詩話云:"古樂府木蘭詩、焦仲卿詩,皆有高致。世傳木蘭詩爲曹子建作,似矣。然其中云'可汗問所欲',漢魏時夷狄未有可汗之名,不知果誰之詞也?"據此知宋時有魏曹植之説,余謂以木蘭詩繫曹魏固誤,然若將時代下移,以詩屬之拓跋魏,則似相當矣。豈非因後魏而訛爲三國魏,因三國魏子建名最者,而訛爲子建乎? 今録木蘭詩,依樂府詩集附梁鼓角橫吹曲之後,目爲北歌,或無大誤。至其詞或曾經後人潤色,如詩中忽云"可汗",忽云"天子",稱謂不統一,即文字脩改未淨之證。要之,去原文當不甚遠耳。

原載一九四六年北平紅藍出版社新思潮第一卷第四期

劉裕與士大夫

沈約宋書卷五十二,有庾悦、王誕、謝景仁、袁湛、褚叔度五人的贊。這首贊不過四十五箇字,但很有意思。原文鈔在下面:

> 高祖雖累葉江南,楚言未變,雅道風流,無聞焉爾。凡此諸子,並前代名家,莫不望塵請職,負羈先路,將由庇民之道邪?

雅道風流,是士大夫的風尚。而劉裕並没有雅道風流。可是,那時前代名家的士大夫,都爭着給劉裕作事。這是什麽緣故? 難道他們爲的是救民嗎?

劉裕是一個俗人,史書中記得很明白。現在,略説一説。

第一,是沈約所説的"楚言未變"。西晉都洛,洛音便是標準音。渡江後,因爲皇帝和政府中的要人都是北方人,所以,士大夫説話依舊是洛音。在南朝,如果一個貴達的人不能作洛音,是可恥的事。所以宋書顧琛傳説:顧琛,吳郡人,與會稽孔季恭、季恭子靈符、吳興的丘淵之,吳音不變。特別指出這一點,認爲是他們的短處。南史胡諧之傳説:諧之,南昌人,家人傔音不正。齊高帝賞識他,要他和貴族作親,便教宮人四五人往諧之家教子女語。劉裕是彭城人,彭城是西楚。但從他的高祖混已經過江居丹徒。丹徒去都密邇,本容易學洛音。因爲他本貧賤,微時没有和膏粱世胄接觸的機會,所以只是楚言,不能作洛音。不但他,他的弟弟長沙王道憐據宋書本傳説話也是楚音。一個人從田舍翁作到宋王,從宋王作了皇帝,成了士大夫的主子,而説話還是楚音。這從士大夫的眼光看起來,自然是不雅的。

第二,他寫的字不好。南朝的士大夫都能寫字。被劉裕打倒的人,如桓玄、劉毅、諸葛長民、盧循,都愛法書,都能寫字。開國的皇帝如蕭道成、蕭衍,因爲起自儒生,也都能寫字。劉裕是以軍事成功的人,是開國的皇帝，可是，他寫的字不好。宋書卷四十二劉穆之傳中有一段記此事：

> 高祖書素拙。穆之曰："此雖小事，然宜彼四遠，願公小復留意。"
> 高祖既不能厝意，又稟分有在，穆之乃曰："但縱筆爲大字，一字徑尺，
> 無嫌大。既足有所包，且其名亦美。"高祖從之，一紙不過六七字
> 便滿。

根據這一段記載，知道劉裕對於寫字不肯下功夫，天分又低。和蕭道成、
蕭衍比起來，該大有愧色了。唐竇臮述書賦説："宋武德興，法含古初。見
答道和之啟，未披有位之書。觀其逸毫巨麗，載兆虎變。高躅莫究其涯，
雄風於焉已扇。猶金玉鑛璞，包露貴賤。"德興是劉裕的字，道和是劉穆之
的字。劉穆之嫌劉裕的字不好，才教他寫大字。劉穆之是事奉劉裕的，曉
得劉裕的字不好，唐朝的竇臮卻説劉裕的字"逸毫巨麗"，這話不大可信。
但又説"高躅莫究其涯，金玉鑛璞，包露貴賤"，可見劉裕的字是不好的。

第三，他的文學不好。南史卷十九謝晦傳有記載：

> 帝於彭城大會，命紙筆賦詩。晦恐帝有失，起諫帝，即代作曰：
> "先蕩臨淄穢，卻清河洛塵。華陽有逸驥，桃林無伏輪。"於是群臣
> 並作。

這事發生在義熙十四年。這時，劉裕已平關洛，回至彭城，受了宋公九錫
之命。眼看天命有歸，非常高興。因侍中孔季恭辭事東歸，劉裕便以九日
出游項羽戲馬臺，爲季恭餞行。這時得意忘形，便想學士大夫的風雅，於
席上作詩。謝晦是他的心腹部下，僅次於劉穆之，恐他丟臉，立刻諫止他，
替他作一首詩。這是謝晦的忠，所以劉裕不怪。

第四，他没有學問。宋書卷六十四鄭鮮之傳也有記載：

> 高祖少事戎旅，不經涉學。及爲宰相，頗慕風流。時或言論，人
> 皆依違之，不敢難也。鮮之難必切至，未嘗寬假，要須高祖辭窮理屈，
> 然後置之。高祖或有時慚恧，變色動容。既而謂人曰："我本無術學，
> 言義尤淺。比時言論，諸賢多見寬容，惟鄭不爾，獨能盡人之意。甚
> 以此感之。"時人謂爲"格佞"。

鮮之爲人通率，言無所隱，所以有時使劉裕變色動容。但他本是劉裕的人，爲劉裕所親遇。他是劉毅的舅，卻始終不站在劉毅一面。所以，劉裕也不怪他，並且肯服倒，説自己"本無術學，言義尤淺"。

説京洛話，寫得好字，作得好詩，能談義，這四樣是士大夫的裝飾品。劉裕一樣也不會。沈約在齊朝所侍候的主子是風雅的，所以對晉末士大夫的依附劉裕，覺着有點不可解。

其實這事容易解，沈約也未嘗不解。他作宋書袁粲傳贊，已經解釋了。"開運闢基，非機變無以通其務"。當時士大夫之附劉裕，是識機變的。晉朝自義熙以來，大權握在劉裕手中。那時，雖然還有晉朝的皇帝，但晉朝命運是注定了不可挽回的了。雅道風流，固然是士大夫的風尚，但士大夫階級之所以成立，是因爲有好門第，有好官。一個人如果沒有好門第沒有好官，便是雅道風流，也還是寒人。義熙末，是劉裕開運闢基的時候。這時的士大夫，若不識機變，便不能保持士大夫的地位，前代名家，從此也將退爲寒宗。他們能够退爲寒宗嗎？

南朝最重的是膏粱世德。這些膏粱世德們，輩輩作顯官，朝代雖換，門閥不改。王謝諸族的貴盛所以能維持許久，固然因爲當時的實力派拉攏他們，要他們幫襯，實在也因爲他們識機變，隨時與實力派勾結妥協，積極的幫忙，消極的不反對，這樣，纔能軒蓋承家，在悠長的數百年中，造成了不變的特殊地位。其中也有不識機變的，如袁湛的姪孫袁粲、褚叔度的姪孫褚炤，但這樣的人太少太少了。

以下所引宋書褚叔度傳一節，便是當時名家作的好事：

> 叔度長兄秀之。秀之妹，恭帝后也。秀之弟淡之。雖晉氏姻戚，兄弟並盡忠事高祖。恭帝每生男，輒令方便殺焉。或誘賂內人，或密加毒害，前後非一。及恭帝遜位，居秣陵宮，常懼見禍，與褚后共止一室，慮有酖毒，自煮食於牀前。高祖將殺，不欲遣人入內，令淡之兄弟視褚后。褚后出別室相見，兵人乃踰垣而入，進藥於恭帝。帝不肯飲，乃以被掩殺之。後會稽郡缺，朝議欲用蔡廓，高祖曰："彼自是蔡家佳兒，何關人事？可用佛！"佛，淡之小字也。

淡之兄弟爲自家前途門戶打算，作這種傷天理的事情，真不知人間有羞恥事。沈約知道這些名家的行爲，所以在宋書孝義傳後，爲他們發了一段議論：

　　漢世士務治身，故忠孝成俗。至乎乘軒服冕，非此莫由。晉宋以來，風衰義缺，刻身屬行，事薄膏腴。若夫孝立閨庭，忠被史策，多發溝畎之中，非出衣簪之下。以此而言聲教，不亦卿大夫之恥乎？

　　沈約在宋朝已經作了官。由宋入齊，受文惠太子的親遇。齊衰，又成了蕭衍佐命之臣，並非不識機變的人。但他這一段議論卻慨乎言之，是有關世道的大議論。他知道"刻身屬行，事薄膏腴。孝立閨庭，忠被史册，多發溝畎之中，非出衣簪之下"，以爲這是卿大夫的恥辱，這是良心話。從修史的態度看，我們不能菲薄他。

原載一九四八年九月二十日中建第三卷北平版第五期

鮑照與蕪城賦

鮑照，宋書、南史俱附於臨川烈武王道規傳。二書記照事無大異同。南史雖較詳，然所增者亦僅"照始謁義慶，未見知。欲貢詩，人止之。照不從。奏詩，義慶奇之，擢國侍郎，甚見知賞。遷秣陵令"一段耳。其異者：宋書云："世祖以照爲中書舍人。"世祖者，孝武帝也。南史云："文帝以爲中書舍人。"與宋書既不合；而恩倖傳序云："舍人亦稱通事。宋文世，秋當、周赳，並出寒門。孝武以來，士庶雜選，如東海鮑照，以才學知名。"謂照爲舍人，在孝武世，亦自相乖異。考齊虞炎鮑照集序云："孝武初，除海虞令，遷太學博士，兼中書舍人，出爲秣陵令，又轉永嘉令。"炎爲此序，在永明中，與沈約撰宋書同時。然則照爲中書舍人，實在孝武時。南史云在文帝時者，蓋南史於諸帝，例稱其諡，不稱廟號，此處記照官中書舍人事，即用宋書文，改世祖爲文帝，乃一時之誤也。照卒，史不言何年，但云："臨海王子頊爲荆州，照爲前軍參軍，掌書記之任。子頊敗，爲亂兵所殺。"考宋書，子頊爲荆州，在孝武大明六年七月。其附晉安王子勛，與子勛俱賜死，在明帝泰始二年八月。照爲亂兵所殺，必在泰始二年。虞炎謂照年五十餘，則當生晉安帝義熙中。三續疑年錄謂照年四十餘，誤也。

照爲蕪城賦，文選李善注："集云：登廣陵故城。"（今鮑氏集云"登廣陵城作"。）又引漢書云："廣陵，江都易王非、廣陽厲王胥皆都焉。"善意謂故城乃漢故城。據此，則照蕪城賦爲憑弔古跡而作，無深意也。然此賦極寫荒涼淒慘之狀，至云："壇羅虺蜮，階鬭麏鼯。木魅山鬼，野鼠城狐。風嗥雨嘯，昏見晨趨。飢鷹厲吻，寒鴟嚇雛。伏虣藏虎，乳血殂膚。"果屬弔古，何言之痛又如是？故余疑照此賦，雖寫故城，實隱指時事，非純爲弔古而作。其事爲何？則孝武大明三年廣陵之役是也。

宋書竟陵王誕傳："大明元年出爲南兗州刺史。"宋南兗州治廣陵。誕以功高爲孝武所猜。三年，乃使有司奏誕"規牧江都，希廣兵力。矯稱符勑，設牓開募。奸情猜志，歲月增積。皇穹所不覆，后土所不容，宜絕誕屬

204

籍,削爵土,收符廷尉法獄治罪"。上佯不許,而遣坦闓、戴明寶襲誕。誕擊闓殺之。明寶逃還。上乃又遣車騎大將軍沈慶之討誕。誕無兵而深得人心,皆願爲之守。慶之名將,率精旅萬計,遷延七十餘日始克之。殺誕,葬於廣陵,並屠其城。南史誕傳稱:"帝命城中無大小悉斬。慶之執諫,自五尺以下全之。於是同黨悉伏誅。城內女口爲軍賞。男丁殺爲京觀,死者尚數千人。海風晨雨夜,有號哭之聲。"即賦所謂"風嗥雨嘯"者也。其時隸沈慶之攻誕者,尚有宗越。據南史宗越傳,通鑑卷一二九宋紀,廣陵城陷,孝武使悉殺城內男丁。越受旨行誅,躬臨其事,皆先剖腸抉眼,或笞面鞭腹,苦酒灌創,然後斬之。其慘毒如此。孝武乃無道之主,宋書孝武紀論痛言之。其推刃同氣,遷怒於人民,尤慘無人理。當時臣僚雖多附會上意,然如蔡興宗已敢爲正論。照於是蓋亦不能無感耳。虞炎序照集云:"照孝武時由中書舍人出爲秣陵令。"南史稱:照遷秣陵令,文帝以爲中書舍人,與炎所叙不合。或照在文帝、孝武朝均曾爲秣陵令,亦未可知。如從炎説,則照爲中書舍人秣陵令,俱應在大明六年子頊爲荆州之前。意大明三年廣陵破時,照方官京畿,其殺戮之慘,不唯知之甚悉,且曾至廣陵,目睹其殘破之狀,心所謂不可,不敢明言,故事後託爲斯賦以傷之。且誕以文帝元嘉二十年封廣陵王,二十一年以南兗州刺史鎮廣陵,其敗也,又在廣陵。以廣陵始,以廣陵終,以誕擬漢之廣陵厲王,誰曰不宜? 余故曰:照賦蕪城,實隱指時事,非純爲弔古而作也。

　　照爲樂府詩甚道,其賦蕪城,亦饒有骨力,非顏、謝所及。顧當時人以險俗目之。險者,不平易之謂。六朝人謂服怪衣裳爲險衣,今人猶謂作詩押窄韻爲險韻也。俗者,不用事之謂。以險俗爲不足取,豈作詩必用事必俯同時人,然後可乎? 照之文險俗,正照文之所以高也。宋書、南史記照事皆略。余故稍考其事,且推求其所以賦蕪城者,以告世人,爲研究文學史之助。豈敢云得古人之用心,亦略抒所見而已。

原載一九四六年十月北方日報文史副刊

北齊弄癡人石動筩

太平廣記卷二四七引啟顔録，記石動筩三事：一與北齊高祖猜謎；二在高祖前評郭璞游仙詩；三在國學中與博士論孔子弟子。第三事最有風味，現在鈔在下面：

嘗於國學中看博士論，云孔子弟子達者七十二人。動筩因問曰："達者七十二人，幾人已着冠？幾人未着冠？"博士曰："經傳無文。"動筩曰："先生讀書，豈合不解！孔子弟子已着冠者有三十人，未着冠者四十二人。"博士曰："據何文以辨之？"曰："論語云：冠者五六人，五六三十人也；童子六七人，六七四十二人也，豈非七十二人？"坐中皆大悦。博士無以復之。

此一事頗爲人傳誦。啟顔録此條記動筩事雖詳，而没有指明他的身分。但説是近臣而已。北齊書有兩處提到石動筩，都説是伶人。一處是尉景傳（卷十五），作石董桶，文云：

景以勳戚常被委重，而不能忘懷射利。厙狄干與景在神武坐，請作御史中尉。神武曰："何意下求卑官？"干曰："欲捉尉景。"神武大笑，令優者石董桶戲之。董桶剥景衣曰："公剥百姓，董桶何爲不剥公！"神武誡景曰："可以無貪也。"

神武即高祖歡。中"捉"，古雙聲字。"中尉"音近"捉尉"。此傳所記，不但動筩的話是戲，即厙狄干的話亦是戲。當南北朝時，大家都喜歡説笑話，都能談。這是一個例。一處是皇甫玉傳（卷四十九方伎傳），作"石動統"。文曰：

　　玉善相人。顯祖即位,試玉相術。故以帛巾袜其眼,而使歷摸諸人。至於顯祖曰:"此是最大達官。"至石動統曰:"此弄癡人。"

顯祖即文宣帝洋。據此傳,知動筩於霸朝事神武,至文宣稱帝時猶存。弄癡今言裝傻。中國古代的戲都是滑稽戲。滑稽戲中優者以裝傻爲務。所以古呼優人爲弄癡人。唐張鷟朝野僉載,稱太宗時有散樂高崔嵬,善弄癡。可見唐人扮戲猶有弄癡之目,不但北朝有此語也。

　　　　　　　　原載一九四五年二月十五日北平益世報

唐章懷太子賢所生母稽疑

新唐書卷八十一載高宗八子。後宮劉，生忠。鄭，生孝。楊，生上金。蕭淑妃，生素節。武后生弘、賢、中宗皇帝、睿宗皇帝。此所書高宗八子，以其生年之先後爲次第。弘第五，賢第六，中宗第七，睿宗第八。然武后所生四子，自爲行第。故弘第一，賢第二，中宗第三，睿宗第四。中宗顯慶元年十一月生，睿宗龍朔二年六月生。舊唐書中宗睿宗本紀及唐會要卷一帝號篇所記同。弘新舊書本傳皆云上元二年薨，年二十四。通鑑卷二〇二，上元二年書云："夏四月己亥太子薨於合璧宮。"不云年若干。而卷二〇〇顯慶元年正月書云："立皇后子代王弘爲皇太子，生四年矣。"從兩唐書弘上元二年薨年二十四之說，則弘生永徽三年。從通鑑顯慶元年弘生已四年之說，則弘生永徽四年。考會要卷二追諡皇帝篇云：孝敬皇帝諱宏。注云：高宗第五子，永徽四年正月封代王。舊書弘傳云：永徽四年封代王，無正月二字。如弘永徽四年生，其生月必爲正月。以弘封王即在是年正月也。（金石萃編卷五十六載唐高宗御製孝敬皇帝叡德紀云："年纔一歲，立爲代王。"）然舊書高宗本紀、通鑑卷一九九，俱書："永徽六年正月庚寅，封皇子弘爲代王，賢爲潞王。"新書弘傳亦云："永徽六年始王代，與潞王同封。"弘六年封代王，固與弘三年生之言不相妨。惟通鑑顯慶元年年四歲之言，不可解耳。舊書高宗紀："永徽五年十二月戊午，發京師，謁昭陵。在路生皇子賢。"是賢之生年可稽也。舊書賢傳、通鑑卷二〇三，俱云：文明元年，賢自殺。自永徽五年至文明元年，實爲三十一年。則賢年三十一。而舊書賢傳云"年三十二"。如其說是，則賢生永徽四年，不生五年矣。如通鑑顯慶元年弘四歲之說有據，則永徽四年，武后生弘又生賢。婦人一年生二子雖非不可能，然事不常見。新書賢傳云："年三十四。"如其言是，則賢生永徽二年，無論弘生於永徽三年或四年，賢之生均在弘以前。而史固言弘高宗第五子，賢高宗第六子也。此亦不可解者也。

弘爲太子二十年而薨。其死不明。通鑑卷二〇二上元二年紀其事云：

　　太子弘仁孝謙謹，上甚愛之。禮接士大夫，中外屬心。天后方逞其志，太子奏請，數迕旨，由是失愛於天后。義陽、宣城二公主，蕭淑妃之女也，坐母得罪，幽于掖庭，年逾三十不嫁。太子見之，驚惻，遽奏請出降。上許之。天后怒，即日以公主配當上翊衛權毅、王遂古。四月己亥，太子薨于合璧宮。時人以爲天后酖之也。

舊書卷八十六弘傳云：上元二年，太子從幸合璧宮，尋薨。蓋仍唐國史舊文。不言酖死，爲武后諱之也。新書卷八十一弘傳則逕云：上元二年，從幸合璧宮，遇酖薨矣。宣城公主即高安公主。所降王遂古，會要卷六公主篇、新書卷八十三諸公主傳皆作王勗，當是一人。勗，天授中爲武后所誅，而公主幸免，至睿宗時始薨。見新書。

　　賢，上元二年六月戊寅立爲太子。永隆元年廢爲庶人。開耀元年徙於巴州。文明元年武后臨朝，詔左金吾將軍丘神勣詣巴州，檢校故太子賢宅，逼令自殺。賢爲太子六年而廢。其見廢始末，舊書卷八十六、新書卷八十一本傳及通鑑卷二〇二高宗紀永隆元年所載皆同，今引通鑑文：

　　太子賢聞宮中竊議，以賢爲天后姊韓國夫人所生，內自疑懼。明崇儼以厭勝之術爲天后所信，常密稱太子不勘承嗣，英王貌類太宗。又言相王相最貴。天后嘗命北門學士撰少陽正範及孝子傳以賜太子，又數作書誚讓之。太子愈不自安。及崇儼死，賊不得。天后疑太子所爲。太子頗好聲色，與戶奴趙道生等狎昵，多賜之金帛。天后使人告其事，詔薛元超、裴炎與御史大夫高智周等雜鞫之。於東宮馬坊搜得皁甲數百領，以爲反具。道生又款稱太子使道生殺崇儼。上素愛太子，遲回欲宥之。天后曰："爲人子懷逆謀，天地所不容。大義滅親，何可赦也！"八月甲子，廢太子賢爲庶人。仍焚其甲於天津橋南，以示士民。

弘失愛於武后，由自居於不疑之地，奏請數迕后旨。及奏請義陽宣城二公主出降，后以爲同情於其仇，怒之甚，遂萌殺機。然酖之而云病不起，且加尊名，諡爲孝敬皇帝，雖以掩其殺子之跡，亦究以親生子故，不能無痛，姑假此以自慰也。故弘之死雖可哀愍，而自后言，尚屬不得已。至賢之見廢，則純因后疏忌之，始加以謀逆之惡名，終則迫令自殺，與其所以處置弘者大異。其故頗耐尋思也。宮中竊議以賢爲天后姊韓國夫人所生，此言最可注意。明崇儼稱太子不堪承嗣，英王貌類太宗，相王相最貴。英王謂中宗，中宗本封周王，儀鳳二年徙封英王。相王謂睿宗，睿宗上元三年由冀王徙封相王。崇儼必知太子非武后出，揣摩后旨而爲此言。則賢爲后姊韓國夫人所生，殆事實也。

后姊韓國夫人生子，何以爲后子？通鑑卷二○一高宗紀乾封元年八月書云：

> 初，武士彠娶相里氏，生男元慶、元爽。又娶楊氏，生三女，長適越王府法曹賀蘭越石，次皇后，次適郭孝慎。士彠卒，元慶、元爽及士彠兄子惟良、懷運，皆不禮於楊氏。楊氏深銜之。越石、孝慎及孝慎妻並早卒。越石妻生敏之及一女而寡。后既立，楊氏號榮國夫人，越石妻號韓國夫人。惟良自始州長史超遷司衛少卿，懷運自瀛州長史遷淄州刺史，元慶自右衛郎將爲宗正少卿，元爽自安州戶曹累遷少府少監。榮國夫人嘗置酒，謂惟良等曰：“頗憶疇昔之事乎？今日之榮貴復何如？”對曰：“惟良等幸以功臣子弟早登宦籍，揣分量才，不求貴達；豈意以皇后之故，曲荷朝恩！夙夜憂懼，不爲榮也。”榮國不悅。皇后乃上疏，請出惟良等爲遠州刺史。於是以惟良檢校始州刺史，元慶爲龍州刺史，元爽爲濠州刺史。元慶至州，以憂卒。元爽坐事流振州而死。韓國夫人及其女以后故出入禁中，皆得幸於上。韓國尋卒，其女賜號魏國夫人。上欲以魏國爲內職；心難后，未決。后惡之。會惟良、懷運與諸州刺史詣泰山朝覲，從至京師。惟良等獻食，后密置毒醢中，使魏國食之，暴卒。因歸罪於惟良、懷運，誅之。

韓國之死蓋不明，以魏國之死知之。徐敬業移檄州郡討武氏，有“殺姊屠兄”之言。通鑑胡注云“姊謂韓國夫人”是也。史稱“后城寓深，柔屈不恥以就大事，高宗以爲能奉己，故立之。已得志，即盜威福，無憚避，帝亦懦昏，舉能鉗勒”。方后之爲昭儀也，圖爲后，與王皇后、蕭淑妃爭寵，韓國是時得幸高宗，雖心所不喜，固不之禁。豈惟不之禁而已，且或故縱之以徼帝歡。及得立爲后，旋即除之。此后之權也。后殺姊及姊女魏國夫人，以妬嫉。其殺異母兄元慶、元爽及從兄惟良、懷運，則爲母楊氏之故。然后於母楊氏似亦有所不滿。楊氏卒於咸亨元年，贈太原王妃。通鑑卷二○

二咸亨二年書云：

> 初，武元慶等既死，皇后奏以其姊子賀蘭敏之爲士護之嗣，改姓武氏。魏國夫人之死也，上見敏之，悲泣曰：“曏吾出視朝，猶無恙；退朝，已不救。何蒼猝如此！”敏之號哭不對。后聞之，曰：“此兒疑我。”由是惡之。敏之貌美，蒸於太原王妃。司衛少卿楊思儉女有殊色，上及后自選以爲太子妃，婚有日矣。敏之逼而淫之。后於是表言敏之前後罪惡，請加竄逐。六月，丙子，敕流雷州，復其本姓。至韶州，以馬韁絞死。

楊思儉乃高祖相恭仁弟綝之子，官至衛尉少卿，見新書卷七十一下宰相世系表；龍朔元年爲太子中舍人，預脩“瑤山玉彩”，見舊書弘傳。弘咸亨四年納左金吾將軍裴居道女爲妃，見舊書高宗紀。敏之蒸其外祖母太原王妃，又逼淫太子妃，如后之言實，死有餘辜。然后之惡敏之，以敏之痛其同母姊妹魏國夫人之死，且以惡敏之欲死之之故，不惜暴其母太原王妃之醜行，則后之有憾於楊氏可知也。徐敬業檄數武氏罪，又有“弑君鴆母”之言。通鑑胡注云：“此以高宗晏駕及太原王妃之死爲后罪。”“以爲后罪”者，非其罪之謂也。然胡氏殆未注意通鑑此條；苟注意此條，其注敬業檄，恐亦未必作如是解矣。

韓國及其女出入禁中並得幸高宗，新書卷七十六武后傳亦載其事。史家之言如此，則當時宮中竊議，謂賢爲后姊韓國夫人所生，決非無因。后何時入宮爲昭儀，兩唐書則天皇后紀、通鑑高宗紀均無明文，惟新書七十六高宗廢后王氏傳云：“武才人貞觀末以先帝宮人召爲昭儀”，殆去事實不遠。假令武后入宮在貞觀末永徽初，則韓國以后故出入禁中，度亦在此時。韓國生子，高宗諱之，於是賢爲武后子矣。兩唐書均云賢爲武后子，而於賢傳內特記宮人之言，使讀者自思之。此史家之微旨也。或曰：賢非武后子，弘卒，后何不逕立英王而立賢乎？曰：此易解。弘卒，賢在三子中，以年長次當立。賢之生，后既以爲己子矣。不得於二十餘年後易其詞曰：此非吾子。亦不得云是韓國子也。且賢雖非后出，自幼鞠於后，初不自知爲韓國子。以是得立。然后立之而不敢信其附己，賢爲后姊韓國生，賢旋亦知之。雖見立而內自疑懼，母子之間，猜疑日甚，此賢之所以不免也。由賢言，則知謂他人母之難。由后言，則知后始立賢，本屬勉强。特以立英王無以爲詞，不得已而立之，不可以立賢之故即謂賢必爲武后子也。賢非后所生，而后以爲己子，史家因依后之言書之，此記載之體宜爾也。宮中竊言賢爲天后姊韓國夫人所生，史家又書之，此疑以傳疑也。實則宮人竊議之言未必假，后之言宣於外者未必真，苟不拘文字，於當時事稍加思索，不難辨而知之，此士之所以貴善讀書也。

至史書記弘賢年參差，或自相衝突，未必盡爲傳寫之誤。余則疑弘生不在永徽三年。何以言之？舊書卷八十六燕王忠傳云：

> 永徽三年，立忠爲皇太子。六年，加元服。其年，王皇后被廢，武昭儀所生皇子弘，年三歲。禮部尚書許敬宗希旨上疏曰："伏惟陛下憲章千古，含育萬邦。爰立聖慈，母儀天下。既而皇后生子，合處少陽。出自塗山，是謂吾君之胤；凤閳（'閳'會要四作'娰'）胎教，宜展問豎之心。乃復爲孼奪宗，降居藩邸。臣以愚誠，竊所未喻。且今之守器，素非皇嫡。永徽爰始，國本未生。權引彗星，越昇明兩。近者元妃載誕，正胤降神。重光日融，爛暉（'暉'會要作'火'）宜息。寧可反植枝幹，久易位於天庭；倒襲裳衣，使違方於震位。蠢爾黎庶，云誰係心；垂裕後昆，將何播美？"高宗從之。顯慶元年，廢忠爲梁王。

武后生子，在爲皇后之先。敬宗疏言"皇后生子，合處少陽"。此敬宗措詞之體宜爾。"永徽爰始，國本未生，權引彗星，越昇明兩。"此指永徽三年立忠爲太子事。其時王皇后無子，故曰國本未生。然使永徽三年弘已生，則敬宗此語，殊爲不檢。以敬宗之善媚，必不輕易措詞如此。知弘不生永徽三年也。證一。又曰："近者元妃載誕，正胤降神。"近者對永徽始言。敬宗疏奏在永徽六年十一月。敬宗疏永徽始既指永徽前三年言，則近者必指三年後六年前。證二。舊書忠傳云永徽六年王皇后被廢，武昭儀所生皇子弘年三歲。明年四歲，與通鑑顯慶元年弘年四歲之言合。證三。知弘生永徽四年無疑矣。舊書高宗紀云永徽五年十二月戊午，高宗發京師，謁昭陵，在路生皇子賢。記賢生能舉其時，又能舉其地，似是事實。舊書賢傳云文明元年自殺，年三十二。"二"字蓋"一"字之誤耳。唯新書賢傳云賢自殺年三十四。如其所說，則賢長於弘。而舊書高宗諸子傳、會要卷二卷四并云：弘高宗第五子，賢高宗第六子。通鑑卷二二〇至德二載九月，載李泌對肅宗之言，亦云天后有四子，長曰太子弘，次子雍王賢。新書記賢年不唯與諸書所記弘賢行第不合，與本書所書高宗八子次第亦不合，殊不足據。兩唐書、通鑑記弘賢年多歧，本不易解。今因考賢事推弘賢生年，以己意裁之。雖所關者細，粗有發明，或亦讀史者所不棄耳。

原載一九四七年輔仁學誌第十五卷第一期第二期合刊

附記

余於一九四七年撰唐章懷太子賢所生母稽疑，謂章懷太子賢文明元年自殺，年三十一。辯舊唐書賢傳“文明元年自殺，年三十二”，新唐書賢傳“文明元年自殺，年三十四”之誤。一九七二年二月，陝西省乾縣乾陵公社發現唐章懷太子賢墓。“陝西省博物館乾縣文教局唐墓發掘組”所作唐章懷太子墓發掘簡報（一九七二年文物第七期）載墓中有墓誌銘二：一爲“大唐故雍王墓誌銘並序”，銘後不署撰人名氏。一爲“大唐故雍王贈章懷太子墓誌銘并序”，盧粲（賢子邠王守禮師）撰，岐王範書。簡報於墓志、蓋長寬厚之度，蓋、志文行款，每行若干字，四周雕飾圖樣，記載甚詳。其兩墓誌銘照像縮印，字細小不可辨認。一九七三年，友人史樹青爲余尋得兩墓誌銘并序之全文打字本贈余。余始得詳細讀之。不知何人撰“大唐故雍王墓誌銘序”云：“文明元年二月二十日，薨於巴州之別館，年三十有一。垂拱元年三月二十九日，恩制追封雍王，謚曰悼。葬於巴州化城縣境。神龍二年，册贈司徒，仍令陪葬乾陵。以神龍二年七月一日，遷窆。”盧粲撰“大唐故雍王贈章懷太子墓誌銘序”云：“文明元年二月二十七日，終於巴州之公館，春秋三十有一。垂拱元年四月二十二日，皇太后使司膳卿李知十持節册命追封爲雍王。神龍元年恩制追贈司徒，令胤子守禮往巴州迎柩還京，仍許陪葬乾陵柏城之內。景雲二年，四月十九日，又奉勑追贈册命爲章懷太子。”（盧粲撰墓誌銘序“文明元年二月二十七日”，打字本不知何人撰“大唐故雍王墓誌銘序”作“文明元年二月二十日”。盧粲撰墓誌銘序“垂拱元年四月二十二日”，打字本不知何人撰“大唐故雍王墓誌銘序”作“垂拱元年三月二十九日”。）兩墓誌銘序皆云文明元年賢終，年三十一。與余一九四七年所論賢文明元年卒年三十一之言合。一九八二年八月三十日記。

唐宗室與李白

唐范傳正唐左拾遺翰林學士李公新墓碑銘序云：

> 隴西成紀人，涼武昭王九代孫。隋末多難，一房被竄於碎葉，流離散落，隱易姓名，故自國朝以來，（未）編於屬籍。神龍初，潛還廣漢，因僑爲郡人。父客，以逋其邑，遂以客爲名，高卧雲林，不求祿仕。公之生也，先府君指天枝以復姓，先夫人夢長庚而告祥，名之與字，咸所取象。……

新唐書二〇二李白傳云：

> 李白字太白，興聖皇帝九世孫。其先隋末以罪徙西域。神龍初，遁還巴西。（巴西唐縣，屬綿州。唐綿州，漢廣漢郡地。）白之生母，夢長庚星，因以命之。

文與傳正所撰碑序同，蓋即本之。傳正碑序，紀白先世事，據白孫女所藏白亡子伯禽手疏，似不應誤。然云白爲涼武昭王九代孫，即可疑。自涼武昭王嵩至高祖淵八世，自嵩子歆至高祖淵七世。故舊書高祖紀云：高祖涼武昭王嵩七代孫。今云白爲嵩九代孫，則白與高宗治爲兄弟行。於玄宗隆基，爲大父行矣。以白集考之，知其不然。白集有感時留別從兄徐王延年從弟延齡詩云：

> 七葉運皇化，千齡光本支。仙風生指樹，大雅歌虁斯。諸王若鷥虬，肅穆列藩維。……列戟十八年，未會輒遷移。大臣小唶嗚，讒竊天南垂。佐郡浙江西，病閑絕驅馳。

214

據新書七十九高祖子徐康王元禮傳：

> 元禮始王鄭，後徙王徐。子茂爲淮南王，上元中，流死振州。神龍初，以茂子璀嗣。薨，子延年嗣，拔汗那王入朝，延年將以女嫁之，爲右相李林甫劾奏，貶文安郡別駕，終餘杭司馬。

新書七十下宗室世系表，徐王房所載徐王後裔與傳同。拔汗那西域國名。開元二十七年其王阿悉爛達干，助平吐火仙有功，冊拜奉化王。天寶三載，改其國號爲寧遠。封宗室女爲和義公主，降之。見新書二二一下，通鑑二一四及二一五。白詩“大臣小喑嗚”，指李林甫也。“佐郡浙江西”，謂延年爲餘杭郡司馬也。延年，高祖玄孫，與玄宗爲兄弟行。今白詩稱延年爲從兄，則白非涼武昭王屬九代孫明矣。集又有陪族叔刑部侍郎曄及中書賈舍人至游洞庭詩。新書七十上宗室世系表，大鄭王房有曄名，其世系如左：

> 鄭孝王亮——淮南靖王神通——鹽州刺史孝銳——淮安忠公宗正卿琇——刑部侍郎曄

鄭王亮乃李虎之子，李昞之弟，高祖淵之叔父也。其玄孫曄與睿宗旦爲兄弟行。此詩稱曄爲族叔，上所引詩稱延年爲從兄，其世次正合。則白非涼武昭王嚳九代孫益可知矣。

范傳正謂白爲涼武昭王九代孫，以白詩考之，其誤明甚。其稱“隋末多難，一房被竄於碎葉，流離散落，隱易姓名，故自國初以來，未編於屬籍。神龍初，潛還廣漢。……父客，以逋其邑，遂以客爲名，不求禄仕”。事尤可怪。隋末多難，蓋指煬帝末反隋諸軍並起，高祖起義言。史稱淮安王神通，隋大業末在長安。高祖兵興，吏逮捕，亡命入鄠南山。是當高祖起義時，唐宗室在關中者，有爲吏迫害之虞。然神通不過亡命南山，且舉兵與平陽公主兵合，徇鄠下之。則其時隋吏之無力可知。且碎葉者西域名城，在唐爲北庭地，在隋爲西突厥地。當隋之末，白之先人，以唐宗室故，縱爲隋吏所拘，而其時隋已亂，西突厥統葉護可汗方强，雄視西域，不受隋命令，又安能竄之於碎葉乎？此可疑者一。即使竄至碎葉，唐不久得天下，且武德時西突厥與唐交方睦，宜歸矣。而又不即回，遲至八十餘年，至神龍初，始潛還廣漢，愈不合理。此可疑者二。然傳正紀此事，固據白子伯禽手疏。使無其事，白子又何必爲此狡獪乎？若謂伯禽疏本無之，係傳正所託，則亦無此理。然則將如何解釋乎？

余謂白先人竄碎葉，事蓋有之，特伯禽所記時代錯誤耳。其稱隋末，固不合理。今若將其事下移七十餘年，認爲是武后光宅天授年間事，則於理合矣。當光宅元年，武后立武氏七廟，裴炎諫，得罪死。諸武用事，衆心憤惋。徐敬業起兵揚州，移檄討武氏，爲李孝逸所敗。孝逸者，唐宗室淮安王神通子也。雖有功於武氏，尋亦流死。及垂拱四年，太宗子豫州刺史越王貞、貞子博州刺史琅琊王冲，舉兵謀匡復，皆敗死。其因同謀而死者，爲高祖子韓王元嘉、霍王元軌、魯王靈夔及諸王子。其不預謀而於垂拱、永昌、天授中先後被殺或謫死者，又有舒王元名父子、江安王元祥子、密王元曉子、滕王元嬰子、鄭王元懿子、虢王元鳳子、道王元慶子，皆高祖子孫也。紀王慎父子、魏王泰子、蜀王愔子、蔣王惲子，皆太宗子孫也。澤王上金父子、許王素節父子、故太子賢子，皆高宗子孫也。唐之宗室，於是殆盡。凡武后所誅諸王妃主駙馬等，皆無人葬埋。其子孫壯者誅死，幼者皆没爲官奴，或流竄嶺表，或匿人間傭保。至神龍元年，始制州縣訪諸王柩，以禮改葬，追復元爵。召其子孫使之承襲，無子孫者，爲擇後置之。諸王子孫至是相繼出，入見中宗，皆號慟。帝爲之泣下。此元年二月事也。白父客如爲一祖二宗裔孫，此時當出。然竟高臥不求祿仕，則非一祖二宗裔可知也。然神龍元年雖有使諸王子孫襲爵之詔，而越王貞子孫不在數内。其臣寮武后時流放者萬族。是年，亦令其子孫復資蔭，而徐敬業、裴炎子孫不在内。通鑑二○七載神龍元年春正月壬午朔，赦天下改元，自文明以來得罪者，非揚、豫、博三州及諸反逆魁首，咸赦除之。三月甲申制：文明以來，破家子孫，皆復資蔭，惟徐敬業、裴炎不在免限。是其證也。文明元年，九月改元光宅。揚謂徐敬業，豫、博謂越王貞及子冲也。新書八十越王貞傳云：神龍初，敬暉等奏冲父子死社稷，請復爵土。爲武三思等沮罷。則神龍元年大赦，貞父子、徐敬業、裴炎子孫皆不在免限即武三思之意。新書越王貞傳又云：開元四年，復爵土。五年詔：王嗣絶，其以貞從孫故許王子夔國公琳嗣王。琳薨爵不傳。貞最幼息珍子謫嶺表，數世不能歸。開成中女孫道士元真持四世喪北還，求祔王塋。貞自有後，而詔謂嗣絶，何也？唐會要五引開成四年六月降敕曰：越王枉陷非辜，尋已昭雪，其孫珍子（云孫珍子與新書異）他事配流，數代漂蓬，不還京國。則珍子自緣他事配流。其配流似當在開元五年前，坐何事則不可知矣。故許王謂素節。新書七十下宗室世系表許王房，載素節子有中山郡王琳。琳子夔國公隨。

八十一素節傳，稱素節子琳，開元初封嗣越王，官至右監門衞將軍。子隨，封襲國公。襲國公乃琳子隨爵。詔云以襲國公琳嗣王，疑傳寫之誤。傳云琳薨，爵不傳。而宗室世系表越王房臨淮公珍子下，五代有嗣越王存紹。蓋開成後爲越王所置後。越王貞裔襲爵事，史書所載，分明如此。則白父客非越王貞裔，又可知也。白蓋唐室疏族。考涼武昭王暠十子，第二子歆，即後主。歆八子，其一重耳。重耳生熙，是爲唐獻祖宣皇帝。熙生天賜，是爲唐懿祖光皇帝。天賜三子，第二子虎，是爲唐太祖景皇帝。新書宗室世系表，記唐宗室，自天賜子孫始。宗室列傳，自虎子孫始。白爲暠後，雖不知何房，要其所出始祖，在天賜前。以世已遠，故不列屬籍。而其房自有譜，故與唐宗室諸人行輩可考，稱謂不謬。其先人之被竄，必是武后時坐揚、豫、博黨得罪。以揚、豫、博在神龍初猶不赦，故白父潛還廣漢，不敢露真姓名。及白生，事已緩，始指天枝以復姓也。其竄於碎葉，亦猶裴炎從子伷先之流北庭，不必以遠爲怪也。舊書李白傳不載白先人隋末徙碎葉事，蓋未見傳正文。新書白傳據傳正文載此事，未爲失。第沿傳正文之舊，不曾考辨，致所書時代有誤耳。余今訂爲武后時事，雖無確據，似乎可備一解。世之治唐書者，或亦有取於斯乎？

原載一九四六年十月三十日經世日報讀書週刊第十二期

清內府書與北京
西什庫北堂圖書館所藏漢籍

北京西什庫北堂圖書館所藏書，余於一九四四年以友人介紹得入覽。其書可分三部：一爲西文書；一爲耶穌會士譯著之漢文書；一爲漢文四部書。西文書甚多善本。抗日戰爭期間，法蘭西人在北京所辦中法漢學研究所曾借出展覽，印有展覽目錄。今不復論。耶穌會士譯著之漢文書，亦多善本。余將別爲文紀之。漢文四部書，善本不下數十種。余斷定其書十之八九爲清內府書。蓋不唯其裝潢形式與故宮博物院圖書館善本同，一望而知爲清內府書；即以清官私書記載與北堂漢籍本身所保存之材料考之，亦有可資證明者。今舉五事爲例：

（一）宋本魏鶴山周易集義。此書最爲秘籍，近世藏書家皆未之見。已故友人葉君德禄於北堂見此書，異之。曾借出，請吾師傅沅叔先生鑑定，復爲文記之，載輔仁學誌。然葉君所記雖詳，尚未言及此書與清內府之關係。余按：清王士禎池北偶談卷四談故門“訪遺書”條云：“康熙二十五年四月，上諭禮部翰林院：朕留心藝文，晨夕披覽。內府書籍，篇目粗陳，而裒集未備。宜廣爲訪輯。凡經史子集，除尋常刻本，其有藏書秘録，作何給值採集及借本鈔寫事宜，爾部院會同詳議具奏。旋又奉旨：關係經史，方許採進。時禮侍徐乾學疏進宋朱震漢上易傳并圖説十五卷，宋張凌紫巖易傳九卷、讀易雜説一卷，魏了翁大易集義六十四卷，曾種大易粹言十卷，吕祖謙東萊書説十卷，元金履祥尚書表注十二卷，宋李樗、黄櫄毛詩集解三十六卷，趙鵬飛春秋經筌十六卷，王與之周禮訂義八十卷，蔡節論語集説十卷，李燾續資治通鑑長編一百六十八卷，唐開元禮一百五十卷。共十二部。”云云。據此，知魏鶴山周易集義，乃康熙二十五年徐乾學奏進之書。此書爲清內府本之證一也。

（二）元刊本宋裴良甫編十二先生詩宗集韻二十卷，分裝十四册，二函。其第一册書衣上，有長方木記，款式如下：

> 乾隆二十八年　月兩
> 鹽政李質穎送到
> 裴良甫詩宗集韻壹部
> 計書　拾肆　本

此木記中之字,唯第三行之"裴良甫詩宗集韻壹部"九字及第四行中之"拾肆"二字,係用硃筆填寫;餘皆墨印。第一行末一字不清。合上字讀之應是"兩淮"二字。質穎字公質,正白旗漢軍人,乾隆二年丁巳恩科進士,見朱汝珍所輯詞林輯略卷四。清李桓耆獻類徵卷一七八據清國史所錄李質穎傳,不載其字,稱質穎内務府滿洲正白旗人,與輯略異。據類徵,質穎乾隆二十八年在河東鹽政任内,三十二年六月授安徽盧鳳道,十月授長盧鹽政,三十五年四月始調兩淮鹽政(今本類徵作二十五年。合上下文觀之,實應作三十五年:"二"字乃"三"字之誤),四十年遷安徽布政使,與此木記所稱"二十八年兩淮鹽政李質穎"者不合。然木記係當時收掌者所印,其記年代職官,不應有誤。又是書見四庫全書總目卷一三七類書類存目。其書題下所注本,即爲"兩淮鹽政採進本"。則木記"兩淮"二字,決非"河東"之誤,甚明。或木記"二十八年",其"二"字本是"三"字,以印字模糊,偶缺一畫,視之因如"二"字,或質穎二十八年,實曾任兩淮鹽政,清國史本傳偶缺而不載,亦未可知。要之,北堂此本即四庫全書目存目所稱"兩淮鹽政採進本"。雖質穎官兩淮鹽政年代略有問題,而存目所稱兩淮鹽政即質穎,則毫無問題。此書爲清内府本之證二也。

(三)明本群書集事淵海首冊内夾有長方白紙條。紙條上有楷書字,今照原式錄其文於下:

> 群書集事淵海原八套八十
> 本五十八年六月初八日
> 上發下去襯紙改二套十八
> 本係明初人採集史傳事
> 略分爲十門弘治年内官
> 監賈性刻後有大學士李
> 東陽謝遷序

今北堂本群書集事淵海缺下函。其上函自卷一起至卷二十二止,分訂九册,與夾條二套十八本之言合。按天祿琳琅書目卷九明板子部載是書注云:"六函三十二册。"四庫全書總目卷一三七類書類存目,亦有是書,注云:"浙江巡撫採進本。"天祿琳琅書目前編係乾隆四十年乙未編;四庫全書以乾隆四十七年進呈。則存目所稱浙撫採進本,似即天祿琳琅書目前編所載之六函三十二册本。此北堂本首册所夾紙條,稱原裝八套八十本,與天祿琳琅書目前編所稱六函三十二册者不合。蓋前編目編定以後,二十年間,書之改裝已非一次,故不合也。天祿琳琅續目卷十七載是書有三部:其一,四函三十二册;其二,皆十函百册(此十函百册之二部,今存,見故宮善本書目)。續目編於嘉慶二年丁巳。上距乾隆五十八年不過四年。其書無二函十八册者,知北堂此本與續目無關。天祿琳琅書目前編及四庫全書總目存目所載或即此本。此書爲清內府本之證三也。

(四)明初刊本宋陳元靚歲時廣記前有白紙黑格工楷書提要二葉,文云:

> 臣謹按:歲時廣記四卷,宋陳元靚撰。自稱廣寒仙裔,里貫莫詳。略可證者,前有知無爲軍朱鑑序稱"南潁陳君",和劑局監門劉純引稱"龜峰之麓,梅溪之灣,有隱君子焉":則當爲潁川里人矣。原書罕覯,宋志無存。欽定四庫全書以編修程晉芳家藏本著錄。提要謂晉芳本乃曹溶學海類編所刻。首無圖說,傳鈔者佚之。又以錢曾敏求記爲足本。今此本與敏求記適合……綜而計之,考古爲圖,即圖名義,在宋儒中爲考證之尤難者也。以較太極先天,五情六性,俱有過之無不及矣。臣張師誠恭校上。

據此知書爲師誠進呈之本。師誠字心友,一字蘭渚,歸安人,寓錢塘;乾隆五十五年進士,嘉慶中曾任福建巡撫,見同治湖州府志卷七十人物傳。元靚,福建崇安人,其遠祖廣寒先生墓,在崇安。廣寒先生子名遜,紹聖四年進士;見陸心源儀顧堂續跋卷十一永樂刊事林廣記跋。此本所附提要,一則曰"元靚里貫莫詳";一則曰"當爲潁川里人";所言殊不明悉。且其議論甚陋,文亦卑弱,殆師誠幕客所爲。故宮博物院圖書館有纂圖增類群書類要事林廣記一書,係元建安椿莊書院刻本,亦元靚撰。其書余未寓目。曾以問之友人趙斐雲君,據云亦是師誠所進。此廣記卷端,有"徐㷒興公"印。㷒,福建閩縣人,明季藏書最有名。雖不知書刻於何地,以意度之,宜必爲閩本,或與事林廣記同是建安刻本。師誠宦閩,並得其書,因以進呈。

此書爲清内府本之證四也。

　　（五）清鈔本治平寶鑑分"法""戒"二帙。每帙皆缺卷。其"法"帙存第三卷，又存第七卷至第十二卷。自七卷以上缺五卷。其"戒"帙存第三卷至第八卷，自三卷以上缺二卷。每卷末題纂輯人曰："臣張之萬、臣許彭壽、臣潘祖蔭、臣鮑源深、臣章鋆、臣楊泗孫、臣李鴻藻、臣吕朝瑞、臣黄鈺恭纂。"此奉旨纂進之書也。考清史列傳卷五十七張之萬傳云：

　　　　同治元年陞禮部右侍郎，仍兼署工部左侍郎。先是，南書房上書房翰林，奉懿旨編輯歷代帝王政治及前世垂簾事跡可爲法戒者。三月，之萬偕太常寺卿許彭壽等彙纂成書，錫名治平寶鑑，賞賚珍物。

據此知之萬等纂進是書，在同治元年。此書爲清内府本之證五也。

　　據以上所舉五例，則北堂圖書館所藏善本漢籍，余認爲十之八九爲清内府本，聞者或不復疑。清内府書之見收於天禄琳琅書目前編者，嘉慶二年已燬於火。其天禄琳琅書目續編所收，今按目尋稽，亦泰半散佚。蓋自咸豐以還，内戰連年不息，外侮頻來。清廷於經籍，已不能如前此之注意保存。而庚申、庚子，京師兩次被兵，文物之損失最鉅。北堂所藏漢籍，蓋是外國軍校所掠，輾轉入於天主教堂者。此一事關涉政治，世人多不知，故余就所知者詳論之。

一九四四年稿

重話舊山樓

一　序

　　余於一九三九、一九四〇年間，曾撰述也是園舊藏古今雜劇一文。其後讀書，間有新知。復欲爲文述之，因循未果。一九四三年秋，鄉前輩李玄伯先生自滬寄來所撰述也是園古今雜劇跋。頗正余説，讀之欣然。余文迫於程限，隨編隨印，雖參伍考稽，頗曾用心，而倉猝成書，究非定本。師友有不棄其片長而過許之者，固使余感激。如玄伯先生之特別注意余文，不吝賜教，是尤可感也。先生是文，補余文者凡四事：其一，季滄葦兩任諫官。此爲余所不知者。其二，趙宗建之生卒年月。余所推定，雖與先生所考相去不遠，而余文只是臆測，先生文則確有所據。此二事最使余感興味。其三，舊山樓。其四，趙宗建及其子姪。此二事先生所考亦詳。而余之所知，亦有可與先生文互相發明者。是時不覺技癢，即欲爲文質之先生，而興味索然，起草未及半而止，竟不能終篇。今歲一九四五年九月，壹戎大定，寇虐式遏。雖困厄如余，知無復餓死之慮。閉戶灑然，稍理舊業。爰取舊稿補綴之，撰爲此文。冀他日先生見之，仍有以正其失焉。

二　趙氏譜

　　舊山樓趙氏，自同滙以下，余所知者初惟四世。據玄伯先生文，則可下推至五世。益以余近來所得，則更可下推至七世。其世系如下表。其家人事蹟，亦各爲傳，附著於後。

```
                              ┌ 仲簡
                    ┌ 宗德 ── ┤ 仲晟
          ┌ 元紹┄┄┄┘ 爲大宗   └ □□
          │           後
同滙 ──────┤
          │                            ┌ 士權 ── 不騫
          │                  ┌ 仲樂┄┄┄ ┤ 出嗣
          └ 元愷 ── 奎 昌 ── ┤        └ 仲樂
                    並 承      └ 宗建
                    元 紹               ┌ 仲舉 ── 士策
                    後
```

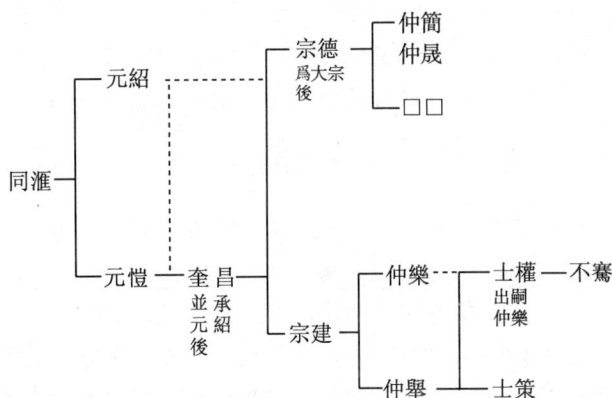

　　趙同滙,字涵泉,常熟報慈里人。少喪父,負土成墳。既葬,廬墓一年。手植松楸,三年成蔭。性精敏,尚義敢爲。脩北門街。開塘以資灌溉。乾隆五十年旱,獨力振其里。徽客負錢二千緡,焚其券,更以二百緡資其喪。人以爲難。初,趙氏之居報慈者,多業農圃,足以自給。久之,日衰薄。同滙欲建義莊贍之,未果而卒。後十年,子元愷成父志。以父手訂義莊規約,請於當事具題。道光三年旌孝義。祀忠義孝悌總祠,並准別建專祠,春秋官爲祭享。常熟趙氏之以孝義從祀且得專祠者,自同滙始。同滙喜延接士流。所居曰"總宜山房",邑之名宿多造之。子二:長元紹,次元愷。

　　以上紀同滙事,以孫原湘天真閣集卷四十九趙涵泉傳爲主。此外,如虞陽旌表續録卷八下同滙傳,記義莊事稍詳。邵淵耀小石城山房文集卷下趙退庵家傳,亦涉同滙事。今並取之。清光緒甲辰重脩常昭合志稿卷三十一人物志載同滙事。稱:"同滙置贍族田千畝,手定義莊規約,遺命子元愷成之。恩旌孝義,祀忠義孝悌總祠。"注云:"出天真閣文集。"然原湘但言元凱置贍族田千畝,未嘗以爲同滙事。他書亦然。此既以爲同滙事矣,又言遺命子元凱成之。其語游移,失紀事之體。又原湘爲同滙傳,在同滙殁後十年。其時非嘉慶二十五年即道光元年。此時同滙尚未旌表,故原湘文無一字及之。今紀旌表事而云出原湘天真閣文集,是誣原湘也。同滙旌表之年,邵淵耀趙退庵家傳云道光癸未。癸未,道光三年。旌表續録則云道光二年五月二十一日旌。兼記月日,似尤可信。然數目字較干支字易誤。續録"二"字安知非"三"字之譌? 淵耀乃元愷之友、元愷子奎昌之師,與趙氏關係至深,且爲傳當據家狀,其紀年似不應草率。故余寧取退庵家傳。同滙卒于嘉慶十六年,亦見旌表續録。諸書均不言其生年。

考天真閣集卷十六有總宜山人歌贈趙翁同滙詩云:"山人六十頭未白,平生好酒兼好客。"是卷紀年署"閼逢渾敦",即嘉慶九年甲子。嘉慶九年,同滙年六十。上數六十年,爲乾隆十年乙丑。知同滙乾隆十年乙丑生,享年六十七歲也。

　　以上同滙。

　　元紹字孟淵,諸生。早卒,無子。弟元愷哀其集爲一卷。孫原湘、邵淵耀皆爲作序。淵耀序,小石城山房文集不收。原湘序,見天真閣集五十二。稱:"每過北山,輒扣茅屋。尊甫含泉翁出其宿醞,佐以時蔬。命子行觴。浣花驥子,不廢詩名;眉山小坡,時有佳話。甌北先生爲君家之宗袞,主海内之騷壇。君親承指授,益變風格。"謂元紹從甌北學詩,且與甌北同宗。其言頗可注意。今編年本甌北集,無一字及元紹。不能知其結交始末。然卷一有呈家謹凡教授詩云:"師資幸得依宗老,請業何辭月滿除。"謹凡,常熟趙永孝號,乃元紹之高祖王父行也。詩作於乾隆丙寅(十一年)戊辰(十三年)之間。時永孝方爲常州府教授,故詩云然。卷三十二有和者庭韻兼祝其七十壽詩,詩是乾隆五十三年戊申作。卷四十有族兄者庭八十壽詩,詩是嘉慶三年戊午作。並有"白首兄弟"之語。者庭,趙王槐號,王槐乃永孝之子、元紹之曾祖王父行也。由此知甌北與常熟趙氏確有宗誼。元紹之從甌北學詩,甚非偶然。甌北乾隆十九年甲戌考授内閣中書。是時,邵齊熊亦考授内閣中書,與甌北同僚,最相得。甌北贈詩所謂"嗟我迂拙百不交,獨愛虞山邵老六"者也。(甌北集卷四)齊熊屢舉進士不第,歸隱江鄉。而甌北第三人及第,敭歷中外。然二人交情迄不改。甌北三十七年壬辰乞假歸,途中有寄邵耐亭詩。(卷二十。按:齊熊號耐亭,晚號松阿。)明年癸巳抵家,又有疊字體寄邵耐亭詩。(卷二十一)至五十八年癸丑,遂往虞山訪之。贈詩有序云:"與邵松阿別幾三十年。中間雖邂逅近杭州,交語未及寸燭也。今夏始至虞山奉謁。承招同蘇園公、吳竹橋、鮑景略諸名流讌集。撫今追昔,即席奉呈。"(卷三十六)蘇園公即蘇去疾。吳竹橋即吳蔚光。皆老宿也。鮑景略名偉。此三人與齊熊皆同滙座上賓。齊熊既爲同滙所禮,又與甌北交深;以理揣之,元紹從甌北學詩,其因緣除同宗關係外,似尚有齊熊爲之介。其識甌北,或即在乾隆癸丑甌北來虞山時,亦未可知也。元紹總宜山房詩稿,余未見。單學傅海虞詩話卷十載其天龍泉絶句二首。其一,"寒碧澄潭歛,衆山倒影深;潺潺流不歇,風雨和龍吟。"其二,"山深夏亦寒,人靜山逾綠;清泉瑩我心,太古一涵玉。"頗爲雅鍊。即此可以概其餘也。

　　諸家文但言元紹早卒，不言卒於何年。余謂當在乾隆末嘉慶初。其證有二。邵淵耀小石城山房文集下有趙節母陸太宜人傳，爲元紹妻陸氏作。傳稱"孟淵以高才充賦不售，努力攻苦，病瘵早夭。""充賦"謂應江南鄉試。尋淵耀文意，似謂元紹卒去其補諸生時不甚遠。元紹補諸生，在乾隆五十八年癸丑，見虞陽科名錄四下。明年鄉試，爲乾隆五十九年甲寅恩科。明年又鄉試，爲乾隆六十年乙卯恩科。越三年，又鄉試，爲嘉慶三年戊午科。元紹鄉試不售，當不出此數科。一也。陸太宜人傳稱太宜人："年臻八十，康强逢吉，燕喜令終。""令終"出大雅既醉篇，可不必作死亡解。然傳雖未明言太宜人之死，而詞意感慨，非生傳體。疑此處用令終，仍是壽終意。陸氏年三十而寡，見虞陽旌表續錄十下。倘陸氏壽終時所值之年可知，則其喪夫時所值之年亦可推知。惜傳不言陸氏卒年。然傳稱"昭陽作噩之歲，叔才(元愷字)以孟淵遺詩屬弁其端。忽忽三十餘年，又傳太宜人焉。"今假定作傳之年，即陸氏卒年。則自昭陽作噩即嘉慶十八年癸酉算起，至道光二十三年癸卯，爲三十一年。至咸豐元年辛亥，爲三十九年。陸氏卒當在道光二十三年癸卯，與咸豐元年辛亥九年之間。由道光二十三年癸卯上數五十一年，爲乾隆五十八年癸丑。由咸豐元年辛亥上數五十一年，爲嘉慶六年辛酉。其時陸氏年三十。則元紹卒當在乾隆五十八年癸丑與嘉慶六年辛酉九年之間。二也。元紹卒年，余所能考者如此。不知當否。至元紹享年若干，諸家文亦不明言。惟以元紹卒時其妻陸氏年三十推之，度其享年亦不過三十左右耳。

　　以上元紹。

　　元愷字叔才，從邑人陳中仁、王愷、孫原湘學爲經義。名噪一時。嘉慶八年，補諸生。數舉南北鄉試不售。會遭父母喪，遂絕意進取。自號曰退庵。善治生，家日以起。而自奉甚約，無聲色裘馬之好。嗜典籍，工詩能書，善鑑別書畫。豪俠好客，一時名士皆與之游。方同滙時，家稍裕，然有田僅四百餘畝。欲建義莊，撙節三十年，竟不能遂其志。至元愷經營十年，捐置義田至千畝。族人之貧者咸賴以生。故孫原湘謂元愷"精敏强幹，酷似其父"云。道光十三年旌孝子。子奎昌，兼承元紹後。

　　以上述元愷事以邵淵耀趙退庵家傳爲主。傳不詳者，更以虞陽旌表續錄卷八下同滙傳，卷十上元愷傳補之。家傳謂元愷體素强。己丑秋，偶感暑疾，遂不起。年四十有九。不言何朝己丑。余定爲道光己丑。仍以淵耀文證之。小石城山房文集上，有魏氏樂賓堂卷跋，云："昔吾友趙君叔才席豐好客。其表兄魏君伯明，最爲大户。伯明子元夫、叔方子曼華，先後請業於余。道光己丑以後，兩君喬梓相繼謝世。"合淵耀文二首觀之，知傳所云己丑，是道光己丑無疑。道光九年歲在己丑。是年元愷卒，年四十九。知元愷生於乾隆四十六年也。元愷一樹棠梨館詩集，余亦未見。僅於海虞詩話卷十二見其詩數首。秦淮臥病云："檀板金箏碧玉簫，無端孤負可憐宵；客中飢渴魚緣木，夢裏鶯花鹿覆蕉；好友似雲遲未至，病魔如霧苦難消；板橋煙雨青溪月，若箇從頭問六朝？"風情不淺。偕周鶴儕探梅云："我輩自應寒徹骨，此花惟許月傳神。"亦自不凡。單學傅謂此皆少作。中年後不恒作，作亦不示人云。

以上元愷。

奎昌字曼華，諸生，官詹事府主簿。其事蹟見小石城山房文集下曼華趙君小傳。清光緒甲辰重修常昭合志稿卷三十一人物志亦載奎昌事。注云："出邵淵耀志墓。"勘其文與傳略同，而志所云"奎昌嘗輯三峰寺志，與從兄孝廉允懷互相商榷，識者稱善"數語。傳無之。知淵耀自有奎昌墓志。今文集有小傳，無墓志。不知其去取之故。或以文同紀一人事不必兩收歟。傳稱"曼華弱冠補諸生，經義外兼工詩畫，雅不自矜。已而需次宮僚。一時名公卿咸器重之，文字之役，多以屬君。退庵既歿，服闋後一赴京邸。以家居奉母為樂，不復出。年甫逾壯，偶示微疾，欻爾不起。"其紀奎昌事亦可謂具始末。然事盡於形，須加以補充。如云："曼華遺孤長者初習數日，幼者僅五齡。"長者謂宗藩，幼者謂宗建。宗藩亦為大宗後。見趙退庵家傳而此處皆不舉其名。此書法之疏也。邵松年虞山畫志續編稱"奎昌畫不一格。山水在文沈間，寫生亦宗明人法。所作慈烏孝羊圖，人尤推之。瓶廬叢稿第三冊載翁同龢題趙曼華畫卷云："道光己丑庚寅，先君官中允。君以詹事府主簿來京師，居內城，往來尤密。是時君之畫學日進，名稱動公卿間矣。"虞山畫志續編文載奎昌自題畫扇詩云："平橋樹影錄毿毿，一角晴烟露遠嵐；恨望柳花如夢裏，東風吹雪滿江南。"頗有風調。凡此皆可證小傳工詩畫之言不虛。然語太簡，不讀他書，則不知其詩畫如何工。此描寫之未盡也。小傳不書奎昌卒年。又不明言壽若干，但云"年甫逾壯"而已。"年甫逾壯"，果為三十一乎？此非考證不明。余謂奎昌卒於道光十二年。其享年確是三十一歲。何以知之？虞陽旌表續錄卷七下常熟縣生存節婦門有奎昌妾姚氏，其文曰："詹主簿趙奎昌妾姚氏二十四歲寡。先後隨正室錢氏、繼室吳氏侍奉堂上，深得歡心。無所出。嫡子宗德、宗建，幼失怙恃。氏視如己出，提攜捧負，俾得成立。後嫡孫仲晟喪母，纔三歲。氏受亡者托，力為撫養。壬午，仲晟舉於鄉。氏喜曰：此

226

可慰前人寄托心矣。現年七十一。"文後注云："光緒五年旌。"旌表錄所錄已旌未旌之人，皆據當時請旌册案書之，其記載自屬可信。然此段文甚駁。以氏光緒五年旌，而仲晟舉于鄉乃光緒八年事。"氏喜曰"云云，亦不似册案語。顯係編書時所增。故今日引用此文，必須從全文中將"壬午仲晟舉于鄉"以下十九字删去。認"現年七十一"，乃對氏光緒五年旌表時言，非對八年仲晟舉於鄉時言，方合事實。氏光緒五年，年七十一。由光緒五年上數至道光十二年，年二十四，即奎昌卒年。余此説似可成立。然自他人視之，或尚以爲證據不足。恐其説之未當也，乃更取他事之關涉奎昌卒年者，以吾説驗之，觀其合否。結果，無不合者。曼華趙君小傳云："曼華亡，上距退庵之亡弗及四稔。"退庵亡于道光九年秋。自道光九年秋至道光十二年，以日計算，不及四年。此合者一也。又云："曼華遺孤幼者僅齡。"謂宗建也。宗建卒於光緒二十六年，年七十三。其生年當爲道光八年。自道光八年數起至道光十二年，恰是五歲。此合者二也。然則余謂奎昌卒於道光十二年，其言信不誤矣。小傳謂奎昌弱冠補諸生，不言補諸生在何年。虞陽科名錄卷四下，載道光元年辛巳科試常熟生員有趙奎璇。科名錄例，每一人名下，皆注其字及爲何人之子孫，何人之姪。奎璇下獨無注。余疑奎璇即奎昌。以是年科試，趙氏入學者只二人，其一即奎璇；其二宗功，乃奎昌從子行。自道光元年上溯至嘉慶十九年甲戌，歲試生員始有趙姓。一趙元洽乃奎昌從父行。一趙允懷，即與奎昌同輯三峰寺志之人。奎昌入學，決不在嘉慶間，其事甚明。自道光元年，下數至道光五年乙酉，科試生員始有趙姓一人，名文銓，字子衡。此人決非奎昌。蓋不唯名字不類，即以歷年考之，奎昌道光五年若年二十，則道光十二年，年甫二十七，尚不及三十，不得云"年甫逾壯"也。故余疑科名錄道光元年之趙奎璇即趙奎昌。然嫌無證。及讀海虞詩話卷十五"趙允懷"條云："其族曼華主簿奎昌，原名奎璇，能畫亦能詩。"乃大矜喜。考證之學貴求證據，亦貴能假設。其假設有理不可易者，此類是也。奎昌道光元年入學，年二十。至道光十二年，年三十一。恰與小傳"年甫逾壯"之言合。然則余謂奎昌享年確是三十一歲，其言亦不誤矣。淵耀自負能古文，凡古文家作傳記文，大抵重文詞而輕事實，甚者以事實遷就文詞。余考舊山樓趙氏事，資料得自淵耀集者不少。然其文經余採用，往往須余費一番考訂工夫，其事實始明白。不獨此一傳然也。

以上奎昌。

宗德，趙退庵家傳獨作"宗藩"。淵耀作此傳在咸豐中，時宗德兄弟已壯,知"宗藩"是譜名。其字"价人",取詩大雅板篇"价人維藩"之義。後人仕改名"宗德",而字仍舊。故名與字不相應也。光緒甲辰常昭合志稿卷三十一載宗德事,附其曾祖同滙傳。云:"宗德例授郎中,簽分户部,以勤敏稱。同治戊辰,捻軍由豫東走,畿輔戒嚴。朝命龐文恪爲五城練勇大臣,奏帶宗德爲隨員。叙功加四品銜。將真除,因喪幼子歸里,卒于家。"龐文恪謂龐鍾璐,宗德鄉里也。志但叙宗德仕歷,而不及學藝。實則宗德工畫,見虞山畫志續編。云"宗德山水摹石谷,設色水墨,並極秀潤。頗自秘,不輕示人。偶作一二幀,未署款,但鈐'白民'小印。"又云:"予從哲嗣君默處,得觀水墨山水一幀,後有顧若波題跋,極推重之。"若波名澐,常熟人,善畫有名。翁同龢光緒己亥題顧若波畫詩所謂"畫史亦無數,斯人不可求"者也。宗德畫不肯爲人作,見同龢題趙曼華畫卷。邵松年見其畫,欲奪之,不可。亦見畫志續録。其狷如此。志不書宗德卒年。其生年余據曼華趙君小傳考得之。傳稱曼華遺孤長者初習數日。禮記内則"九年教之數日"。謂長者九歲也。道光十二年曼華卒時,宗德九歲。知宗德生於道光四年。宗德光緒十五年猶存,見翁文恭日記。是時宗德年六十六矣。

宗德三子。其一曰仲簡,字君默。玄伯先生已言之。仲簡曾官浙江主簿。妻金匱華氏,名瑶姝,字湘芙,善畫,工山水。隨宦新溪,官閣聯吟,哦松染翰,頗稱韻事。見虞山畫志續編。其一字君修,玄伯先生不知其名。考虞陽科名録卷四下生員門,載同治七年戊辰生員有趙仲敏,乃寄籍外學者。注云:"君修,奎昌孫,入宛平學。"是君修名仲敏也。卷二舉人門,載光緒八年壬午科舉人有趙仲純。注云:"字君修,奎昌孫由昭,監中式,改名仲晟,捐運副,分浙江。"是君修名仲純改名仲晟也。科名録一作"仲敏",一作"仲純",自爲歧異。而其時趙氏尚有一仲純。科名録卷三下捐貢門載同治朝捐貢有趙仲純。注云:"心卿,宗望姪,捐鹽大使,補浙江黄灣場大使。"卷四下生員門載同治四年乙丑府學生員有趙仲純。注云"心卿,宗望侄。"此仲純乃城内趙氏,與君修爲疏族。君修同治朝已以"仲敏"名入學,光緒朝又以"仲純"名應舉,後又改名"仲晟"。不知何故。或科名録卷二舉人門仲純"純"字乃"敏"字之誤歟。其一宗德幼子,先宗德卒,見光緒甲辰常昭合志稿。今不知其名。

以上宗德。

光緒甲辰常昭合志稿卷三十一載宗建禦粤軍及籌常熟善後事,不過三十字。云:"粤軍擾邑,屢督勇擊卻之。邑城復,籌善後事,多盡心力。

叙功,加四品銜,戴花翎。"始余讀此文,以爲宗建不過以微功得保舉者耳。及讀翁同龢所撰清故太常博士趙君墓誌銘,始知宗建以書生奮起從戎。且功成不居,有魯連之風。洵可謂振奇人也。志不知置重此點,甚失傳體。其紀宗建他事,亦略。以同龢詩文考之,宗建晚自號"花田農",見瓶廬詩稿七趙次公挽詩。所著灌園漫筆,同龢有題詩,亦見詩稿七。宗建承其家學,鑑畫甚精,見瓶廬叢稿第三册題趙曼華畫卷。宗建歿,同龢私諡爲"有道先生",見叢稿第六册趙次公哀辭,志皆不書。故今日考宗建事,當以同龢所撰宗建墓誌爲主,更參考墓誌外之同龢詩文,始可云完備。宗建墓誌在瓶廬叢稿第六册。原文稍繁,今節錄之。文云:

> 君諱□□,字次侯亦曰次公。君少孤,與其兄价人力學,文采斐然。數試不利。以太常寺博士就試京兆,獨居野寺,不與人通。已而罷歸。咸豐十年,粵軍陷常州、蘇州。吾邑東南西三路受敵。團練大臣龐公偕邑人城守。君別將一營,扼東路支塘。支塘,太倉之衝也。而敵由西路撲城。八月二日,城陷。君馳援,遇敵三里橋。鏖戰,壯士周金龍帥子剛殲焉。君乃北渡江至海門。君之室浦先以齎裝次海門。君慨然曰:"事至此,何以生爲!"盡散之,得沙勇數百。乘夜渡江,毀敵壘數十。進至王市。天大霧,敵悉銳出。戰失利。遂走上海,乞師於巡撫李公。得總兵劉銘傳與偕,日夜圖再舉。同治元年十月,敵將駱國忠以城降。君從劉君大破敵于江陰陽舍。於是沿江上下百餘里無敵蹤。侍郎宋公以君功入告。有旨嘉獎。賜孔雀翎。發兩江總督曾公差委。君謝不赴。與邑人輯流亡,補城垣,濬河道。從此不問兵事。君喜賓客,善飲酒,蓄金石圖史甚富。所爲詩文清邃有體格。晚好談禪,然論及當世事,猶張目嗟呼,聲動四座。君卒于光緒二十六年五月丙寅,年七十三。子仲樂,前卒;仲舉,邑庠生。孫士權前卒;士策業儒。曾孫不騫。

墓誌所稱"團練大臣龐公",邑人龐鍾璐也;"巡撫李公",李鴻章也;"兩江總督曾公",曾國藩也。"侍郎宋公",似謂宋晉,晉是時爲倉場侍郎。"陽舍",汛地名。諸書皆作"楊舍"。此作"陽",似筆誤。

仲樂事蹟不詳。妻江陰季氏,芝昌之孫,念詒之女,閥閱甚高。歸趙氏,不一年而卒。同龢爲作李孺人傳略,在瓶廬叢稿第五册。仲樂無子,以仲舉長子士權爲嗣。士權子不騫字鈞千,研究金石,亦喜談板本。抗日戰起，爲日寇所害。

仲舉字坡生，一字能遠。善花卉，兼工翎毛草蟲。體物之微，細入毫髮，可與翁學海並駕齊驅。見虞山畫志續録。“坡生”亦作“譜笙”。虞陽科名録卷四下生員門，載光緒六年庚辰常熟生員有趙仲舉。注云：“譜笙，奎昌孫。”卷三下捐貢門，載光緒朝捐貢有趙仲舉。注云：“坡生。”可證。“譜笙”亦作“補笙”。玄伯先生因翁文恭日記所書有“趙坡生”又有“趙補笙”，遂謂宗建子有坡生、補笙二人。其實“坡生”“補笙”是一人字有兩種寫法，非二人也。

宗建子姪，皆以“仲”字取名。“仲”字亦是派名。小石城山房文集卷上駿德堂趙氏祭田書田記載趙宗耀姪有仲標。卷下趙振之廣文傳載趙宗望子有仲嘉。旌表續録卷七下載趙宗瑞繼子有仲鎔。科名録卷四下生員門卷三下捐貢門，載咸豐五年乙卯生員咸豐朝捐貢並有趙仲洛，字少琴。卷四下生員門，載光緒二十一年乙未生員有趙仲扑字顯卿，光緒二十四年戊戌生員有趙仲明字蓉生。均可證

以上宗建。

三　趙氏第宅

余曩撰述也是園古今雜劇，記舊山樓事甚略。兼有錯誤。宗建之舊山樓與同湉之總宜山房雖同在一區中，而舊山樓址非即總宜山房址。余文謂宗建所居即總宜山房舊居。意謂今之舊山樓即昔之總宜山房。誤矣。趙氏宅第，自道光初至咸豐中，三十餘年間，曾有兩次遷變。余謂宗建所居即總宜山房舊居。其意似謂趙氏自同湉以下，四世居報慈里，不曾遷移者。又誤矣。余當時對舊山樓歷史智識太不充足，故言之不明確如此。今則所知稍廣，事實漸明。乃采諸家文之記趙氏第宅者，重加考證，詮次爲此篇。

總宜山房

邵淵耀舊山樓記云：“鎮江門外寶慈里，地以古庵得名，在村郭間，負山面水，景物閒外。群萃託處于斯者，有以自適。大率孝弟力田，不求聞達。”其風土人物之美如此。同湉世居是里。夷考其行，真所謂“孝悌力田不求聞達”者也。所居曰總宜山房。孫原湘趙涵泉傳記山房景物云：

　　遠翁居多古木,蓊翳庭中,老桂殆百年物。翁又雜植花木,闢梅圃,廣可數畝。

山房老桂,天真閣集、翁心存知止齋集均有題詠。翁同龢於光緒中尚見之,十五年日記所謂“老桂一株尚是舊物”者也。原湘此文作于嘉慶末,時同滙已卒。其後記山房景物者,尚有邵淵耀。淵耀咸豐中作趙退庵家傳云:

　　方贈公時,所居舫齋,地止數弓,而花木竹石,位置妥帖;春秋佳日,集名流觴詠其中。所謂總宜山房者也。

其舊山樓記作於咸豐七年,亦云:

　　舅氏涵泉贈公豪爽而有隱操,所居舫齋曰總宜山房,花木秀野,雅稱觴詠。

據此,知總宜山房乃同滙齋名。同滙梅圃數畝,而山房地止數弓。但求雅適而已,不嫌小也。原湘乃同滙之友,數飲園中,習其風物。淵耀乃城內趙氏之甥,呼同滙爲舅,幼嘗出入園中,故雖追記舊事,而言之猶真切如此。山房中貯圖籍甚富。同滙又喜飲好客。原湘趙涵泉傳記其事云:

　　顏其居曰總宜山房,蓋市圖籍,充仞其中。邑中名宿多造焉。翁善釀酒,取水桃源澗,香味清冽,名“桃源春”。客至,輒命元愷行酒,曰:與現在古人酬對,勝如故紙中求之也。

地有嘉樹,屋有圖籍,家有美醞。人家具此三者,固名士所欲造。然苟主人不賢,或無大惡行而不同氣味,則名士亦不欲訪之。翁隱者,未必以儒者自居。然其教子之言,實饒有風味。今之儒者,或未解此。宜諸名士之親之也。人情貴遠而賤近。古人有寸善,則仰之以爲不可及。今人負異資,則摒之以爲不足道。實則學問伎術,愈後愈進步。以人才論,不但現在人中有古人,古人中且無現在人也。以學習言,則古人長往,風徽日遠。求古人精神於故紙中,究不若與現在古人酬對,聽其言論之爲愈。此理易解,而知之者寡。翁能有此言,雖曰未學,吾不信也。翁之居在鎮江門外。

鎮江門邑北門，俗所謂北旱門也。據天真閣集，則翁城北尚有別墅。卷十九有詩詠之。序稱"涵泉趙翁，構別墅於城北，暇輒憩焉。屬余賦詩"云云。詩作於嘉慶十三年戊辰。疑翁別墅之構，亦在此時。此別墅與總宜山房無涉。今附記於此。

東　皋

同滙山房梅圃，不知營於何時。以情理論，應在家事稍裕之後。趙退庵家傳稱同滙生事稍裕，慨然以收卹族人爲己任。力有未逮，齎志以終。旌表續錄八稱同滙欲建莊贍族，而受產僅四百餘畝。撙節三十年，力終不逮。夫受田四百餘畝不爲過少，而云力不逮者，蓋族大丁多，贍族之田，少則無補，故撙節三十年猶不逮，非謂同滙家貧也。以是而言，則同滙一生，其後三十年可謂之寬裕時期。同滙卒嘉慶十六年，逆數三十年爲乾隆四十七年。今假定同滙營山房梅圃在乾隆五十年左右，則同滙中年後有園館之美，有賓客之樂。當太平雍熙之時，享清閒之福者幾三十年。其境亦可羨矣。元愷好客似父。方元愷嗣其父居總宜山房時，山房亦不寂寞。然余讀舊山樓記及趙退庵家傳，知元愷有移居之事。舊山樓記云：

> 舅氏涵泉贈公，所居舫齋曰總宜山房。此地當乾隆間，爲園公刺史，竹橋禮部，長真吉士諸公之所游宴。嘉慶間則爲邃菴協揆，偉卿比部之所館餐。而角藝賭酒，吾亦嘗與。退庵生業日裕，移居賓湯門外東皋。山房乃爲舊宅。

賓湯門邑東門，俗所謂大東門也。園公、竹橋，同滙客。見上文。邃菴，謂翁心存；偉卿，謂吳廷鉁：並元愷客。長真，謂孫原湘。原湘爲同滙父子客；嘉慶時數來山房。此與園公、竹橋並目爲乾隆時客。誤。原湘識淵耀於髫齡，嘉慶中且同游宴。淵耀雖暮年撰文，不應顛倒如此。蓋行文偶疏耳。趙退庵家傳記東皋事尤詳。今錄其文於下：

> 方贈公時，所居舫齋地止數弓，而花木竹石，位置妥帖。及君移居賓湯門外，旁有亭樹，相傳爲瞿忠宣東皋遺址。稍北，爲華氏存松圃，亦兼有之。叠石凌池，曲具勝概。贈公故豪飲，君實克肖。佳客過從，每留譴賞。觥籌交錯，酣嬉淋漓，有孟公投轄之風。而客之不勝杯杓者，曾不强以酒。故人得盡其歡。

東皐在虞山下，本忠宣父湖廣參議汝説所構，忠宣增拓之。有浣溪草堂、貫清堂、鏡中來諸勝。後廢。見光緒重印乾隆本常昭合志卷五。志云：“東皐在鎮海門外。”鎮海門邑北門，俗稱北水門。與淵耀文稱在賓湯門外者不同。蓋東皐本位於賓湯、鎮海之間，不妨兩屬，故文異也。存松園乃華氏園。天真閣集卷十六有題華指揮存松園詩。詩是嘉慶九年作。華指揮，不知其名。據淵耀所述，似元愷東皐規模在報慈舊居之上。蓋家日起，則第宅亭館之要求視往日爲奢。亦人情之常也。

元愷何時移居東皐，淵耀文不明言。余謂決不在嘉慶二十年前。可以天真閣集、知止齋集證之。今天真閣集，其詩確知爲爲元愷總宜山房作者二首：如卷二十二所載四月十七日過趙叔才秀才詩及醉趙生叔才桂花下詩是，皆嘉慶二十年乙亥作。知止齋集，其詩序出總宜山房者六首：如卷二九日偕曾石谿陳梅江集趙叔方總宜山房詩、夜坐總宜山房桂花下詩、叔才招同單師白孫仲直集總宜山房詩、總宜山房曉起看雪詩，皆嘉慶十九年甲戌作。卷三雪中集總宜山房詩、總宜山房看雪詩，皆二十年乙亥作。其詩序不出總宜山房，而確在總宜山房作者一首：如卷二同叔才奇男習射詩是，亦乙亥作。據此二家詩，則元愷移家，決不在嘉慶二十年前，明矣。余疑元愷終嘉慶朝，無移家之事。其移家似在道光初。何以知其然也？元愷以善貨殖致富，見趙退庵家傳。天真閣集趙涵泉傳、旌表續録卷八下，俱稱涵泉翁欲建義莊。翁歿十年，元愷總理操切，遂成先志。是元愷事生產在翁歿後十年間。其建義莊，距翁歿時十年。翁以道光三年旌，疑元、二年是元愷立義莊時也。凡人有大義行善舉，必在其家有餘力之時。移家多爲生活便利或事實需要，固不關財貨之有無。然園館之經營拓闢，亦必在家有餘力時。故余疑元愷營東皐時，必與其建義莊時不遠。以淵耀文考之，舊山樓記稱：“退庵生業日裕，移居賓湯門外。”雖不著遷移歲月，而元愷移居在其生業日裕時，則淵耀言之已明。又其記總宜山房賓客分二期：首乾隆期，次嘉慶期。而叙元愷移居事於嘉慶期之後。尋淵耀文意，亦不謂元愷移居在嘉慶時。可知余之言固未嘗不近乎事實也。

元愷移居，蓋爲管理財產方便計，非輕去其里。東皐第，元愷傳奎昌，奎昌傳宗德、宗建。三世居之，固已宴如。然報慈在虞山之麓，景物幽絶。山房乃同滙所營，梅圃依然，老桂無恙。四十年間，遺澤未斬。至咸豐中，遂有宗建繕葺報慈舊居之事。

舊 山 樓

張瑛有舊山樓記，似在所著知退齋文集中。原文余未見。葉昌熾藏書記事詩卷七所引只六十餘字，非全文。余曩撰述也是園舊藏古今雜劇引瑛舊山樓記即據記事詩。雖嫌其過簡，無如何也。後於小石城山房文集卷上見邵淵耀所撰舊山樓記，乃大喜。蓋其文不唯記舊山樓事甚悉，即舊山樓前之趙氏園亭，亦大略言之。實爲考舊山樓之絕好資料。故余今日紀舊山樓事全據此文。其意有不盡者，更疏通之。文稱：

> 舅氏涵泉贈公所居舫齋曰總宜山房，花木秀野，雅稱觴詠。子孟淵、退庵兩兄，俱從幼識面。孟淵早亡，與退庵尤暱好，遂令子曼華請業焉。退庵生業甘裕，移居寶湯門外東皋。山房乃爲舊宅。自退庵、曼華相繼徂謝，予於春秋佳日出郭游衍，間至山房，步屧庭內，睠顧嘉植，慨念舊游，每攀枝執條，不忍還反。

此追記總宜山房，爲舊山樓張本也。退庵移居，在道光初年，卒於道光九年。曼華卒於道光十二年。山房自退庵移居，失其主要地位。經十二年後，嘉木美植，依然如故，觀此文可知。又稱：

> 去年，曼華仲子常博次侯，既潢治三峰龍藏刊行先世著作，又於山房東北繕葺位置亭樹，並臻整潔，命曰"寶慈新居"。有雙梓堂、古春書屋、拜詩龕、過酒臺諸勝。而茲樓居其北，地最高朗，嵐彩溢目，邐延遠攬，足領全園之要。

此記舊山樓緣起，文雖簡古，而事極核備。其昭示吾人者三事：宗建園曰"寶慈新居"。寶慈新居在總宜山房東北；此園之位置可知也。余謂其地至少包同滙梅圃在內。同滙闢梅圃，廣可數畝。見趙涵泉傳。葉昌熾緣督廬日記鈔光緒九年日記云："游趙次侯園亭。種梅二畝許，暗香疏影，頗極幽靜。"以日記文與傳文互證，知宗建園即同滙梅圃。昌熾不知常熟趙氏掌故，輒云："次侯種梅二畝。"實則梅乃同滙物，非宗建物也。舊山樓又在寶慈新居之北：此樓之位置可知也。余前撰文謂舊山樓即總宜山房。以此文考之，其失甚明。然翁同龢謂舊山樓，是其父館趙氏時授書之所。庭前老桂一株，尚是舊物。同龢父心存館趙氏，在嘉慶十九年甲戌二十年乙亥二年間。今知止齋集甲戌所爲詩，有夜坐總宜山房桂花下詩，有總宜山房曉起看雪詩，皆稱“總宜山房”。何也？蓋“總宜山房”是齋名，亦是園名。淵耀文稱舅氏涵泉所居舫齋曰“總宜山房”，是專指齋言之也。心存授書之所，距同滙舫齋尚遠，而亦稱“總宜山房”者，以書房在總宜山房園中也。“舊山樓”是宗建所揭新扁。心存授書之所，嘉慶時必不名“舊山樓”。同龢特以新名稱之耳。宗建繕葺寶慈舊宅，與潢治三峰龍藏、刊行先世著作同時：此營繕之時可知也。先世著作，蓋指奎昌所輯三峰寺志言。“去年”二字似無着。實則不然，以此文後署“咸豐七年春王月”，去年是咸豐六年也。宗建與兄宗德居東皋已久，其地非不適，何以宗建此時忽有繕葺寶慈舊宅之事？余謂是時兄弟析產。兄得東皋而弟得報慈也。觀諸家文言舊山樓，皆以樓屬宗建不屬宗德可知。何以析產必在咸豐中也？曰道光十二年奎昌卒時，宗德年九歲，宗建年五歲。元紹妻陸氏、元愷妻錢氏、奎昌妻吳氏，皆寡。宗德雖爲大宗後，是時無析產之理。至咸豐六年，陸、錢、吳皆前卒。宗德年三十三，宗建年二十九矣。上無尊親，兄弟咸能自立，故可析產也。淵耀所言三事，余此處所詮釋者較淵耀文多數倍。非不憚煩也，文之繁簡各有宜。淵耀文爲宗建作，對宗建言趙氏事，不必過詳。余文爲搜討舊山樓掌故而作，在今日言趙氏事，不可略也。又稱：

> 夫喜新而斁舊，固昧稱先之意。抑沿舊而不復圖新，又將以習慣而眎爲尋常，因仍惄置，且任就施廢，不甚顧藉。此變通之所以爲悠久。地不必改闢，而勤思締構，日增月廓，樂趣靡窮。讀書學道，胥此志也。

此發揮新舊之義，語近腐而意自明。蓋宗建園雖即同滙故園，而繕葺位置並有新意，其亭館頗有添築者，已不盡依同滙之舊也。

宗建此園，竹木林屋，結構精絕。葉昌熾光緒元年來游，極稱之。語見緣督廬日記鈔。宗建所居曰梅顛閣，閣與舊山樓相屬。翁同龢光緒十五年回里，來游，賞之，謂“閣小而窗櫺面面皆有趣”，見玄伯先生文引日記。瓶廬詩稿五有次韻趙次侯送行之作。詩署己丑，亦光緒十五年作。送行謂送同龢入都也。詩云：“梅顛綽有元龍氣，卻恨窗櫺面面遮。”此又一義。“梅顛”下注云：“君新構此閣。”似閣即構於光緒己丑。詩稿七有題趙次侯灌園漫筆詩云：“不數世間凡草木，知君心事在梅顛。”注云：“君重修梅顛閣。"詩署庚子。庚子,光緒二十六年。距己丑閣新構不過十一年,不知何以須重修? 又宗建卒即在是年五月。閣重修後宗建居之亦不久也。

余記舊山樓事,盡於上文。然宗建園除報慈新居外,尚有半畝園。亦不可不一述之。半畝園兩見翁同龢光緒二十四年日記。一云:"詣次公處,過其半畝園。"一云:"慰次公失孫,晤於半畝園。"見玄伯先生文。然半畝園實非宗建所闢。邵淵耀曼華趙君小傳云:"退庵既歿,曼華服闋後一赴京邸。以家居奉母爲樂,意不欲復出。於報慈丙舍傍闢半畝園,以爲板輿行樂之地。"是半畝園本宗建父奎昌園。宗建得之,蓋亦在咸豐六年兄弟析産時。其園在報慈墓舍傍,本自爲一區,與宗建所得報慈舊宅無涉。玄伯先生疑半畝園即舊山樓之園,蓋先生偶未見淵耀文,故不悉其原委耳。

原載一九四六年中法漢學研究所圖書館館刊第二號

鏡春園筆記

八 府 相

明趙清常鈔內本元無名氏劇,有十探子大鬧延安府。題目正名爲"八府相聚集樞密院,十探子大鬧延安府"。八府相謂八府宰相。劇演宋事,而云漢兒、女直、達達、回回官人,不倫不類。戲曲類如此,不足怪也。清常所鈔內本元無名氏闆闍舞射柳蕤丸記劇,演宋事,亦有范仲淹等八府計議邊事,唐介薦完顏延壽馬之言。八府相,見元史卷二十一成宗紀,云:大德七年,二月丁丑,"詔中書省設官,自左右丞相以下,平章二員、左右丞各一員、參知政事二員,定爲八府。"按:遺山先生文集卷十六平章政事壽國張文貞公(張萬公)神道碑云:"金朝官制,大臣有上下四府之目。自尚書令而下,左右丞相、平章政事二人,爲宰相;左右丞、參知政事二人,爲執政官。"金有尚書省,無中書省。元有中書省,無尚書省。元之八府,即金之上下四府。然則元"八府"之稱,承金之舊也。元又有內八府宰相,掌諸王朝覲儐介之事。遇有詔令,則與蒙古翰林官同譯寫而潤色之。謂之宰相云者,其貴似侍中,其近似門下,故特寵之以是名。(按:元無門下省,金初有門下省,海陵正隆元年罷之。)雖有是名而無授受宣命。見元史卷八十七百官志。此內八府與中書省八府不同。

合 冥

樂府詩集卷四十六所載吳聲歌曲讀曲歌八十九首,中一首云:"合冥過藩來,向曉開門去;歡取身上好,不爲儂作慮。"合冥,亦作合暝;暝,後起字。合暝,見通鑑卷一九〇唐紀。紀載武德七年高開道選勇敢士數百,謂之假子,常置閣內,使將張金樹領之。金樹密謀取開道。遣其黨數人入閣內與假子游戲。向夕潛斷其弓弦；藏刀槊于牀下，合瞑抱之趨出。金樹帥其黨大譟，攻開道閤。假子將禦之，而弓弦皆絕，刀槊已失。"合瞑"，宋紹興本如此作。元胡三省注本作"合暝"，注云："人睡則目合而暝。"按説文目部："瞑，翕目也。"翕目即閉目，此胡注所本。冥部："冥，幽也。"日部："昏，冥也。"口部："名，自命也。从口从夕。夕者，冥也。冥不相見，故以口自名。"通鑑此文"向夕"謂"將夕"，故舊唐書高開道傳作"將夕"。"合瞑"謂既夕，故舊唐書高開道傳作"迨暝"，新唐書高開道傳作"既瞑"。合者全也，同也。既夕則全黑，不辨景象，故曰合冥。猶陶詩云"八表同昏"耳。胡注據錯字立解，殊嫌迂曲。宜據宋本正之。

載一九六三年一月六日光明日報文學遺產

吉　莫　靴

鮑以文刊本聊齋志異卷一面壁篇："忽聞吉莫靴鏗鏗甚厲。"呂湛恩注引唐張鷟朝野僉載云："宗楚客造宅，磨文石爲階砌及地。著吉莫靴者，行則仰仆。"（按：文見太平廣記卷二三六"宗楚客"條引朝野僉載。）又注云："吉莫靴，未詳。"按正字通：鞊鞨，皮也。或從省作吉莫。"余按：集韻卷十鐸韻，類篇卷三中革部"鞨"字注，俱云："鞊鞨，皮也。"是明張自烈正字通所本。"吉莫靴"見北齊書卷五十恩倖傳韓寶業傳，云："有開府薛榮宗，常自云能使鬼。及周兵之逼，言于後主曰：'臣已發遣斛律明月將大兵在前去。'帝信之。經古冢，榮宗謂舍人元行恭："是誰冢？'行恭戲之曰：'林宗冢。'復問：'林宗是誰？'行恭曰：'郭元貞父。'榮宗前奏曰：'臣向見郭林宗從冢出，着大帽，吉莫靴，插馬鞭，問臣：我阿貞來否？'"（北史卷九十二恩幸傳、齊諸宦者傳同。）又見新唐書卷三十七地理志云："同州，土貢：鞊鞨二物、皺紋吉莫、麝……。靈州，土貢：……麝，野馬、鹿革，野猪黃，吉莫鞨，鞨……""吉莫"蓋鮮卑語。宋沈括夢溪筆談卷一云："中國衣冠，自北齊以來乃全用胡服。窄袖，緋綠短衣，長靿靴，有鞢鞢帶：皆胡服也。窄袖利于馳射。短衣，長靿，皆便于涉草。"

焦　螟

鮑以文本聊齋志異卷十五焦螟篇云："董侍讀默庵家爲狐所擾，……

一日朝中待漏,適言其異。大臣或言:'關東道士焦蟆居内城,總持勒勒之術,頗有效。'""焦蟆",吕湛恩無注。按清王士禎池北偶談卷十五"敬一主人詩"條云:"鎮國公敬一主人,諱蕭,世祖章皇帝之庶兄也。居瀋陽。以庚戌(康熙九年)七月薨于京師。有恭壽堂詩一卷,頗多警策"。引其"贈御院焦冥道士"云:"蓬壼連魏闕,羽客侍金門。丘壑心寧遂?烟霞氣自存。談經清漏永,掃徑落花繁。西出函關叟,何曾返故園?"即此焦蟆也。

出　　人

百回本水滸傳第四十回"梁山泊好漢劫法場"篇,記江州知府蔡九,將宋江、戴宗問成招狀,押去市曹斬首事云:"只見法場東邊,一伙弄蛇的丐者強要挨入法場裏看。衆士兵趕打不退。正相鬧間,只見法場西邊一伙使槍棒賣藥的也強挨將入來。士兵喝道:'你那伙人好不曉事。這是那裏,強挨入來要看?'那伙使槍棒的説道:'你倒鳥村!我們沖州撞府,那裏不曾去?到處看出人。便是京師天子殺人,也放人看。'鬧猶未了,只見法場南邊一伙挑擔的腳夫,又要挨將入來。士兵喝道:'這裏出人,你挑那裏去?'……那伙人就歇了擔子,立在人叢裏看。只見法場北邊一伙客商,推兩輛車子過來,定要挨入法場上來。士兵喝道:'你那伙人那裏去?'客人應道:'我們要趕路程,可放我等過去。'士兵道:'這裏出人,如何肯放你?'"水滸傳此一段文,"出人"凡三見。審其義,即"殺人"。然無佐證。亦不知所以云"出人"之故。十餘年前,讀文山先生全集卷十七文山先生紀年録始釋然。紀年録載壬午年(至元十九年)文山先生在獄。十二月初九日:"宰執奏文天祥既不願附,不若如其請,賜之死。上可其奏。是日,宣使以金鼓迎,詣市。公行,顏色不少變。至刑所,南向再拜,曰:'臣報國至此矣。'遂受刑。時翰林學士趙與𥊍,以宋宗室亦被監閉一室,諸衛士弓刀環,席地坐,聞門外弓馬馳驟聲者久之,人競穴窗窺,乃是出丞相。頃之,又聞馳騎過者。及回,乃聞'有旨教再聽聖旨';至,則已受刑。"讀此,知"出丞相"即"殺丞相"。水滸傳"出人",乃宋元常語也。"出"、"黜"同音,義亦相通。字書"黜"訓"除"、"去";又訓"減損"。蓋不欲顯言殺戮,但云除其人耳。

載一九六三年二月十七日光明日報文學遺產

高等國文法序

　　吾國文法學，素無專著。古今言語既異，傳習古書，學者與教者俱感困難。清季，西洋科學輸入，文法學亦漸爲國人所注意。自丹徒馬氏而下，著述多有，學校亦列爲課程。顧坊間所出書，除極少數外，大抵稗販東籍，强分部類，乾燥無味，識者病之。一九二二年，楷第從吾師楊遇夫先生習文法學於北京師範大學，讀先生講義，覺其條理井然，以至簡之法馭至賾之物，爲一切文法書所不及。於時深感文法學之興味，而個人讀古書之嗜好亦自此始。數載以來，望先生書之刊行久矣。今歲夏間，先生以手定文法稿見示，則年來在清華大學所講授者，視前稿已增益十之四五。展讀再四，覺數年前撰杖都講之狀猶在目前，爲之愉快不已。竊謂研究中國古文法學有必不可少之條件：其一，必精通文字訓詁之學，而後別擇判斷始能正確。其二，必通外國文法學，而後參伍比較，有所因依。昔劉淇著助字辨略，專輯虛字，蒐采頗富。及王氏引之著經傳釋詞，方法益爲嚴密。而俞氏古書疑義舉例則於字義之外，兼涉及文法上之關係。三書並稱名著，有益後生。然當時文法之學尚未成立，其所爲僅足爲文法學之資料而已，無條理系統之可言也。及馬氏師西法作文通，我國文法始卓然成爲一科。顧馬氏之書，頗有削足適屨之譏，故其謬誤不一而足。又馬氏小學甚疏，凡所訓釋，頗多未審。故論者猶有憾焉。先生幼承家學，研討聲音訓詁之學，著書滿家，於劉、王、俞三家書及馬氏書，既嘗訂其譌誤，補其未備；又嘗留學異域，通東西洋文法學；積十餘年之精力以從事於文法研究，故能體用兼該，凡立一義、設一證，莫不由本身之體驗而來。不特古漢語文法之變化於以大明，實爲學者讀古書之梯徑。蓋舉二千年來所謂虛助字者，一一納之於軌物之中，信可謂文法界之鴻寶者矣。楷第從先生游有年，蒙先生不棄，時加訓迪，裨益宏多，知先生之學者，宜莫楷第若，因綜述先生著書之梗概如此。往讀日本廚川白村氏書，痛詆其國學者稗販西洋學說，鮮能深造自得，語意激切。愚以爲自先生書出，文法學始真爲我國之文法學。並時或後世研究中國文法學者，雖取徑不同，要必以先生書爲基礎或重要參考書。世之讀先生書者，當能證驗楷第之言爲天下之公言，非一人之阿好也。

　　　　　　一九二九年十二月十二日受業滄縣孫楷第謹序
　　　　　　　　於北平中海居仁堂西四所

　　　　　　原載於楊樹達高等國文法卷首

評舊五代史輯本發覆
附薛史輯本避諱例

　　新會陳援庵先生史學名師,著作宏富,世所盡知。年來息影衡門,不問世事,唯專心著書則與前無異,且更加勤焉。

　　舊五代史輯本發覆三卷,篇雖不多,乃先生積數年之功校薛史訖,所得既多,百分取一,要略為此編。其書開示義門,為吾國近年來最重要之史學撰著。

　　按:薛居正舊史,成於宋開寶中。其書據歷朝實録及范質五代通錄編次成書,本屬可據。及歐陽修別撰五代史,乃多出己意,擅改舊文,雖有訂正之功,而得失互見。平心論之,自當與薛史並行,實未足以取而代之。迨金泰和中,詔學官用新史,而舊史湮。自明以來,雖傳有其本,而書不可見,在若有若無之間。世所傳習者,僅清乾隆中就永樂大典輯出之本而已。然據先生言:四庫館原輯之本,已與乾隆四十九年殿刊本不盡同;他書所引舊史,與四庫館原輯本又不同。因知今行四庫輯本,纂輯時曾經改訂,非永樂大典之舊。顧大典散佚過甚,不可覆核。乃徧檢冊府元龜;凡冊府元龜所引,見於今行本舊史某卷某篇者,悉記之。其今行本舊史之文,合於冊府元龜某卷某條者,則又記之。排比整理,製為檢目,然後依目尋求,詳加考校。其工作之繁鉅如此。積稿既多,一時未易刊印,乃舉連年校勘所得、標目開題,先出此發覆三卷示例。卷一為"忌虜"例,卷二為"忌戎""忌胡"例,卷三為"忌蕃""忌酋""忌偽""忌漢"等例。凡薛史犯此諸例,庫本用他字代之及改文以滅其跡者,悉擇要條舉。又附薛史輯本避清諱諸例於卷末。於是綱舉目張,當時館臣用心及所以改字改書之故,均有跡象可求,昭然若揭矣。為學之道,貴有綱領。先生全書雖未出,而此發覆三卷昭示世人,學者循其軌以求之,不唯知庫本之偽,兼知庫本之所以偽,舉一反三,讀今本薛史實如破竹,其快為何如? 昔施非熊先生校金史二十年,為金史詳校一書。苦卷帙繁多,乃列舉條目為金源劄記三卷。

（按：詳校今有刊本。）以今視昔，用意正同，且卷數亦巧合，可謂饒有趣味之事。尤望先生重輯本薛史於最近數年內成書，即刊本薛史不可復得，此本一出，已實同宋本；不唯庫本清人改訂之書無足稱，即大典亦是明人寫本，正不必頰唐唏噓以散佚爲可惜矣。

　　此外尚有二書，聞亦在刊印中。其一，考湯若望與釋木陳忞事（其文曾載輔仁學誌七卷第一期第二期合印本），述二人同受知清順治帝，而帝於若望，始終重其人，後乃不信其道；木陳忞，則因信其教而蓋親其人。二人之外學不同，功績亦異。文於此事闡發甚悉。又因記二人事，兼述順治出家及順治火化等問題。按：世祖因董妃出家，至今盛傳。史學者信其必無，而傳者指爲實有，遂成一大疑案。先生此書則據湯若望回憶錄，木陳忞北游集及玉林語錄、續指月錄，知帝實曾削髮，但不久因人勸又蓄髮。可謂出家未遂，而不可謂無出家之意，無出家之事。此一大疑案，至是始得一正確理解。讀者遇此，應不信考據爲枯燥之學，且頓增無窮之趣味矣。其二，就憨璞、茆溪、玉林諸語錄，考順治宮闈事。述董妃火葬，順治崩後百日亦火葬，當時太后亦參禪。事皆異聞，而有實據。可補清初史乘所未備。按：語錄，世人盡知爲方外之書，而不知其中有史料，足見考史不易，涉閱宜博。此二書想不久可行世。又先生所撰釋氏疑年錄十二卷，聞亦將付印云。

載一九三九年圖書季刊昆明版第一卷第一期

評明季滇黔佛教考

　　新會陳援庵先生以數十年之力專治史學，博通淹貫，爲世人所知。先生於史書無所不講，而正史之外尤致力專史，專史之中尤致力宗教史。近年所著，如舊五代史輯本發覆、吳漁山年譜、湯若望與木陳忞、語錄與順治宮庭等，余皆爲文介紹，其書傳遍海宇。今又撰明季滇黔佛教考一書，都十二萬餘言。視二年前所撰舊五代史輯本發覆等書，其精湛同，其博大亦同。視十餘年前所撰元西域人華化考、摩尼教入中國考等書，其精湛同，其博大亦同。回憶民國初年新思潮勃興，學者盛倡以科學方法整理國故。先生於此時雖默契於心，未嘗多言；然續學力行，以縝密之思，爲不朽之業，凡所撰著關涉國學、史學者，皆不襲陳因，卓然成一家之言。於所謂科學方法者，實足當之而無愧。歲月侵尋，時移世易，今日爲學之士、冠時之英，大抵躑躅惆悵於戎馬之間，雖講誦不輟，著作如故，已不能如當日之盛；而先生燕臺棲隱，閱歷滄桑，年亦六十矣。然而言著作則名篇大文，日出而不已。其成績與精力，視當年固絲毫未減，其意氣懷抱，亦不違初服。觀先生之自期與世之所以重先生者，則知味道之腴與嗜學之篤者，其志尚幽遠，決不以時勢爲轉移。自昔名儒碩學，如王伯厚、胡身之、顧寧人、王船山等，其著作多成於亂離之時。士君子亦在自致耳，孰謂時勢能困人哉？

　　是編分六卷，篇目凡十有八。曰“明以前滇黔佛教第一”，於滇舉雄辯、本帖等九人爲例，於黔舉月溪爲例。皆詳其行蹟。其中本帖、月溪爲明僧，餘皆元僧。曰“明季滇南高僧輩出第二”，述本智等八人，皆詳其行蹟。曰“明季黔南傳燈鼎盛第三”，述黔南燈系，據釋善一純黔南會燈錄所錄諸僧，而補其遺漏。凡六派百二十一人列爲世表。其闡教黔南者，則於僧名上冠地名；其未曾闡教黔南者，則僅著其號，不冠地名。體例至爲明晰。曰“滇黔僧多蜀籍第四”，舉通醉、福慧等八人爲例。其中有爲黔南會燈錄所已載者，則更徵他書證明之。其爲錄所不載者，則據他書詳述之。

以上四篇爲一卷。曰“法門之紛爭第五”，記黔僧破山與蜀僧吹萬之爭；黔僧燕居與雲腹之爭，與山暉之爭；滇僧籍河南者與籍陝西者之爭。其爭或緣派別，或緣意氣勢利，而鮮有因宗旨學説者。曰“靜室之繁殖及僧徒生活第六”，據徐霞客游記，歷舉諸山僧侶所建靜廬及其生活之狀，凡霞客所出僧名，皆一一疏明之。曰“藏經之遍布及僧徒撰述第七”，歷舉滇黔儲藏經諸寺。其寺在滇者十有七，在黔者六，而於黔僧與嘉興藏經之關係發揮爲詳。至滇黔僧著述及非滇黔人關於滇黔著述爲滇黔志所不載者，則備舉其目以詳之。其滇黔志所不載而其書曾刻入北藏及嘉興藏者則特爲表出之。以上三篇爲一卷。曰“僧徒之外學第八”，記當時僧侶多工詩文書畫，通儒老之書，其學藝爲士夫所稱道。於滇舉讀徹、擔當、野竹、讀體、知空、無住等爲例，於黔舉蓮月、山暉、語嵩等爲例。曰“讀書僧寺之風習第九”，謂元明來滇黔二省，其全省書院不敵一府僧寺什之一。故自隆萬以還，士夫講學及學子讀書多在僧舍。於黔舉鄒元標成都匀，講學觀音寺靜暉寺；黔人宋五山、丘戀樸、周起渭讀書講學皆在僧寺爲例。於滇舉徐霞客游記所記諸人爲例。曰“士大夫之禪悦及出家第十”，於滇記李元陽、文化遠十三人與僧野愚、中和等之關係。於黔記蔣杰、李專等十人與諸僧之關係。附以黔南録所記李合鱗等五人。其士夫出家者，又舉劉九菴即僧明元等八人。其先出家後出仕者，又舉申甫一人。所舉諸人，其信佛出家皆在永曆亡之前。其中貳臣如滇之高奣映、王弘祚，黔之沈奕琛；入清應試者如滇之陸天麟、彭印古、文化遠，黔之李專，皆連類及之，非正例也。以上三篇爲一卷。自第一卷至第三卷，所論者爲高僧，爲靜室，爲寺之藏經，爲僧之著述，僧之藝學，僧之部黨紛爭，以及士夫出家及士夫喜與僧往還之人。不惜一一闡發以見當時滇黔佛教之盛；此先生自記所謂“明中葉佛教式微。萬曆後宗風復振，東南爲盛。西南亦受其波動”者也。曰“僧徒拓殖本領第十一”。謂滇黔開拓，皆僧侶爲之先導。於黔舉興隆月潭寺、普安八納山等七例。於黔舉永平寶臺寺、開化綠蘿寺等七例。於每一山每一寺，必詳其開拓之人。讀先生所記，知當時陟巘越險，於荒山修寺絕巘結廬者，僧也。開山闢徑，立亭障便行人者，亦僧也。又修寺必擇勝地，山居必有資乎水。而經營構造之地或不盡有水。則僧侶引水之法出焉。讀先生所舉昆明華亭山等五例，則知當日滇僧引水之法，其僧廚有以樓櫚剖半連綴引水至廚中者。有連木視數百引水至廚中者。有用錫管引水從地中伏行數十丈後，向池心豎起，激水上噴，灑作奇景者。有豎木架橋，於兩峰間刳木爲溝，冶瓦冶銅爲筒，施之橋上，引水凌虛而行，由彼峰移水至此峰者。又有厠溷下通水流，常滌盪使潔者。先生謂其法駸駸乎與近代之自來水等。凡此篇所述，其人皆卓異，事皆嶔奇。僧侶之有功於滇黔，前此未爲人注意，自先生始發之。曰"僧傳開山神話第十二"，諸書所載滇黔人所傳降龍伏虎生泉辟盜諸神話，其事多傳之僧。歷引之以證明滇黔開闢實由僧侶之力。曰"深山之禪跡與僧棲第十三"。據《徐霞客游記》知當時霞客歷游各處，其行必候僧爲伴，約僧爲導。其止必於僧舍。至於巉巖高峰幽深險絶之處，皆有僧棲。若欲攀登，雖士官久居其地者亦不能識其路，須僧導之，因謂滇黔之開闢，即賴僧侶此等冒險精神。此等精闢議論，前此亦未經人説過。發之自先生始。以上三篇爲一卷，即第四卷，論滇黔風土與僧之關係，則先生自記所謂"滇黔建省較後，其開闢有賴於僧徒。此節近始發覺"者是也。曰"遺民之逃禪第十四"。所記如唐泰、錢邦芑、曾高捷、楊永言、鄭逢元等二十人，皆文人。鄧凱、胡一青、皮熊等六人，皆武人。於每一人皆考其名號，考其行蹟，考其生卒，考其出家之年。其人逃禪而諸書誤以爲殉節，或逃禪而誤以爲降者，皆辯之。曰"遺民之禪侶第十五"。記文祖堯、黄孔昭、施于身、陳佐才、何蔚文、朱昂、鄭之珖、胡欽華、吳中蕃、朱文、劉蓘等十一人與諸僧之關係。皆述其行誼，述其與諸僧交往始末及投贈之詞。其諸書所記，如劉蓘，阮志云入清爲道士，不實。其人清康熙九年猶存，而滇繫稱永曆亡後不久即卒之類，皆詳辨之。以上二篇爲一卷。曰"釋氏之有教無類第十六"。記當時附逆之人多學佛，舉方于宜、高得捷、馬寶等十一人爲例。曰"亂世與宗教信仰第十七"。謂世亂與宗教不相妨。世亂則宗教之信仰者愈多。舉利根慶以下二十七人皆因家難國難出家爲例。曰"永曆時寺院之保護及修建第十八"。其曾受永曆君臣保護者，舉寂光等六寺爲例；其建於永曆時者，舉圓通菴以下十四寺又五華寺以下十寺爲例。以證雖喪亂之際，而莊嚴佛寺其事曾不少衰。以上三篇附弘光出家之謡一篇爲一卷。此第五第六兩卷，記忠臣義士之出家信佛；記逆黨、小人之信佛；記亂世出家者之衆、亂世寺院興造之繁，皆宗教之有關政治者。則先生自記所謂"明季中原淪陷，滇黔猶保冠帶之俗。避地者樂於去邠居岐，故佛教益盛"者也。

按：先生是書，所立凡三義。以十八事説明之。第一至第三卷，論明季滇黔佛教之盛由於當時風會使然。所述凡十事。此宗教史實亦文化史也。第四卷論滇黔開闢多由僧侶之力。所述凡三事。此宗教史實亦地方史也。第五至第六卷，論明季遺民逃禪者多，所以示不仕決心，非甘心爲浮屠者。明季遺民學佛者多，亦所以示不仕決心，非純爲學佛者。其逆臣貳臣亦爲高僧延接,則由於僧衆之牽於世情,其分別不能嚴。其信徒之因世亂而愈多,寺院之當亂世而興造不已,則以宗教在亂世一種心靈上之安慰也。所述凡五事。此宗教史實亦明末政治史也。是先生此書,以明季滇黔文化、風土、政治三者,說明明季滇黔佛教,同時亦說明明季滇黔文化風土與政治。其書雖專爲宗教史而作,而善讀書者固不僅以宗教史目之。觀其立義之精與涵蓋之廣,可謂戞戞獨造,近世不可多得之良史也。

　　夫著作之事難矣！昔班孟堅造漢書,以三十年之力成書。司馬温公奉詔作資治通鑑,歷十九年而成。其元豐七年進書表謂臣之精力盡於此書。則書之不易作可知也。然著作之事固難,品題人之著作,其事亦不易。蓋非學力與著書者等,則無由知其得失;非修養與著書者等,則無由知其甘苦;非識見與著書者相去不甚遠,則無由知其旨意也。昔孔子曰:"知我者其唯春秋乎？罪我者其唯春秋乎？"此孔子自言著書之旨他人不得而知也。曹子建與楊德祖書云:"丁敬禮常作文,使僕潤飾之。僕自以才不過若人辭不爲也。敬禮謂僕:卿何所疑難。文之美惡吾自知之。後世誰相知訂吾文者邪？吾常嘆此以爲美談。"此謂文之得失唯作者個人及並時一二相知者得知之,後世人未必能知之也。唐李遐叔作祭古戰場文成,燻汙之如故物,雜佛書中。誘友人蕭穎士觀之。問曰:"何如？"穎士曰:"可矣！"問曰:"當代秉筆者誰及於此？"曰:"君稍精思,便可及此。"是則文之佳者必如蕭茂挺與李遐叔之關係始得知而激發之;則品題人之著作信不易也。是編前載陳寅恪先生序,稱:"中國史學莫盛於宋。而宋代史家之著述於宗教往往疏略。元明及清治史者之學識更不逮宋。故嚴格言之,中國乙部中幾無完善之宗教史。其有之實自近歲陳援庵先生之著述始。先生考摩尼教佛教諸文,海内外學者咸仰慕之。今復讀所著明季滇黔佛教考。是書徵引資料,余所未見者殆十之七八。其搜羅之勤,聞見之博若是。至識斷之精,體制之善,亦同先生前此考釋宗教諸文。"其推挹如此。今第就寅恪先生之言推衍之,粗釋大意如左:

　　何以言"蒐羅之勤,聞見之博"也？蓋史爲紀事之書,其史料宜備。自昔史官修史,有日歷實錄會要等官師之書可據。尤須廣搜野史、傳記及銘誌行狀等。於以見造端之不易也。以專史論,其對象雖非如正史包括一代之事、一代之人,以及朝章國故事關大政者無所不載。而其牽涉範圍亦至廣博。易言之,凡專史,以一事爲主者,其研究範圍必不限於一事;以一地方爲主者,其研究範圍必不限於一方;以一時代爲主者,其研究範圍必不限於一時代也。是專史以規模言,亦彷彿正史紀、傳、表、志之體;以蒐采纂紀言,則實較正史爲難。蓋前人修某一朝史皆有實錄、會要或舊史可據;今人撰專史則無此依傍,一一須自行採集,且敘述視正史尤宜加詳也。先生治宗教史有年,其於佛教道教以及由異方傳來之教,皆明其究竟,諳其掌故。其撰是書,徵引書至一百六十七種。雖前人撰書以博雅自許者,亦無過於此。寅恪先生謂所引諸書未見者什之七八。寅恪先生風塵天末,閱書較難,其如是稱,或係實情,或爲謙撝之詞,抑不可知。要之,必非私所好而過爲諛詞則甚明。顧先生則深自損抑,謂所據多習見書,諸語錄搜集稍難亦皆刊布之本,並無珍奇秘籍足以自憙也。夫珍奇秘籍之供吾人用者,偶然耳。學者讀天下之書,豈必以僻本秘籍爲尚哉?且先生於習見之本,固已吐其糟粕而挹其精華矣。於不易見之本如諸僧語錄,固已一一訪求,一一恣閱之矣,言滇黔佛教之書,縱有一二秘籍僻本爲先生力所不能致者,無憾也。惟其搜羅無憾,故考訂精詳。觀書中所記,其僧俗名號正滇志黔志之誤者,不知若干條。其人名、僧名以及詩文撰著補滇志黔志及滇黔詩總集之遺者,又不知若干條。夫滇黔之於幽陵,相去萬里。滇黔人或曾居滇黔之人著書所不能知者,先生竟知之。晚明至今,僅三百年。晚明當時人著書所不能詳者,先生竟詳之。豈先生智慧果度越前人哉,毋亦聞見蒐羅有廣隘疏密之不同焉耳。

按:明季高僧逸士,散見各書,事至隱晦。其時僧俗名號,亦至紛紜。有一僧而有數號者,有先儒後釋並存僧俗名號者。當時著書之人,各以所習知之一名號稱之。滇黔諸志或見其一而不見其二,知其異而不知其同,故所記往往重出錯見,不能統一。此雖當時撰著之疏,亦實由其人之名號紛綸,其事之隱微錯雜有以致之。觀先生書則一一還其本人,絲毫不亂。竊疑先生所謂"溝通名號"者必有以簡馭繁之法。昔唐之王徽,昭宗時授吏部尚書。時大亂之後,銓選失緒。吏爲姦蠹,有重疊補擬者,徽從初注授,便置手曆,一一檢視。人無擁滯,內外稱之(見舊唐書卷一一八)。此官吏注授之簡便法也。先生此文,其擬注無一重疊,銓選未嘗失緒。其必有手曆檢視似無疑義。間嘗問之先生,則果有僧俗名號表備檢視之用。以表爲綱,絜一綱而諸書所記名號悉網羅無遺,此文章注授之簡便法也。夫施政有方,治學亦有方。得方者治,失方者亂。先生平日固以史學方法詔人者,豈得臨文無方乎?然此方雖善,要是自用之方。他人得此表,遂謂尋目檢書即可成文,則大誤。蓋此檢目即從無數書中出,必熟悉諸書而後覺檢目之便利無窮。書不夙習,僅恃檢目尋求史料,無謂也。且以檢目言,其蒐採聞見不博者,其檢目亦必不備。此寅恪先生題目斯書必曰"蒐羅之勤，聞見之博”也。

　　何以言“識斷之精”也？凡評論史學著作，言識斷多以考證言。則寅恪先生所謂識斷之精者，當指考證言之。凡考證以蒐集材料爲尚。今曰：識斷之精由於蒐羅之勤可乎？曰：不可。蓋儘有人焉，其蒐羅勤而考證不能精。亦儘有人焉，其所據以考證之資料與人同，而結論與人異。則識斷之精當以作者思慮之精與材料持擇之精言，不得以搜羅材料之多寡言。先生之爲是書也，其蒐羅既勤，而又善於持擇、善於思考。故其是正前人之處以及申己意者，莫不精確。其例甚多，不能一一標舉。今舉數事明之。元僧玄鑑，中峰廣錄云卒於吳。今存之無照玄鑑禪師行業碑云卒於滇。書之傳錄或誤，而石刻不容譌。宜云卒於滇者是也。而先生則寧信廣錄而不信碑。連舉七證以明碑文之可疑，斷碑文爲元以後俗僧所妄撰。明僧讀體，鄂爾泰雲南志作“讀禮”。“讀禮”易解，“讀體”似晦。宜云鄂志是矣。先生則引御史李模撰見月（即讀體）律師塔銘云：“昔盛唐之世，有龍興寺大律師體公，律宗推爲第一。李華撰碑，稱其道行貫天地。或者乘願示現，異世而同名歟？”李華體公碑，見文苑英華卷八百六十。證其名本作“讀體”，不作“讀禮”。楊永言，雲南阮志滇南詩略稱其崇禎末殉難於崑山。勝朝殉節諸臣錄則云事桂王殉節。小腆紀傳、張穆顧亭林年譜則稱其爲僧卒於滇。諸書所述大異。何舍？何從？先生則據文祖堯明陽山房遺詩、亭林詩集，陸世儀桴亭詩鈔證永言崑山兵敗後確爲僧，非殉節。陳啓相爲僧，黔詩紀略云：“永曆癸巳，孫可望要封秦王。其黨方于宣勸進。慮錢邦芑、陳啓相等在外者不附。促之入朝，逼勒百端。明年甲午（永曆八年），邦芑遂落髮。意啓相爲僧亦在其時。”當時邦芑、啓相並稱，其爲可望所注意被逼亦同。紀略所言似近理矣。先生則據啓相撰大冶況禪師方外集序、邦芑撰片雲居記，證啓相爲僧不在甲午。其落髮當在永曆丁酉（十一年）後，庚子（永曆十四年）前。後於邦芑者數年。劉蕃，庭聞錄、小腆紀年均稱其降吳三桂。雲南阮志稱其人清爲道士。所記至岐異矣。先生則據王思訓烏私泣集序、長目電語錄證其以遺民終老，未嘗降清。其爲道士之說，乃阮志誤解王思訓文而誤，非實也。其述諸人事之必核實如此。夫僧之卒於滇，卒於吳，均死也，而滇與吳相去已近萬里。作“禮”作“體”，一字之異耳，然竟作“禮”，則非其本名，名不正則言不順。史學家於此等不可不辨也。殉難與爲僧，均是不屈，然其事有別。降之與隱，其事大異。祝髮遲早，時間問題耳，然史家紀年月日不得有誤。此等亦不可不辨也。以上所舉諸例，或前人所不能辨，或今人認爲不必辨。而先生必一一辨之，使不失實。謂非識斷之精歟！不特此也。嘉興藏經之刻倡始於紫柏老人及密藏、幻予，見紫柏集、刻藏緣起及密藏遺稿。其事世多知之。然紫柏雖發此宏願，其生前並未卒業。幻予先紫柏卒，密藏旋亦隱去。則繼紫柏完成嘉興藏者應有人。顧其人爲誰？世鮮知之。先生則據顒愚衡語錄所載方册藏經目錄序，知第一次完成嘉興藏之人，實爲黔僧利根。其完成在弘光之時。雲南自漢以還，夙附中土。其於中國疏遠，始於唐南詔之失馭。元平大理，置省，遂同内地。明因之置承宣布政使司。黔省情形雖與滇異，然自昔士夫即視爲蠻荒，未嘗與内地等觀。滇黔開闢，世皆以爲元明以來軍事或政治之力，未曾思及其他原因。先生則據徐霞客游記諸書，證滇黔開發，實多由於僧侶拓殖之力。明季志節之士，多逃之釋氏。僧之中多遺民，自明季始。此論黃宗羲、魏禧已先發之。然明季遺民何以多逃之釋氏？前代遺民何以不然？則雖黃魏諸公亦未詳言其故。先生則歷考諸遺民生平，知其在國變前已多接近釋氏。論明季遺民逃釋之故，雖歸之於政治，亦歸之於當時風氣。其論事之善於抉發隱微又如此。夫嘉興藏，人所習知；其書今猶能遇之，非秘本。然嘉興藏之完成於利根，不唯普通人不知，即今之專門研究釋典者亦尚未有顯言其事者也。滇黔明季之多高僧，滇黔人知重之。然滇黔開發之由於僧侶，不唯滇黔以外人不之知，即滇黔人亦未必盡知之也。明季遺民之逃禪，其動機多由於保全名節。然其結緣早在國變之先。其思想信仰受時代支配，有莫之爲而爲、莫之致而致者。此一大因緣，不唯明遺民黃宗羲、魏禧等所未言，即當時遺民逃禪者如錢邦芑、陳啟相等，恐亦未必自知之也。夫人所不知者，己獨知之。滇黔人所不必知者，非滇黔人能知之。古人所不自知者，今人能知之。此何故哉？亦考證家之考證能力耳。考證之臻於極致者，可以不親其事而知其事，不履其地而知其地，不接其人而知其人。夫至於不親其事而知其事，不履其地而知其地，不接其人而知其人，不謂之識斷之精不可也。此寅恪先生所謂"識斷之精"也。

何以言"體制之善"也？體制有二解：一曰著書之體，一曰文章之體。寅恪先生之意，蓋兼此二義言之，請言著書之體。先生此書，專論明季滇黔佛教。所謂專史也。中國史學發達雖早，然專史卻爲過去所無。以宗教論，高僧有傳，傳燈有錄，蓮社高賢有傳。然僧傳燈錄等非宗教史也。伽藍有記，梵刹有志。然寺志非宗教史也。南嶽有錄，洞霄有志。然名山記非宗教史也。此三者皆爲宗教史之部分材料，而非宗教史。寅恪先生云："中國乙部中無完善之宗教史。"謂無宗教專史也。專史既爲中國過去所無,其體當如何? 余謂不妨以正史比擬之。正史之體有紀、有傳、有表、有志。其傳如儒林、文苑、方技等,則又爲分門類之傳。紀以綜大事,傳以記聞人,志以記大政,表以便檢討。其表屬事屬人無定。此正史之體也。此等體例,驟觀之似包括一代之事,極爲完善。然其書既出於要删,非研究結果;其文字亦隱然有限制,雖不可過略,亦不能甚詳。自今觀之,實爲高等歷史教本。自初學者視之,固已厭其多;自續學者視之,則深感其不敷用。此莊子秋水篇所謂"大而不多"者也。專史以一事爲主,或更以某一時一地之某一事爲主。驟觀之,似其題目甚狹,遠非正史包括一代之事者比。然既曰專必須廣求之於物性之内:凡事之屬於本題之下者,皆須窮究之。尤必廣求之於物性之外:凡事之與本題有關者,皆須窮究之。是專史之爲物,當於專中求其博,於博中見其專。其題目雖狹,而包括之事卻極廣。此秋水篇所謂"小而不寡"者也。唯其小而不寡,故其闡明事物之真相,遠勝於正史。吾國今後修史,其體例應依過去正史之例否,乃另一問題。要之,今日史學進步,其研究方法著作體例,已不必盡襲前人遺規。今後專史之作,以其爲世所須要之故,必遠較正史爲發達,可斷言也。先生久從事於專史之學,其修養甚深。其爲是書,述明季滇黔佛教之盛,既廣徵之於萬曆之後,復遠溯之於萬曆以前。其於滇黔佛教本身之事,既已闡發靡遺,更從他方面觀察,從而研究其關係。遠觀近取,得其事理,遂使明季滇黔佛教之狀,如在目前。蓋包乙部衆體而爲書,集史家之長以立論。而又鑪錘在手,機杼從心,務期於斟酌盡善而後已。此所謂體制之善也。又以文章之體言之。凡史家紀事,於説不同者,率以己意裁之。所本既例不疏明,故正史中無考證之文。(司馬光作通鑑,有考異,亦別行自爲一書。)後人研究前史,遇其書中所記前後矛盾或與他書衝突者,乃旁蒐博考,以求其真相。於是乎有考史之書。此著史與考史非一事也。凡史家紀事之文,不着議論。其傳一人,雖於叙事之中隱示抑揚,而評論則別有贊,別有論。其諸志,雖於叙事之中略著得失,而評論則別有序。此在史書中,紀事與議論本爲二事也。至於近代史家撰著,其所論議或爲專門之文,或爲專門之書。其體既與正史異,故其文體亦有別。凡舊文須考,故叙事之中亦附考證。述往事宜有解説,故叙事之中亦附議論。此合叙事考證議論而爲文者,雖於文體爲善,而用之極難。蓋合衆體以爲文,苟非長於文者,則難免拘牽滯礙之弊,苦於不能渾融,不能條剖。先生此書,其爲文雖亦兼此數體,與一般人所爲論史之文同。然其以考證附事者,其辨證清暢;以議論附事者,其轉折流利;而上下文無不融者,此可謂文體之善者也。夫著書有良好之内容者，須有良好之文行之。世之人或謂考證文可無須注意文字，其實不然。蓋考證文包括之事狀既繁，苟於文字不用心講求或講求而不能至者，則人閱之且不能明，尚何足以云傳世而行遠乎？舊唐書韓愈傳云："時稱愈有史筆。及撰順宗實錄，繁簡不當，叙事拙於取捨。"夫果繁簡不當，叙事拙於取捨，何足以言著史也？宋書范曄傳載曄自序之言曰："文患其事盡於形，情急於藻，義牽其旨，韻移其意。"夫使爲文而"事盡於形，情急於藻，義牽其旨，韻移其意"，曷足以爲良史也？是以史須講求文字。論史考史之文，尤當講求文字。近世以語體文作考證者，莫善於□□□先生。其文以意爲主，條暢洞達。雖機辨縱横，而讀之灑然，無艱深晦澀之弊。次如顧頡剛先生，其文章風格雖與□先生異而亦不晦澀，能宛轉自達其意。至於以文言文作考證，而不涉艱澀適輕重有風裁者，以余所知，師友之中亦多有其人。此與以語體爲文者雖所用語不同，要其以文傳意能以所信者信人則一也。以先生此書言，其蒐採博，識斷精，體制善，既如寅恪先生所云，而觀其文字，勻停調適，其詞無不達，意無不舉。又可謂文之至者。求專史於今日，如是而不謂之良史，將何者而可謂之良史耶？

　　史家論著，其蒐採宜博，體例宜善，固矣，然不易也。蓋以材料言，則四部之書一切皆是史料。自非績學之士，其閱覽每苦不周也。以體例言，則裒集既廣，事狀紛繁。須有法度以繩之。否則襞積充仞蕪雜必不免也。至於辨彰然否，論列得失，則視乎其人之識。指事類情，極描摹之致；褒貶抑揚，有品藻之美，則又繫乎其人之才，此又談何容易也。昔曾國藩論文，嘆清之段茂堂、王懷祖能訓詁而不長文章。唐以後能文者，又多不通訓詁。欲以段王之訓詁，爲班馬之文章，其論高矣。然國藩有取於段王之訓詁者，以多識字耳。有取於班馬之文者，以格調高古耳。不以内容論也。凡文字内容之充實者，莫如史。以其議論叙事，皆不得託之空言也。余嘗恨清之史學者如錢竹汀、趙甌北，皆考史而不著史。唐以來之修史者，又多不能考史。設有人焉，能以錢趙之考證爲班馬之文章，豈不更勝歟？然而談何容易也。史家撰著之事，其難如此。故其事非盡人所能爲。其論著之善者，又不必盡人皆能解。故夫前人著書，欲藏之名山，傳之其人。以爲賞音者世不可必，將待之於百世以後。則品題人之著作亦談何容易也。吾今釋先生之書，但取寅恪先生序敷衍之，非能自道所見。然先生書十二萬言，寅恪先生以十六言品題之。其品題既當，故雖十六言不爲少。余所推衍者至數千言，皆淺近浮詞。雖意在引申寅恪先生序意，恐解説不當,所言未必盡於寅恪先生撰序之意合。其據寅恪先生序以釋先生是書之意,亦未必盡與先生著書之旨意合。蓋學不實則見不必真;見不必真,則言之亦不能親切也。寅恪先生序是書,在二十九年七月。逾時二月而吾得讀寅恪先生所撰秦婦吟校箋一書。其據兩唐書楊復光等傳以説明端已晚年諱此詩之故,可謂深切著明,發前人所未發。亦寅恪先生所謂識斷之精也。其以唐末政治説明晚唐文學,亦與先生之以明季政治説明明季宗教同。可謂萬里同時,遙遙相應者。吾因此而知政治與人生關係之切也。蓋人雖不參加政治者,其生活實無時無事不受政治支配。以純粹學者言,當承平之時,踐臺閣,擁節旄,軒冕之盛,學者不與。逢抵巇之運,因時會,立功名,無畏之賜,學者不與。似與政治關係淺矣。而其實不然。昔劉知幾修國史,正直不阿。宗楚客嫉之,謂諸史官曰:"此人作書如是,欲置我何地?"知幾鬱結不申,因屢求解史任。夫承平時綱維不立,則學者著書不得行其志。此承平時學者生活之不得不受政治支配也。韋述修史有名。家聚書二萬卷,鉛槧雖御府不逮。及禄山之亂,兩京陷賊,玄宗幸蜀。述抱國史藏於南山。經籍資産,焚剽殆盡。夫學者沈酣書史,固不必責以幹濟之事。其所以貢獻於國家社會者,唯此著作耳。及其遭逢亂世,則經籍文物,平時所資以從事著作者,已全不可保。是當國家承平之時,學者不得與他人同其榮;艱難時卻不得不與他人同其厄。此亂世學者生活之尤不得不受政治支配也。史官悲其遇,因謂"此道非趨時之具,其窮也宜"。夫知"此道非趨時之具,其窮也宜",則學者有以自處矣。觀寅恪先生之南馳蒼梧瘴海,未作窮愁之志,猶能出其所長,考訂遺編。援庵先生之索居燕市,猶甘寂寞著書,名篇大文,日出不已。則知學者之安時守道,哀樂不足縈其心,無時無地不可著書明矣。今人不能自修,往往諉之於時,以爲吾非不願著作也,奈時勢不允何。嗚呼! 士君子亦在自致耳,孰謂時勢能困人哉!

原載一九四〇年圖書季刊昆明版

評南宋初河北新道教考

新會陳援庵先生,民國二十九年曾撰明季滇黔佛教考,凡十萬餘言。以明季政治説明明季宗教,義精而詞嚴,於民風國勢盛衰消長之故,未嘗不三致意焉。其書雖論明季事,實不專爲明事而作,慨乎其有餘味,是以當蠻夷猾夏之際,士大夫寓西南者,見之莫不矜爲秘本。越時一年,先生復爲南宋初河北新道教考一書,其宗旨猶之乎其爲明季滇黔佛教考也。是時國家西狩五年矣。居河朔而言滇黔,則滇黔爲正朔所在,河朔人固日望河朔之同滇黔也。居滇黔而言河朔,則河朔爲中國之河朔,河朔人爲中國人;士之久居河朔,不得已南下寓滇黔者,固日望復爲河朔人也。而無知之人事變後居河朔者,或忘河朔爲中國之河朔,甚至忘其爲中國人。先生憫之,因復撰此南宋初河北新道教考一書,使知南宋初河北人固未嘗忘宋,未嘗忘其爲中國人,其逃而之三教者皆是也,何今人不如古人乎? 以宋事言今事,此先生著書之旨。至於搜羅之勤,聞見之博,識斷之精,體制之善,則一如陳寅恪先生序明季滇黔佛教考所云,固一完美之宗教史,非附會陳蹟託之空言者也。明季滇黔佛教考,余已爲文評述,載二十九年圖書季刊。其言雖淺,論者以爲頗能得先生著書之意。今先生又有此書,余雖不學無文,顧安得無言乎?

三教者,一全真教,二真大道教,三太一教。全真教初祖王喆重陽,咸陽人。真大道教初祖劉德仁無憂,滄州人。太一教初祖蕭抱珍一悟,衛州人。三教初祖皆生於北宋末,卒於金大定中。其佈教之地,皆在今黃河以北地方,故曰南宋初河北三教。必曰南宋初不曰金者,以三教初祖,皆北宋遺民;其信從之者,始亦爲宋遺民,從其志也。其書三篇四卷。全真篇二卷,大道、太一篇各一卷。文凡六萬餘言,視明季滇黔佛教考爲約。然義蘊畢宣,讀之裕如。且序三教位置妥帖,於明季滇黔佛教考之外,又自爲一格。其各篇所記,今以次論之。

全真篇分上下二篇。上篇論全真教之修養,凡六章。曰全真教之起

源。謂全真家本逸民，其所持態度乃遺民態度。耕田鑿井自食其力，此逸
民之風也。不尚符籙燒煉，而以忍恥含垢爲宗，此遺民態度也。引金元人
論全真之言證之。曰教徒之制行。謂全真家制行，大能備該黃帝老聃之
蘊，遜讓似儒，勤苦似墨，慈愛似佛。以馬丹陽、尹志平、王志明、張志信、
褚志通五人之言行證之。曰殺盜之消除。謂全真家積極度人，非獨善之
教，舉三人爲例：曰王立，金末軍校，老而懺悔投戈學道者也。曰李志遠，
金末居衛，化除一方殺機者也。曰丘處機，以一言悟元太祖，救億兆之命
者也。曰士流之結納。謂全真教祖本皆士流。靖康後，北士避金，貞祐
後，北士又避元。全真遂爲遺老之逋逃藪。其與士流結納之密，於金末舉
李志常、于道顯、孫伯英、于志道、宋才卿、范圓曦、房志起諸全真家爲例。
其不知何派之梁志一、與元末不知名之全真馮尊師亦附焉。曰藏經之刊
行。謂元全真家刊行道藏之意義有二：一承道家統緒。一留讀書種子。
汴京既覆，人鑑林靈素輩之誤國，對道家漸失信仰。王重陽起而革之，本
無借乎傳統。經歷數世，乃始覺無徵不信，欲引古人爲重。道藏刊行，隱
然與從前道教相接，此承道家統緒也。全真家雖不仕，而不可不讀書。道
藏爲一大叢書，無所不包，今重刊之，所以留讀書種子也。元重刊道藏者，
爲長春弟子宋披雲。助成之者，秦志安、李志全。披雲、志安事，皆據碑傳
考之。曰教史之編纂。謂全真至秦志安撰金蓮正宗記，始有史。至李道
謙撰祖庭内傳、七真年譜、甘水仙源錄，教史始大備。而甚賞仙源錄。以
爲不啻全真之碑傳琬琰集。至道謙事蹟，亦詳述焉。下篇論人對全真之
好惡，亦六章。曰人民之信服。謂全真教區東至海，南至漢、淮，西北歷廣
莫。其化民成俗，隱然欲與完顏氏、奇渥溫氏分河北之民而治之。及推其
所以得人信仰之故，則歸之於異蹟驚人，畸行感人，惠澤德人。先舉不甚
知名之陳志益爲例。次舉勝流爲例：曰李志常、王志謹、徐志根、霍志真。
志常以德報怨；志謹爲民興利；志根推食食人；志真正己格物，訟獄者多歸
之：皆畸行盛德也。曰婦女之歸依。謂全真多女冠，刺取金元人集所載諸
女冠事證之。有舉族信從者，有不出家而出資建聖堂者。名門如胡祇遹
之妻母、趙天錫之母，皆全真。曰官府之猜疑，謂金據河北，人情不附，三
道教初祖皆中國人，其信徒亦中國人，故被猜忌。加以禁斷，而教入人者
深，勢不可動。以元好問、姚燧之言證之。曰焚經之厄運。焚經爲全真一
大事。是章所叙，極爲委曲詳盡。論焚經之因，謂金南渡後，僧院荒蕪，全
真代興，輒改爲觀。其後釋家聲勢漸復，乃欲恢復侵地。此爲主要原因。
至於指"化胡"爲排釋僞典，不過借題發揮。抑其次也。論焚經分四節：

一、元憲宗八年焚經；二、至元十八年二次焚經；三、至元二十一年頒焚毀
僞道藏經碑。四、至元二十八年釋祥邁撰辯僞録。又論焚經後事，謂當時
政府一面徇西僧之請，立碑焚經；一面對全真之褒崇，亦未嘗少减。如張
伯淳本撰辯僞録序之人，其養蒙集即有"贈祁真人制"，爲祁志誠作。至成
宗時則開京外道士醮祠之禁，全真復振矣。曰末流之貴盛。論全真家之
貴盛，自孫德彧始。道教源流六，謂張志僊後全真掌教一孫德彧，二孫履
道，三苗道一。其言不實。因重訂其次，爲：一苗道一，二孫德彧，三藍道
元，四孫履道，五苗道一。至苗道一再任之故，則亦加説明焉。其精如此。
曰元遺山之批評。究遺山不滿全真之故，以爲全真門庭既廣，依附者衆，
不肖之徒以及愚妄癡頑者，不免溷入其中。凡遺山不滿之言，蓋爲此輩而
發。然語雖激訐，而期之亦深，因謂遺山乃全真静友云。以上全真教二篇
十二章。以十二事説明全真教之精神面目，雖仿紀事本末之體，而全真教
重要人物事蹟，亦盡在其中。可謂大力包舉，博而知要者也。刊經焚經，
乃全真大事。文於此二事發揮盡致，在全篇中尤爲警策。

大道篇五章。曰大道教之起源及戒目。謂大道之興，在金人得中土
時。有劉祖避俗出家，不務化緣，力作而食，戒行嚴潔，一時翕然宗之。其
戒目凡九。受其教戒者，皆能力耕作，治廬舍，聯絡表樹，以相保守。以元
大道教諸碑及明宋濂之言證之。此一遺民生活也。劉德仁生宣和四年，
而元史釋老傳稱金季劉德仁。其教初名大道，而元史稱憲宗始名其教曰
真大道，不知憲宗前先有大道之名。皆誤也。所考甚悉。而大道授受源
流，復據大道古碑洛京緱山改建先天宮記明之。曰五祖酈希成八祖岳德
文之道行。此章雖以五祖八祖立題，而五祖前之二祖，三祖，四祖，五祖後
之六祖、七祖，皆涉及之。洛京緱山先天宮記，叙大道祖師自初祖至七祖
止。世系雖明，而所記有姓無名。兹悉爲補出之。二祖陳師正，三祖張信
真，四祖毛希琮，據宋濂書劉真人事。六祖孫德祖，據元史釋老傳。七祖
李德和，據元史世祖紀及辯僞録。則是章所記，實備二祖以下七人。唯七
人除五祖八祖外，事皆不詳，故所記仍以酈岳爲主。酈事據房山隆陽宮碑
書之。岳事據虞集岳德文碑書之。曰九祖張清志之高風。二章五祖八祖
合傳，此則專記九祖事矣。紀清志事，略引吳澄天寶宮碑明之。而特重其
高風，引虞集吳張高風圖序，以吳澄與清志比較，其文跌蕩昭彰，極抑揚之
致。謂清志秉師訓，遠勢力，不接貴人；而澄宋人，曾應進士舉，居然仕元，
其有愧於張者多矣。曰九祖十一祖疊出之稽疑。大道第九祖爲張清志，
而程雪樓集鄭真人碑，稱大道第九祖趙真人，第十祖某真人，第十一祖鄭

進元,嗣進元者爲普濟大師張君。張君是十二祖矣。而虞集又有"大道教十一祖張真人制"。此最不易解者也。文據吳澄天寶宫碑、虞集岳德文碑釋之。謂張清志嘗繼八祖岳德文掌教,居天寶宫。清志厭謁請逢迎之煩,逃之華山。天寶宫二趙一鄭攝掌教事,五年之間,相繼殞滅。鄭臨終語其徒,使奉清志掌教。宫之徒衆訪之,清志乃復入京師。清志掌教,先後二次。其稱九祖者,二趙一鄭掌教是攝,非正也。"大道教十一祖張真人制"之"十一"是"十二"之誤。稱十二者,並二趙一鄭數之也。諸文稱清志所繫之世,各據一義,不能統一。易生疑惑。今之解釋如此,可謂渙然冰釋各就條理也。曰大道教宫觀一斑。謂全真宫觀最多,不勝枚舉。大道宫觀史料,少於全真而多於太一。述之可以見其教堂之多寡。因録房山隆陽宫碑陰題名,及許州天寶宫碑陰題名於後。以上大道篇五章,雜用紀傳紀事本末之體,以之説明大道教,亦無遺憾。三道教史料,大道最少。材料少則易流於枯窘。今所述乃委曲詳盡如此。可謂於難中見易,化險爲夷也。

　太一篇六章。曰太一教之起源。記太一教緣起及授受源流,以元碑及金元人集證之。謂太一教始汲人蕭抱珍以秘籙濟人,祈禳訶禁無不驗。其立教以湛寂爲本,其法大行。因名之曰"太一教"。曰二祖蕭道熙三祖蕭志沖之道行。道熙事據王惲撰行狀。志沖事據王若虛撰墓表。道熙博學,善文辭能書畫。嗣教時才十歲,異人也。曰四祖蕭輔道之重望。輔道有高名,傾動一世,而無始末完具之傳狀碑銘。其仁風見堆金塚記;其預修金史,見玉堂嘉話;其受世祖知,見清蹕殿記:皆王惲文也。其爲士大夫傾倒思慕,見於元好問、李庭、王惲諸詩,皆採以入文,錯綜成篇,極空靈飄緲之致,奇作也。曰五祖李居壽之寵遇。謂太一教掌教,至居壽始貴幸,留宿宫禁,參預庭議。其事蹟則據王惲所撰行狀考之。曰六七祖傳授之推測。六祖李全祐傳狀碑銘亦不傳。其人爲劉因契重,與王惲交尤密。以惲因詩文考之。並據虞集詩及延祐泰定碑,考得嗣六祖者,爲七祖蔡天祐。其推勘甚精。曰太一教人物一斑。此章專考太一教祖師外之人物,凡得七人。曰侯元仙,據漙南集。曰韓矩、王守謙、張善淵、張居祐,據秋潤集。曰劉道真,據安陽上清正一宫聖旨碑。曰張彦輔,據危太樸集、夷白齋稿、道園學古録、圖繪寶鑑。道輔善畫,蒙古人也。以上太一教六章。除第一章外,餘皆爲傳體。然太一教與政治社會之關係,亦可於傳中求之。以每一傳皆多所發明,非僅録事狀已也。王惲爲太一姻眷,其詩文涉太一教者頗多。故先生喜之,譽惲爲太一教之太史。然惲卒在六祖之前,六祖以下事,即無惲文可據。且惲所撰太一教傳狀碑銘以及題贈諸詩,特史料耳。非史也。史料之整理，仍待於先生。故太一教太史應屬先生，不應屬惲。豈唯太一。大道無史，不論矣。全真有史；所謂史者，亦是碑傳。即以碑傳當史，其所修之史，尚不能自顯於世，賴先生發揚之，即其他可知矣。由此言之，傳狀碑銘雖爲修史者所必須，然前言往行，實藉良史而傳，不以傳狀碑銘傳也。太史公曰："伯夷叔齊雖賢，得夫子而名益彰。巖穴之士，若此類名堙滅而不稱者衆矣。非附青雲之士，惡能施於後世哉!"言史之重要也。三道教有史，自先生始。則先生今日固儼然三道教之太史也。又何必多讓乎？

三道教行於金初。其立教之人，各有千秋，各有廣大之徒衆。此在宗教史爲一奇局。顧金史無一字及之。元史釋老傳，則語焉不詳。全真教，清末陳名珪有長春道教源流專論之。而其書但鈔碑傳舊文，散漫無紀，此史料彙編耳，非史也。故余曰：三道教有史，自先生始。觀先生是書，其敘二百餘年三道教之事，若身當其時，與三道教者游，何其精也？先生果操何術而致此乎？余嘗反覆先生之書，而知其有不可及者三：一曰真積力久，二曰心解神契，三曰詮叙有方也。此三者爲修史應有之條件。先生著書，亦莫不具此三者。今第就本書言之：

何云真積力久？莊子逍遥游篇："水之積也不厚，則其負大舟也無力。"此言積累之重要也。先生之爲是書，據其自述，先有道家金石略百卷。凡道藏中碑記、各家金石志、文集，及藝風堂拓片之有關道教者，悉錄之。其金石略之金元部，即是書道教材料所從出。蓋盡閱金元二代金石簡册之文，以成茲編。可謂難矣。然先生非僅以蒐採之富自娛也。凡金石拓本，必校其文字，核其年月，考其人物事實。辨之弗明弗措也。既一一明其始末矣，又從而簡練之。其義各有當者，則並存之。其語意重複者，則删存之或擇一用之。其一文有備數義者，則分別用之。故有一碑而三見四見者。其用力之勤措思之精如此。亦可謂難矣。然而發覆袪滯，彌補史料之缺陷，其獲證也若探諸囊篋，又何其易也？孔子不云乎，"仁者先難而後獲"。故博學慎思明辨之術，積之久而始效者，世人或以爲迂而不肯爲，而先生必取徑於此。是先生之所難，乃世人之所易也。蓄而始發，貫穿縱橫，文之如是者不多見。此世人之所羨而以爲不可及者也。先生則優爲之。是先生之所易，乃世人之所難也。孟子曰："君子深造之以道，欲其自得之也。自得之，則居之安。居之安，則資之深。資之深，則取之左右逢其原。"夫"取之左右逢其原"，則易矣。然非深造自得，不足以語此。此之謂真積力久也。

何云心解神契？讀書貴知古人之意。清儒之治史，校勘文字，考訂異同，用力勤矣。而知人論世之識，或有所不足。禮記中庸篇："君子知遠之近，知風之自，知微之顯，可與入德矣。"鄭注："視末察本，探端知緒也。"夫但校文字，考異同，而不能知其人論其世。此睹末而不知本者也。烏乎可！三道教並行于宋金之際，從之者如歸市，此何時也，而有斯人乎？彼何人也，乃布教于此時乎？元人之論三教者，似亦略窺其意矣。曰："宋之將亡，有豪傑之士佯狂玩世，志之所存，求反其真。士有識變亂之機者，往往從之。"此何謂也？曰："金有中原，豪傑奇偉之士，往往不肯嬰世故，蹈亂離，佯狂獨往，各立名號，以自放於山澤之間。當是時，師友道喪，聖賢之學泯滅漸盡，惟是爲道家者，多能自異於流俗。"此又何謂也？其言隱而不章，先生則著之曰：靖康之亂，河北黌舍爲墟，士流星散，殘留者或竟爲新朝利用，三教乃別樹新義，聚徒訓衆，非力不食。其始與明季孫夏峰、李二曲、顏習齋之倫講學相類，不屬以前道教。此汴宋遺民也。其言如此，故不以三道教屬金，而曰"南宋初河北三教"。讀先生書者，或以爲此特先生書法，未必與事實相符。余始讀先生書，亦有此想，及細思之，乃知先生論之確有所見，非紐合事實也。蓋自靖康失汴之後，紹興十一年議和之前，中間十五六年，宋金固未一日停止戰爭。金雖事實上控制河朔，而國家固未嘗承認河朔爲金地。豈惟國家，河朔人固未嘗承認爲金人也。何以知其然也？宋史宗澤傳載澤建炎二年疏："今河東西不從敵國而保山砦者，不知其幾。"翟興傳："河東北雖陷，土豪聚衆保險。興遣蠟書結約之。由是汾、澤、潞、懷、衛間山岩首領皆聽命。"三朝北盟會編一七四紹興七年李邴奏："登、萊、沂、密、兖，山林深阻，豪右大姓自金人入寇以來，各聚徒黨，結爲山寨，以自保固。今雖累年，勢必有未下者。"此建炎中河朔人民不屈服也。宋史高宗紀："紹興元年，募人往京東河南，齎詔慰撫忠義保聚之人。紹興十年王忠植舉兵復石、代等十一州。"忠植自有傳，太行義士也。會編一七五紹興七年韓肖胄奏："山東河洛之間，民言王師若來願資糧餉。"此紹興中河朔人民猶不服也。豈惟紹興，宋史孝宗紀："隆興元年，以布衣李信甫爲兵部員，齎蠟書間道往中原，招豪傑之聚有州郡者，許以封王世襲。"是雖在紹興劃界議和後二十餘年，河朔人民猶不服也。孝宗隆興元年，當金世宗大定三年，三教祖猶未亡也。當此時而遯世樓隱，聚徒訓衆，衆亦翕然從之，聯絡表樹，以相保守。謂非有民族國家思想可乎？然則三教徒之相保聚而不仕，消極之抵抗也。義民之相保聚而不下，積極之抵抗也。一耳。以兵保聚者，蕃偽可以更強之兵力驅除之。以禮義保聚者，則似弱實强，蕃偽有不勝其驅除者矣。此三教徒之不可輕視也。不仕何必爲道士乎？曰此不仕之術也。當時士大夫有拒對策者矣（宋史褚承亮傳），有拒偽齊之命者矣（宋史趙俊傳），有不肯髡髮易服者矣（宋史李邈魏行可滕茂實傳）。棄家爲道士則可以免策問，可以不作官，可以不髡髮易服。此策之至上者也。故曰此不仕之術也。金自貞祐南渡以迄於亡，歷二十年。其時河朔人之不肯屈服，堅守保寨；其士大夫之不肯仕，不肯易改髮髻，亦與南宋初同。（義民，見金史完顏賽不傳；不改髮髻，見徒單益都傳、蒲察琦傳。）故三教之復盛於元初，亦同此理。夫遯跡不仕，非爲名也，行吾心之所安耳。故其心事不欲人知，後人亦不易知之。非夫好學深思，心知其意，情通千載外者，又烏能知古人之用心乎？凡先生之所發明，此爲最卓。餘如論金三道教得推行之故，除遺民以三教爲逋逃藪外，金時賣僧道女冠度牒，紫褐衣師號，寺觀名額，以所輸貲濟軍用，亦爲一因。論全真家刊行道藏，一以承道教統緒，一以保讀書種子。皆於理爲得。此之謂心解神契也。

何云詮叙有方？裴松之進三國志注表，評三國志云："詮叙可觀，事多審正。"詮叙可觀，謂長於叙事文可觀也。壽文明潔，世有定評。若以形式言，則其記三國事，勻亭調適，亦實有可觀者焉。魏涉漢事，其事最繁。吳後亡，次之。蜀國小，又次之。魏吳皆有史官，蜀無之。故記三國事，以蜀最難下筆。以事少而無史籍可據，過簡則與他書不稱也。然三國志魏書三十卷，吳書二十卷，蜀書十五卷。此以分量言，可謂相去不甚遠。其文之勻亭調適可知也。先生之爲是書也，其體頗似三國志。據其自叙，金元有關道教之碑傳文字，十之一屬道教舊派，十之二屬大道、太一，十之七皆屬全真。物之不齊，無過於此者。然其書全真上下二篇，五十三頁；大道一篇，二十頁；太一一篇，二十六頁。以三國志擬之，則全真似魏，太一似吳，大道似蜀。分量相去亦不甚遠。其文之勻亭調適亦可知也。果操何術而至此乎？元史揭傒斯傳："詔修遼金宋三史，傒斯爲總裁官。丞相問："修史以何爲本？'曰："用人爲本。有學問文章而不知史事者，不可與。'"何謂"知史事"？曰明體是也。凡修史，材料多者須束縛得住。如何束縛得住？曰知要。蓋其材料本多，若不知要，則如決堤之水，氾濫無紀，叙人物則如官簿，叙事實則如檔册，此鈔牘吏耳，又安用史乎？凡材料少者須知生發。生發非無中生有也，知愛惜材料耳。蓋其材料本少，若不知愛惜，輕易拋棄，則事之晦者愈晦，簡者愈簡，又安用史乎？"知要"如將百萬之兵，必有紀律。有紀律則用百萬人如一人，不覺其多也。"生發"如小國寡民，必使物極其本，人盡其用，然後可以抗衡大國。此諸葛公治蜀之策也。先生之叙全真也，以十二條課之。其包括之事雖多，而讀之蓋然，不覺其多也。可謂知要矣。其叙大道、太一也，彌縫之，斡旋之，材料雖少，而讀之沛然閒暇，不覺其少也。可謂能生發矣。非老於史事者，又烏能如此乎？故余謂先生是書頗似三國志。以位置之妥帖相似也。豈惟位置妥帖相似，即文之明潔亦似之。先生其承祚之苗胄邪？何文之類也！然承祚著書，大抵不明出處，閒有援引，其例甚少。其於舊史取舍之故，承祚亦不自説明，今僅賴裴注稍知之耳。先生書則無一事無出處。且辨難之語，亦盡在篇中。故同爲叙事之文，在承祚則易，在先生則難。是先生似承祚，承祚不似先生也。先生自此遠矣。此之謂詮叙有力也。

　　然余尤服先生議論之正也。真積力久是學，心解神契是識，詮叙有方是才。議論正則德也。元史揭傒斯傳，載傒斯論修史之言曰："有學問文章而不知史事者，不可與；有學問文章而心術不正者，不可與。"此言史德也。故讀史，觀其議論可以知其人。心術正則議論正，議論正然後可以示懲勸。爲善不必報，而善不可不勸。爲惡或倖免，而惡不可不懲。此史家之責任也。然議論有直言其事者，有微其詞以見意者。左傳成十四年："春秋之稱微而顯，志而晦，婉而成章，盡而不汙，懲惡而勸善，非聖人誰能修之？"盡而不汙，謂直言其事也。微而顯，謂微其詞以見意。魏志王昶傳，謂昶與子深書云："北海徐偉長不治名高，不求苟得，澹然自守，唯道是務。其有所是非，則託古人以見其意，當時無所褒貶。"夫託古人以見意，則其稱微而顯，雖於當時無所褒貶，而意之所在，讀者亦知之矣。先生是書，雖爲宋事而作，而意之所指，不止於宋。觀其議論，亦可以知之也。其論褚志通曰："嗚呼褚君，此亂世所生之人物也。邦有道則見，邦無道則隱。見披髮於伊川，知百年而爲戎。所謂無道也。獸蹄鳥跡，交於中國。入山惟恐不深，斯其時矣。"此何時乎？不問可知也。其論金之禁全真曰："專制之時，創一教，立一説，欲以移易天下者，恒有左道惑衆之嫌。言殊見疑，行殊得辟，由來久矣。倘統制者爲非類，其猜忌尤甚。"非類何人乎？不問可知也。又曰："金人據河北，中國民情不服，亂言伏誅之事，史不絕書。世宗時金據中國已五六十年。諸人豈有愛於宋乎？愛中國耳。平民何知愛國？以金人待遇不平，時感國非其國耳。"此代表中國民衆之言。古有金人，今亦有自命爲金人者也。其論全真家末流之貴盛，諷之云："炎炎者滅，隆隆者絕。其貴不在己而在人。人亡而己安得不黜哉？"此爲仕金元者言之。古有劉豫、李璮，今亦有劉豫、李璮也。其論劉靜修，引孫夏峰重修靜修祠記云："自中夏陷於金，百年而元。河北爲金元城。百世後以不仕元高先生，非以先生爲有宋之孤臣也。崔文敏銑有言：'管寧之避魏，存漢也。靜修之辭元，存中國也。'"以避元存中國，爲中國人應有之態度。古有劉靜修，今亦宜有劉靜修。其論張清志云："大道教諸人，百年之間，兩遭亡國之痛，均能守西山之節，危行言遜，從容於亂離兇暴之中。蓋自初祖以來，即深信'夷狄無百年之運'，故相率携持而去。其第四戒目曰：'遠勢力，安貧賤，力耕而食，量入爲用。'使子孫三四世不仕，則劫運必剝而復矣。"此信中國必不亡，以之勵世人也。其論全真家之制行曰："全真家之制行不一端，大抵以刻苦自勵，淡泊寡營爲主，故能保西山之節，不然，鮮不覥面向人，敗名墮行，以殉世俗之慾矣。"此警告世人，切勿殉世俗之慾也。其論蕭輔道金末於衛州葬枯骨事云："李致堯有葬枯骨碑，述靖康元年汾州城破之慘狀，不忍卒讀事與此類。識者生當其際，埋首飲泣之不暇，豈復有榮華軒冕之思！此垂涕而道之也。嗚呼！先生之意深矣。全真家不仕，而不可不讀書。先生論全真刊經事，後而發揮其旨云："全真家可貴，貴其能讀書而不仕也，若不讀書而不仕，則滔滔者天下皆是，安用全真乎？若因不仕而不讀書，則不一二世悉變爲愚昧無知之人，此統治者所求而不得者也。"道藏爲一大叢書，能寢饋於斯，雖伏處山谷，十世不仕，讀書種子不至於絕。爲國家留讀書種子，此先生之志也。其論三道教聚徒訓衆云："靖康之亂，河北黌舍爲墟，士流星散，殘留者或竟爲新朝利用，三教祖乃別樹新義，聚徒訓衆，非力不食，其始與明季孫夏峰、李二曲、顏習齋之倫講學相類。"又曰："禮失求野，文教之保存，每不在黌舍而在寺觀。"此先生自道也。或曰：三教徒不仕而讀書，其志固可尚矣，而其效則微也。夫抗異類當執戈前驅，效命疆場，勝爲人傑，死爲鬼雄，如是而後可也。今但曰留讀書種子而已，豈艱難之時，僅恃留讀書種子即可救國乎？則答之曰：凡強梁者欲亡人之國，非但亡其土地而已，必亡其文字，亡其歷史，最後亡其種性。留讀書種子，所以存中國人心，亦所以存中國也。如讀書無益於國，則金元人又何必注重國語、廣譯漢籍，使其國人習之乎？如讀書種子亡無害於國，則世之以金元自命者，又何必尊其文化，尊其語言文字，強中國人習之，欲移其種子於中國乎？此易見也。故道莫大於不仕，義莫重於讀書，德莫大於留讀書種子。以不仕而讀書自律，以不仕而讀書教人，此先生之主張也。嗚呼，先生之意深矣！雖然，先生書固言南宋初河北三教也。夫修史者學足以貫穿群籍，識足以明察事理，才足以比事屬詞，斯亦可矣。然而必求有德者用之，何也？蓋史之載事雜。善者必書,惡者亦不可不書也。以理言,善善惡惡,爲人心之所同然。以事言,則自古及今,惡人常佔便宜,而善人多不得志。避禍求福,辭枯居菀,自非特立獨行之士,誰不存此心? 故載事之文,苟議論不正,則下筆之際無意之間導人以惡,其事或有之矣。此史德之不可不講也。讀先生之書,則知其爲人矣。其稱三教也,爲宋遺民作,亦爲世之有愧於宋遺民者作也。其稱金元也,爲六七百年前之金元人作,亦爲世之以金元自命,欲爲金元而不得者作也。其詞微矣,其意顯矣。史記屈原列傳云:"離騷上稱帝嚳,下道齊桓,中述湯武,以刺世事。明道德之廣崇,治亂之條貫,靡不畢見。其文約,其詞微,其志絜,其行廉,其稱文小而其指極大,舉類邇而見義遠。蟬蛻於濁穢,以浮游塵埃之外,不獲世之滋垢,皭然泥而不滓者也。"其先生之謂乎? 其先生文之謂乎? 故余曰:以宋事言今事,此先生著書之旨也。

　　先生書以宋事言今事,觀其議論可知之矣,世之仕者,讀先生書其將忸怩乎? 曰:吾之仕爲民也。則將詰之曰:今之毒害吾民,使之居水深火熱中求生而不得者,誰歟? 非彼以金元自命者乎? 彼民之仇也,而君事之,事仇而曰爲民可乎? 且君果爲民也,則民當重之矣。今雖三尺童子,亦薄君之爲人,曰:是非吾類也。何愛人而人不親也? 亦嘗聞蒲壽庚之事乎? 宋史陳文龍傳:"文龍守興化。元軍執文龍,欲降之,不屈。凌挫之。文龍指其腹曰:'此皆節義文章也。可相逼邪!'不食死。蒲壽庚以泉州降,告其民曰:'陳文龍非不忠義,如民何?'聞者笑之。"夫蒲壽庚固自以爲爲民也,而聞者笑之。由此觀之,民不可欺也。君休矣。曰:吾非欲仕也,迫不得已耳。曰:事有不得已而已者,志士之行也。有可已而不已者,鄙夫之行也。亦嘗聞姜才之事乎? 宋史姜才傳:"李庭芝守揚州,圍久,召才計事,屏左右語久之。第聞才厲聲云:'相公不過忍片時痛耳。'左右聞之,俱汗下。"夫人必有死,忍片時痛,較之老而不死須人扶持者,則愈矣。況未必至死乎! 元史趙復傳:"世祖在潛邸,嘗召見,問曰:'我欲取宋,卿可導之乎?'對曰:'宋吾父母國也。未有引他人以伐吾父母者。'世祖悅,因不强之仕。"復不仕,亦未嘗如庭芝忍片時痛。由此觀之,君之仕直自欲之耳,安見其不得已而仕也? 曰:吾之仕將以留讀書種子也。曰:君所謂讀書,讀何書乎? 聖賢之書,教人以不仕,未嘗教人以仕也。君將以不仕教人乎? 則君固已仕矣。教人以不仕,其誰信之? 將以仕教人乎? 則君之教,爲自命爲金元者留讀書種子,非爲中國留讀書種子也。君休矣。世之不仕者,讀先生書其將自喜乎? 曰:吾固不仕者也,三教徒何足多乎? 則詰之曰:三教徒草衣木食耐艱難辛苦而不仕。君之不仕,亦嘗耐艱難辛苦如三教徒者乎？夫豐衣足食而不仕，此造物之所吝而不與，而君固已得之矣。孔子曰："不知命無以爲君子也。"君之豐衣足食而不仕誠勝於豐衣足食而仕者。然君之不仕，乃命特佳耳。非知命者也。何足以傲三教徒乎？且三教徒不仕而讀書，君不仕亦曾讀書乎？夫不仕而不讀書，固亦勝於仕而不讀書者。然箇人之責任未盡，對國家之責任亦未盡也。君之不仕善矣。雖然，猶有憾。由是言之，君固不如三教徒也。君之自許也，亦過矣。曷不歸而讀書乎？世之以金元自命者，讀先生書其將切齒乎？夫自命爲金元者，固深惡中國人之不仕也，固深惡中國人之讀書也。今以不仕而讀書爲教，且膽諸文字，其切齒也固宜。殆哉岌岌乎先生之爲是書也。然察自命爲金元者之言，則又非如吾所想。東洋史研究第七卷第六期，有評先生是書者云："陳垣氏所述南宋初河北三教，則金元統制下華北道教之事蹟，在道教史上具有革命意義。此爲近世道教之黎明期。惜從來對此嚴重時期所産生之新宗教，竟乏本格之研究。清末陳教友長春道教源流一書，只羅列全真道士傳，而於全貌並無明瞭記載。陳氏有鑑於此，除全真教外，復據元史釋老傳之簡單記載，就全真教、大道教、太一教，作一精緻的研究。其惘眼與努力，實堪尊敬。是書除道教側資料外，並涉獵各種文集，尤其縱橫驅使爲斯項研究無二之重要資料金石文，博引旁證，無所不至，爲讀者所最銘感。至於論旨，亦有足多。其以新宗教之起源爲宋遺民，換言之即異民族金朝治下之漢人所創始，因而贊揚之，此論尤足多也。"第八卷第五六期合刊，亦有評云："輔仁大學陳垣校長猶健在，繼續於論文專著作超人的活躍。其所論對於現代之深刻煩惱中，更加一層悲愴。如明季滇黔佛教考、南宋初河北新道教考，其最著者也。"龍谷學報第三三四號亦有評云："陳垣氏對於宗教史研究，其識見之卓越，觀察之精細，世無不表示敬意。是書就宋南渡後河北所創新道教，發表其堂堂之研究。著者説明所以冠'南宋初'三字，曰：'三教之祖，皆生於北宋，而創教於宋南渡後，義不仕金，汴京之遺民也。永嘉以來，河北屢爲狄人侵犯，而所以卒能以夷變夏者，漢族傳統之民族性使然。'立於如斯觀點之是書，不僅爲道教之一新階段，且以極好之歷史書完成任務，殊堪注意。又叙全真諸家之可貴，在讀書而不仕金。道藏蔚然大叢書，雖十世不仕，伏處山谷，而讀書種子不至於絶跡。誠爲肯綮之論。"此皆自命爲金元者之言也。夫先生書重三教徒之爲宋遺民而不仕，於夷狄之殘暴，未嘗不深惡而痛絶之。其言雖微而至顯，今乃不以爲嫌，於先生著書之旨，反似深了解之者，何邪？曰：秦檜決策主和，金使以詔諭江南爲名，中外洶洶。胡銓抗疏請斬檜，其疏以金人爲醜虜、爲犬豕，至激烈也。而金人以千金募其鋟本。豈非忠義之士，人皆欽敬，好文人皆願讀，雖夷狄亦不能例外歟？孟子曰：“是非之心，人皆有之。”彼夷狄亦人耳，安能無是非之心哉？特其利害與吾異，故常以是爲非，以非爲是。然是非之心，有時亦不能盡泯也。而中國人之事夷狄者則竟以夷狄之是非爲是非，以夷狄之意嚮爲意嚮矣。宋史吳楚材傳：“德祐元年，建昌降。楚材糾民兵將攻城。爲人所執以獻。郡遣録事婁南良訊之曰：‘汝何爲錯舉？’楚材抗聲曰：‘不錯！不錯！如府録所爲，乃大錯耳！府録受宋官爵，今乃爲敵用事！還思身上緑袍自何而得！吾一鄙儒，特爲忠義所激，爲國出力，事雖不成，正不錯也！’”以不降爲錯，異哉！豈夷狄入侵，中國人皆當投降邪？金史斐俒傳：“王全副高景山使宋。如海陵之言，詆責宋主。宋主謂全曰：‘聞公北方名家，何乃如是！’全復曰：‘趙桓今已死矣。’宋主遽起，發哀而罷。”公乃北方名家，意謂公乃中國人也。以中國人而罵宋國主，且名其身所及見之主，無恥甚矣。嗚呼！自軍興以來，吾輩在北方所見，如是者衆矣！顧亭林曰：“有亡國，有亡天下。異姓改號，謂之亡國。仁義充塞，而至於率獸食人，人將相食，謂之亡天下。”顧氏所謂亡國，今所謂亡朝也。所謂亡天下，今所謂亡民族也。又曰：“廉恥立人之大節，不恥則無所不爲。士大夫無恥，是國恥。”至哉言乎。此先生書之所爲作也。此吾之所以讀先生書後，雖在今日，猶不能已於言也。

輔仁雖爲三教徒保聚之地，而余非教徒。以訓衆言，余之所效力者亦極微。以四年之間，不過教幾點鐘書，不敢云訓衆也。三教徒不仕而讀書。余不仕，亦不敢云讀書。以讀書無成，猶之未讀也。三教徒草衣木食，耐艱難辛苦力田而不仕。余八年以來，貧薄已甚。論其艱難，則近之矣。然無觀可住，無田可耕，教書不足以自活，書籍器物，什去其三。當時三教徒或尚不至此。是余似三教徒，三教徒不似余也。其風味可知矣。陳先生雖三教徒乎？然亦賃廡而居，舌耕而食，蕭然一老儒耳。衣食享用，差勝於吾，亦不多也。所居既近，悶則相見。以道義相慰藉，以談文爲樂事。先生爲文，每使余觀之，叩其所見。亦頗賞余文。雖地位懸絶，以此相交，自謂無愧。先生之風既高，其爲是書，又大有關於名教。余既能解，不妨評述。且余少嘗慕道，志在冲舉。今雖晚暮，其志不改。徒以外護難得，未能便棄家室，飄然隱去。而大道教初祖劉德仁，余鄉里也。其戒目行蹟，余所不詳，賴先生知而傳之。余本道家者流，又感先生表彰余郡先賢之意，故願爲此文也。

原載一九四七年二月十五日天津益世報圖書週刊第七期

評聯綿字典

符君定一撰聯綿字典，余聞之久矣。余不識符君，未見其稿，不知其書內容如何。去年閱報，知其書已出版，欲購之而未果也。今年夏中法漢學研究所購得是書。研究所方編漢學學報，編輯人指定是書，屬余作評，因假歸讀之，讀其前後自叙與跋尾，固已疑之；及徧讀全書十冊，覺其可議者多。以君之自許也如彼，而著書如此，是尤可怪也。是書之失，舉其大者，約有七端。

一　詞排列方法不善

今坊間通行詞典如辭源、辭海，其詞排列法：凡合數字爲詞者，其詞第一字，依康熙字典首部分類。其屬康熙字典之某部某字又依其筆畫多少爲先後次第，讀者欲檢某詞，先檢其詞之第一字在何部，次檢其第一字爲其部中若干畫之字。詞之第一字部位既固定，則其詞自不難檢求。此坊間詞典之排列方法也。而符君亦用之。符君此書固自命爲第一流，不屑與坊間詞典伍者。今亦用其法，豈非法之可取者，固亦不妨俯同流俗歟？然此法實非簡便之法。何也？中國字之孳乳浸多，全由聲音關係。凡聲同者，其義同；聲相近者，其義亦相近。過去無拼音字母，字之音讀，唯恃反切字。故聲音文字關係，僅研究小學者知之，非其人則茫然不解。此非中國文字果深奧也，無音標以表示之耳。今則音標盛行。其簡者有注音符號，有羅馬字拼音；中國字之構造既主音不主形，則編詞典莫若依聲母次第排列，以聲爲經，以韻爲緯，則凡音同音近之詞，莫不彙於一處。依音檢字，無檢部首數筆畫之煩。其便一。異形同音之詞，可一望而知；其音與義之關係，亦一望而知。其便二。惜乎符君不以是爲便，反以坊間詞典之檢部首數筆畫者爲便也。符君疑吾言乎？請舉符君書所收詞爲例。"交錯"，"这遒"，音義同也。依音排列則在一部，依符君之法，則"交錯"在

第一册子集一部,"这遣"在第九册酉集辵部。"逸欲","佚欲",音義同也。依音排則在一部,依符君之法,則"佚欲"在第一册子集人部,"逸欲"在第九册酉集辵部。同是一詞,中隔七册而再見,此爲便乎? 爲不便乎?"大"字因詞類之不同有二音,一讀如泰,一讀如大小之大。依音排列則讀如泰者在一部,讀如大小之大者在一部。依符君之法,則連此"大"字爲詞者,不論其音讀如何,須同隸丑集大部。故"大史"、"大功"、"大武"、"大和",諸詞雜厠,混淆無別。徧注反切,則不勝其煩。或注或不注,則不免詳此略彼。此爲便乎? 爲不便乎? 符君與黎劭西先生游。劭西先生編中國大辭典,其詞則用羅馬字拼音,依音排列,符君於此事似不應不知。顧同編詞典而於其法竟不肯從,亦固之至矣。

二 詞類蒐集不備

聯綿詞應以何種詞爲限,世無定解。爾雅釋訓,多載重文。廣雅釋訓,則益以駢字。明朱謀㙔依爾雅體例作駢雅,自形容寫貌之詞以至蟲魚鳥獸無所不備,其説以聯二爲一,駢異爲同,故名曰駢雅,駢者駢聯,即聯綿詞之謂也。王靜安先生撰聯綿字譜,所收皆雙字。其詞或爲重文,或爲駢字。大抵爲形容詞,而草木鳥獸之名亦在内。至於人名地名官名以及虛字例不收入。所據書無漢以後書,而所引漢人書亦不全。蓋是未成之稿,無從盡窺其體例。符君是書,不收三名以上之詞,與靜安先生同;而以詞之性質言,則所收較靜安先生爲廣。論其體例與辭源、辭海等書實相彷彿,唯不收新興詞爲稍異耳。既爲普通詞典,則詞宜求其備,而細察之,卻又不然。如子集一部有"丞相",工部有"左徒",是收官名。丑集大部有"大行",是收山名。申集虍部有"虖池",是收水名。有"處子",引漢書藝文志,是收書名。酉集言部有"語兒",是收地名。然其他郡國山川經籍之名,率不見於斯書。自亂其例,不知何故。據凡例云,發篋陳書,攫掫材料,上起三代,下終六朝,是所收材料至六朝爲止。然吾疑六朝書,符君不甚讀;不唯六朝而已,即三國以前書,符君亦未反覆詳閲,盡搜其詞。吾非輕符君也,請以是書驗之。"門第"、"門品",六朝人常語也,是書門部無之。"新婦",漢魏六朝人常語也。是書斤部無之。"縣官"、"本朝",漢朝人常語也,是書系部本部無之。是漢魏六朝語雖至熟者,亦多不見此書也。"門子",見周禮小宗伯及左傳襄公二十四年,是書門部無"門子"。"世父",見儀禮喪服、爾雅釋親,是書一部無"世父"。"鄉樂",見儀禮燕禮,是書邑部無"鄉樂"。"下管",見燕禮及禮記文王世子、明堂位仲尼燕居,是書一部無"下管"。是正經中詞有遺漏也。"封戎",見莊子應帝王篇,是書寸部無"封戎"。"甕離",見韓非子內儲説上,是書土部無"甕離"。"岐路",見列子説符篇,是書山部無"岐路"。是諸子書中詞有遺漏也。"勝日",見史記封禪書,是書力部無"勝日"。"中酒",見史記樊噲傳,是書一部無"中酒"。"祕戲",見史記周文傳,是書示部無"祕戲"。"重轑",見漢書張敞傳,是書里部無"重轑"。"道地",見漢書酷吏傳、田延傳,是書辵部無"道地"。"名捕",見漢書游俠傳、原涉傳,是書口部無"名捕"。"對食",見漢書外戚傳、孝成趙皇后傳,是書寸部無"對食"。"解形",見後漢書王昌傳,是書角部無"解形"。"演義",見後漢書逸民傳周黨傳,是書水部無"演義"。"促狹",見三國志魏書袁紹傳,是書人部無"促狹"。是四史中詞有遺漏也。"檢校",見晉書張華傳,是書木部無"檢校"。"老物",見晉書宣穆張皇后傳,是書老部無"老物"。"舊齒",見晉書武悼楊皇后傳,是書艸部無"舊齒"。"如聞",見晉書石勒載記,是書女部無"如聞"。"白虜",見晉書符堅載記下,是書白部無"白虜"。是晉書中詞有遺漏也。"檢攝",見宋書後廢帝紀,是書木部無"檢攝"。"寒乞",見宋書明恭王皇后傳,是書宀部無"寒乞"。"抵蹋"、"乾笑",見宋書范曄傳,是書手部無"抵蹋"、乙部無"乾笑"。"若爲",見宋書王景文傳,是書艸部無"若爲"。"倡諾",見宋書恩倖傳、戴明寶傳,是書人部無"倡諾"。"勢要",見魏書劉潔傳,是書力部無"勢要"。"蠻左",見魏書崔延伯傳,是書虫部無"蠻左"。"監當",見魏書陽固傳,是書皿部無"監當"。是宋書、魏書中詞有遺漏也。以上所舉諸條,不過就個人記憶所及,略加審核。若細考之,當不止此。則故書中詞,是書之遺漏者多矣。夫詞典當包古今之詞。輯詞自三代起至六朝止,已屬不當。以六朝後非無詞,且六朝後之詞,往往與前代有關也。今輯周、秦、漢、魏、六朝之詞而仍有遺漏,則作者三十餘年後專心著書,所用力者在於何處,斯真不可解也。

三　有誤收之詞

子集儿部有"元二",引隸釋六北海相景君銘云:"元二鰥寡"。作者自加按語云:"後漢書鄧隲傳注:古書字當再讀者,即於上字之下爲小二字。"

按:符君引後漢書鄧隲傳注:"證元下小二字,示字再讀。"是也。然下文有"元元"。彼處釋云:"隸書作元二",此處即不必出"元二"。以小二字不過是重讀符號。"元二"非"元元"之别構，更非"元元"外之另一詞。古書字當再讀者不限一"元"字，其下注小二字者亦不僅此一例。如宋書樂志所載清商三調歌詞，凡句應重叠者均於本句字下注小二字。如"北上太二行二山二"即"太行山"三字應重讀。豈可於"太行山"外，更出"二二二"詞乎？此雖符君亦知其不可矣。此泥於字形而誤者一。

辰集木部有"本本"，引漢書叙傳、文選西都賦"元元本本"。

按："元元本本"連四字爲詞。今人爲文猶沿用之。因本書不收三名以上之詞，遂剖散其詞。大不可也。此因困於形式而誤者二。

已集火部有"然是"，釋云："猶言抑此也。"引史記鄭世家："然是二者不害君身。"後有按語云："左傳昭元年作'抑此二者不及君身'。"

按：鄭世家此文，即本左傳。所記乃鄭子産問晉平公疾。卜曰：實沈、臺駘爲祟。子産以爲實沈參神，臺駘爲汾神。水旱癘，則禜祭山川；雪霜風雨不時，則禜祭星辰。今君疾由飲食、哀樂、女色而生，則實沈、臺駘不能爲君害。"然是二者不害君身"，"是"字屬下讀，不屬上讀，"是二者"指實沈、臺駘言，非以然是爲詞也。此因句讀不明而誤者三。

戌集金部出"鑿枘"，引抱朴子外篇名實篇："安肯蹙太山之峻以適鑿枘之中。"附按語云："枘當爲枘，形之誤。"

按：鑿枘無義，定是誤字。豈字之誤者亦可爲典據乎？此沿誤承謬者四。

是書所收詞甚多。余能摘其誤者只此四條。其他諸條是否有誤，余不能知也。然此四條並非小小錯誤。且是正文字學者應有之事也。今特爲指出，於讀是書者或不無小補爾。

四　釋事釋義多偏而不全

是書不收六朝以後詞，故凡六朝以前詞，後世有之而别有義者，解釋概付闕如。此猶可云本書體例然也。至六朝以前，詞有數義者，亦往往不徧舉。如子集亠部釋"交阯"引禮記"南方曰蠻，雕題交阯"；辰集月部釋"朔方"爲北方；而皆不言郡名。子集厶部釋"參合"爲參同，戌集雨部釋"靈壽"爲木名，而均不言縣名。酉集角部釋"解瀆"爲臂直通而不言亭名。寅集山部釋"崑崙"爲山名，而不言國名（北史魏收傳已有"門客遇崐崙舶"之語）。申集虫部釋"蠕蠕"爲動貌，而不言種落之名。戌集門部釋"門下"爲門之下，爲門下之人，而不言晉以來有門下省。子集儿部釋"元光"爲内明，而不言漢武帝年號。寅集宀部釋"實録"爲録事實，而不言梁以來史家紀帝王事有實録。釋"家家"爲每家，而不言北齊宗室諸王呼嫡母爲"家家"。丑集大部釋"大家"爲巨室富家，而不言大家爲尊長之稱，臣妾亦呼天子爲大家。釋"大曲"爲弓名，而不言魏晉樂歌有大曲，凡大曲前有艷後有趨。其他不煩毛舉。夫詞典之作所以便人稽考。今於正文則闕其詞，於注則闕其義，則所謂詞典者，不將失其效用乎？

五　解釋不明

　　詞典爲供一般人檢查之書，故詞之解釋，宜力求明顯。立義貴乎精要，而語不可過繁。援據雖至廣博，而能超出象外，不囿於舊說。使讀者當下領悟，釐然有當於人心。能如是者，始可與語釋詞矣。是書每詞下所着解說，往往晦塞。其病在作者每解一詞，非深思博考，融會貫通，斟酌衆說而自立新解。乃剌取古小學書，古傳注語爲己解，或效古人說解語爲質直疏略之解。夫古小學書古傳注語，非不可從也。唯古人著書言各有體。以小學家著書言，或主形體、或主聲音、或便記誦，不一致也。以訓詁家言，其注一字一詞，或以聲言、或以形言，或原其始、或明其用，或專就本文立論、或於本文外更泛及他說，亦不一致也。至於群經諸子立言不同，其所發揮尤不可一概論。以至不齊之論，而不加選擇，任取一說以爲解。其鬱塞也宜矣。試舉數條爲例。如漢人謂舞爲"鼓舞"，"鼓舞"即舞也。乃不逕釋爲舞，而取禮記、樂記語爲說，云："動其容也。"（亥集鼓部）漢魏人謂樂之節奏爲"曲折"，曲折即節奏也。乃不逕釋爲節奏，而取禮記、樂記語爲說，云："曲如折也。"（辰集田部）夫取禮記樂記語爲說，固可謂語有來歷矣。其如如此解反使人不明何？古者儺與喪皆飾人爲"方相"以驅惡凶。鄭玄注周禮夏官司馬"方相"氏云："方相猶言放像可畏怖之貌。"此言"方相"得名之由。今釋"方相"，宜云："方相"儺與喪飾人爲之。不知所飾者何神。引周禮證其事可矣，不必牽涉鄭注也。乃用鄭注釋云："可畏怖之貌。"（卯集方部）按鄭意本云飾方相者放像其可畏怖之貌。乃刪放像二字，由是"方相"之本爲專名詞者，至是遂爲形容詞矣。不更誤乎？漢書張騫傳云："騫鑿空。"蘇林曰："鑿開也，通空也。騫始開西域路也。"師古曰："空，孔也。猶言始鑿其空穴也。""鑿空"者，事無前例之謂，猶唐人言"破天荒"耳。蘇顏二氏解空字雖異，其意謂鑿空爲始開闢西域路則同。讀書須得言外意。今釋"鑿空"，不必泥于字面，但釋爲開新路，引申爲事無前例之稱，於意已足。乃必從顔説，釋曰："猶言始鑿其空穴也。"（戌集金部）使讀者全不能掌握其要點。試問：始鑿其孔穴，所指者何事？究有何意義乎？顔之解"鑿空"，已近于鑿。今遵之，乃益鑿矣。釋"冠蓋"用劉熙釋名語："冠貫也，所以冠韜髮也。蓋在上覆蓋人也。"（子集宀部）按：釋名是釋命名之書，其釋冠與蓋只此數語，不及其他冠蓋之事。體宜然也。今於詞典釋"冠蓋"，但取釋名數語爲解則非。以詞典非釋命名之書，但言冠蓋何以得名，殊不足以説明冠蓋也。譬之於人，司馬相如初名犬子，慕藺相如之爲人，更名相如。遷、固爲相如作傳，若僅着此數語，不叙相如始末，便是笑話。今之釋"冠蓋"，何以異此？此又誤也。釋"石蜜"曰"石飴也"（午集石部）；釋"丁令"曰"丁靈也"（子集一部），此效爾雅語。不知爾雅以下字釋上字者，其下字在當時皆易曉，不煩解釋，而上字義較隱晦。猶今時國文教員及翻譯人，以今語釋古語，以中國語釋外國語耳。今云"石蜜，石飴也"，"石飴"又何物乎？云"丁令，丁靈也"，"丁靈"又何物乎？"丁靈"之爲國，須讀下文"丁靈"條始知之。而"石蜜"之爲"石飴"，讀竟注所引本草疏，仍不能定爲何物，但知"石飴"是"石蜜"別名而已。按："石蜜"即"糖霜"，宋程大昌演繁露有考。王灼所撰糖霜譜且專記其事。"糖霜"一名"糖冰"。即今所謂"冰糖"。演繁露非僻書，糖霜譜亦易得。不知符君何以屛之，不肯一閲？苟曾參考，逕釋"石蜜"爲糖霜，豈不善也？大抵符君爲人極好古書，喜用古語，白首著書，孜孜不倦，是其長也。而其爲是書，用古人説效古人語作説解者，往往近乎食古而不化。觀上文所引諸條，可以知其一斑。此雖愛君者，亦不能爲君諱也。

六　解釋錯誤

亥集馬部"馬齒"下釋云："喻年老也。"引史記晉世家："獻公笑曰：'馬則吾馬，齒亦老矣。'"又引史記集解"公羊傳曰：'蓋戲之也。'何休曰：'以馬齒戲，喻荀息之年老也。'"按：公羊傳僖公二年何休注實作"以馬齒長戲之，喻荀息之年老也"。集解"馬齒"下删"長"字，文不成義。符君不察，乃據集解所引何休注立説，誤之至矣。已集牛部"牢籠"下釋云："謂制法也。"引魏都賦"牢籠百王"。向注："牢籠百王之制法。"按：向注以制法屬百王，不以制法屬牢籠，今以制法釋"牢籠"，又誤矣。戌集面部"面首"下釋云："駙馬之助也。"引宋書前廢帝紀："山陰公主謂帝曰：'陛下六宮萬數，而妾惟駙馬一人。事不均平，一何至此？'帝乃爲主置面首左右三十人。"余按:"面首左右",謂有美色左右。宋書卷七十四臧質傳:"元嘉二十七年,太祖(宋文帝)使質伐汝南西境刀壁等山蠻,大破之,獲萬餘口,遷太子左衛率。坐前伐蠻,枉殺隊主嚴祖,又納面首生口,不以送臺,免官。""生口",謂戰士所虜人口。"面首生口",謂被俘婦女之美風姿者。與面首左右文同一例。唐竇臮述書賦下(唐張彥遠法書要錄卷六引):"若乃出自三公,一家面首。歐陽在焉,不顧偏醜。"自注:"歐陽詢書出於北齊三公郎中劉珉。""一家面首",謂詢書與北齊劉珉書風姿極相似。由此知面首乃常語,與風姿義同。人之風姿曰面首,書之風姿亦曰面首。人風姿美,亦曰面首。胡三省注通鑑卷一三〇宋紀廢帝爲山陰公主置面首條,謂'面取其貌美,首取其髮美',義爲近之。胡注通鑑非僻書,何以竟不參考,而云面首是"駙馬之助"? 是何物語也!

　　至部"臺簡"下釋云:"特大也。"引淮南子俶真訓"臺簡以游太清"。注:"臺猶特也。簡大也"。按:淮南子俶真訓高注實作"臺持也"。不知符氏何以誤持爲特。從高注當釋"臺簡"爲持大。然持大以游太清,意頗隱不明。余疑此處簡不必作大解。簡者省約也,易也。逸周書諡法解:"一德不懈曰簡,平易不訾曰簡。"左傳昭元年:"宋左師簡而禮。"杜注:"無所臧否故曰簡。"禮記樂記:"繁文簡節之音作而民康樂。"鄭注:"簡節,少易也。"淮南此文本謂:"至道無爲,內守其性,耳目不耀,思慮不營。其所居神者,臺簡以游太清。"臺訓持,則持簡猶言守約,即無爲也。故下文云:"事其神者神去之,休其神者神居之。"余爲此解似較高注爲長。然則高注尚不可盡從,況不如高注者乎? 由是知爲訓詁之學者,必其學足以正舊注之失,始可以得用舊注之效。若徒泥舊注而不知所以裁之,鮮有不敗者也。

七　注文蕪雜

　　酉集車部"輻輳"下釋云:"如車輪之集於轂也。""輻湊"下釋云:"車輻之聚於轂也。"巳集水部"泰一"下釋云:"天皇大帝也。""泰壹"下釋云:"天皇大帝也。"犬部"獫狁"下釋云:"匈奴也。""獫玁"下釋云:"匈奴也。"此前後文之重複也。子集人部"侵伐"條釋云:"苞人民歐牛馬曰侵,斬樹木壞宮室曰伐。或云:"有鐘鼓曰伐,無鐘鼓曰侵。或云:觕者曰侵,精者曰伐。"附按語云:"穀梁傳隱五年:苞人民歐牛馬曰侵,斬樹木壞宮室曰伐。周禮大司馬:賊害民則伐之。注:春秋傳曰:粗者曰侵,精者曰伐。"此上下文之重複也。寅集宀部"容貌"條摘句,引禮記、論語、國策、史記、漢書、莊子、荀子、呂覽、淮南子。舉例凡三十有七。此舉不勝舉者也。子集乙部"九鼎"條,摘句引國策、史記、漢書、水經、淮南子、論衡,舉例凡二十有八。巳集"泰一"條摘句,引漢書、鶡冠子,舉例凡二十有九。此詞之須特別解釋者,不恃摘句而明,雖摘句至多亦不能明者也。戌集門部"門生"條釋云"轉相傳授者也",本集古錄孔宙碑陰跋。然所舉如後漢書楊彪傳所稱"黃門令王甫使門生於郡界辜榷官財物",則是依附名勢之人。如宋書徐湛之傳所稱"門生千餘人皆三吳富人子",則是傔從之類。皆非學業轉相受之人。顧亭林日知錄卷二十四解之甚明。又引後漢書賈逵傳"拜逵所選弟子及門生爲千乘王國郎"。釋云:"此門生或涉三義:一、舉動也,二、猶言坐作也,三、動靜也。或曰:"謂食飲寢臥之增損也。"三義只是一義。寅集"容貌"分四義:"一、容讀爲頌,頌亦貌也;二、威儀容顏也;三、容止也;四、謂服。一、二、三只是一義。又是書每詞下所標數目字固以分別詞義。而實亦不盡然。如釋"容貌","五、篆文作容兒",則涉書法。釋"起居","四、轉爲起家",則涉聲音。是所標數目字,不專爲詞義而設矣。而所謂轉爲某某字者,又多附會。凡言某字與某字爲一聲之轉者,其義皆相近。今言"起居"轉爲"起家"。"起家"又何涉"起居"乎?凡注有體,引書亦有體。君爲是書,其説解徵引蓋漫無體例。故其文不失之繁,則失之複,否亦條理不清。雖詞典非專門著作,究之行文不當如此也。

　　以上所舉七事,皆其犖犖大者。餘如邊欄外記字之筆畫,所以便檢查,而筆畫非每頁有之。索引每頁五欄,以直綫界之。而字皆直行,致諸詞視之宛如單字,閱之殊爲不便。唯此皆細事,可不復論。詞典之爲物,無所不包。究非一人所易爲力。符君之爲此書也僅三十年,始終其事,其志固已偉矣。縱有疵眚,似亦不必爲苛論。又其人早入仕途,棄官之後,便不復出。守知足之戒,唯以著作自娛。亦不肯爲人師。以視世之惜身家,營利祿,朋黨比周,老死而後已者,其賢不肖爲何如。觀君之志與其所爲,誠有足重者。夫重其人而猶指摘其書,吾非好爲苛論也。春秋責備賢者之義,固應如此爾。

原載一九四四年九月中法漢學研究所漢學第一輯

附録

王先慎韓非子集解補正

隨荊以兵則荊可舉 初見秦

  按：史記樗里子甘茂列傳云：“智伯之伐仇猶，遺之廣車，因隨之以兵。”

趙氏中央之國也雜民所居也 初見秦

  按：史記樂毅列傳云：“趙，四戰之國也。”正義：“東鄰燕、齊，西邊秦、樓煩，南界韓、魏，北迫匈奴。”

天下編隨而服矣 初見秦

  按：説文：“編，次簡也。”段云：“以繩次第竹簡而排列之。”“册”字下云：“象其札一長一短，中有二編之形。”是綴簡之絲，亦得言編。漢書五十八兒寬傳云：“輸租繈屬不絶。”師古曰：“繈索也。言輸者接連不絶於道，若繩索之相屬也。”編隨，猶繈屬矣。

非之來也未必不以其能存韓也爲重於韓也 存韓

  王先慎曰：“非之來秦，爲存韓也，則説雖爲秦，心必爲韓，故云爲重於韓也。”按：“也”猶“者”也。（見經傳釋詞。）此謂非之來，未必不以其能存韓者，取重於韓。下文云：“夫秦韓之交親，則非重矣，此自便之計也。”是其義。王説未了。

故虛靜以待令令名自命也令事自定也 主道

  蒲阪圓曰：山云：“‘令’衍文。揚搉：聖人執一以靜，使名自命，令事自定。又聖人執要，四方來效，虛而待之，彼自以之。圓案：吕氏春秋：去想去意，虛靜以待。有度篇：順上之爲，從主之法，虛心以待令，而無是非也。彼説臣道，與此義異。”按：上“令”字衍文，山、圓説是也。“虛靜以待”即吕覽“因而不爲，官使自事之”意。多一“令”字，則文不成義。本書揚搉篇云：“虛靜以後未嘗用己。”（今本作“虛以靜

274

後",誤。)"虛靜以後"即"虛靜以待"也。楚辭遠游篇云:"虛以待之兮,無爲之先。"呂氏春秋有始覽謹聽篇云:"愉易平靜以待之,使夫自得之。"淮南子主術訓云:"故有道之主,滅想去意,清虛以待。"繆稱訓云:"勿驚勿駭,萬物將自理,勿撓勿攖,萬物將自語。"意亦同。圓引呂氏春秋,見審分覽知度篇。

故主讎法則可也 有度

舊注:"讎,謂校定可否。"案:"讎"猶"用"也。詩大雅抑"無言不讎。"毛傳:"讎,用也。"漢書王莽傳小顏注:"讎,用也。"秦策:"棘津之讎不庸。"(據四部叢刊本。)"讎""庸"當互易,言求爲庸而人不用也。此文"讎法"謂"用法"也。上文云:"故明主使法擇人,不自舉也;使法量功,不自度也。"即讎法之義。舊注失之。

愚智提衡而立 有度

按:漢書杜周列傳贊云:"相與提衡。"小顏注引臣瓚曰:"衡,平也,言二人齊也。"文選四十六任彥昇王文憲集序:"公提衡惟允。"李善注:漢書曰:"衡,平也,所以平輕重也,言選曹以材授官,似衡之平物,故取以喻焉。"據此,則"提衡"原即"稱物"言之,由平衡意引申,則勢均力敵謂之提衡;由平判意引申,則簡選去取謂之提衡;當權用事操予奪之柄者,亦謂之提衡。一云"執衡"。文選卷五十二曹元首六代論:"至於桓靈,奄竪執衡"是也。此文"提衡",當即勢均力敵之謂。管子輕重乙篇:"以是與天子提衡。"亦謂與天子抗衡。舊注謂連衡者,非是。呂氏春秋審分覽不二篇云:"智者不得巧,愚者不得拙,所以一衆也。勇者不得先,懼者不得後,所以一力也。故一則治,異則亂,一則安,異則危。夫能齊萬不同,愚智工拙,皆盡力竭能如出一穴者,豈唯聖人乎?""智者不得巧,愚者不得拙",即韓子愚智提衡之義也。

夫香美脆味厚酒肥肉甘口而病形 揚搉

按:"美"當作"臭",形近而譌。"香臭"與"脆味"對。

主失其神虎隨其後主上不知虎將爲狗主不蚤止狗益無已虎成其群以弒其母 揚搉

舊注云:"主既不知臣之爲虎,則臣慝威藏用外若狗然,所以陰謀其事。"按:經傳釋詞云:"爲,猶有也。"孟子滕文公篇:"夫滕壤地褊小,將爲君子焉,將爲小人焉。"趙岐注曰:"爲,有也。雖國小亦有君

275

子,亦有野人也。"此文"主上不知虎將爲狗",言虎將有狗也。虎將有狗者,喻權臣將招致徒黨。下文"狗益無已,虎成其群",正承此言之。舊注訓"爲"爲"若",非。

内索出圈必身自執其度量 揚榷

舊注云:"臣人四面謀君,常在圈,今日自内欲求出圈,但身執度量則可矣。"按:定四年傳杜注:"索,法也。"說文:"圈,图圈,所以拘辠人。"淮南子繆稱訓云:"弛獄出拘。"出拘即出圈。此殆言罪宥之事,必人君身自斟酌之。舊注迂曲不可通。

厚者虧之薄者靡之 揚榷

舊注云:"厚,謂臣黨與衆勢位高也。位如此必虧之使薄也。"盧文弨曰:"'靡之'當與易'我有好爵,吾與爾靡之'之'靡'同義。"按:盧引易語見中孚,王注孔疏均訓"靡"爲"散"。釋文云:"本又作糜,散也。"干同。韓詩云:"共也。"孟同。埤蒼作縻,云:"散也。"後儒承之,亦多訓爲共。惠士奇易說讀"靡"爲"磨",云:"言相磨礪也。"焦循易章句訓"靡"爲"靡切",均非此"靡"字之義,"靡"當讀爲"摩"。說文:"揗,摩也。""抙,揗也。"廣雅釋詁:"揗,摩順也。""摩"與"抙"、"揗"同。盧說非。此承上文"内索出圈必身自執其度量"言之,言人君平反刑獄,於法之過於寬大者,則虧削之,於法之刻薄者,則存恤之。自"納索出圈"至下文"簡令謹誅,必盡慎其罰"一段,皆就刑法而言,非黨與勢位之謂。舊注於"納索出圈"二句,既不得其解,則此亦自不得其解矣。(下文"靡之若熱",音義同。王讀爲"糜爛"之"糜",亦非。)

爲人臣者内事之以金玉玩好外爲之行不法使之化其主 八姦

按:"使之化其主","之"字衍文,以上文"使惑其主"下文"使犯其主"證之。

古之聽清徵者皆有德義之君也 十過

王先慎曰:"藝文類聚引'聽'上有'得'字。"按:有"得"字是。論衡紀妖篇亦有"得"字。

乃使史廖以女樂二八遺戎王因爲由余請期 十過

王先慎曰:"請,告也。期,歸期也。既告之期,又留由余不遺,以失其期,使君臣有間。此秦先告以歸期之計也。"按:請,問也,求也。襄二十四年傳:"楚子使薳啟疆如齊聘,且請期。"杜注:"請會期。"昭十四年傳：“南蒯將叛，司徒老祁、慮癸劫南蒯曰：‘群臣不忘其君，畏子以及今，三年聽命矣。子若弗圖，費人不忍其君，將不能畏子矣。子何所不逞欲？請送子。’請期五日，遂奔齊。”“請期五日”，謂請給限五日。此文“請期”，殆請緩期歸國之謂。下文云：“戎王許諾。”許其遲歸也。王訓“請”爲“告”，非是。上文：“內史廖曰：‘臣聞戎王之居，僻陋而道遠，未聞中國之聲。君其遺之女樂以亂其政，而後爲由余請期以疏其諫。’”“後”字當屬下讀。“後”之爲義，謂遲之也，緩之也。春秋經云：“期後。”史記司馬穰苴傳：“何後期爲？”漢書張騫傳：“而騫後期，當斬。”即此“後”字。詩衛風氓：“將子無怒，秋以爲期。”即此“請期”之義。說苑反質篇作“而厚爲由余請期”。襄十三年傳：“唯是春秋窀穸之事。”杜注：“窀，厚也。穸，夜也。厚夜猶長夜。”釋名：“厚，後也。後亦長也。”明“後”字當連下讀之，不以“而後”爲語詞。疏者，遠也。既以女樂遺戎王，又爲由余請期。戎王許諾而耽於女樂。由余遠在秦，不能向戎王進諫諍之言。此以智賺戎王使戎王遠諫之策。王謂既告之期，又留由余不遣，以失其期，使君臣有間。非是。

凡當塗者之於人主希不信愛也又且習故若夫即主心同乎好惡固其所自進也 _{孤憤}

王先愼曰：“自進，謂己之進身也。其所以自進，則與主信愛、習故、同好惡三者而已。”按：自，由也。史記馮唐列傳：“文帝問唐曰：父老何自爲郎？”索隱引崔浩云：“自，從也。帝詢唐何以爲郎。”（小顏注漢書云：“言年已老矣，何乃自爲郎。”其誤與王同。）王訓“自”爲“己”，非。又案：此文“若夫”以下二句，另爲一義，與上文絕不相蒙。韓子自以“即主心同乎好惡”一端，爲當塗者所由進身之術，王云“三者”，亦誤。

以新旅與習故爭其術不勝也 _{孤憤}

按：廣雅及易復卦釋文引鄭氏注並云：“旅，客也。”

大臣挾愚污之人上與之欺主下與之收利侵漁朋黨比周相與 _{孤憤}

舊注“朋黨”下云：“言侵奪百姓若漁者之取魚也。”王先愼曰：“侵漁朋黨，當作朋黨侵漁，與下比周相與對文。”按：此當以“下與之收利侵漁”爲句，“朋黨比周相與”爲句。諸子書或以“朋黨”“比周”互用，或以“朋黨”“比周”連文，其例甚多。此處自作“朋黨比周”。本書姦劫弒臣篇云：“左右安能以虛言惑主，而百官安敢以貪漁下。”淮南子泰族訓云:"及至其末,朋黨比周,各推其與。"語例正同。舊注不釋"朋黨"二字,是其讀不誤,但誤置"朋黨"下耳。王氏不知正之,反欲改未誤之正文,其失甚矣。

託于犀車良馬之上則可以陸犯阪阻之患乘舟之安恃檝之利則可以水絶江河之難 姦劫弑臣

按:"乘"猶"因"也。本書喻老篇云:"物有常容,因乘以導之。"漢書董仲舒傳云:"因乘富貴之資力。""因""乘"連文。史記秦始皇本紀云:"因利乘便。"淮南子本經訓云:"乘時因勢以服役人心。"兵略訓云:"乘時勢因民欲而取天下。""因""乘"互用。"持"借爲"恃"。莊子徐無鬼:"恃源而往。"釋文本作"持"。説文:"恃,賴也。"賴亦"因"也。此謂因舟之安,恃檝之利,則可以水絶江河之難。荀子勸學篇云:"假舟楫者,非能水也,而絶江河。"淮南子主術訓云:"乘舟檝者,不能游而絶江海。"吕氏春秋知度篇云:"絶江者託輿船。"託假輿因賴義並相近。

群臣爲學門子好辯 亡徵

蒲阪圓曰:"山云:周禮小宗伯:'其正室皆謂之門子。'注:正室,嫡子也。左傳:'鄭六卿及其大夫、門子。'注:卿之適子也。"按:"爲"當讀"偽"。姦劫弑臣篇云:"世之愚學,皆不知治亂之情,謅諛多誦先古之書,以亂當世之治。"即此篇偽學之義。圓引見襄九年傳,其文云:"十一月己亥,同盟於戲,鄭服也。將盟,鄭六卿,公子騑、公子發、公子嘉、公孫輒、公孫蠆、公孫舍之及其大夫、門子,皆從鄭伯。"又按:晉語云:"育門子,選賢良。"韋注:"門子,大夫適子。"引周禮小宗伯文。文選十九束廣微補亡詩:"粲粲門子,如磨如錯。"李注引周禮同。據内外傳,則門子在古時,其地位頗高,故韓子與群臣竝舉,且以門子好辯爲亡國之徵。梁章鉅浪蹟續談卷一云:"今世官廨中有侍僮,謂之門子,其名不古不今。周禮:'正室謂之門子。'注云:'將代父當門者。'非後世所謂門子也。韓非子亡徵篇:'群臣爲學,門子好辯。'注云:'門子,門下之人。'此稱輿侍僮爲近。"案:門子爲卿大夫適子,先儒説皆然。以文義推之,韓子此"門子"更非門下之人。梁氏誤從凌瀛初注,失於不察矣。

惡自治之勞憚使群臣輻湊用事 三守

按:"憚"讀爲"癉"。説文:"癉,勞也。"詩小雅大東:"哀我憚人。"

小明:"憚我不暇。"釋文並云:"憚亦作癉。"

醫善吮人之傷含人之血 備內

按:說文"創"下云:"傷也。""傷"下云:"創也。"史記劉敬傳:"哭泣之聲未絕,傷痍者未起。"季布傳:"今創痍未瘳,噲又面諛,欲搖動天下。""傷痍"即"創痍"也。古者"創瘍"及"刀傷"皆謂之"創",亦通謂之"傷",故"傷"與"瘍"通。(詩巧言釋文:"瘍本亦作傷,音同。"左襄十七年傳:"以杖抶其傷面死。"一本作"瘍",是。說文:"疕,馬脛瘍也。""瘍"廣韻作"傷"。)史記孫子吳起列傳云:"卒有病疽者,起爲吮之。"又佞臣列傳云:"帝嘗病癰,鄧通常爲帝唶吮之。太子入問病,文帝使唶癰,而色難之。"舊唐書:"李思摩中矢,太宗親爲吮血。"以"吮"、"唶"治創傷,蓋古有其俗。

君之立法以爲是也今人臣多立其私智以法爲非者是邪以智過法立智如是者禁 飾邪

"以法爲非者是邪"下,集解引盧文弨曰:"'者'字衍。"顧廣圻曰:"'以法爲非者'五字句,與上'以爲是'句對。"先慎曰:"顧讀誤,當於下'是耶'句。此立私智之臣動與法違,故'以法爲非'是也。上言是,此言非是,語意相承,'者'字不當有。""過法立智"下,集解引俞樾曰:"上'邪'字衍文,'是以智過法立智'七字爲句。言自以其智過公法立私智也。舊注不說'邪'字,疑其所據本作'是以智過法立智'。今衍'邪'字,於義難通。"先慎曰:"俞說非。'邪'語辭,屬上爲句。'以智過法立智'當作'以知過法立智'。古文'知''智'同用'知'字,後人於'知'之讀爲智者,並加'日'字於下。此涉上下文而誤。舊注云:'以此思之,則知凡臣下之情,皆欲過公法,立私智。'是其所見本,尚作'知'字,不誤。"案:諸說皆未達。原文當作:"君之立法以法爲是也,今人臣多立其私智,以法爲非,以智爲是邪。過法立智,如是者禁。"今本文異者,蓋"以爲是也"句內"以"下奪"法"字,"以法爲非"下奪"以智"二字,校書者據別本注"以智"二字於旁,經傳鈔又羼入"邪"下正文,後之讀者,因以"以智"二字屬下讀,改"以法爲非"下之"爲"字爲"者",以成文耳。"邪"與"也"同(唐卷子本劉晝新論凡"也"字皆作"邪")。"過"猶越也,廣韻"過"下云:"越也。"史記外戚世家:"皆過栗姬。"索隱:"過謂踰之。"踰、越義同。慎子知忠篇云:"故明主之使其臣也,忠不得過職,而職不得過官。"言忠不得越職,職不得越官也。

又云："法者所以齊天下之動,至公大定之制也,故智者不得越法而肆謀,辯者不得越法而肆議。"越法即過法。"智者不得越法而肆謀",即韓子"過法立智則禁之"之義,諸説皆失之。

然則爲禮者事通人之樸心者也 解老

王先謙曰："通人謂衆人。緣衆人之實心而形之於事,則爲禮之貌,故曰爲禮者事通人之樸心者也。"按:王説未安。"通"當讀爲"挏"。説文:"挏,推引也"。("推",據段改。)淮南子俶真訓曰:"揵挍挺挏。"高注云:"挺挏猶上下也。"亦借"恫""洞"爲之。吕氏春秋審分覽:"若此則百官恫擾。"(高注云:"恫動,擾亂。"玉篇正訓"挏"爲"動"。)史記司馬相如列傳云:"洞心駭耳。"韓子作"通",字並同。(凡從"甬"聲、從"同"聲之字,古多通用。淮南子本經訓"平通溝陸",吕氏春秋慎大覽貴因篇作"迵溝陸"。又齊俗訓"連闥通房",楚詞招魂篇、上林賦作"洞房"。史記蘇秦列傳:"是故恫疑虚喝。"索隱:"恫音通。"漢書武五子傳:"母恫好逸。"小顔注:"恫音通。"又禮樂志注:"恫讀爲通。")韓子此文釋老子"禮者忠信之薄而亂之首"之意,以禮爲矯情之物,違反自然。上文云:"禮繁者,實心衰也。"此即承上文而申言之,言人心本淳樸,自有禮而後習於詐譌,即於爭亂,是爲禮者以動擾人之樸心爲事者也。莊子馬蹄篇云:"及至聖人,澶漫爲樂,摘僻爲禮,而天下始分矣。"("分"即"紛"字。)又云:"及至聖人,屈折禮樂,以匡天下之形;懸跂仁義,以慰天下之心;而民乃始踶跂好知,爭歸於利,不可止也。"淮南子俶真訓云:"繁登降之禮,飾紱冕之服,聚衆不足以極其變,積財不足以贍其費,於是萬民乃始憛悷、離跂,各欲行其知偽。"命義悉同,可證也。王氏望文生訓,不得其恉。

人有禍則心畏恐心畏恐則行端直行端直則思慮熟思慮熟則得事理行端直則無禍害無禍害則盡天年得事理則必成功盡天年則全而壽必成功則富與貴全壽富貴之謂福 解老

按:此文錯亂難讀。疑"行端直則思慮熟,思慮熟則得事理"十四字,當移"得事理則必成功"上。"行端直則思慮熟",當作"心畏恐則思慮熟"。其文曰:"人有禍則心畏恐,心畏恐則行端直,行端直則無禍害,無禍害則盡天年,心畏恐則思慮熟,思慮熟則得事理,得事理則必成功。"此文"人有禍則心畏恐"句總提,推其因果,心畏恐又分盡天年與必成功二義,以類相從,有條不紊。下文"盡天年則全而壽",承第一義言之也；"必成功則富與貴"承第二義言之也。下文解慈故能勇節云："慈母之於弱子也，務致其福，務致其福則事除其禍，事除其禍則思慮熟，思慮熟則得事理，得事理則必成功，必成功則其行之也不疑，不疑之謂勇。""思慮熟則得事理"句正與"得事理則必成功"句銜接，即此文錯亂之證。

今有道之士雖中外信順不以誹謗窮墮 解老

王先慎曰："論語：'子貢方人。'釋文鄭本作'謗'，謂言人之過惡。墮當作隋。禮記曲禮上：'言不隋。'注：'隋，不正之言。'順從自不言人之過惡，忠信則無不正之言，然己雖信順自持，不以信順責人，則世之謗隋者，吾不誹之，所謂方而不割。"按："誹謗窮墮"疑當作"誹窮謗墮"，與下"侮罷羞貪，去邪罪私，夸賤欺貧"文同一例。窮有曲義。說文："窮，極也。"物極則反，故又訓爲"曲"。周禮大宗伯："侯執信圭，伯執躬圭。"論語鄉黨正義引江南儒者解云："直者爲信，其文縟細；曲者爲躬，其文麤略，義或然也。""窮""躬"字通，正義正讀"躬"爲"窮"。窮有曲義，故鞠窮以貌斂曲；（鞠躬即鞠窮，見聘禮釋文。鄉黨篇孔注訓"鞠躬"爲"斂身"，非是。）"窮""曲"連文，有施曲、屈曲意。潛夫論本政篇云："而欲使志義之士，匍匐曲躬以事己。"曲躬即曲窮。呂氏春秋安死篇云："智巧窮屈。"（高注："窮，盡也非。窮亦曲也。"）詩大雅瞻卬箋云："婦人之長舌者，多謀慮好窮屈人之語。"屈、曲義同字通，窮屈即窮曲也。呂氏春秋離俗覽適威篇云："周鼎有窮曲，狀甚長上下皆曲，以見極之必敗也。"以極釋窮。然窮曲之本義，實爲施曲。左傳文十八年："少皞氏有不才子，毀信廢忠，崇飾惡言，靖譖庸回，服讒蒐慝，以誣盛德，天下之民，謂之窮奇。"窮奇即窮曲（奇曲，雙聲字。周禮："奇衺之民。"注曰："奇衺，謂觚非常。"漢書匈奴列傳："奇譎之士。"是奇曲義同也。）呂氏春秋恃君覽"饕餮窮奇之地多無君，其民麋鹿禽獸，少者使長，長者畏壯。"窮奇又獸名。（見西山經、淮南子地形訓、史記司馬相如傳。）廣韻一東"窮"下注云："窮奇，獸名，聞人鬥乃助不直者。"此謂窮奇之得名，由於不正，義爲近之。凡物之不正者，皆得謂之窮奇。其字或作窮曲，或作窮屈，或云曲窮。單言之，或謂之屈，或謂之窮，其義一耳。王引曲禮"言不隋"，今阮本作"惰"。孔疏云："言不惰者，惰訛不正之言。"朱駿聲謂："字本作隋，字林：'隋，山之施長者。'"通作"墮"、"隓"。後漢書宦者列傳："單超、徐璜、具瑗、左悺、唐衡五人同日封侯。世謂之'五侯'。單超尋卒。其後四侯轉橫。天下爲之語曰：'左回天，具獨坐。徐卧虎，唐兩墮。'"章懷太子注："兩墮，謂隨意所爲不定也。今人謂持兩端而任意爲兩墮。"窮墮皆反對信順而言，故曰"雖中外信順，不以誹窮謗墮"也。晉語趙文子與叔向游於九原章："直不輔曲，明不規闇。"語意同此。王説殊未了。

凡民之生生而生者固動動盡則損也而動不止是損而不止也損而不止則生盡 解老

按："動盡則損也"當作"動則損也"。"盡"字涉下"生盡"而衍。此謂一動即損。下文"而動不止，是損而不止也"，正承此言之。

以上原載一九二九年十二月北平圖書館月刊三卷六期

子行而我隨之人以爲蛇之行者耳必有殺子者子不如相銜負我以行 説林上

王先慎曰："各本脱'子者'二字，文不成句。藝文類聚、御覽引有'子'字、無'者'字，亦誤，今依事類賦引補'子者'二字。按：各本無"子者"二字，乃韓子原文，御覽類聚引無"者"字，亦是。惟誤重"子"字耳。韓子文本作"必有殺子"。言子行而我隨之，必有殺子者，不如相銜負我以行也。"者"字省略，古書此例甚多。本書用人篇："使伯夷與盗跖俱辱，故臣有叛主。"言臣有叛主者也。書洪範篇："星有好風，星有好雨。"言星有好風，星有好雨者也。禮記儒行篇云："儒有衣冠中，動作慎。"言儒有衣冠中，動作慎者也。又云："儒有居處齊難。"言儒有居處齊難者也。（本篇以"儒有"二字冠句首者凡十六見，皆此例。姑舉二事，以概其餘。）檀弓篇云："有焚其先人之室，則三日哭。"言有焚其先人之室者，則三日哭者也。莊子庚桑楚篇云："子有殺父，臣有殺君。"言子有殺父者，臣有殺君者也。史記項羽本紀云："今事有急，故幸來告良。"言今事有迫切者，故幸來告良也。又淮南屬王傳云："民有作歌。"言民有作歌者也。季布傳云："臣恐天下有識聞之，有以闚陛下也。"言恐天下有識者聞之，有以闚陛下也。漢書張湯傳張安世章云："郎有醉。"言郎有醉者也，又云："郎有淫官婢。"（今本脱"有"字。王念孫説。）言郎有淫官婢者也。張騫傳云："漢去我遠，而鹽水中數有敗。"師古注："數有敗，言每自死亡也"。言每有死亡者也。終軍傳云："偃以爲春秋之義,大夫出疆,有可以安社稷,存萬民,顓之可也。"言有可以安社稷存萬民者,顓之可也。鄭崇傳云："周公著戒曰:'唯王不知艱難,唯耽樂是從,時亦罔有克壽。'"言唯耽樂是從,時亦罔有克壽者也。(今尚書無逸篇文略異,"時亦罔有克壽"作"自時厥後亦罔或克壽"。僞孔傳云:"以耽樂之故,從是其後,亦無有能壽考。")桓譚新論云："人有以狐爲狸,以瑟爲箜篌。此非徒不知瑟與狐,又不知狸與箜篌。"(按:文見意林引。)言人有以狐爲狸、以瑟爲箜篌者也。論衡實知篇云："建此言者或時觀氣見象,處其有反,不知主名。""處"當訓爲審度。(按:訓"處"爲審度,本經義述聞通説。)言度其有反者不知主名也。又云："田間有放眇馬。"言田間有放眇馬者也。後漢書皇甫規傳云："自永初以來,將出不少,覆軍有五,動資巨億。有旋車完封,寫之權門,而名成功立,厚加爵封。"言覆軍之將,有旋車完封寫之權門而名成功立厚加爵封者也。鄭玄傳云："敬慎威儀以近有德。"言敬慎威儀以近有德者也。風俗通愆禮篇云："凡今杖者,皆在權威之家,至有家遭齊衰同生之痛,俯伏墳墓而不歸來。"言有家遭齊衰同生之痛,俯伏墳墓而不歸來者也。魏志武帝紀裴注引魏武故事,載十二月已亥令云："顧視同歲中年有五十,未名爲老。"言同歲所舉孝廉中有年已五十者,未名爲老也。又引曹瞞傳云："時有夜得仲簡,將以詣麾下。"言時有夜得仲簡者,將以詣麾下也。鍾會傳注引世語:"京師俊士有曰鍾士季,其人管朝政,吳蜀之憂也。"言京師俊士有曰鍾士季者也。周宣傳云:"以宣爲中郎、屬太史。嘗有問宣曰:'吾昨夜夢見芻狗,其占何也?'"言嘗有問宣者云云也。文選曹子建與楊德祖書:"夫街談巷説,必有可采。"言街談巷説必有可采者也。事類賦"殺"字下有"子者"二字,乃後人不知古人語例而誤增。王氏據此一書以斥未誤各本,失之疏矣。

必以爲神君也 説林上

　　按:"神君"屢見史記封禪書。韓子亦云"神君",是其語已久。

南望隰子家之樹蔽之 説林上

　　王先謙曰:"'家之'二字誤倒。"按:"南望",逗;"隰子家之樹蔽之",句絶。王氏誤以南望隰子之家爲句耳。

事有舉之而有敗而賢毋舉之者負之時也 説林下

　　按:"時"訓爲"是"。

知伯將伐仇由而道難不通 説林下

王先慎曰：“吕氏春秋作‘而無道’也。此‘難’、‘不’二字疑衍其一。”按：説文：“難，險也。”“險”下云：“阻難也。”本書姦劫弑臣篇云：“乘舟之安，持楫之利，則可以水絶江河之難矣。”言可以水絶河之險也。楚辭九歌云：“路險難兮獨後來。”（王逸云：“其路險阻又難，故來晚暮。”析“險”“難”爲二，失之。）文選陸士衡君子行云：“人道嶮而難。”嶮同險。險、難義同。“道難不通”即道險不通也。王疑有衍文，非。史記樗里子列傳正義引韓子此文，作“道險難不通”，明二字不衍。

乃鑄大鐘遺仇由之君仇由之君大説 説林下

按：史記樗里子列傳：“游騰爲周説楚王曰：智伯之於仇猶，遺之廣車，因隨之以兵。仇猶遂亡。何則，無備故也。”正義引韓子此文作“乃鑄大鐘遺之，載以廣車，仇由大悦。”本書喻老篇云：“智伯將襲仇由，遺之以廣車。”西周策亦有“載以廣車”之文。疑此本有而今脱之。

七月而仇猶亡矣 説林下

按：史記樗里子傳正義引作“十九日而仇猶亡也”。

溺人者一飲而止則無逆者以其不休也 説林下

顧廣圻曰：“‘逆’當作‘遂’，十過篇云：不可遂。又云：其使遂之。”按：如顧説，則“不”字衍文，以其休也，正承“一飲而止”言之。

有賁育之彊而無法術不得長生 觀行

按：“長生”當作“長勝”。上文云：“彊有所不能勝。”下文云：“賁言之不能自勝。”是其證。群書治要引亦作“長生”，則其誤已久矣。

故明主觀人不使人觀己 觀行

按：“不使人觀己”，當作“不使人目難”。“目”以古今字。蓋“目”字誤爲“己”，“難”字誤爲“觀”，淺學者因改“己觀”爲“觀己”，使成文義，而不知其仍無當也。上文云：“不窮烏獲以其不能自舉，不困離朱以其不能自見。因可勢，求易道。”即不使人以難之義。

今使人饑寒去衣食雖賁欲不能行廢自然雖順道而不立 安危

按：“賁欲”，四部叢刊景宋本作“賁育”，是也。“順”當作“舜”。此文以舜與“賁育”對文。本書守道篇云：“此賁育之所患，堯舜之所難也。”又功名篇云：“非天時，雖十堯不能冬生一穗。逆人心，雖賁育不能盡人力。”語例正同。是其證。今本作“順道”者，蓋舜誤爲“順”。

後之讀者，又誤據上文“其道順”句，妄於“順”下增“道”字以足其文，使句法一律。而文不成義矣。

戰士出死而願爲賁育 守道

王先慎曰：“此當有脱字。”按：荀子富國篇云：“故爲之出死斷亡以覆救之。”淮南子氾論訓云：“出百死而紿一生。”“出死”乃古人常語，王説非。

人主甘服於玉堂之中而無瞋目切齒傾取之患人臣垂拱於金城之內而無扼腕聚唇嗟唶之禍 守道

按：“聚唇”當作“最唇”。“聚”古或作“冣”，形與“最”字相亂。（説已詳經義述聞及段玉裁説文注。）“最”誤爲“冣”，又誤爲“聚”耳。“最”讀爲“撮”。莊子秋水篇云：“鴟鵂夜撮蚤，察毫末，晝出瞋目而不見丘山。”釋文：“‘撮’，崔本作‘最’。”是其例也。

不察私門之內輕慮重事厚誅薄罪久怨細過長侮偷快數以德追禍 用人

按：長侮，“侮”當讀爲“拇”。方言：“拇，貪也。”楚辭天問篇：“穆王巧拇。”王逸注：“拇，貪也。”漢書賈誼傳：“品庶每生。”顏注引孟康曰：“每，貪也。”“拇”、“每”、“侮”字並同。偷，苟也，暫也。周語韋注：“偷，苟且也。”詩邶風旄丘傳云：“始而愉樂，終以微弱。”（“愉”、“偷”字通。正義：“汝等今好，而苟且爲樂。）本書六反篇云：“故法之爲道，前苦而長利；仁之爲道，偷樂而後窮。”管子形勢解：“偷得利而後有害，偷得樂而後有憂者，聖人不爲也。”齊世家：“桓公欲無與魯地而殺曹沫。管仲曰：‘夫劫許之，而倍信殺之。愈一小快耳。而棄信於諸侯。’”“愈”讀爲偷，義同。“長侮偷快”，即常貪一時之快。與輕慮重事，厚誅薄罪，久怨細過，文同一例。注云：“長輕侮人，偷取一時之快。”不知“侮”之爲“拇”，謬甚。

故古之能致功名衆人助之以力近者結之以成遠者譽之以名尊者載之以勢 功名

按：“成”“誠”通作。

深智一物衆隱皆變 內儲説上

按：“深”字當作“探”。“物”下脱“則”字。北堂書鈔百四十一轄篇，引本篇西門豹章，未有“故探之一物，則衆隱皆抉”十字。即承經文而言。（今韓子無此十字，蓋偶脱耳。）其文知誤爲之，而“探”字不

誤。下説自韓昭侯以下，皆權謀偵伺之事，故曰“探知一物”。若作
“深”，則非其恉矣。

夫竈一人煬焉則後人無從見矣 内儲説上

舊注：“一人煬則蔽竈之光，故後人不見之。煬，然也。”王先慎
曰：“注‘之煬’當作‘煬之’。”按：舊注訓“煬”爲然。説文：“煬，炙燥
也。”淮南子俶真訓高注：“煬，炙也。”王説殊誤。

使人行之所易而無離所惡此治之道 内儲説上

王先慎曰：“行之所易，即去其所易也。‘行’猶去也。‘之’猶其
也。下公孫鞅章正作‘去其所易’。離，讀爲罹。”按：王説殊誤。上文
云：“且夫重罰者，人之所惡也。而無棄灰者，人之所易也。”行其所
易，即指無棄灰言之。其義甚顯。豈得謂去其無棄灰乎。王又引公
孫鞅章“去其所易”爲證，亦非。按彼文云：“重罪者人之所難犯也，而
小過者人之所易去也。使人去其所易，無離其所難，此治之道。”彼文
云“去其所易”，承小過言之。此文“行之所易”，示無棄灰言之。語雖
相似，而文義自殊。不得以彼例此。

荆南之地麗水之中生金人多竊採金採金之禁得而輒辜磔於市甚衆壅離其水也 内儲説上

舊注：又設防禁遮擁，令人離其水也。俞樾曰：“此言辜磔其人而
棄尸於水之中。流爲積尸壅遏，遂至分流，是謂壅離其水。”王先慎
曰：“俞説是。”按：黃季剛先生云：“離，讀爲遮迆之迆。漢鐃歌有擁離
章，即“壅離”二字之例。諸説皆失之。

事起而有所利其尸主之有所害必反察之 内儲説下

顧廣圻云：“句有誤。”王先慎曰：“尸字不誤。尸，主也。其尸主
之，謂其君主之也。”按：王訓“尸”爲“主”，是。謂其君主之非也。其
借爲期。襄二十三年傳：“其然。”杜注：“猶必爾也。”哀十年傳：“期死
非勇也。”注：“必也。”漢書路溫舒傳：“畫地爲獄議不入，削木爲吏期
不對。”顏注：“猶必也。”易繫辭：“死期將至。”釋文作“其”，云：“本作
期。”作“其”者，省形存聲耳。“其尸主之”，與“必反察之”相對爲文。

敵之所務在淫察而就靡人主不察則敵廢置矣 内儲説下

王先慎曰：“淫，亂也；靡，非也。人主之察既亂，則舉事皆非。”
按：王説殊未安。“就”當作“孰”，形近而譌。本書難言篇：“願大王熟
察之。”“孰”即“熟”字。“靡”讀爲“摩”。史記蘇秦列傳：“期年以出揣

摩。”索隱云：“鄒誕本作揣靡。靡讀亦爲摩。”江邃曰：“揣人主之情摩而近之。”説文：“摩，研也。”“淫，浸淫隨理也。”“淫察執靡”，蓋刺探國情，務爲反間，並敵國之事。王氏以屬之人主，誤矣。

子以韓輔我於魏我以魏待子於韓 <small>内儲説下</small>

按：“待”當作“持”。淮南子覽冥訓云：“持以道德，輔以仁義。”荀子解蔽篇云：“鮑叔、甯戚、隰朋仁知且不蔽，故能持管仲，而名利福禄與管仲齊。召公呂望仁知且不蔽，故能持周公，而名利福禄與周公齊。”楊注：“持，扶翼也。”

爲近王必掩口 <small>内儲説下</small>

王先慎曰：“‘爲’當作‘若’。”按：“爲”猶“若”也，見經傳釋詞。無庸改字。

刻疎人跡其上 <small>外儲説左上</small>

王先慎韓非子集解，其文以吳鼒景宋乾道刻本爲主，作“刻疎”。盧文弨群書拾補校韓非子，其文以明趙用賢本爲主。趙用賢本從宋乾道本出，亦作“刻疎”。拾補韓非子校記謂：“‘疎’”即‘疋’之異文。疋，足也。下‘人跡’二字當本是注，誤入正文。”俞樾諸子平議卷二十一所據韓非子作“刻疎”。其按語云：“‘疎’當作‘疎’，即‘跡’字也。跡，籀文作速。此變作疎，亦猶跡之變作跡矣。古本韓子當作刻人疎其上。寫者依今字作跡。而疎字失不删去，遂誤倒在人字之上，又誤其字作疎也。”按：盧删“人跡”二字，俞謂“疎”即古“跡”字之衍而誤者，其説俱非。“刻疎”當連讀。疎亦刻也。疎字亦作疏。儀禮有司徹篇：“覆二疏匕於其上。”鄭注：“疏匕，匕柄有刻飾者。”禮記明堂位篇：“殷以疏勺。”鄭注：“疏，通刻其頭。”淮南子俶真訓：“百圍之木，斬而爲犧尊。”高注：“猶疏鏤之尊。”文選上林賦：“乘鏤象。”郭璞注：“張揖曰：鏤象，象路也。以象牙疏鏤其車輅。”西京賦：“交綺豁以疏寮。”薛綜注：“疏刻穿之也。”又注東京賦“疏轂飛軨”引蔡邕月令章句曰：“疏，鏤也。”景福殿賦：“編以綷疏”。李善注：“綷疏謂繪五彩於刻鏤之中。”其作疎者：文選魯靈光殿賦“天窗綺疎。”張載注云：“疎，刻鏤也。”是刻、疎義同。古人自有複語耳。明堂位：“周獻豆。”鄭注云：“獻，疏刻之。”即“刻疎”二字連文之例。疎字亦作疏者：説文解字第二下疋部：“疋通也。”大徐音“所菹切”。玉篇七疋部：“疋。山於切。通也。今作疏。”廣韻卷第一魚韻：“疏，通也。或作疋。俗作疎。所菹切。”同書卷第四御韻：“疏。亦作疎。”詩周南汝墳釋文：“疎亦作疏。”是疏疎字同。疏、疎或從疋旁作疏疎。集韻卷一魚韻“㾐”字注引説文“門户疏窻也”；類篇二下疋部“㾐”字注引説文作“門户疏窻也”，字從疋不從足。又集韻魚韻“延”是本字。山於切。其別體字爲疏、疎。子注云：“或作疏疎。”類篇二下則延、疎皆在疋部。注云：“山於切。或作疎。”（清光緒二年姚覲元重刊曹寅本類篇正文及小注“疎”字皆誤作“疎”。）是疏、疎變體字或从疋，自北宋時已然。俞説“疎”字，見集韻卷十入聲昔韻。在昔韻，“跡”是本字。遺、疎、速、蹟、跡，是別體字。子注云：“步處也。或作遺、疎、速、蹟、跡。”知俞氏“速變作疎”之言有據。然韓子此文自作疎（疎），不作疎。

書曰紳之束之宋人有治者因重帶自紳束也 外儲説左上

陶鴻慶云：“‘紳’字涉上文而衍。重讀平聲。以帶之餘重束之，故曰‘重帶自束’。不當復有‘紳’字。”按：説文“申”下云：“申也（依段訂）。七月陰氣成體自申束。”段注引韓子“申之束之”句云：“今本‘申’謁‘紳’。申者引長，束者約結。”按：“申”“束”雙聲聯緜字，“申”亦當訓“束”。許書説“申”字，從“臼”，自持也。則本以約束握持爲義。（金文申象結繩之狀，段云：“從一，以象其申。”非是。）廣雅釋詁：“紳，束也。”王念孫疏證云：“紳，同申。”引鄭注内則云：“紳，大帶，所以自紳約也。”衛風有狐傳云：“帶，所以申束衣。”淮南子道應訓：“約車申轅。”高誘注：“申，束也。”（以上疏證文。）釋名：“申，身也。物皆成其身體，各申束之使備成也。”漢書律曆志衡權章云：“秋斂也。物斂歛乃成孰。”説與釋名同。斂歛，亦申束也。（説文：“斂，收束也。”）申束，引申之則與“束脩”同義。説文：“竦，敬也。從立，從束。束自申束也。”（大徐音息拱反。）“悚，謹也，從女束聲。讀若謹。”爾雅釋詁：“神，治也。”又云：“神，慎也。”郝懿行義疏云：“自治理與自申束，皆所以爲慎。”義爲得之。韓子此文上云：“紳之束之。”紳束蓋以修身言，如後漢書云：“圭璧其行，束脩其心。”引申義也。下文“重帶自紳束”，紳束，即約束，乃其本義。段氏以引長釋上紳字，已失其義。（申有重疊屈曲義，爾雅釋詁申、神皆訓重。詩：“大任有身。”毛傳“身”訓“重”。廣韻信訓重，申訓屈。鄭注玉藻訓“紳”爲“屈而重”。皆約束義之引申。陶氏乃目“申”爲衍文，斯不知“申束”爲古語而擅以己意删改。好學深思，固若是耶？

孔子侍坐於魯哀公 外儲説左下

王先慎曰："各本侍作御。藝文類聚八十五又八十六，御覽九百六十七引'御'作'侍'，今據改。"按："御"亦"侍"也。鄭語："侏儒戚施，實御在側。"韋注："御，侍也。"喻老篇："右司馬御坐而與王隱。"外儲説左上："叔向御坐平公。"內儲説下六微："齊中大夫有夷射者，御飲於王。""御"並當訓"侍"。各本皆作"御"，自當從本書以存其真。無庸改從類書也。

一九三五年四月北平圖書館館刊第九卷第二期

劉子新論校釋

程榮本　以唐卷子本、明吉府二十子本、子彙本、
道藏本、活字本、范氏天一閣鈔本校

況萬物之衆而能拔攉以生心神哉 _{清神}

按：句與上下文義不相屬。“衆”當作“來”。“而能”二字當在“拔
攉”二字下。“以”字疑衍文。“生”當作“王”（説見後）。原文當爲“況
萬物之來拔攉而能王心神哉”。上文“一哀一樂，猶搴正性”，逗此句，
即承上文而言。謂萬物之來拔攉，必不能王心神，非謂拔攉萬物後而
王心神也。下文“故萬人彎弧，以向一鵠，能無中乎？萬物眩曜以
惑一生，生能無傷乎？”又承此句而申言之。萬人彎弧以向一鵠，萬物
眩曜以惑一生，即萬物之來拔攉也。淮南子俶真訓：“今萬物之來攉
拔吾性，攓取吾情，有若泉源，雖欲勿稟，其可得耶？”語意正與此同。
“生心神”三字連文，於義無取。“生”疑當作“王”。廣韻四十一“漾”
下：“王，盛也。”莊子養生主：“神雖王不善也。”是其義矣。

七竅者精神之户牖也志氣者五臟之使候也耳目之於聲色鼻口之
於芳味肌體之於安適其情一也則精神馳騖而不守志氣縻於趣舍
則五臟滔蕩而不安 _{清神}

按：“鼻口之於芳味”以下十六字，乃防慾篇文誤入此篇者。（吉
府本删十六字，是也。）“七竅者，精神之户牖也；志氣者，五臟之使候
也”，與“耳目誘於聲色，則精神馳騖而不守；志氣縻於趣舍，則五臟滔
蕩而不安”，一義相屬，著十六字，則文勢不順。韓非子喻老篇云：“空
竅者，神明之户牖也，耳目竭於聲色，精神竭於外貌，故中無主，中無
主，則禍福雖如丘山，無從識之。”淮南子精神訓云：“夫孔竅者，精神
之户牖也，而氣志者，五藏之使候也，耳目淫於聲色之樂，則五藏搖動
而不定矣，五藏搖動而不定，則血氣滔蕩而不休矣，血氣滔蕩而休，則

精神馳騁於外，而不守矣。"語意並與此同。吉府二十子本删十六字，甚是；而改"耳目"爲"七竅"，殊乖文理。活字本子彙本衍十六字，而"誘"字尚不誤。范本程榮本逕改"誘"爲"之"，以牽就防慾篇文，復於"其情一也"下增"七竅□於□□"句以足其文，則去原文愈遠矣。

耳目之於聲色鼻口之於芳味肌體之於安適其情一也 防慾

　　按："芳味"，淮南子俶真訓作"芳臭"，王念孫校改爲"臭味"。此亦當從之。孟子盡心章下云："口之於味也，耳之於聲也，鼻之於臭也，四肢之於安佚也，性也。"

然亦以之死亦以之生或爲賢智或爲庸愚由於處之異也 防慾

　　按：兩"亦"字俱當作"一"。一，猶或也。荀子勸學篇云："一出焉，一入焉。"楊注："或善或否。"説詳經傳釋詞。

木之始蘗火之始熒手可擊而斷露可滴而滅及其熾也結條凌雲煽熛章華 防慾

　　按："煽熛"皆訓"飛"。説文："熛，火飛也。"吳都賦："鉦鼓疊山，火烈熛林。"煽之本字當爲蝙，説文"蝙"下云："蠅醜蝙搖翼也。"蝙，爾雅作扇。文選蜀都賦云："高熛飛煽，於天垂飛。"煽意同煽熛，引申則有暴卒意。漢書叙傳："勝廣熛起，梁籍扇烈。"扇亦熛也。猶言勝廣猝起，梁籍驟盛耳。煽又爲動。沈休文齊故安陸照文碑文云："公扇以廉風。"謂動以廉風。張景陽雜詩云："廻飈扇緑竹。"謂扇動緑竹也。煽、扇、蝙字並通。劉淵林注吳都賦訓熛爲"火爛"，注蜀都賦訓煽爲"熾"，均失之。

身膚強飯而蒙飽者不以爲惠 去情

　　按："身膚"當作"取庸"，字之誤也。淮南子繆稱訓云："媒妁譽人而莫之德也，取庸而強飯之莫之愛也，雖親父慈母不加於此，有以爲則恩不接矣。"即此文所本。商子懇令篇云："無得取庸則大夫家長不見繕。"韓非子外儲説左上云："取庸作者進美羹。"漢書景帝紀："吏發民：若取庸采黄金珠玉者坐臧爲盜。"注引韋昭曰："取庸，用其資以顧庸。"取庸乃古人常語。

今人目若驪珠心如權衡 去情

　　按："驪珠"當作"離珠"。韓非子觀行篇云："離朱易百步而難眉睫。"淮南子原道訓云："離朱之明，察箴末於百步之外。"高注："離朱，黄帝臣，明目人也。"又注修務訓云："離朱，黄帝時人，能見百步之外，秋毫之末。”孟子云：“離婁之明。”趙岐注引莊子天地篇“黄帝遺其玄珠，使離朱索之”，謂離朱即離婁。李善注文選琴賦云：“離朱，愼子爲離珠。”劉子文當同。淺學者不知即離朱，因誤改上字爲“驪”耳。離朱目明，故以爲喻，若作驪珠，則是言形態，與下文評人好醜無涉矣。

物之寓世未嘗不韜形滅影隱質遐外以全性棲命者也 韜光

按：此當作“物之寓世，韜形滅影，隱質遐外，未有不以此全性棲命者也”，與下文“夫舍奇佩美，衒異露才者，未有不以此傷性毁命者也”，文同一例。

至道無言非立言無以明其理大象無形非立形（各本俱作“立象”，今據唐卷子本改。）無以測其奧道象之妙非言不津津言之妙非學不傳 崇學

按：“道象之妙”、“津言之妙”，“象”字、“津”字俱衍文。本當爲“道之妙，非言不津；言之妙，非學不傳。”老子三十五章“執大象天下往”；河上公注：“象，道也。聖人守大道則天下萬物移心歸往之。”（四十一章“大象無形”注云：“大法象之人質樸無形容。”增字爲解，非是。“大象無形”即詮言訓所謂“大道無形”。宜從三十五章注。）是“大象”即“至道”，言“象”者互文耳。韓非子解老篇：“道雖不可聞見，聖人執其見功以處見其形，故曰無狀之狀，無物之象。”“執其見功以處見其形”，即此所謂“立形以測其奥也”。“道之妙，非言不津；言之妙，非學不傳”，即承上而言。不言象者，道即是象，言道而象在其中。下文“未有不因學而鑑道，不假學以光身者也”，不承“象”字，則此文本無“象”字明矣。今本有“象”字，蓋“津”字誤衍，後人因增“象”字以足其文耳。文選西征賦：“津便門以右轉。”即“津”字用爲虚字之例。

鐸舌如指不覺其損累時而折 崇學

“鐸”，各本作“鐃”，今依唐卷子本。羅振玉云：“鐸有舌，鐃無舌，作鐃誤。”按：周禮地官鼓人：“以金鐃止鼓。”注：“鐃如鈴無舌，有秉執而鳴之，以止擊鼓。”又：“鼓以金鐸通鼓。”注：“鐸，大鈴也。”淮南子説林訓高注：“金口木舌爲木鐸，金舌爲金鑼。”北堂書鈔一百二十一武功部引三禮圖：“鐸，今之鈴，其匡銅爲之，木舌爲木鐸，金舌爲金鐸。”王先愼韓非子集解附所輯韓非子佚文云：“木鐸以聲自毁。”鹽鐵論利議篇云：“吴鐸以其舌自破。”皆與鐸舌之義合。若作鐃，則非其恉矣。

瞽無目而不可以察專於聽也聾無耳而目不可以聞專於視也 專學

　　按:"聾"字,范本同,各本俱作"螯"。唐卷子本作:"瞽無目而耳不可不察,螯無耳而目不可不螯。"文義亦不順。今按:古本劉子當作:"瞽無目而耳不可以察,專於聽也;螯無耳而目不可以瞽,專於視也。"淮南子説林訓云:"螯無耳而目不可以瞽,精於明也;瞽無目而耳不可以察,精於聰也。"王念孫據文子校謂"瞽"當作"弊","察"當作"塞",其義甚確。此文即襲淮南子而誤者,宜據以訂正。又案:"螯"字於義無取,疑字本作"聾"。許慎注泰族訓云:"蛟龍,䮾屬也。""䮾"字,開元占經、史記龜筴列傳集解引許注並作"龍"。是"龍""䮾"混淆之例。今本淮南作"䮾"者,蓋"聾"字誤省作"龍",又誤其字爲"䮾"耳。泰旅訓下文云:"且聾者耳形具,無能聞也;盲者目形存,而無能見也。"以聾對盲,是其例。若作"䮾",則於文不類,且義不可通矣。(説林訓下文云:"蛇無足而行,魚無耳而聽,蟬無口而鳴,有然之者也。"義與此異。)程本改"螯"爲"聾",甚是;唯古本劉子相沿已久,故參互校定,使復其舊,而爲辨之如此。

以瞽聾之微而聽察聰明審者用心一也　專學

　　按:"審者"二字誤倒。原文當作"以瞽聾之微而聽察聰明者,審用心一也。"審猶誠也。廣韻十四"清":"誠,審也。"大戴禮衛將軍文子篇云:"若吾子之語審茂,則一諸侯之相也。"言若吾子之語誠茂,則一諸侯之相也。吕氏春秋離俗覽爲慾篇云:"故古之聖王者,審順其天,而以行欲,則民無不令矣。"言誠順其天而以行欲,則民無不令也。漢書王商傳:"審有内亂殺人怨懟之端,宜窮意考問。"言誠有内亂殺人怨懟之端,宜窮意考問也。論衡祀義篇云:"未必有鬼神,審能歆享之也。"言未必有鬼神誠能歆享之也。又知實篇云:"匡人之圍孔子,孔子如審先知,當早易道以違其害。"言如誠先知,當早易道以違其害也。今傳寫誤倒,而文遂不可讀。

樂則口欲歌之手欲鼓之足欲舞之歌之舞之容發於聲音形發於動靜而入於至道音聲動靜性術之變盡於此矣　辨樂

　　按:自起至"盡於此矣",皆就人情立論,與"至道"無涉。"而入於至道"當作"人之道也"。禮記樂記云:"樂必發於聲音,形於動靜,人之道也。(史記樂書作"人道也",荀子樂論篇作"而人之道",屬下爲句,亦誤。當據正。)聲音動靜性術之變,盡於此矣。"即此文所本。

形則不能無道道則不能無亂　辨樂

按:句有誤,當作"形而不爲道,則不能無亂"。荀子樂論、禮記樂記、史記樂書俱作"形而不爲道,則不能無亂",是其證。禮記孔疏云:"歌舞不節,俾晝作夜,是不依道理;既不爲道理,不能無淫亂之事,以至於亡也。"

足("足"字各本誤"是"。據唐卷子本改。)以感人之善惡不使放心邪氣 辨樂

按:"惡"當作"心"。荀子樂論、禮記樂記、史記樂書俱作"足以感動人之善心"。

雍門作松柏之聲齊泯願未寒而(各本作"之",今依唐卷子本)服 辨樂

按:事與文義皆未詳。舊注云:"雍門樂人者,齊人也,爲齊王彈秋風入松柏曲,聲極慘悽,奏曲之時,王寒思著纊服也。"不知所本,恐因文附會。竊疑"齊泯願未寒而服"當作"齊民怨未戰而服"。戰國策齊策云:"齊王建入朝於秦,雍門司馬前曰:'所爲立王者,爲社稷耶?爲王立王耶?'王曰:'爲社稷。'司馬曰:'爲社稷立王,王何以去社稷而入秦?'齊王還車而反。秦使陳馳誘齊王内之,約與五百里之地。齊王遂入秦,處之共松柏之間,餓而死。先是齊爲之歌曰:'松耶柏耶!住建共者客耶!'"史記齊世家云:"齊王聽相后勝計,不戰以兵降秦,秦虜王建遷之共。齊人怨王建不蚤與諸侯合縱攻秦,聽姦臣賓客以亡其國,歌之曰:'松耶柏耶!住建共者客耶!'疾建用客之不詳也。"劉子此文,蓋兼采戰國策齊策、史記齊世家而約取其義,又誤以歌屬之雍門司馬耳。齊有雍門子,以哭見孟嘗君,見淮南子覽冥訓繆稱訓、説苑善説篇、漢書中山靖王傳,當與此無涉。

荆軻入秦宋意擊筑歌於易水之上聞者瞋目髮直穿冠 辨樂

按:"髮直穿冠",直當依淮南子大族訓作"植"。植,猶立也。高注淮南原道訓、俶真訓並云:"植,立也。"呂氏春秋孝行覽必己篇云:"孟賁髮植目裂鬢指。"淮南子人間訓云:"瞋目植睹。"文選西京賦:"植髮如竿。"養生論:"植髮衝冠。"赭白馬賦:"垂稍植髮。"並作"植",是其例。又"穿"字襲淮南而誤,甚爲無義,當爲"突"字之誤。廣雅釋詁:"衝搎也。"淮南子氾論訓:"隆衝以攻。"高注:"衝,所以臨敵城衝突壞之。"是衝、突義同。"髮直突冠"猶髮直衝冠也。文選養生論注引淮南太族訓文作"髮植衝冠",燕策作"髮盡上衝冠",平津本燕丹子作"髮怒衝冠",唐卷子本劉子作"髮直衝冠",其明證矣。

故豚魚著信之所及也 履信

"著"疑當作"者"。

允哉斯言非信不成 履信

文與上下文皆不相屬。呂氏春秋貴信篇云："故周書曰：'允哉允
哉，以言非信，則百事不滿也。'"高注："周書，逸周書也。滿，猶成。"
疑劉子此文本與呂覽同，今本經傳寫脱誤，遂不可讀。

彼不臣而濟其言是不義也 履信

按：唐卷子本作"是義之也"，與哀十四年傳同，唐本近古，又與傳
合，要以唐本爲是。

鑿山穴川 思順

按："穴"讀爲"決"。呂氏春秋季夏紀明理篇："其日有鬭蝕有偹
僑。"漢書天文志："暈適背穴。""僑"作"穴"。莊子天下篇："偹譎不
同。"釋文："譎，古穴反。崔云：'譎，決也。'"史記司馬相如列傳云：
"酆鄗潦潏。"集解郭璞曰："音決。"漢書司馬相如傳"酆鎬潦潏"小顔
注："晉灼曰：潏音決。"許慎曰："潏水在京兆杜陵。今所謂沈水。蓋
爲字或作水旁穴，與沈字相似，俗人因名'沈水'。""穴""決"聲近，故
得假借也。國語周語下靈王二十二年"穀洛鬭"篇云："決汩九川。"即
決川二字之例。

枕善而居 慎獨

按："枕"當讀爲"忱"，説文："忱，誠也。"

農祥旦正晨集婺訾 貴農

按："旦"乃"晨"之壞字。晨，道藏本、子彙本皆作"辰"，是。國語
周語上"宣王即位不藉千畝"篇云："農祥晨正，日月底于天廟。"韋昭
注云："農祥，房星也。晨正，謂立春之日晨中於午也。農事之候，故
曰農祥。"同上書周語下"王將鑄無射"篇云："月之所在辰馬農祥也。"
韋昭注云："辰馬謂房心星也。心星所在大辰之次爲天駟。駟，馬也；
故曰辰馬。言月在房合於農祥也。祥，猶象也，房星晨正而農事起，
故謂之農祥。"御覽時序部五、初學記三引唐固注云："農祥，房星也，
晨正謂晨見南方，謂立春之日。"文選東京賦："及至農祥晨正。"薛綜
注云："晨時正中也，謂正月初也。""晨集婺訾"者。韋昭注周語云：
"辰日月之會。"鄭注月令云："孟春者，日月會於婺訾而斗建寅之辰
也。"正義云："日月所會之處，謂之爲辰。"引鄭注周禮太師職云："正

月辰在娵訾。"周禮大司樂疏:"太蔟,寅之氣也,正月建焉,而辰在娵訾。"據月令正義"營室號娵訾"。韋注"天廟"下云:"天廟,營室也,孟春之月,日月皆在營室也。"是"天廟""娵訾"同。"辰集娵訾"即"日月底於天廟"也。今程本譌作"晨",則不可通。

霜雪巖巖 貴農

"巖""嚴"通作。詩小雅節南山、隱元年傳、釋文並云"巖",本或作嚴。文選廣絕交論注引王逸楚辭注曰:"嚴,壯也,風霜壯謂之嚴。"

寬宥刑罰以全人命省徹徭役以休民力輕約賦歛不匱人財不奪農時以足民用 愛民

按:"不匱人財",句法參差,當作"以豐人財"。左傳屢云"豐財"。後漢書荀悦傳云:"故在上者,克豐人財以定其志。"

昔太王居邠而人隨之 愛民

按:"居邠"當作"去邠",聲之誤也。太王亶父避狄患,去邠,而人隨之。其事數見書傳。若作"居",則與下四字義不相屬矣。孟子梁惠王下云:"去邠踰梁山,邑於岐山之下居焉。邠人曰:'仁人也,不可失也。'從之者如歸市。"説苑至公篇作:"吾將去之,遂居岐山之下,邠人負幼扶老從之。"莊子讓王篇、呂氏春秋開春論、審爲篇,淮南子道應訓作"杖策而去,民相連而從之,遂成國於岐山之下",可證此文之失。

君猶御也法猶轡也人猶馬也馬猶軌也理猶執轡也 法術

按:"馬"當作"理"。"理猶執轡也",五字衍。軌以馬言之,理以民言之;故下云:"執轡者,欲馬之遵軌也;明法者欲人之循治也。(治、理義同。)轡不均齊,馬失軌也;法不適時,人乖理也。"

苟利於人不必法古必害於事不可循舊 法術

按:"害"當作"周"。後漢書荀悦傳云:"以周人事。"李賢注:"周,給也。"給,猶便也。玉篇"必"訓"果","苟"、"果"義同。言苟便於事,不可循舊也。淮南子氾論訓云:"苟利於民,不必法古;苟周於事,不必循舊。"趙世家:"是以聖人果可以利其國,不一其用;果可以便其事,不同其禮。"

制法者爲禮之所由而非所以爲治也禮者成化之所宗而非所以成化也 法術

"制"字衍文。"禮"當作"治"。"法者爲治之所由,而非所以爲治也,"與"禮者成化之所宗,而非所以成化也"一律。下文云"成化之宗,在於隨時;爲治之本,在於因世"即承此言之。淮南子氾論訓云:"法制禮義者,治人之具也,而非所以爲治也。"又泰族訓云:"故法者治之具也,而非所以爲治也。"語意正同。

以上載一九二九年國立北平圖書館月刊第三卷第三號

是以明主一賞善罰惡非爲己也以爲國也 賞罰

按:"一"當作"之"。淮南子繆稱訓云:"明主之賞罰,非以爲己也,以爲國也。"

里名勝母曾子還軔 鄙名

楊先生云:"軔"當作"軫"。按:先生言是也。楚語云:"春秋相事,以還軫於諸侯。"又云:"還軫諸侯,不敢淫逸。"晉語:"還軫諸侯,可謂窮困。"韋注云:"軫,車後橫木也。"還軫,猶還車。揚雄羽獵賦云:"因回軫還衡。"潘岳西征賦云:"鶩橫橋而旋軫。"

以螻雀之徵 鄙名

"徵"當作"微",形近而譌,"螻雀之微"與下文"邑泉之大"對。

善惡之義在於名也 鄙名

"義"讀爲"儀"。詩蒸民:"我儀圖之。"釋文作"義"。肆師職注:"古書'儀'但爲'義'。"説文:"儀,度也。"

哭之曰樂而不自悲也 鄙名

"不自悲"當作"不似悲"。既哭之矣,非不悲也,特不似悲者之言耳。尸子:"齊有田果者,命其狗爲富,命其子爲樂。將欲祭也,狗人於室,果呼之曰:'富出!'巫曰:'不祥也。'家果大禍。長子死,哭之曰:'樂乎! 而不似悲也。'"按:以狗爲富,後世俗猶然。近孫氏南通方言疏證云:"雪濤叢談載其邑諺云:'猪來窮來,狗來富來。'今之畜狗者,或命其名曰來富。"

絶塵掣(程本作"滅",今據各本改)影 知人

按:"掣"當讀爲"契"。易睽卦:"見輿曳其牛掣。"釋文:"子夏作契。"是"掣"、"契"假借之例。爾雅釋詁:"契,滅殄絶也。"掣、絶義同,互文耳。程本逕改爲"滅影",義是而文非矣。

西被於流沙 知人

五字當删，此寫者熟於尚書文而誤衍。

宮奇未亡獻公不侵子玉猶存文公側坐 薦賢

按："不侵"當作"不寐"。説苑尊賢篇云："虞有宫之奇，晉獻公爲之終夜不寐；楚有子玉得臣，文公爲之側席而坐。遠乎，賢者之厭難折衝也。"即此所本。又按：僖二年公羊傳云："獻公朝諸大夫而問焉，曰：'寡人夜者寢而不寐，其意也何？'荀息進曰：'虞郭見與？'獻公揖而進之，遂與之入而謀曰：'吾欲攻郭則虞救之，攻虞則郭救之，如之何？願與子慮之。'荀息對曰：'君若用臣之謀，則今日取郭而明日取虞耳，君何憂焉？'獻公曰：'然則奈何？'荀息曰：'請以屈産之乘與垂棘之白璧往，必可得也。則寶出之内藏，藏之外府；馬出之内廄，繫之外廄爾。君何喪焉？'獻公曰：'諾。雖然，宫之奇存焉，如之何？'"淮南子泰族訓云："晉獻公欲伐虞，宫子奇存焉，爲之寢不安席，食不甘味，而不敢加兵焉。"漢書辛慶忌傳："何武上封事云：'虞有宫子奇，晉獻不寐。'皆可證。鹽鐵論崇禮篇云："楚有子玉得臣，文公側席。"漢書陳湯傳云："臣聞楚有子玉得臣，文公爲之仄席而坐。"傅喜傳云："子玉爲將，則文公側席而坐。"王嘉傳："昔楚有子玉得臣，晉文爲之側席而坐。"則其語甚古。

古人競舉所知爭引其類才苟適治不問世胄智苟能謀奚妨秕行昔時人君拔奇於囚虜擢能於屠販 薦賢

文有錯亂，今以意推之，"昔時人君"以下十四字，當置才苟適治"上；"古人競舉所知"以下十字，當逐"擢能於屠販"下；"古人"當作"人臣"。蓋"拔奇囚虜，擢能屠販，適治則不問世胄，能謀則不妨秕行"數句一義相屬，皆人君之事也。"競舉所知，爭引其類"與下文"内薦不避子"一義相屬，皆人君之事也。以類相從，有條不紊，自傳寫顛倒，而語失其次矣。

後行不正於路 薦賢

"不正"二字，甚爲無義。"不"字衍，"正"當作丐。"丐"字與"正"形似，誤而爲"正"，後人遂加"不"字耳。説苑復恩篇載東閭事，東閭子嘗富貴而後乞，即此文所本。説苑尊賢篇云："士者不遇明君聖主，幾行乞丐。"又復恩篇："羞行乞而憎自取。"行乞、行丐，均古人常用語。

樓季足捷追越奔光 託附

　　“光”乃“兕”字之譌。廣韻五“旨”下云：“㿟，俗兕字。”宋本毛詩
所附釋文周南卷耳：“酌彼兕觥。”“兕字又作㿟。”豳風七月：“稱彼兕
觥。”“兕，本或作㿟。”周頌絲衣：“兕觥其觩。”“字又作兕。”呂氏春秋
季秋紀精通篇：“養由基射㿟中石。”此文兕字，當亦從或體寫作“㿟”，
或作“光”。“㿟”，形與“光”相似，因誤作“光”耳。文選卷四十一陳琳
爲曹洪與魏文帝書：“若奔兕（北堂書鈔引作“奔光”）之觸魯縞。”即
“奔兕”二字之例。

三綱之動可以圭表度也 心隱

　　　　“綱”當作“光”。本書忘瑕篇：“天地之大，三光之明。”以三光對
天地。此文上云二儀，知三綱當作三光。淮南子道應訓高注：“三光，
日月星。”“圭表”，范本同，各本俱誤作“表裏”。周禮地官司徒：“以土
圭之灋測土深，正日景，以求地中，日南則景短多暑，日北則景長多
寒，日東則景夕多風，日夕則景朝多陰。”

夫門人去仲尼而皈少正卯非不知仲尼之聖亦不知少正卯之佞

心隱

　　　　“非不知”，“非”下疑奪一“唯”字。論衡講瑞篇云：“夫門人去孔
子，歸少正卯，不徒不能知孔子之聖，又不能知少正卯。”（按：下疑脱
“之佞”二字。下文云“夫才能知佞若子貢”，“知佞”二字無義，當即
“之佞”之誤，傳寫誤置於下耳。）是其證也。

子曰賜也還（“還”字據各本增）非爾所及也 心隱

　　　　按：“還”當作“退”。論衡講瑞篇作：“孔子曰：賜也退，非爾
所及。”

由於人心難知非可以准衡平 心隱

　　　　“平”各本誤作“乎”。“准”“準”字同。言人心難知，非若物然，可
以準衡平其高下輕重也。呂氏春秋君守篇云：“有準不以平。”

遭否會屈不專膚蔽 通塞

　　　　“蔽”字，子彙作“敏”。盧文弨云：“藏本作敏，亦可疑。”按：“蔽”
字是。“膚”乃“庸”字之誤也。本書均任篇：“勢位雖高，庸蔽不能治
者，乏其德也。”即本書“庸弊”二字之例。“膚”“庸”形近易譌。本書
去情篇“取庸強飯”，“庸”亦誤作“膚”。論衡逢遇篇云：“處尊居顯，未
必賢，遇也；位尊在下，未必愚，不遇也。”

髮露心憂 通塞

299

按："露"當讀爲"落"。

王章苦寒而坐泣 通塞

按："坐"當作"臥"。漢書王章傳云："初，章爲諸生，學長安，獨與妻居，章疾病，無被，臥牛衣中，與妻決，涕泣。"即其事也。

或佩錦而還鄉或聲玉於廊廟 通塞

按："佩""聲"互誤，"聲"字本作"衣"。讀爲"或衣錦而還鄉，或佩玉於廊廟。"今本上作"佩錦"，下作"聲玉"者，草書"衣""聲"二字相似，"衣"誤作"聲"，不成文義，後人互易其文以彌縫之耳。漢書朱買臣傳："上拜買臣會稽太守。上謂買臣曰：'富貴不歸故鄉，如衣繡夜行，今子何如？'買臣頓首辭謝。"衣錦還鄉，正買臣之事。佩玉句，當指王章而言。後漢書左雄傳云："班在大臣，行有佩玉之節。"注引禮記云："公侯服佩山玄玉而組綬，大夫佩水蒼玉而緇組綬。"（按："玉"藻文。）古人文貌人顯貴，每以佩玉爲言。

女樞感瑶光貫日而生顓頊 命相

"女樞"，各本均誤作"女媧"，唯吉府本不誤。五帝本紀正義引河圖云："瑶光如蜺貫月，正白，感女樞於幽房之宮，生顓頊。"潛夫論五德志："摇光如月正白，感女樞幽防之宮，生黑帝顓頊"。金樓子興王篇云："金天氏之末，瑶光之星貫日如虹，感女樞於幽房之宮，生顓頊。"

帝嚳戴肩 命相

按："戴肩"當作"戴干"。今作"肩"者，古"肩"字讀如"干"，淺學者不知"戴干"之義，因以同音字易之也。白虎通聖人篇云："顓頊戴干，是謂清明，發節移度，蓋象招摇。論衡骨相篇云："顓頊戴干。"（今本白虎通、論衡"干"字俱誤作"午"。）潛夫論五德志云："帝嚳代顓頊氏，其相戴干。"御覽八十引春秋元命苞云："帝嚳戴干，是謂清明，發節移度，蓋像招摇。"作"顓頊"、"帝嚳"不同，蓋相傳有二說。汪繼培注潛夫論引王紹蘭云："元命苞言厥象招摇，則'干'當作'斗'，字形相涉而誤。戴斗者，頂方如斗也。"按：王說殊誤。五帝本紀黃帝章正義，引河圖云："瑶光如貌貫月，正白，感女樞於幽房之宮，生顓頊。首戴干戈，有德文也。"宋書符瑞志亦云："女樞生顓頊於若水，首戴干戈，有聖德。"是干者干戈。天官書云："杓端有兩星，一內爲矛招摇，一外爲盾天鋒。"集解引孟康曰："招摇爲天矛。"索隱引詩氾歷樞云：

"梗河中招搖爲胡兵。"開元占經、石氏中官占引黄帝占曰:"招搖爲矛。"然則像招搖者,取其同類,何得據以其説而謂之戴斗乎? 論衡講瑞篇云:"以麐戴角,則謂之騏驎。載角之相,猶戴干也。顓頊戴干,堯舜未必然。今魯所獲麟戴角,即後所見麟,未必戴角也。"仲任意蓋亦以干爲干弋。帝嚳戴干,猶帝堯荷勝,古人傳説如此,不足怪也。

穀子豐下叔興知其有後 命相

按:"叔興"當作"叔服"。文元年傳云:"王使内史叔服來會葬。公孫敖聞其能相人也,見其二子焉。叔服曰:'穀也食子,難也收子。穀也豐下,必有後於魯國。'"周有内史叔興,見僖十六年及二十八年傳,與此無涉。此與下文羊鮒聲豺,疑皆行文之誤。晝亦宿儒,通服氏春秋,不應疏忽若是,殆後人傳寫致誤耳。

羊鮒聲豺叔姬鑑其滅族 命相

按:"羊鮒"當作"楊石"。鮒字叔魚,叔向之弟。平丘之會,求貨於衛。晉邢侯與雍子爭田,雍子納其女子叔魚,叔魚蔽罪邢侯,爲邢侯所殺。仲尼所謂"三數叔魚之惡不爲末滅"者也。楊石即楊食我,字伯石,叔向之子。(昭二十八年傳注、晉語注並云:"楊叔向邑。"是食我以父邑爲姓。論衡作"羊舌食我"。據其本姓稱之也。)昭二十八年傳云:"晉殺祁盈及楊食我。食我,祁盈之黨也,而助亂,故殺之。遂滅祁氏、羊舌氏。初,伯石始生,子容之母(杜注云:子容母,叔向嫂、伯華妻也。)走謁諸姑。曰:長叔姒生男。姑視之,及堂,聞其聲而還。曰:是豺狼之聲也。狼子野心,非是莫滅羊舌氏矣。遂勿視。"晉語文略同。論衡本性篇亦載此事,作"羊舌食我初生之時,叔姬視之。"劉子文作"羊鮒",蓋以晉語有"叔魚生,其母視之曰:是虎目而豕喙,鳶肩而牛腹,必以賄死。遂弗視"之語。本書下文即楊食我事,因混二事爲一,以食我事屬之叔魚耳。

相者占通當貧餓死帝曰能富在我何謂貧乎 名相

按:"占"當作"相"。"能富"下奪"通者"二字。史記佞幸列傳云:"上使善相者相通。曰:當貧餓死。文帝曰:能富通者在我也,何謂貧乎?"漢書云:"上使善相人者相通,曰:當貧餓死。上曰:能富通者在我,何能貧?"

今忌人之細短忘人之所長 忘瑕

楊先生云:"忌當爲志。"按:淮南子氾論訓云:"今志人之所短,而忘人之所修，而求得賢乎天下，則難矣。"正作志。

吳起北滅燕趙 忘瑗

按：文失於不考。史記本傳載吳起相楚，有北并陳蔡之語。豈即涉此而誤乎？

量小不足以包大形器大無分小瑕也 忘瑗

按："分"當作"妨"。

立節抗行 忘瑗

按："立節"當作"厲節"。厲亦抗也。楊倞注荀子宥坐篇："厲，抗也。"淮南子修務訓："勵節亢高，以絕世俗。"史記汲鄭列傳："黯伉勵守高。"李善注魏文侯與鍾大理書引孝經援神契云："抗節厲義，通乎至德。"孔文舉薦彌衡表云："任座抗行，史魚厲節。""厲"、"勵"，"抗"、"亢"字並通。

以上載一九二九年國立北平圖書館月刊第三卷第四號

卞莊子之昇殷庭也 適才

按："殷"疑當作"秦"，聲近而誤。論語憲問篇："卞莊子之勇。"釋文引鄭云："秦大夫。"前人據荀子大略篇、韓詩外傳、新序義勇篇、後漢書班固崔駰傳均以莊子爲魯人，以釋文引鄭爲誤。然經師授受，必有所本，未可以彼非此。北史儒林傳云："玄注易、詩、書、禮、論語、孝經大行於河北。"則此文所本者，固康成注歟？

攘袂鼓肘 適才

按："鼓"當作"露"。

詩云雖有絲麻無棄菅蒯雖有姬姜無棄憔悴 適才

按：此本左氏成九年傳引詩。杜注："逸詩也。"今傳作"蕉萃"。詩"東門之池"正義、李善注文選任彥昇爲范尚書讓吏部封侯第一表，引傳亦俱作"憔悴"。

爲有寬隘量有巨細材有小大則任其輕重所處之分未可乖也 均任

按："任其輕重"句，其乃有字之譌。"任其輕重"與"爲有寬隘，量有巨細，材有大小"，相對爲文。

十圍之木不可蓋以芳茨榛棘之柱不可負於廣廈 均任

按："木"、"柱"疑互誤。

即小非大之量大非小之器 均任

按:"小大""大小",俱當互易,以下文"以大量小,必有枉分之失,以小容大,則致傾溢之患"證之。

絶塵掣微 均任

按:"微"乃"徹"字之誤。"徹"、"轍"古今字。"掣",猶絶也,説詳知人篇。"絶塵掣徹",言其疾耳。老子七十二章:"善行無轍跡。"莊子徐無鬼篇:"若是者超軼絶塵。"田子方篇云:"奔逸絶塵。"(釋文:"軼,徐徒列反。崔云:'徹也。'逸,司馬云:'本作轍。'"按:"軼"、"逸"均通假字,"徹"字古讀如"軼"。漢書文帝紀:"結徹於道。"史記作"結軼於道"。)淮南子道應訓:"絶塵弭轍。"高注:"弭轍,引跡疾也。"文選赭白馬賦:"超攄絶夫塵轍。"

是以君子量才而授任量任而授爵 均任

按:量才授任,量任授爵,俱蒙君子爲文,兩"授"字皆當作"受"。尸子:"君子量才而受爵,量功而受禄。"淮南子人間訓:"計功而受賞,不爲苟得;量力而受官,不貪爵禄。"語意與此同。

地分三晉 慎言

按:"三",各本誤"二"。作"三"是也。淮南子氾論訓云:"智伯以三晉之地擒。"高注云:"三晉智氏兼有范氏、中行氏。"

髮拙於自理故假櫛以修束 貴言

按:"修束"當作"束修"。後漢書和熹鄧皇后紀云:"故能束修,不觸羅網。"馮衍傳:"豈得珪璧其行,束修其心而已哉!"劉般傳:"般束修至行,爲諸侯師。"李賢各注略同,以約束修身釋之。又伏湛傳云:"自行束修,訖無毀玷。"注云:"自行束修,謂年十五以上。"延篤傳云:"且吾自束修以來,爲人臣不陷於不忠,爲人子不陷於不孝。"注:"束修謂束帶修飾。"又引鄭玄注論語曰:"謂年十五已上也。"是束修有二義,一訓整飭,一謂十五以上。前漢王莽傳云:"竊見安漢公自初束修,值世俗隆奢麗之時。"小顏注:"謂初學官之時。"又不同。按:"束修"二字,疑即束髮義之引申。大戴記保傅篇云:"束髮而就大學。"盧注:"束髮謂成童。"盧説束髮,與鄭説束修正同。(鄭注内則云:"成童十五以上。")禮記:"童子錦束髮。"疏云:"童子尚華。"詩齊風甫田:"總角丱兮。"(鄭注内則云:"總角收髮結之。")箋云:"少自修飾,丱然而稚。"是束髮亦所以爲飾。以事言之,則束修與束髮,義有廣狹之異；據其時言之，則束修與束髮同，皆謂十五以上。又束髮爲就學之時，故言人學習之初，亦得云束髮束修。（文選二十六謝靈運過始寧墅詩："束髮懷耿介。"李善注引韓詩外傳"夫人爲父母者，必全其身；及其束髮，屬授明師以成其材釋之，謂初學時即有超俗之思也。"）語本一源，非有異也。劉子"束修"，正以髮言之。

　　書傳或云結髮亦與束修、束髮義近。文選二十九蘇武詩云："結髮爲夫妻，恩愛兩不疑。"李善注："結髮，始成人也。謂男年二十、女年十五時，取笄冠爲義也。"漢書李廣傳："結髮與匈奴大小七十餘戰。"謂自幼從軍，與匈奴大小七十餘戰也。霍光傳："結髮内侍。"當指光爲郎時而言，謂自十餘歲内侍也。文選三十謝玄暉郡内登望詩："結髮倦爲旅，平生早事邊。"結髮與平生同義，謂自幼便爲客也。

採言於患表 貴言

　　按："患"乃"意"字之譌。

窮機洞微 貴言

　　按："機"當作"幾"。易繫辭上釋文引鄭云："機當作幾。"幾，微也。

故其來也不可悔其成也不可防 慎隙

　　按："悔"、"防"當互易。

代之闇者皆以小害易微之事以至於大患 慎隙

　　按："以"字當作"輕"，下"之"字衍。原文當作"皆輕小害，易微事，以至於大患。"淮南子人間訓："是故人皆輕小害，易微事，以多悔。"

未有謙尊而不光驕盈而不斃者也 誠盈

　　按：易謙彖傳："謙尊而光，卑而不可踰。"王引之經義述聞卷二云："尊讀撙節退讓之撙。尊之言損也，小也；光之言廣也，大也。尊而光者，小而大。解彖傳者，多誤以尊卑爲對文。"又引此文爲證而解之云："以謙尊對驕盈，則讀爲撙可知。蓋當時易説有如是解者，故劉氏用之也。説文無撙字，古多借尊爲之。"

君子則不然在榮以挹損爲基有功而不矜有善而不伐 明謙

　　按："在榮以挹損爲基"，疑當作"在勞以挹損爲吉"。下文"有功而不矜，有善而不伐"，正承"勞"字言之。若作"榮"，則與下文義不相屬矣。易繫辭云："勞謙君子有終吉，勞而不伐，有功而不德，厚之至也。"

非心謙也 _{明謙}

按：四字各本皆誤衍；吉府本無此四字，是也。以下文例之。

善惡之行出於性情而繫於飢穰也 _{辨施}

按："出於性情"，"出"上當脱一"不"字。上文云："非性輕財，非性好施，非性儉吝。"劉子文不謂善惡之行出於性情甚明。論衡治期篇作"爲善惡之行，不在人質性，在於歲之饑穰"，是其碻證。

相馬者失在於瘦求千里之步虧也相人者失在於貧求恩惠之跡缺也 _{辨施}

按："失在於瘦"、"失在於貧"，"在"字俱當作"之"。言相馬者失馬於瘦，相士者失士於貧也。今誤作"在"，則文義不明。史記滑稽列傳引諺曰："相馬失之瘦，相士失之貧。"省"於"字，義亦同（留侯世家："以貌取人，失之子羽。"言失人於子羽也。平原君列傳："勝相士多者千人，寡者百數，自以爲不失天下之士，今乃於毛先生而失之也。"言今乃於毛先生而失士也。）淮南子説山訓云："有相馬而失馬者，然良馬猶在相之中。"高注："失猶不知也。"）

懸瀨碧潭 _{殊好}

按："懸"當作"玄"。"玄瀨"與"碧潭"對文。説文："湍，疾瀨也。""瀨"下云："水流沙上也。"段氏云："瀨之言瀝也，水在沙上淅瀝而下也。坤倉云：淅瀝，瀧也。段意蓋以瀨爲流之淺緩者。"湍"、"瀨"通言無别。九歌湘君章："石瀨兮淺淺。"王注："淺音牋，瀨湍也。淺淺，流疾貌。"哀郢篇："長瀨湍流，泝江潭兮。"注："湍亦瀨也。"淮南子俶真訓云："湍瀨旋淵。"高注："湍瀨，急流也。"又覽冥訓："飲砥柱之湍瀨。"注云："湍捍，水至疾；瀨，清，皆激捍急流。"説山訓："稻生於水而不能生於湍瀨之流。"是疾者亦得云瀨。劉子亦用"瀨"爲"湍"，不復分别。

不易落英之麗容 _{殊好}

按："落英"當作"落慕"。淮南子齊俗訓云："待西施、毛嬙而爲配，則終身不家矣。"許注："西施、毛嬙，古好女也。"王念孫云："群書治要引此作'西施、絡慕'；又引注作'西施、絡慕，古好女也。'太平御覽獸部八引作'落慕'。"按：廣韻及元和姓纂："絡"、"落"，皆姓也。"慕"蓋其名。治要、御覽所引者，原文也。劉子書多襲淮南文，此亦

本之淮南。當作"落慕"。今作"英"者,"慕"字失其下半,又誤爲
"英"耳。

夫將者國之安危民之性命不可不重 兵術

按:語不繕完,當作"夫將者國安危之主,民之司命,不可不重。"
潛夫論勸將篇引孫子曰:"將者民之司命而國安危之主也。"孫子作戰
篇云:"故知兵之將,民之司命,國家安危之主也。"北堂書鈔一百十五
將帥篇引蔣子萬機論云:"知兵之將,國之行主,民之司命,古者重
之。"皆其證也。

萬弩齊彀 兵術

按:"彀"當作"發"。史記孫子吳起列傳云:"萬弩俱發。"是此語
所出。

人之於事臨危制變量有輕重平而行之 明權

按:"量有輕重","有"當作"其"。

權以理度 明權

按:"理度"二字誤倒。

人有小察細計者知其必無遠志廣度亦可知矣 觀量

按:上"知"字衍。

晉文種米曾子植羊 觀量

孫仲容札迻云:"'植'當作'架',二語本淮南子泰族訓。"案:泰族
訓云:"文公種米,曾子架羊。"不作"晉文"。説苑雜言篇同。新語輔
政篇作"駕羊"。"駕"、"架"通作。尸子云:"羊不任駕鹽車,橡不可爲
楣棟。"

曹明不製裘 隨時

按:吕氏春秋審分覽勿躬篇云:"胡曹作衣。"淮南子修務訓云:
"胡曹爲衣。"高注:"胡曹,黄帝臣也。"此"曹明"疑即"胡曹",傳寫誤
倒,"胡"又譌爲"明"耳。

救饑者以圓寸之珠不如與之橡菽 隨時

案:"圓"當作"運"。説文"圓"下云:"員聲,讀若員。""睍"下云:
"員聲,讀若運。"大徐"圓"、"運"並音"王問切"。"圓"、"運"音同,故
誤"運"爲"圓"也。莊子山木篇:"目大運寸。"王念孫釋爲"徑寸",引
越語"廣運百里"韋注"東西爲廣,南北爲運"爲證。此文"運寸",當即
本之莊子。慎子(據江陰繆氏本)外篇云:"拯饑者,與之徑寸之珠,孰

若一覃之食？拯溺者，與之方尺之玉，孰若一葉之匏？貴賤無常，時使之然也。"正作"徑寸"，是其證。"橡菽"當作"橡栗"。吕氏春秋恃君覽："冬日則食橡栗。"高注："橡，其狀似栗。"莊子齊物論："狙公賦芋。"玄英疏："芋，橡子也，似栗而小。"王氏廣雅疏證云："今江、淮之間通言橡栗。其實如小栗而微長，近蒂處有梂彙自裹。爾雅所謂'櫟其實梂'也。田野多磨粉食之，凶年可以救飢。"書傳每以"橡栗"連文。莊子盜跖篇云："晝拾橡栗，暮棲木上。"韓非子外儲説右下云："橡果棗栗，足以活民。"大戴禮曾子制言篇云："聚橡栗藜藿而食之。"杜甫北征詩："山果多瑣細，羅生雜橡栗。"又乾元中寓居同谷縣作歌云："歲食橡栗隨狙公。"其以"杼""栗"連文者，莊子山木篇云："衣裘褐，食杼栗。"徐無鬼篇云："食芧栗，厭葱韭。"説苑立節篇云："冬處於山林，食芋栗。"説文："栩，柔也，其實草。一曰樣。""柔"、"杼"、"芧"字並同。"樣""橡"正俗字。"柔栗"亦"橡栗"也。"橡"、"栗"相似，故以"橡""栗"連文。"橡栗"適用於儉歲，故曰"與饑者以圓寸之珠，不如與之橡栗"。若作"橡菽"，則非其恉矣。今本作"菽"，蓋"栗"以形近誤爲"粟"，又聲誤爲"菽"也。

方於飢溺之時珠玉甯能救生死哉 隨時

按："生"字疑衍。

魯哀公好儒服而削 隨時

按："服"字當刪。淮南子人間訓無"服"字。

妖孽不勝善政則凶反成吉怪夢不勝善言則福轉爲禍 禍福

按："怪夢"與"妖孽"類，"善言"與"善政"類，上云"凶反成吉"，此不應云"福轉爲禍"。"福""禍"互誤。淮南子繆稱訓："身有醜夢，不勝正行，國有妖祥，不勝善改。"説苑敬慎篇云："妖孽不勝善政，惡夢不勝善行。"

人有禍必懼懼必有敬敬則有福福則有喜喜則有驕驕則有禍 禍福

按：文複沓不可讀，今訂之如下。原文當作："人有禍必懼，懼必敬，敬則有福，有福則喜，喜則驕，驕則有禍。"韓非子解老篇云："人有禍則心畏恐，心畏恐則行端直，行端直則無禍害，無禍害則盡天年，心畏恐則思慮熟，思慮熟則得事理，得事理則必成功。盡天年則全而壽，必成功則富與貴，全壽富貴之謂福。（今本韓非子此文亦錯亂。詳拙著王先慎韓非子集解補正。）人有福則富貴至，富貴至則衣食美，衣食美則驕心生，驕心生則行邪僻而動棄理，行邪僻則身死夭，動棄理則無成功。夫內有死夭之難，而外無成功之名者，大禍也。"此約取其意。

逾敬慎以儉誠其身 _{禍福}

按：道藏本、子彙本同。吉府本作"逾敬慎以檢身"，是也。"逾敬慎以檢身"與下"逾修德以爲務"對文。"儉誠"二字，蓋是異文，校書者記其一於旁，因并入正文耳。"儉""檢"字通。（氾論訓高注云："拘，猶檢也。"）

今患至國將危不顧勝敗存亡之機固以形於胷中矣 _{貪愛}

按：道藏本、子彙本"顧"並作"固"。史記蘇秦列傳云："是故明主外料其敵之彊弱，內度其士卒賢不肖，不待兩軍相當，而勝敗存亡之機，固已形於胷中矣。"此文當有脫誤。

乃發大府之財以與眾出府之寶以賜人 _{貪愛}

按：道藏本、子彙本作"出府庫之寶以賦人"，此文下句與上句意複，疑本作"出高庫之兵以賦人"。呂覽似順論分職篇、淮南子道應訓俱作"乃發大府之貨以予眾，出高庫之兵以賦民"可證。

畢動於天而驟雨散 _{類感}

按："散"、"灑"通作。文選魯靈光殿賦："祥風翕習以颭灑。"張載注："風之散物，如灑颭然。"七啟："累如疊縠，離若散雪。"七命："飛礫起而灑天。"李注引東京賦："飛礫雨散。"劇秦美新："霧集雨散。"張景陽雜詩："森森散雨足，雨足灑回溟。"

以斯至精相應不待召而自感者類之所應也若呼之與響形之與影 _{類感}

按：文義不順，疑"若呼之與響形之與影"九字當移"不待召而自感"六字之下。其文曰："以斯至精相應，不待召而自感，若呼之與響，形之與影，類之所應也。"

彈角則目搖鼓舟而波湧 _{類感}

按：各本同，唯范氏天一閣鈔本作"鼓羽而波湧"。范本是也。上句"目"字乃"木"字之誤。北堂書鈔一百五樂總部引崔琦七蠲云："彈角而木搖，鼓羽而波湧，斯精誠有以相通，神氣有以相應。"是其明證。古以五音配五行。説文："霸，水音也。"集韻"霸"通作"羽"。月令："孟春之月，其音角，孟冬之月，其音羽。"鄭注云："三分羽益以生角，角數六十四屬木者，以清濁中，民象也。三分商去一以生羽，羽數四十八屬水者，以爲最清，物之象也。"疏："角象扣木之聲，羽象水聲。"漢書律曆志："協之五行，則角爲木，商爲金，徵爲火，羽爲水，宫爲土。"（白虎通同。）文選十八成公子安嘯賦："騁羽則嚴霜夏凋，奏角則谷風鳴條。"李注引列子云："及秋而叩角絃以激夾鐘，温風徐迴，草木發榮。當夏而叩羽絃以召黄鐘，霜雪交下，川池暴沍。"張湛云："角，木音，屬春。夾鐘，二月律。羽，水音，屬冬。黄鐘，十一月律。"（見湯問篇。）

豈以人情者哉 類感

按："以"字無義，疑"似"字之譌。易明夷彖辭："文王以之。"鄭荀向作"似之"。是"以""似"相亂之例。言物之精誠相感，不可以常理論。

由於美惡混糅真僞難分模法以度物爲情信心而定是非也 正賞

按："模法以度物爲情"當作"不模法以度物情"。下文摹法以測物則真譌易辨矣"，是美惡混糅、真僞難分，與模法度物其事相反。今奪"不"字，則文義不明。吕氏春秋貴直論壅塞篇高注"情實也。"韓非子外儲左下云："主不審其情實。"論衡實知篇云："須任耳目以定情實也。"物情即物之實。物之實不可見，故設法則以度之。若謂模法以度物爲實，則爲不詞。且"物情"與"是非"對文，今衍"爲"字，而文亦參差不齊矣。

堂珠皾惃 正賞

按："堂珠"疑當作"朱堂"。西京賦："彤庭煇煇。"卞蘭許昌宫賦："蝼蛇丹庭。"此云"朱堂"，猶"彤庭"、"丹庭"之比。

其容止之萃 正賞

按：程本作"文華"。道藏、子彙本同。今據活字本改。"萃"借爲"悴"。説文："悴，憂也，讀與易萃卦同。"詩出車："僕夫況瘁。"釋文亦作"萃"，依注作"悴"。荀子富國篇："勞苦頓萃而愈無功。"

天無情於生死則不可以情而憾怨 言苑

按："憾"當作"感"，以下文"榮華者不謝"證之。

居無爲之事行不言之教 九流

按："居"當作"處"。文十八年傳："德以處事。"杜注："處猶制也。"説文："制，裁也。"老子："聖人處無爲之事，行不言之教。"淮南子主術訓云："人主之術，處無爲之事，而行不言之教。"莊子知北游篇云："故聖人行不言之教。"

俏儷形反流分乖隔 _{九流}

按：當作"乖隔流分"，與"俏儷形反"相對爲文。淮南子説山訓云："江出岷山，河出昆侖，濟出王屋，潁出少室，漢出嶓冢，分流舛馳，注於東海，所行則異，所歸則一。"

夷惠同操齊蹤爲賢二子殊行等跡爲仁 _{九流}

按："同"字誤，莫知所作。"二子"當作"三子"。漢書叙傳載幽通賦云："三仁殊而一致兮，夷惠舛而齊聲。"小顏注："言微子、箕子、比干所行各異，而並稱仁。伯夷不義武王伐殷，至於不食周粟而死。柳下惠三黜不去，戀父母之邦。志執乖舛，俱有令名。"文選幽通賦李善注云："項岱曰：三人所行各異，俱至於仁也。曹大家曰：柳下惠以不去辱身爲善，伯夷以高逝爲賢。言去留適等也。論語曰：微子去之，箕子爲之奴，比干諫而死。孔子曰：殷有三仁焉。"淮南子泰族訓云："伊尹、伯夷異道而皆仁，箕子、比干異趨而皆賢。"

道者玄化爲本儒者德教爲宗 _{九流}

按："教"當作"化"，下文云"九流之中，二化爲最"可證。後漢書黃瓊傳云："唐堯以德化爲冠冕。"

以上載一九二九年國立北平圖書館月刊第三卷第五號